CHRISTUS-GEWISSEN

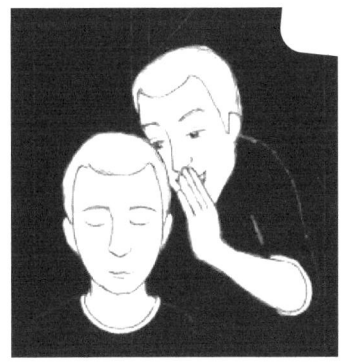

Protokoll
innerer
Gewissens-Dialoge

Bibliografische Information der Deutschen Nationalbibliothek

Die Deutsche Nationalbibliothek verzeichnet diese Publikation in der Deutschen Nationalbibliografie; detaillierte bibliografische Daten sind im Internet über dnb.d-nb.de abrufbar.

ISBN: 9783754316702

© 2019 Uwe-Ferdinand Jessen, Am Goldregen 1, 24944 Flensburg

Satz, Umschlaggestaltung, Herstellung und Verlag:
BoD - Books on Demand, Norderstedt

VORWORT

Liebe Leserin und lieber Leser,

dieses Buch ist nahezu identisch mit der Website CHRISTUSGEWISSEN. Es ist die Printausgabe derselben, ein Buch für den Alltag. Ein Text im Buchformat liest sich nicht nur komfortabler als am Bildschirm, sondern die Inhalte werden qualitativ intensiver und gründlicher verarbeitet. Das Buch möchte spirituelle, also geistige Hilfen für urchristliche Inspirationen geben.

Was erwartet den Besucher dieses Buches und der gleichnamigen Website? Die Website und das Buch CHRISTUSGEWISSEN möchten das Umdenken fördern. Im praktischen Leben lösen wir unsere Konflikte meist fragend, oft unbewusst. Daher sind die Themen in diesem Buch wie Interviews verfasst, wie in einem Dialog mit einem Mitmenschen oder wie im Selbst-Dialog.

Die aktuellen gesellschaftlichen Ereignisse sind die Fortsetzung und Folgen vergangener Verhaltensweisen aller Betroffenen. Ohne lokale Unterschiede leugnen zu wollen, ist doch festzustellen, dass die gesamte Menschheit vor dramatischen Veränderungen steht, um es milde auszudrücken. Schon jetzt regiert eine Ratlosigkeit auf allen Ebenen in aller Welt. Woher kommt das?

Woher kommt diese allgemeine Ratlosigkeit? Wissen wir nicht, was wir tun, oder tun wir nicht, was wir wissen oder was wir zumindest wissen könnten. Was sind die Ursachen von Hunger, Elend, Krieg und Massenpsychosen auf allen gesellschaftlichen Ebenen und in den Wissenschaften weltweit? Haben wir vergessen, was gut und böse ist? Was hat Wissen mit Gewissen zu tun?

Niemand wird sich in dieser globalen und kosmischen Zeitenwende vor den kommenden und schmerzhaften Ereignissen verstecken können. Jeder wird sich jeder Frage stellen müssen und zwar in Verantwortung vor Gott und vor seinem Gewissen, welches das Göttliche in uns ist. Wir Menschen werden erkennen müssen, dass nur der Mensch alle Übel schafft und niemals Gott.

Nur wir Menschen haben diese kriegerisch-brutale Welt der Ungerechtigkeit zu verantworten, vor Gott und vor uns selbst. Tief in unserer Seele pocht unermüdlich das göttliche Gewissen, Gott in uns. Jeder kann sein Gewissen zum Schweigen bringen oder in den Dialog mit dem Christus-Gott in uns treten. Erst dann befinden wir uns auf dem Christusweg der Erlösung.

Wer fragt, der führt.
Wer nichts hinterfragt, der wird verführt.
Wer sich selbst hinterfragt,
den führt Christus in die Wahrheit, zu Gott in uns.

Gez.: Uwe-Ferdinand Jessen

Das, was wir ein böses Gewissen nennen,
ist immer ein gutes Gewissen.

Es ist das Gute, was sich in uns erhebt
und uns bei uns selber verklagt.

* * *

Theodor Fontane

EINFÜHRUNG IN DEN INHALT

DES BUCHES

CHRISTUSGEWISSEN

Gewissen!

O du göttlicher Instinkt,
ewige und himmlische Stimme,

du zuverlässiger Führer eines zwar unwissenden und
beschränkten, aber intelligenten und freien Wesens,

du unfehlbarer Richter über Gut und Böse,
der du dem Menschen Gottähnlichkeit verleihst!

* * *

Jean-Jacques Rousseau

ZUM INHALT

Was erwartet den Besucher dieser Website und dieses Buches? Die Website und das Buch CHRISTUSGEWISSEN möchten das Umdenken fördern. Deswegen versuche ich als Autor dieser Website und des Buches alle Themen fragend zu erarbeiten. Das bedeutet: Alle Themen werden im Interview-Modus erarbeitet, wie in einem Gewissens-Dialog mit sich selbst.

Die Fragen, die hier behandelt werden, sind Fragen, die sich mir selbst im Laufe meines jetzigen Erdenlebens gestellt haben. Mein jetziges Erdenleben währt immerhin schon über sieben Jahrzehnte. Da häufen sich die Fragen. Viele Fragen sind aber auch an mich herangetragen worden und viele Fragen werden öffentlich diskutiert, aber Vorsicht: Wer fragt, der führt!

Wer sich selbst befragt, führt sich selbst. Alle Fragen finden hier Platz. Wer weitere Fragen stellen möchte, ist natürlich darin frei und wer denkt, dass hier Fragen nicht gestellt sind, die gestellt werden sollten, kann mich gerne kontaktieren. Es ist möglich, an jedes Kapitel der Website Fragen und Antworten anzufügen. Wichtig: Wer nicht fragt, wird geführt oder verführt.

Meine Fragen und meine Antworten können richtig sein – sie müssen es aber nicht. Auch ich bin ein Kind der Zeit und ich komme vom Bewusstsein her eher nicht von oben, sondern eher von unten. Die Wahrheit können wir nur in den Original-Christus-Offenbarungen finden. Jeder sieht nur das, was ihm bewusstseinsmäßig derzeit möglich ist. Das trifft auch für mich zu.

Dennoch: Wir alle werden umdenken müssen, denn so, wie es jetzt läuft in dieser verdorbenen Welt, kann es nicht weitergehen und so wird es auch nicht weitergehen. In diesem Sinne möchte ich niemanden aufregen, aber vielleicht so manchen dazu anregen, alle Fragen des Lebens und der Zeit über sein Gewissen zu klären, so wie das Gewissen zur Zeit entwickelt ist.

Das Wichtigste in diesem Buch sind die Fragen, einschließlich noch anderer offener Fragen. Jesus empfahl uns vor zweitausend Jahren, dass wir wieder wie Kinder werden sollen. Was könnte das bedeuten? Haben Kinder nicht ein großes oder gar ein volles Vertrauen zu ihrem Vater und tun Kinder nicht den Willen ihres Vaters, weil sie ihm vertrauen und ihn lieben?

* * *

Sind die Zehn Gebote und die Bergpredigt Jesu heute noch aktuell? Was bedeuten sie heute? Was sind die Folgen der Nichtbefolgung des Willen Gottes? Warum gibt es so eine starke Abneigung gegen die Bergpredigt? Ist das weltliche Recht mit dem Gesetz Gottes vereinbar? Diese Fragen und noch mehr sind im Kapitel 06 zu finden.

Was ist Prophetie? Wer oder was sind die Propheten? Woran erkennt man echte und unechte Propheten? Wieso war der Nazarener Jesus der höchste Prophet aller Propheten? Wer ist die Prophetin Gabriele? Was ist ihre Aufgabe? Hat Prophetie mit der Zeitenwende zu tun? Diese Fragen und noch mehr sind im Kapitel 07 zu finden.

Was nützt das Beten überhaupt? Kann man mit Gott in den Dialog kommen? Wie antwortet Gott auf unser Gebet? Was ist Meditation? Was ist der Unterschied von Meditation und Gebet? Warum empfehlen Urchristen, frei zu beten? Was bedeutet freies Beten? Diese Fragen und noch mehr sind im Kapitel 08 zu finden.

Was unterscheidet den aktiven von dem passiven Glauben? Wieso tötet der passive Glaube und was tötet er? Was sind Glaubens-Illusionen? Wollen oder können Ungläubige nicht glauben? Warum kann man vom Glauben abfallen? Wie kann man zum Glauben finden? Diese Fragen und noch mehr sind im Kapitel 09 zu finden.

Stimmt es, dass alle Krankheiten aus der Seele kommen? Wieso kann kein Mensch einen anderen Menschen heilen? Wieso gibt es Geistheilung aber keine Geistheiler? Was sind die Grenzen der Schulmedizin? Was steckt hinter der Entfaltung der Selbstheilungskräfte? Diese Fragen und noch mehr sind im Kapitel 10 zu finden.

Kapitel 11
DIE VERHEERENDEN FOLGEN DES TIERKANNIBALISMUS FÜR MENSCH UND NATUR
Seiten 179-198

Schließt das fünfte Gebot, wonach wir nicht töten sollen, auch alle Tiere mit ein? Warum macht Fleischkonsum krank? Warum ist der Fleischkonsum eine Frage des Gewissens? Ist die vegetarische oder vegane Ernährung gesundheitlich wirklich unbedenklich? Diese Fragen und noch mehr sind im Kapitel 11 zu finden.

Kapitel 12
DIE CORONA-LEKTION UND DAS GESETZ VON SAAT UND ERNTE
Seiten 199-216

Wieso wird hier die Corona-Pandemie eine Lektion genannt? Wieso tritt Corona so schnell und weltweit auf? Müssen wir mit weiteren Viren-Pandemien rechnen? Sind Viren menschengemacht? Was bedeuten die Begriffe „geistige Hygiene" und „geistige Immunität"? Diese Fragen und noch mehr sind im Kapitel 12 zu finden.

Kapitel 13
DER CHRISTUS-VERRAT DURCH KIRCHEN UND STAAT
Seiten 217-238

Worin besteht konkret der Christus-Verrat? Wieso sind die Kirchen nicht christlich? Wo kommt die enge Bande zwischen Kirchen und Staat her? Wie war das Verhältnis der Kirchen zur Hitler-Diktatur? Ist Kirchenmitgliedschaft überhaupt mit wahrer Christlichkeit vereinbar? Diese Fragen und noch mehr sind im Kapitel 13 zu finden.

Kapitel 14
DIE IRRTÜMER UND ILLUSIONEN RUND UM DIE DEMOKRATIE
Seiten 239-258

Sind Freiheit und Demokratie identisch? Erleben wir die Faschisierung der BRD trotz Demokratie oder wegen der Demokratie? Könnte die Demokratie funktionell gesehen der Antagonist zur Freiheit sein? Was wäre ein Ersatz für Demokratie, wenn sie sich selbst erledigt? Diese Fragen und noch mehr sind im Kapitel 14 zu finden.

Kapitel 15
WESEN UND URSACHEN VON FASCHISMUS UND KRIEG
Seiten 259-274

Gehen Faschismus und Krieg immer Hand in Hand? Warum besteht der Verdacht, dass Demokratie immer mit dem Faschismus schwanger geht? Warum sind die Massen immer wieder zum Völkermord bereit? Hat der Weltfriede noch ein Chance oder ist es schon zu spät? Diese Fragen und noch mehr sind im Kapitel 15 zu finden.

HILFREICHE WEBSITES
Seiten 351-355

Es gab und es gibt zu allen Zeiten Urchristen, die sich den Verfälschungen der Lehren Christi nicht nur entgegenstellten, sondern, die wahren Lehren Christis veröffentlichten und verbreiten. Auch heute gibt es wieder eine freichristliche Bewegung und auch Websites der Aufklärung, die auf dieser Unterseite zu finden sind. Wer die Wahrheit sucht, kann hier fündig werden.

IMPRESSUM
Seiten 356-358

Das Impressum enthält meine Kontaktdaten und einige Hinweise zum Thema Verantwortung. Jeder kann mit mir Kontakt aufnehmen und bei Interesse könnte die gleichnamige Website CHRISTUSGEWISSEN eine Ergänzung für Besucherbeiträge erfahren. So könnte ein Besucher-Dialog stattfinden, in dem zusätzliche Fragen behandelt werden könnten. Das Buch schließt mit einer satirischen Kontra-Indikation im Impressum.

* * *

**Je eher wir auf unser Gewissen hören,
desto eher hören wir auf, das Leben zu zerstören!**

* * *

KAPITEL 01

DAS CHRISTUSGEWISSEN

PROLOG
zum Kapitel 01

Fragen zur Nachdenklichkeit

Kein Mensch kann einen anderen Menschen daran hindern, über Gott und über die Welt nachzudenken. Was tun wir, wenn wir nachdenken? Ist das Nachdenken nicht eine Klärung von offenen Fragen, eine Bereinigung? Über welche offenen Fragen denken wir nach? Ist Nachdenklichkeit nicht die Klärung von offenen Fragen über etwas, was geschehen ist? Warum ist das Nachdenkliche geschehen, was nun der Vergangenheit angehört? Was war die Ursache dessen, was soeben vorgefallen ist?

Fragen zur „Vordenklichkeit"

Wenn man über ein vergangenes Geschehen nachdenken kann, kann man auch über etwas vor- oder nachdenken, das noch nicht geschehen ist, das aber eventuell geschehen könnte, oder das man sogar erwarten oder sogar beeinflussen könnte? Können wir künftige Ereignisse durch unser jetziges Verhalten beeinflussen? Wer oder was bestimmt unser jetziges Verhalten, das ein künftiges Ereignis generieren oder gar provozieren könnte? Resultiert unser jetziges Verhalten aus unserer Vergangenheit?

Fragen zur Fraglichkeit

An wen sind eigentlich alle Fragen, die wir stellen, gerichtet? Sind nicht alle Fragen an uns selbst gerichtet, auch dann, wenn wir viele Fragen oft an andere Menschen oder gar an eine Institution richten? Müssen nicht alle Antworten auf alle Fragen von uns selbst beantwortet werden, weil alle Fragen in allerletzter Instanz Fragen an unser Gewissen sind und nicht an unseren Intellekt? Wer oder was ist unser Gewissen? Wer oder was ist das Christusgewissen? Verfügt jeder über ein Christusgewissen?

* * *

14

DIALOG
zum Kapitel 01

Frage 01
Was ist das Gewissen und wie kann man es definieren?

Bildlich gesprochen, ist unser Gewissen der Seismograph unserer Seele. Der Seismograph ist ein Gerät, das Erschütterungen der Erde, also Erdbeben aufzeichnet. Das griechische Wort „Seismos" bedeutet vom Sinn her: Erschütterung. Da alle menschlichen Regungen, unsere Gefühle, Gedanken, Worte und Taten, sowohl in unserer Seele, als auch im Kosmos und auch in der Erde selbst aufgezeichnet werden, eignet sich das Bild des Seismographen sehr gut als Symbol für das Gewissen.

Frage 02
Wenn wir Menschen erschüttert sind, kommt die Erschütterung immer aus dem Gewissen unserer Seele?

Das trifft auf jeden Fall immer dann zu, wenn wir über uns selbst erschüttert sind, z.B. über ein ungutes Verhalten einem Mitmenschen gegenüber. Jedes Verhalten hat nämlich eine Wirkung im Gepäck. Es gibt kein Verhalten ohne Wirkung. Wenn wir jemanden verletzt haben, dann kann uns das erschüttern, vor allem, wenn wir den Schmerz sehen, den wir unserem Nächsten zugefügt haben. Wenn wir jemandem etwas Böses zufügen, ernten wir ähnliches und auch das kann uns erschüttern.

Frage 03
Wenn der Seismograph als Symbol für unser Gewissen dienen kann, so bleibt ein Symbol letztlich doch nur ein Symbol, d.h. das Symbol ist nicht das Gewissen selbst. Was ist das Gewissen vom Wesen her?

Vom Wesen her ist das Gewissen ein Teil des Göttlichen in uns, denn uns ist offenbart, dass ausnahmslos jeder Mensch als Tempel Gottes gesehen werden kann. Gott wohnt in jedem Menschen. Das Göttliche in uns ist der Kern unserer unsterblichen Seele, der nicht „verböst" oder manipuliert werden kann. So gesehen, können wir unser Gewissen als Brücke zwischen Gott in uns, unserem Seelenleib und unserem Körper begreifen, der ja das ausführende Instrument unserer Seele ist.

Frage 04
Wieso ist unser menschlicher Körper der ausführende Organismus, also demnach das Instrument unserer Seele?

Jeder Mensch verhält sich in jeder Situation und zu jeder Zeit immer so, wie er sich programmiert hat, oder wie er sich hat programmieren lassen, je nach dem, wie frei oder unfrei er ist. Ein Nicht-Verhalten gibt es nicht. Jedes Verhalten braucht aber einen Impuls, quasi einen Befehl, den letztlich der Organismus Mensch ausführt. Dieser Impuls kommt letztlich aus unserer Seele, die der Träger unserer Programme ist. Ob wir etwas tun oder unterlassen, erwägt letztinstanzlich unser Gewissen.

Frage 05
Das hört sich fast computermäßig an, wenn die Rede von Programmen, vom Speichern und vom Programmieren ist. Sind wir etwa Computer?

Das wohl eher nicht, aber die Computer, die wir Menschlein glauben erfunden und entwickelt zu haben, sind aus der Natur abgekupfert, wie alle Technik-Produkte aus der Natur abgekupfert sind. Patentrechtlich ausgedrückt könnte man sagen, dass der Mensch mittels Wissenschaft und Technik geistigen Diebstahl begeht, um heilige Naturgesetze für sich und für ungute Zwecke zu missbrauchen. Der kriminelle Krieg gegen die Natur wiederum funktioniert nur unter Ausschaltung des Gewissens.

Frage 06
So schließt sich der Kreis bzw. der Entscheidungskreislauf. Wenn das Gewissen die letzte Entscheidungsinstanz unserer Seele ist, woher weiß denn unser Gewissen, ob es sich für ja oder nein entscheiden soll?

Das Wörtchen „soll" ist der Schlüssel zur Antwort auf diese berechtigte Frage. Es ist nämlich so, dass wir göttliche Vorgaben haben, wie wir uns verhalten sollen. Diese Vorgaben kennen wir. Sie sind das Gerüst unseres Gewissens. Es sind die zehn Gebote, die unser Schöpfer uns durch den Propheten Moses zukommen ließ und es sind die Regeln des Lebens und des Friedens, die Gott uns durch Seinen Sohn Christus vor zweitausend Jahren in Gestalt des Jesus von Nazareth zukommen ließ.

Frage 07
Was hat das mit dem Wörtchen „soll" zu tun und was steckt dahinter?

Die zehn Gebote durch Moses beginnen alle mit der Formulierung „Du sollst …". Das bedeutet nicht: „Du musst" und das wiederum bedeutet, dass Gott uns die freie Entscheidung darüber lässt, ob wir etwas tun oder nicht. Gott ist absolute Freiheit ein ganz wesentliches Merkmal des Wesens Gottes, was von allen Priester-Religionen vehement abgestritten wird. So gibt es also in allen Lebenslagen und in allen Lebensfragen ein göttliches „Soll" und einen „Ist-Zustand", den der Mensch erzeugt.

Frage 08
Dann wäre der von uns Menschen geschaffene Ist-Zustand entweder im Einklang mit den Geboten Gottes und den Lehren Christi oder sie stehen dem entgegen – ist das so und welche Folgen hat dann der Ist-Zustand?

Auch das ist uns glasklar durch Christus in Jesus bereits vor zweitausend Jahren gelehrt worden, und besonders heute erneut durch Christus, über Offenbarungen durch Seine Prophetin in der Jetztzeit, Gabriele, bestätigt: Das Gesetz von Saat und Ernte, auch Kausalgesetz genannt. Wer in Gott lebt, wer den Weg der Erlösung Christi geht, der erntet Gutes, denn Gott ist das absolut Gute. Was nicht gut ist, ist nicht von Gott. Wer gegen das Gesetz, also gegen das Leben, gegen die Natur handelt, erntet Ungutes.

Frage 09
Was sich als Frage regelrecht aufdrängt, das ist die Sache mit der Programmierung unserer Seele. Werden wir programmiert oder programmieren wir uns selbst? Wie funktioniert die Programmierung überhaupt und wie steht es da mit der Verantwortlichkeit?

Das sind eigentlich drei Fragen, die aber alle miteinander zu tun haben. Grundsätzlich sind wir Menschen immer unsere eigenen Programmierer. Das trifft auch dann zu, wenn wir uns manipulieren lassen, wie es heute ja leider noch überwiegend der Fall ist. Da wir aber alle frei in unseren Entscheidungen sind, und wir alle die Gebote Gottes kennen oder kennen können, sind wir auch selbst verantwortlich, wenn wir manipuliert werden. Warum? Wir selbst lassen eine Fremdprogrammierung zu oder nicht!

Frage 09.01
... und wie funktioniert die Programmierung ganz konkret?

Ganz grob betrachtet geht jede Entscheidung über eine Art Instanzenweg vom Soll-Zustand über den menschlichen Charakter, der den Satan der Sinne in sich birgt, über das Gewissen, wenn es funktioniert, zum Ist-Zustand, der entweder dem Willen Gottes entspricht oder gegen Gottes Willen gerichtet ist. Ganz wichtig: alle Empfindungen, Gedanken, Worte und Taten sind Energie, also energetische Schwingungen, die immer in der Seele, in der Erde und in den Kosmen gespeichert werden.

Frage 09.02
... und wie steht es dann mit der Verantwortlichkeit?

Niemand, außer wir selbst, sind vollkommen verantwortlich für alle unsere Empfindungen, Gedanken, Worte und Taten. Warum? Wir können sie beobachten, wir können sie bewerten und abwägen, wir können sie zulassen oder verwerfen, wir können umdenken oder wir können uns auch gehen lassen. Letzteres tun wir, wenn wir uns vom Satan der Sinne beherrschen lassen und uns diktieren lassen, was wir tun und was wir unterlassen. Wir sind immer in unseren Entscheidungen frei.

Frage 10
Da war eben vom Charakter die Rede. Was spielt unser Charakter denn für eine Rolle in unseren Entscheidungen, denn es wird ja teilweise behauptet, dass wir unseren Charakter von unseren Eltern und von unseren Vorfahren geerbt haben sollen?

Böse Falle, die diversen Erbtheorien – die Frage kann im Detail erst in einem anderen Kapitel beantwortet werden, wo es um das Gesetz der Reinkarnation geht. Hier vorerst nur soviel: Unser Charakter ist der Ausdruck unserer seelischen Verfassung, dem Grad ihrer Verschattung. Er kann als Meta-Ebene der Programmierung gelten, der immer wieder eine

Art typische, persönliche Verhaltens-Automatik generiert. Aber: auch er unterliegt unserer eigenen Verantwortung. Er ist also veränderbar.

Frage 11
Was hat es nun mit dem „Christusgewissen" auf sich, dem Titel dieser Website? Gibt es denn noch andere Formen des Gewissens?

Wer möchte, der kann unter „Christusgewissen" ein Ziel verstehen, besser: Das Ziel seines Lebens auf dieser Erde. Wenn man unterwegs ist, dann ist man ja noch nicht am Ziel. So gesehen, können wir das Christusgewissen als das angestrebte Resultat eines lebenslangen Prozesses der Reinigung unserer noch verschatteten Seele betrachten. Wir sind ja alle auf dem Weg der Erlösung, auch diejenigen, die sich dessen noch nicht bewusst sind. Kurz gesagt: Die Erlösung ist unser Ziel.

Frage 11.01
… und die zweite Frage nach den anderen möglichen Formen des Gewissens?

Das Gewissen jedes Menschen hat seine eigene individuelle Struktur und seine eigene Intensität. Wahrscheinlich können nur ganz, ganz wenige Menschen von sich sagen, sie hätten ein komplett entwickeltes Gewissen im Geiste Christi. Von daher sind alle Formen des Gewissens aller Menschen different und auch die Sensibilität des Gewissens ist bei jedem anders. Aber für alle Menschen gilt: Wir alle können und sollen das Christusgewissen anstreben und unser Leben auf Christus ausrichten.

Frage 12
Was bedeutet es praktisch, wenn man seine Lebensführung auf Christus ausrichten möchte?

Man fängt am besten zunächst mit den zehn Geboten des Moses an, meist zuerst mit dem 5. Gebot, wonach wir nicht töten sollen. Das war auch bei mir der Beginn. Wenn man das 5. Gebot ernstnimmt, verbietet sich der Fleischkonsum und auch der Konsum aller tierischen Produkte. Damit hat man erst einmal genug zu tun. Als Nächstes geht man dazu über nach und nach alle Gebote, die Bergpredigt Jesu, die Reinkarnationslehre und die Offenbarungen Christi durch Seine Prophetin Gabriele anzunehmen.

Frage 13
Was bedeutet das Annehmen der Gebote, der Bergpredigt Jesu, der Reinkarnationslehre und der Christus-Offenbarungen konkret?

Ganz einfach zunächst einmal die gründliche Befassung und zwar täglich und dann deren Befürwortung und/oder die Klärung der offenen Fragen und dann kommt das Wichtigste: die Umsetzung des göttlichen Willens. So bin ich jedenfalls vorgegangen und das schlägt sich auch in meinem Buch „Christus-Aversionen" nieder. Dass man sich dann von dem Unrat der Kirchenlügen abwenden wird, ist selbstredend. Man kann nicht das 5. Gebot und zugleich den Krieg befürworten, wie es die Kirchen tun.

Frage 14
Kann das Buch „Christus-Aversionen" als Hilfe dienen?

Das Buch ist in dem Kapitel 20 dieses Buches (S. 399-355), vorgestellt. Wer möchte, kann es im Buchhandel oder beim BoD-Verlag bestellen. Es ist kein Lehrbuch, aber es schildert, wie ich versucht habe, die Gebote und die Bergpredigt für mich selbst in unsere Zeit zu transformieren. Was bedeutet das alles heute, vor allem vor dem Hintergrund des Gesetzes der Reinkarnation und des Kausalgesetzes? So, wie ich es dort öffentlich für mich gemacht habe, so ungefähr kann es jeder für sich selbst versuchen.

Frage 15
Aber nicht jeder hat die Zeit oder die Lust oder die Möglichkeit, ein Buch zu schreiben. Geht's auch einfacher?

Ja, natürlich – man braucht kein Buch schreiben. Aber das Schreiben von kleinen Aufsätzen oder von fiktiven oder tatsächlichen Briefen ist sehr hilfreich, denn das Schreiben gilt heute sogar als therapeutisches Mittel. Zumindest das regelmäßige Lesen geistiger Literatur ist unumgänglich, denn es heißt: Lesen schadet der Dummheit und das soll es ja auch. Es kommt aber immer auf die Verwirklichung des göttlichen Willens an und das ist das A und O für die Entwicklung unseres geistigen Bewusstseins.

....

Das Gesetz ändert sich,
das Gewissen nicht

Sophie Scholl

....

Frage 16
Was hat diese mutige junge Frau Sophie Scholl, die von den Nazi-Schergen, mit 22 Jahren, per Enthauptung mit einer Guillotine, wegen ihrer christlichen Gesinnung und als Kriegsgegnerin hingerichtet wurde, mit ihrer Aussage gemeint, denn so ganz stimmig ist sie ja nicht?

Sophie Scholl, ihr Bruder Hans Scholl und die anderen Mutigen der Weißen Rose verdienen unsere volle Hochachtung und ich wünsche von mir selbst, auch diese Kraft und diesen Mut zu haben, wenn die Zukunft unser Stehvermögen verlangen sollte. Sophie sah wohl in erster Linie die Vergänglichkeit der Rechtsordnung der Nazis, wonach das Unrecht „rechtens" war, und mit dem bleibenden Gewissen meinte sie wohl die Unsterblichkeit der Seele, die ja die Herberge des Gewissens ist.

Das Gewissen ist fähig, Unrecht für Recht zu halten,
Inquisition für Gott wohlgefällig und Mord für
politisch wertvoll.
Das Gewissen ist um 180 Grad drehbar.

Erich Kästner

Frage 17
Steht die Äußerung von Erich Kästner nicht im Widerspruch zur Aussage von Sophie Scholl?

Nein, das glaube ich nicht. Sophie hatte richtig erkannt, dass das Recht manipulierbar ist, was wir ja heute auch sehen. Das Gewissen ist auch keine Konstante, denn es unterliegt ja der Evolution. Der geistige Kern des Gewissens, die göttlichen Gesetze, sind aber unwandelbar und ewig. Da unsere Seele aber durch unser Ego unterschiedlich verschattet ist, ist auch unser Gewissen graduell unterschiedlich näher bei Gott oder auch in großer Gottferne. Beide Aussagen enthalten Teile der Wahrheit.

Das, was wir ein schlechtes Gewissen nennen,
ist immer ein gutes Gewissen.
Es ist das Gute, was sich in uns erhebt
und uns bei uns selbst verklagt.

Theodor Fontane

Frage 18
Dem Gedanken von Theodor Fontane kann man sicherlich uneingeschränkt zustimmen, oder?

Das sehe ich auch so. Ein schlechtes Gewissen ist ein funktionierendes Gewissen – immerhin besser, als das taube Gewissen mancher Böslinge, die vorsätzlich alles für ihr Eigenwohl tun, ohne Rücksicht darauf, dass sie sich auf Kosten anderer oder der Gemeinschaft bereichern. Das ist ja heute an der Tagesordnung und weit verbreitet. Wir erleben heute ein Ausmaß an Gewissensarmut quer durch die ganze Gesellschaft. Aktuell kriegen wir sehr bald auch die Rechnung dafür, denn das Kausalgesetz antwortet.

Das Gewissen ist die Stimme der Seele,
die Leidenschaften sind die Stimme des Körpers

Jean-Jacques-Rousseau

Frage 19
Hier nennt Rousseau einen völlig neuen Aspekt, den wir noch nicht behandelt haben. Deckt sich die Aussage mit der Aussage: „der Geist ist willig, doch das Fleisch ist schwach"?

Gegenfrage: was sind Leidenschaften? Sie sind alles, was Leiden schafft, denn irgendwann leiden wir an der ständigen Befriedigung unserer Lüste und Gelüste. Entweder versklaven sie uns oder sie somatisieren sogar als Krankheit oder sogar beides. Deswegen finde ich auch den Ausdruck „Satan der Sinne" so plausibel und zutreffend. Vom Satan der Sinne kann ich selbst auch ein Liedchen singen. Rousseau kann man zustimmen. Er war nicht umsonst ein geachteter Philosoph und Lehrer.

Frage 20
Kann der Web-Schriftsteller und Buchautor Uwe-Ferdinand Jessen gegen Ende dieses Gedankenaustausches auch ein wenig aus dem „Nähkästchen plaudern", zum Beispiel, wie er selbst sein Gewissen hegt und pflegt?

Kein Problem – mache ich sogar gerne, schon alleine, damit jeder Leser sehen kann, dass hier kein „Heiliger" von oben herab kanzelt. Allgemein kann ich von mir sagen, dass ich inzwischen ausnahmslos jede Frage zur Gewissensfrage mache. Gleichzeitig muss ich bekennen, dass ich selbst noch sehr weit von dem Ziel entfernt bin, über ein makelloses Christus-Gewissen zu verfügen. Was ich aber seit etwa sieben Jahren sehr ernst nehme ist, mich selbst täglich kritisch zu beobachten und zu korrigieren.

Frage 21
Wie geht denn die tägliche kritische Selbstbeobachtung und die Korrektur bei Dir vor sich und worum geht es bei der Korrektur?

Bei der Korrektur geht es immer darum, mein Verhalten auf Christus auszurichten, bei Fehlern um Vergebung zu bitten, vor allem auch selbst jenen zu vergeben, die mir nicht wohlgesonnen sind, und ganz wichtig: Die Sünden und Verfehlungen nicht mehr zu tun, die ich als egoistisch oder als eigenwillig erkannt habe. Messlatte sind die zehn Gebote und die acht Seligpreisungen und die vier Wehrufe der Bergpredigt, aber immer auch die sonstigen Lehren Christi, die dem Frieden dienen, wie Er sie uns vorlebte.

Frage 22
Findest Du jeden Tag Fehler und Fehlhaltungen und grenzt die ständige Selbstkritik nicht an eine Art Selbstverstümmelung?

Das ist überhaupt nicht selbstzerstörerisch, weil ich jeden Tag ja auch meine Erfolge und meine kleinen Fortschritte sehe, die sich immer auch einstellen, wenn man ernst macht, mit der Gefolgschaft auf dem Weg der Erlösung durch dasjenige, was Christus uns vorlebte. Das Bewusstsein der Reinkarnation schärft den Blick auf das Leben nach dem Tode, auf das wir uns ja im Diesseits vorbereiten. Das Ziel ist ja, sich nicht schon wieder zu inkarnieren, sondern höheren Lebensformen zuzustreben.

Frage 23
Kannst Du mal ein Beispiel nennen, wo Du noch so richtig daneben liegst und mit Dir noch alles andere als zufrieden sein kannst?

Gerne – vor ein paar Jahren hatte ich mein Auto abgeschafft, weil ich ohne Auto leben wollte, der Natur zuliebe. Dann wurde ich wieder schwach und kaufte auf Pump einen Motorroller. Noch schlimmer: Vor drei Jahren verkaufte ich den Roller und kaufte auf Pump einen alten gebrauchten Fiat Panda, warum? Weil ich als Ex-Fernfahrer begann, an dem „Mobilitäts-Entzug" zu leiden, wie ein Süchtiger. Die überflüssige Fehlinvestition habe ich mir auch noch schöngeredet: eine Sünde hoch 3.

Frage 24
Was lässt sich am Ende dieser Gedanken zum Thema und zum Titel der Website „Christusgewissen" noch jenen mit auf den Weg geben, die sich noch nicht so richtig mit den urchristlichen Idealen anfreunden können?

Gott ist Freiheit und deswegen kann es nicht gut sein, wenn man sich zu etwas zwingt, was noch nicht aus dem Herzen kommt. Bei mir war es so, dass alles, womit ich eine andere Gesellschaft mitgestalten wollte, die gerecht, frei und friedlich ist, fehlgeschlagen ist. Mein Schutzengel hat mich in jedes Fettnäpfchen treten lassen, das sich mir anbot, mit vielen üblen Folgen, die ich mir irgendwann selbst zuschreiben musste. In mir loderte immer die Sehnsucht nach Freiheit und Gerechtigkeit – bis heute.

Frage 25
Welche Rolle spielt der Wille in der Befassung mit dem Christusgewissen?

Es ist nicht schwer festzustellen, dass die meisten, die sich mit Christus noch nicht anfreunden können, dieses meist auch nicht wollen. Dann gibt es noch jene, die die heutigen Christus-Botschaften durch Gabriele ablehnen, obwohl sie sich noch nicht einmal ausführlich damit befasst haben. Jeder ist darin frei, sich für oder gegen Christus zu entscheiden, aber jeder sollte wissen, dass er sich damit auch für oder gegen Frieden, Freiheit und Gerechtigkeit entscheidet. Diese Fragen sind Gewissensentscheidungen, die letztlich nur mit Christus lösbar sind.

EPILOG
zum Kapitel 01

Jeder kann jede Frage und jedes Verhalten zur Gewissensfrage werden lassen.

Wer sich darin übt, schützt sich vor dem üblen Verhaltens-Automatismus unseres noch unvollkommenen Charakters.
Das Entscheidende ist die Selbstbeobachtung.

Wenn wir unsere Gefühle und Gedanken beobachten und notfalls korrigieren, dann sind wir dazu in der Lage, unser Gewissen wirken zu lassen, bevor wir uns widersprüchlich verhalten und zur Tat schreiten.

In der Gegenwart leben heißt, vorher zu überlegen, was wir tun oder was wir unterlassen wollen.

Je mehr wir unser Denken, Reden und Verhalten im Nachhinein prüfen und bewerten und uns selbst kritisieren, desto mehr befähigen wir uns darin, vorher zu prüfen, was wir denken, reden und tun werden.

* * *

Sehr hilfreich und heutzutage noch dringlicher als je zuvor, sind die folgenden uralten und dennoch hochaktuellen Hinweise aus dem Talmud:

ACHTE AUF DEINE GEDANKEN,
DENN SIE WERDEN DEINE WORTE!

ACHTE AUF DEINE WORTE,
DENN SIE WERDEN DEINE HANDLUNGEN!

ACHTE AUF DEINE HANDLUNGEN,
DENN SIE WERDEN DEINE GEWOHNHEITEN!

ACHTE AUF DEINE GEWOHNHEITEN,
DENN SIE WERDEN DEIN CHARAKTER!

ACHTE AUF DEINEN CHARAKTER,
DENN ER WIRD DEIN SCHICKSAL!

* * *

Gewissen
ist Gottes Gegenwart im Menschen.

* * *

Emanuel von Swedenborg

KAPITEL 02

DIE SELBSTERKENNTNIS

IM DIENSTE DER ERLÖSUNG

PROLOG
zum Kapitel 02

Selbstbeobachtung versus Fremdbeobachtung

Im Kapitel 01 „Das Christusgewissen" war schon von der Idee der Selbstbeobachtung die Rede. Dort hatten wir schon den Gewissensdialog thematisiert. Die Kontrolle über sich selbst kann nur über die Selbstbeobachtung in Verbindung mit dem Gewissen funktionieren. Im Alltag ist es aber oft ganz anders. Im Alltag neigen wir noch mehr oder weniger stark dazu, unsere Mitmenschen mehr zu beobachten als uns selbst. Das führt fast automatisch auch dazu, das Verhalten anderer zu beurteilen oder es sogar zu verurteilen, wenn derjenige etwas „falsch" zu machen scheint.

Der Splitter im Auge des anderen und der Balken im eigenen Auge

Die Beobachtung anderer führt nahezu zwangsweise in die Kontrolle des anderen. In dem Moment nämlich, in dem wir einen Mitmenschen kritisieren, versuchen wir ein bestimmtes Verhalten zu beeinflussen, und zwar in unserem Sinne. Als Christus vor zweitausend Jahren in den Menschen Jesus einverleibt war, um uns zu lehren, wie wir wieder göttlich werden können, was wir einst als Geistwesen waren, da hatte Jesus damals schon die Unsitte der Kritik an anderen als ungöttlichen Irrweg benannt. Heute können wir wissen, warum Verurteilung eine üble Unsitte ist.

Die Einsicht als erster Schritt zur Besserung

Im Folgenden möchte dieses Kapitel einige wichtige Fragen untersuchen, warum es eigentlich ungut und sogar kontraproduktiv sein kann, seine Beobachtungen auf das Verhalten anderer zu fokussieren und sich somit unbewusst zum Kontrolleur über andere zu erheben, statt sich darin zu üben, nur sich selbst zu kontrollieren. Bevor wir „ins Eingemachte" gehen, sollen die ersten Fragen untersuchen, was Kritik überhaupt ist, und ob Kritik grundsätzlich ungut ist. Erst danach geht es um die Unterschiede zwischen persönlicher Kritik und der unpersönlichen Sachkritik.

* * *

DIALOG
zum Kapitel 02

Frage 01
Im Prolog klingt so etwas an wie: „Kritik der Kritik", oder anders ausgedrückt: „Verurteilung der Verurteilung". Braucht der Fortschritt nicht die Kritik oder u.U. auch das Urteil bzw. die Verurteilung?

Die Kritik ist ohne Zweifel ein wesentliches Element des Fortschritts. Ob ein Urteil oder gar eine Verurteilung dem Fortschritt dient, kann jedoch dann angezweifelt werden, wenn es um eine Verurteilung von Menschen geht, evtl. auch noch mit Sanktionen. Die Frage, ob Kritik dem Fortschritt dient, birgt jedoch auch einige Tücken in sich, die genau unter die Lupe genommen werden wollen. Dieses Thema ist sozusagen „asbach-uralt", denn schon Sokrates hatte sich sehr ausführlich mit der Frage der Belehrung und Unterweisung durch „Wissende" sehr kritisch befasst.

Frage 02
Worin unterscheidet sich die Kritik von einem Urteil und ist ein Urteil mit Verurteilung gleichzusetzen?

Nach meiner Auffassung stellt Kritik zunächst einmal eine Gegebenheit in Frage. Das kann sich auf das Ziel einer Handlung beziehen oder auf die generelle Frage, ob die kritisierte Gegebenheit gut oder ungut ist. Eine Kritik löst die Befassung oder gar eine Untersuchung dahingehend aus, ob etwas geändert werden sollte. Das Urteil wäre nach meiner Auffassung das Resultat der Untersuchung. Dem Urteil folgen meist Entscheidungen, denen Änderungen folgen. Das bedeutet praktisch, dass jedes Verhalten immer Folgen haben muss, egal ob mit oder ohne Urteil.

Frage 03
Beziehen sich Kritiken und Urteile stets nur auf die Folgen von Verhaltensweisen und Handlungen und weniger auf das Verhalten oder die Handlung selbst?

Nicht nur, denn die Folgen eines Verhaltens sind nicht immer ganz klar abzusehen. Das bedeutet, dass die potentiellen Folgen, die noch nicht eingetreten sind, Kritiken auslösen können, sogar, wenn die befürchteten Folgen ausbleiben. Es geht aber um mehr, nämlich um das Motiv eines Verhaltens oder auch um das Ziel und darum, ob das Motiv oder das Ziel in Ordnung ist. Wenn ich als Kind wieder einmal etwas „ausgefressen" hatte, dann folgte immer die Frage: „Warum hast du das gemacht?" Da war man gut dran, wenn man einen guten, straffreien Grund liefern konnte.

Frage 04
Generell könnte man aber doch sagen, dass sowohl die Kritik als auch eine Beurteilung einer Gegebenheit zum Lernen gehört. Richtig?

Klar, Lernen können wir als Zuwachs von Erkenntnis und/oder als Steigerung einer Befähigung zu etwas betrachten. Ganz wichtig ist dabei die unbestreitbare Tatsache, dass sich jeder Mensch in einem permanenten Lernprozess befindet, und zwar von der Wiege bis zu Bahre. Wenn wir unter Erkenntnis etwas Neues, was wir vor dem Lernprozess noch nicht kannten, verstehen, dann verstehen wir auch, dass der lebenslange Lernprozess entweder dem sogenannten Fortschritt oder einem höheren Ziel dienen muss. Dieses höhere Ziel ist auf geistiger Ebene die Evolution.

Frage 05
Wenn aber jemand etwas Ungutes erlernt, nehmen wir zum Beispiel das Erlernen der Kriegsführung, dann kann man ja nicht von Fortschritt oder von Evolution sprechen. Vieles des Erlernten ist für die Schöpfung und für die Menschheit doch nachteilig, was ja wiederum einer kritischen Würdigung einschließlich einer Verurteilung unterzogen werden müsste, um das Ungute abwenden zu können. Ist das richtig?

Ja und Nein = Jein, könnte man sagen, wenn wir die Losung Jesu richtig deuten, der uns eindringlich lehrte: „Urteilt nicht, sonst werdet ihr verurteilt werden!" Wir nähern uns jetzt langsam aber sicher dem Thema der Selbsterkenntnis. Danach ist es zwar richtig, bestimmte Gewohnheiten, Verhaltensweisen und Traditionen zu kritisieren und sie sogar in aller Deutlichkeit anzuprangern und richtig ist es auch, auf die Folgen von unguten Ideen und Taten hinzuweisen, aber dies soll allgemein gehalten werden, nie persönlich, außer man bezieht die Kritik auf sich selbst.

Frage 06
Gibt es triftige Gründe dafür, dass wir alles Ungute nur allgemein kritisieren und anprangern sollen, dass wir auch über die Folgen aufklären sollen, niemals aber Personen selbst anprangern und aufklären sollen, die ganz offensichtlich zum Nachteil der Allgemeinheit oder des großen Ganzen handeln? Wie soll sich denn jemand positiv verändern können, wenn wir ihn nicht direkt ansprechen?

Folgt man den Lehren Christi, die ja identisch mit dem Willen des Christus-Gottes sind, dem wahren Gott, zu dem der brutale Kirchen-Gott ja im totalen Gegensatz steht, dann muss das Prinzip der göttlichen Freiheit beachtet werden. Das ist vermutlich der wichtigste Grund für das urchristliche Prinzip jeder Änderung im Denken, Reden und Tun: Die Freiwilligkeit! Kein Verhalten soll erzwungen oder aufoktroyiert werden. Jeder Mensch soll und muss von selbst dahinter kommen, ob sein Verhalten gut ist oder nicht. Jeder soll sich also selbst „ertappen".

Frage 07
Gilt das göttliche Gesetz der Freiheit auch dann, wenn abzusehen ist, dass sich eine Person oder eine Personengruppe bewusst weigert, ein schädigendes Verhalten für einen Mitmenschen, für die Gemeinschaft und/oder für die Natur einzustellen, wenn jemand also seine Boshaftigkeit willentlich und vorsätzlich fortsetzt?

Ja, denn das hat Christus uns in Gestalt des Jesus von Nazareth auch vorgelebt, als Er nämlich selbst brutal terrorisiert wurde, gefoltert, erniedrigt, und danach unter größten Qualen und Schmerzen ans Kreuz geschlagen wurde und das alles in aller Öffentlichkeit. Was sagte Er kurz vor seinem Leibes-Tod? „Herr, vergib ihnen, denn sie wissen nicht, was sie tun!" Ich habe sehr lange über die Sinnhaftigkeit dieses unglaublichen Verhaltens Christi in Gestalt des Nazareners Jesus nachdenken müssen. Es ist nicht leicht zu verstehen, warum Jesus sich so verhielt.

Frage 08
Warum verhielt sich Jesus für uns Menschen so unglaublich verzeihlich, denn die Schergen damals und heute müssen oder können doch wissen, dass das, was sie da tun, absolut böse ist, zumal Jesus kein einziges Verbrechen begangen hatte, noch nicht einmal ein Vergehen und schon gar nicht eine einzige Sünde?

Wahrscheinlich meinte Jesus, dass alle Böslinge die Folgen ihrer bösen Taten nicht kannten oder auch heute noch nicht kennen oder sie nicht wahrhaben wollen. Sie glauben nicht daran, dass jeder Mensch irgendwann für jede Schandtat bezahlen wird müssen, und zwar in gleichem Maße und in gleicher Qualität, die von dem Sünder ausgegangen ist. Das ist das Gesetz von Saat und Ernte, das immer wirkt, wenn auch nicht immer sofort und auch nicht immer in diesem Erdendasein. Das Kausalgesetz steht in direktem Zusammenhang mit dem Reinkarnationsgesetz.

Frage 09
Würden sich Missetäter, Gewaltverbrecher, Folterer, Kriegsbefürworter und alle Sünder aller Kategorien anders verhalten, wenn sie wüssten, was die Folgen ihrer Schandtaten und Sünden sind?

Ein Teil derer wird sich den höchsten Idealen, die es je auf Erden gab, den Lehren Christi öffnen, wenn sie erkennen, wer sie sind, woher sie kommen und wohin alle Seelen gehen werden. Viele werden jedoch noch so lange ungläubig und unwillig bleiben, wie sie sich in ihrer Sünde wohlfühlen. Sie werden erst im Leid erwachen, wenn sie nämlich das erleiden, was sie der Natur und anderen Menschen zugefügt haben. Gott möchte, dass wir vorher erwachen, bevor wir dem Leid begegnen, das wir uns selbst in unserem Hochmut bereitet haben und immer noch bereiten.

Frage 10
Noch einmal zurück zur Freiwilligkeit der Umkehr: Was für ein tiefer Sinn steckt denn hinter der Freiwilligkeit zur Wandlung der Gesinnung und der Lebensführung im Geiste Christi, die es uns gebietet, das ungute Verhalten anderer zu tolerieren?

Wir wissen aus Erfahrung, dass alles, wozu wir gezwungen werden, keinen langen Bestand hat. Gott ist Freiheit und wer wieder in das Reich Gottes zurückkehren möchte, muss sich freiwillig von allen Zwängen und Bindungen lösen. Das gilt übrigens auch für unser eigenes sündiges Verhalten. Christus lehrte nämlich, dass wir uns bei der Wandlung nicht kasteien sollen. Damit ist die freie Entscheidung aus Liebe zu Gott, also zum absolut Guten gemeint, die uns motivieren soll und nicht Zwänge, auch nicht Selbst-Zwänge. Wirkliche Wandlung geht nur mit Liebe.

Frage 11
Dann wird sich die Welt aber kaum ändern können, wenn wir jeden kritiklos schalten und walten lassen, wie es ihm beliebt. Rechtfertigt das Streben nach einer besseren Welt, einer Welt des Friedens, der Freiheit und der Gerechtigkeit nicht doch wenigstens die erzieherische Einflussnahme auf die Gewohnheitssünder, weil sonst andere unschuldige Opfer unter der Willkür von den Sündern leiden müssen?

So ähnlich hatte ich persönlich in jungen Jahren auch gedacht. Mit dieser Denke hatte ich sogar die sogenannte gerechte Gewalt befürwortet. Ich glaubte früher, dass die Opfer von Missetätern unschuldige Opfer sind. Wenn wir aber die Lehre der Reinkarnation mit dem Kausalgesetz in unsere Betrachtung einbeziehen, sieht die Welt nämlich völlig anders aus. Danach kann es gar keine unschuldigen Opfer geben. Wenn jeder eines Tages das erntet, was er einst gesät hat, dann muss jener, der Ungutes erntet, einst Ungutes gesät haben, evtl. in einem früherem Leben.

Frage 12
Das hört sich aber verdammt hart an, fast mitleidslos, denn urchristlich gesehen, sollen wir doch den Hilfebedürftigen beistehen. Wie verhält es sich damit?

Wir sollen uns dabei helfen, unser Kreuz zu tragen, und zwar der geistig Stärkere dem, der geistig noch weltlich tickt, aber nur, wenn dieser darum bittet. Sonst entstehen wieder Zwänge, die wir dummerweise „Erziehung" nennen. Es mag ja hart klingen, aber das Gesetz der Freiheit gilt absolut, wie alle Gesetze Gottes nur absolut sein können. Noch einmal: Das gilt auch für die Selbsterkenntnis! Wir ändern die Welt nicht, indem wir andere missionieren, sondern nur, indem wir uns selbst im Geiste der Erlösung durch Christus ändern und so in die Welt leuchten.

Frage 13
Wenn das alles stimmt, dann bleibt ja wirklich nichts anderes übrig, als zu warten bis jeder Mensch und jede Seele freiwillig über den Weg der Selbsterkenntnis den Pfad der Tugend findet und geht. Das wird ja ewig dauern, oder?

Zum Weg der Selbsterkenntnis gibt es keine erfolgversprechende Alternative, vor allem dann nicht, wenn wir uns klarmachen, warum die Welt so ist, wie sie ist. Sie ist so zerstört wie sie ist, weil nicht nur einige Missetäter aus Politik und Wirtschaft sie zu einer Kloake gemacht haben, die uns bald nicht mehr ernähren kann. Es ist das Werk der Menschenmasse, also fast aller Menschen und Seelen, die sich immer wieder auf Erden einverleiben. Wie soll sich die Welt denn je ändern können, wenn sich nicht alle ändern, jeder einzelne im Geiste der Erlösung durch Christus?

Frage 14
Können wir denn darauf vertrauen und ganz sicher davon ausgehen, dass eines Tages jeder Mensch und jede Seele, den Weg der Selbsterkenntnis geht?

Kern der Frohen Botschaft Christi ist: Keine einzige Seele geht verloren! Alle Seelen und alle Menschen werden dem Licht zustreben, und zwar freiwillig. Alle Seelen werden erlöst werden, weil wir alle den Christusweg der Erlösung suchen und finden werden. Das sind keine Hirngespinste und keine leeren Versprechungen. Angekündigt ist nur, dass jeder seinen eigenen Weg gehen wird. Auch im Jenseits werden wir niemals zu einer Einsicht gezwungen. Wer meint, er müsse erneut ein Leben auf Erden führen, wird sich erneut in einen Menschenkörper einverleiben.

Frage 15
Wie sieht denn das ganz konkret aus, wenn man bedenkt, dass es doch auch Menschen gibt, die ganz offensichtlich super-böse sind und vor keiner noch so großen Schandtat zurückschrecken, wie Kriegstreiber und Massenmörder?

Wer nicht von sich aus zur Einsicht kommt, der wird nach und nach alles abtragen müssen, was er anderen an Leid zugefügt hat. Aber jeder empfängt auch die Gnade Gottes, die Gnade der Vergebung, nämlich dann, wenn wir uns auf den Weg der Selbsterkenntnis begeben. Was die anderen tun, soll uns nicht kümmern. Das sind Angelegenheiten zwischen Gott und ihnen. Wir alle haben uns einzig und allein um unsere eigenen Sünden zu kümmern. Jeder kann sich nur selbst ändern und seinen eigenen Charakter durchleuchten – das ist der Weg der Erlösung aller Seelen.

Frage 16
Man sieht aber doch viele Mitmenschen, die offensichtlich nicht bereit sind, den Weg der Selbsterkenntnis zu gehen. Das scheint sogar die große Mehrheit zu sein. Wie kann denn diese Masse der Unwilligen zur besseren Einsicht kommen?

Wer nicht hören will, der muss und der wird fühlen, nämlich über das Gesetz von Saat und Ernte. Wir alle werden uns letztlich im Leid erkennen. Selbsterkenntnis bedeutet ja nicht nur, dass wir irgendwann wissen wollen, woher wir kommen und wohin wir gehen und warum wir schon wieder auf Erden sind, sondern wir werden notfalls im Leid erkennen, dass wir selbst die Urheber dessen sind, was wir gerade erleiden. Es ist der Wille Gottes, dass wir vor dem Leid erkennen, was in uns noch nicht in göttlicher Ordnung ist. Deswegen haben wir die göttliche Aufklärung.

Frage 17
Sich selbst kritisch unter die Lupe zu nehmen ist keine leichte Veranstaltung. Muss man sich dabei dauernd öffentlich „Asche aufs Haupt streuen", also ähnlich wie die Beichte in der Kirche, die einem eher wie ein Akt der Heuchelei vorkommt.

Nein, jedenfalls ist mir nicht bekannt, dass Christus solche Rituale gelehrt hat, im Gegenteil: Christus lehrte, dass wir uns in unsere Kammer zurückziehen sollen, die Türe schließen sollen und alles im Stillen mit unserm Vater klären sollen, denn Gott ist in uns drin. Wir sollen natürlich uns mit Menschen versöhnen, mit denen wir in Fehde geraten sind und das sollten wir auch persönlich, aber nicht öffentlich tun. Wichtig ist, dass wir Gott um Vergebung für Ungutes bitten und die erkannten Sünden nicht mehr tun und auch Wiedergutmachung leisten, wenn das möglich ist.

Frage 18
Was bedeutet denn die Formulierung, dass wir erkannte Sünden unterlassen sollen? Gibt es auch unerkannte Sünden und sind die folgenlos?

Der Spiegel zur Selbsterkenntnis ist unser Gewissen, sind die Zehn Gebote Mose und sind die Regeln des Lebens und des Friedens in der Bergpredigt Jesu. Damit sind wir gut ausgerüstet, um täglich unsere Gedanken, Worte und Taten abzuwägen und zu korrigieren. Wer den Christusweg der Erlösung freiwillig gehen will, der wird alles tun, sich zu beobachten und sich selbst zu kontrollieren. Unerkannte Sünden sind nicht folgenlos, aber sie wiegen nicht so schwer wie bewusste Sünden.

Frage 19
In der urchristlichen Literatur gibt es die Losung:
„Mit Gott lebt es sich leichter!"
Wie kommt es, dass zumindest die Anfangsphase der Umgestaltung des Lebens in die Christus-Richtung nicht als leicht empfunden wird, vor allem dann nicht, wenn man sich ständig selbst beobachten und kontrollieren soll?

Aus eigener Erfahrung muss ich bestätigen, dass es tatsächlich nicht leicht ist, seine Gesinnung und sein gesamtes Verhalten auf den Geist Christi auszurichten. Es ist zum Teil sogar sehr schwierig, was mir allerdings aus zwei Gründen doch leichter fiel: Meine Gefährtin war und ist auch den Christusweg gegangen und gemeinsam geht es leichter. Zum zweiten half mir ein starkes inneres Bedürfnis, den Weg der Gerechtigkeit und der Wahrheit zu gehen. Wo der Wille ist, da ist auch ein Weg und das ist entscheidend. Ich wollte diesen Weg gehen und ich hatte das alte Leben satt.

Frage 20
Welche Hindernisse muss man aus dem Weg räumen, um konsequent den Weg der Selbsterkenntnis zu gehen, ohne den es keine Erlösung geben kann?

Im Wege steht die heimliche Liebe zu unseren alten Gewohnheiten und zu unseren persönlichen Wünschen materieller Art. Dann ist die Eitelkeit im Wege, der die Bequemlichkeit auf dem Fuße folgt. Der Satan der Sinne, also die Genüsse, vor allem der Sexual-Trieb sind ständig auf der Lauer der Versuchung. Wer Christus folgen möchte, muss sich von allem lösen, was uns an Menschen, an menschliche Vorgaben und an materielle Dinge bindet. Wir müssen uns von allem entbinden, was uns bindet, denn Bindung macht unfrei, aber die Lösung führt zur Erlösung.

Frage 21
Wenn wir die Hürden zur Selbsterkenntnis kennen, wäre es mindestens genauso wichtig zu wissen, was uns bei der Selbsterkenntnis hilft.
Welche Anlagen in uns fördern den Weg der Selbsterkenntnis?

Die größte und wirksamste Hilfe ist das Bewusstsein, dass wir Kinder der Liebe sind. In uns allen lodert die Kraft der Liebe und die besteht darin, geben zu wollen. Liebe gibt. Liebe will nicht besitzen und nicht haben, denn die Habsucht ist die satanische Eigenliebe, der Egoismus. Die göttliche Liebe gibt, denn Gott gibt ohne Ende. Wer nicht in der Natur und an sich selbst erkennt, dass Gott immerzu gibt, ohne Ende, der ist ein armer Tropf. Wer die Freiheit, den Frieden, die Gerechtigkeit in Gleichheit und Einheit liebt, der überwindet alle Hürden zur Selbsterkenntnis.

* * *

EPILOG
zum Kapitel 02

Nach vielen Jahrzehnten der Irrtümer, der Irrungen und Wirrungen, und nachdem ich auch sehr viel Lehrgeld gezahlt habe, sprich: geerntet habe, was ich gesät habe, habe ich mich für den Christusweg der Erlösung entscheiden können. Entscheidend dafür waren die Offenbarungen des Christus durch die Prophetin Gabriele, speziell die vielen Neuigkeiten, die uns kirchlicherseits vorenthalten werden. Für mich ist die Reinkarnationslehre in Verbindung mit dem Gesetz von Saat und Ernte das alles Entscheidende gewesen. Jetzt erst konnte ich den Sinn der Bergpredigt verstehen.

Wir sind auf Erden, um wieder göttlich zu werden. Wer das versteht und versteht, dass wir alle nicht sterben, wenn wir sterben, sondern dass alle Menschen nach dem Leibestod in einem anderen Aggregatzustand als Seele weiterleben, und zwar auf einem Planeten, der unserem Bewusstsein entspricht, das wir hier auf Erden selbst erschlossen haben und das in aller Freiheit, der wird sich gerne und im vollen Bewusstsein auf den Weg der Erlösung mit und durch Christus begeben wollen.

**Vielleicht helfen die folgenden Tipps,
die ich selbst ausprobiert hatte, als ich noch am Anfang stand:**

Fang einfach heute schon damit an, Deinen heutigen Tag unter die Kuratel Deines Gewissens zu stellen.

Schreibe Dir die Zehn Gebote heraus und gehe sie jeden Tag langsam durch, bis sie in Deinem Kopf und in Deinem Herzen sind.

Wenn es Dir noch schwerfällt, die Zehn Gebote einzuhalten, dann lies die Zehn Gebote täglich aufmerksam durch und frage Dich, ob es überhaupt noch Kriege, Hunger und Elend gäbe, wenn sich die Menschheit an die Zehn Gebote halten würde.

Schreibe als nächsten Schritt die acht Seligpreisungen und die vier Wehrufe der Bergpredigt Jesu heraus und überlege, am besten schriftlich, was jede dieser Christus-Empfehlungen in der heutigen Zeit für Dich selbst bedeuten könnte.

Wenn Dir die Regeln der Bergpredigt Jesu sinngemäß noch nicht so richtig einleuchten wollen, was bei Anfängern durchaus normal ist, so beginne, Dich ausführlich mit der Reinkarnationslehre zu befassen.

Denk jeden Tag darüber nach, was an Deinem Verhalten und an Deinen Äußerungen nicht gut bei Deinen Nächsten, bei Deinen Verwandten, Freunden, Bekannten und Kollegen angekommen sein könnte.

Denk jeden Tag darüber nach, und zwar vor jeder Aktion, während jeder Aktion und auch nach jeder Aktion, ob Du Deine Mitmenschen, egal ob Freund oder „Feind", immer so behandelt hast, wie Du selbst auch gerne behandelt werden möchtest.

Wenn es Dein Wunsch ist, den Dialog mit Deinem Gewissen auf eine immer höhere Ebene zu heben, dann kann ich aus eigener Erfahrung eindringlich empfehlen, das Literaturangebot beim Gabriele-Verlag zu sichten und nach und nach alle Bücher zu lesen, die Dich persönlich zur Zeit thematisch ansprechen.

Gib niemals auf, wenn scheinbar die Erfolge ausbleiben. Oft merken wir die Erfolge nicht, weil nicht alle Erfolge sensationell daherkommen. Bleib immer am Ball, denn gut Ding braucht Zeit.

* * *

Gewissen
ist das Bewusstsein
eines inneren Gerichtshofes im Menschen.

* * *

Immanuel Kant

KAPITEL 03

WER ODER WAS IST DER CHRISTUS-GOTT?

PROLOG
zum Kapitel 03

„Wer oder was ist Gott?" - Eine blasphemische Frage?

Was ist Blasphemie?

Wer oder was ist Gott?

Wer oder was ist Gott auf keinen Fall?

Worin unterscheidet sich der Christus-Gott von dem Kirchen-Gott?

Warum kann es nur einen Gott geben?

Warum gibt es so viele Religionen?

Hat jede Religion einen anderen Gott?

Ist Gott ein Kriegsgott?

Wo ist Gott in der Not?

Warum lässt Gott überhaupt zu, dass Menschen leiden?

Straft Gott?

Ist Gott wütend?

Hat Gott Geheimnisse vor uns Menschen?

Hat Gott sich von uns Menschen abgewandt oder hat sich der Mensch von Gott abgewandt und mit welchen Folgen?

Solche Fragen und noch mehr behandeln wir im folgenden Kapitel 03

* * *

DIALOG
zum Kapitel 03

Frage 01
Wir sollen uns kein Bildnis von Gott machen. Ist die Frage: „Wer oder was ist Gott?" im Angesicht dieses Gebotes nicht ein Fehltritt oder gar Blasphemie?

Auf den ersten Blick könnte man das annehmen. Der zweite Blick lässt jedoch die Frage zu, was dieses Gebot für einen Sinn haben könnte. Eines dürfte klar sein: Wir sollen auf keinen Fall spekulieren, wie Gott aussehen könnte oder welche Gestalt Gott haben könnte. Aus unseren menschlichen Vorstellungen heraus sollen wir uns keine Bildnisse über Gott schaffen. Das ist auch logisch, wenn man bedenkt, dass unser menschliches, materiell ausgelegtes „Spatzenhirn" nur Materie wahrnehmen kann. Gott ist die Kraft des Lebens in uns allen. Gott ist äußerlich nicht darstellbar.

Frage 02
Warum gibt es denn überhaupt das Gebot Gottes, dass wir uns von Ihm kein Bildnis machen sollen, wenn es schon logisch ist, dass unser Intellekt sowieso nicht dazu in der Lage ist ?

Das dürfte damit zu tun haben, dass es zu allen Zeiten Menschen gab, die sich über ihre Mitmenschen stellten, um sie zu beherrschen. Menschliche Überheblichkeit funktioniert nur, wenn Menschen von sich behaupten, Dinge zu können, die der Normalo nicht kann. „Herren-Menschen" suggerieren „übernatürliche Fähigkeiten" unter anderem, in dem sie behaupten, einen direkten Draht zu Gott oder zu höheren Geistwesen zu haben, was der Normalo angeblich nicht hat. Solche Trugbilder, machen den Menschen beherrschbar - so ergreift der „Herren-Mensch" die Macht.

Frage 03
Gilt das Gebot, sich von Gott kein Bildnis machen zu sollen, vorwiegend jenen Wichtigtuern und Hagestolzen, die sich solche Gottesbilder schaffen, die macht-kompatibel sind, um sich selbst, zum Zweck der Machtausübung, zu erhöhen?

Das Gebot gilt natürlich für alle, denn wir Menschen haben alle noch mehr oder weniger stark den Satan der Sinne in uns. Geltungsdrang und Machtgelüste sind in uns allen noch drin. Wir alle sollen uns in Demut üben, denn Hochmut kommt vor dem Fall. Wir alle sind ja auch Fallwesen, die von Gott abgefallen sind und der Hochmut war tatsächlich der Ursprung des Fallgeschehens. Fakt ist: Niemand kann sich Gott vorstellen und vor Gott ist niemand privilegiert, schon gar nicht geistig. Machtmenschen exponieren sich generell gerne mit „quasi-göttlichen" Fähigkeiten.

Frage 04
Die Frage, wer oder was Gott ist, fällt also nicht unter die Rubrik des sündhaften Versuchs, sich ein Gottesbild zu schaffen?

Wenn Christus uns lehrt, dass wir vollkommen werden sollen, so vollkommen wie unser Vater ist, dann müssen wir wissen, was die göttlichen Eigenschaften sind. Wenn ich z.b. frage, wer oder was war Friedrich Schiller, dann erfahre ich, dass er ein Mensch war, ein Dichter und Denker, der die Freiheit liebte. Ich frage ja nicht, wie Friedrich Schiller aussieht. Frage ich danach, wer oder was Gott ist, dann erfahre ich u.a., dass Gott Geist ist und dass Seine Haupteigenschaft Liebe ist. Wir fragen also nach den göttlichen Eigenschaften, die wir ja in uns entfalten sollen.

Frage 05
Was bedeutet: „Gott ist Geist"?

Geist ist der Ursprung allen Seins, des Lebens schlechthin. Geist ist die Essenz des Lebens. Wir können „Geist" nicht vollständig in Worten ausdrücken. Wir können nur versuchen, es ein wenig zu umschreiben, ohne es in seiner Gesamtheit erfassen zu können. Alles Leben ist aus Geist und Geist ist der Träger aller Lebensformen, auch aller Lebensformen in der Materie. Geist ist kosmische Energie und Materie ist kristallisierte und heruntertransformierte kosmische Energie. Weil Gott Geist ist, ist Gott das Leben in allen Lebensformen des ganzen Kosmos, auch im Menschen.

Frage 06
Was bedeutet: „Gott ist allmächtig und allgegenwärtig?"

Jeder kann sich denken, dass es eine höchste Intelligenz geben muss, eine Allkraft, die alles hervorgebracht haben muss, was wir sehen, fühlen, hören, riechen und schmecken können. Das alleine lässt schon auf eine Allmacht schließen, der wir selbst auch entstammen müssen. Wir wissen aber auch von geistigen Sphären, die von Geistwesen bewohnt sind. Alles Sein muss einen zentralen Ursprung haben. Es gibt kein Leben ohne diese Universal-Intelligenz, die wir im Abendland GOTT nennen. Gott ist der Schöpfer allen Seins und Gott ist in allem, was Gott schöpft.

Frage 07
Was bedeutet: „Gott ist in allem, was Gott schöpft?"

Das ist eine ganz wichtige Frage, deren richtige Antwort uns hilft zu verstehen, dass Gott nicht fernab irgendwo über Seiner Schöpfung steht, von wo aus Er, unser Schöpfer, aus weiter Ferne schaltet und waltet. Die Schöpfung ist formgewordene kosmische Energie, die allgegenwärtig ist, ein ewiger All-Strom, ewig fließend, ohne Anfang und Ende – für uns unvorstellbar. Aus diesem All-Strom entstehen alle Lebensformen des Geistes. Alles Sein, auch die Materie ist also komprimierte kosmische Energie. Diese kosmische Energie ist GOTT und Er ist in allem Sein.

Frage 08
Was bedeutet: „Der Mensch ist der Tempel Gottes?"

Weil Gott die ewige, unendliche und universelle Allkraft ist, die niemals verloren gehen kann und, die als kosmische Energie in jeder Lebensform komprimiert ist, im Himmel und auf Erden, muss Gott auch in allen Lebensformen innen drin sein. Er ist also nicht fern, sondern nah, näher als unsere Gliedmaßen. Gott ist in allen Lebensformen drin, auch in uns Menschen, tief in unserer Seele. In jedem Menschen wohnt das Göttliche, zwar verborgen aber immer gegenwärtig. Jeder Mensch kann das Göttliche in sich spüren, als Licht in uns, als das Gute in uns.

Frage 09
Was bedeutet: „Gott in uns ist unwandelbar?"

Der göttliche Kern in unserer Seele ist unwandelbar, kann also von antigöttlichen Kräften nicht verändert werden. Er kann also auch nicht „verböst" werden, wie ich es mir selbst immer wieder klarmache. Der böseste Mensch hat also wirklich einen guten Kern. Gott ist in jedem Menschen. Das bedeutet aber auch, dass Gott alles ist, was gut ist. Gott ist das Gute. Was nicht gut ist, das ist nicht von Gott. Das Gute ist immer für das Leben und Leben ist ewig. Das Böse ist zeitweise gegen das Leben, gegen Gott, aber wandelbar, denn die Materie, das Ungute, ist vergänglich.

Frage 10
Straft Gott Menschen ab, die sich gegen ihn stellen und Seine Gebote vorsätzlich missachten, wie es z.B. die Befürworter von Gewalt und Krieg tun?

Die Offenbarungen Christi durch Prophetenmund sagen ganz klar: Nein! Solche Vorstellungen sind menschliche Vorstellungen. Weil der Mensch selbst ein Wüterich und ein Verfolger ist, meinen viele Menschen, so müsste auch Gott sein. Der Strafgott ist eine Erfindung des Herrenmenschen in Gestalt von Priestern und Schriftgelehrten, die bis heute solch ein abstruses Gottesbild verbreiten. Gott schuf Seine Kinder nach Seinem Bilde, aber nicht den Menschen, denn der Mensch ist von dem Gott der Liebe abgefallen. Der Mensch schuf sich den Strafgott selbst.

Frage 11
Wo kommen denn Not, Krankheiten, Katastrophen, Schicksalsschläge her, wenn sie nicht einem strafenden Gott entspringen?

Das Gesetz von Aktion und Reaktion ist das Naturgesetz des Gegeneinanders. Gäbe es nur ein Füreinander und ein Miteinander, wie Christus es uns lehrt, gäbe es nichts Gegensätzliches, das immer wieder auf den Verursacher selbst zurückfällt. Wir sind es selbst, die die Folgen unserer Missetaten und Sünden gegen die Regeln des Lebens und des Friedens erzeugen. Christus lehrt uns das Gesetz von Saat und Ernte. Wer nichts Böses tut, erntet auch nichts Böses. Wer seine Mitmenschen so behandelt, wie er selbst behandelt werden möchte, kennt weder Not noch Sorgen.

Frage 12
Ist das Gesetz von Saat und Ernte nicht von Gott geschaffen?

Im Reich Gottes gibt es keine Gegensätzlichkeiten, was wir uns als Menschen kaum vorstellen können. Gott ist Einheit, Liebe und Harmonie. Das Gesetz von Saat und Ernte ist das Gesetz des Ausgleichs, das durch den Fall entstehen musste, als logische Folge der Disharmonie und des Zwiespaltes. Aus Sicht der kosmischen Energie wird klar, dass alle negativen Energien auf die Verursacher zurückfallen müssen, damit die Umpolung in göttliche und positive Energien der Liebe und der Einheit erfolgen kann. Nur der Mensch schafft Zwietracht und Streit, nicht Gott.

Frage 13
Wenn Not, Krankheiten, Kriege, Katastrophen und alle anderen schmerzhaften Schicksalsschläge nicht Gottes Wille sind, warum greift Gott dann nicht ein, denn es heißt doch, dass Gott allmächtig ist?

Gegenfrage: Wie kann sich der Mensch zum Guten wenden, wenn er nicht die Folgen seiner sündhaften Gedanken, Worte und Taten zu tragen hätte? Würden Krieger gegen die Natur und gegen den Menschen, also gegen sich selbst, friedlich werden können, wenn sie nicht die schmerzhaften Folgen ihrer Streitlust am eigenen Leibe zu spüren bekämen? Im Großen wie im Kleinen: Wie sollen wir aus Schaden klug werden, wenn wir nicht erkennen würden, dass wir selbst die Verursacher aller Schäden sind. Jeder hat die Freiheit der Entscheidung aber auch die Verantwortung.

Frage 14
Kann Reue die Folgen der Sünden von Menschen beeinflussen?

Interessant ist, dass das Wort „Reue" im Wort „Treue" steckt. Treue ist alles Denken, Reden und Tun, was wir nicht zu bereuen haben, also die Einhaltung der Gesetze des Lebens. Christus lehrt, dass reuige Sünder Vergebung erhalten, wenn sie um Vergebung bitten, wenn sie selbst ihren Peinigern vergeben, wenn sie die erkannten Sünden nicht mehr tun und möglichst auch Wiedergutmachung leisten. So funktioniert die Umwandlung von falsch gepolten Energien zurück in göttliche Energien mit entsprechend positiven Folgen. Gott ist jedem reuigen Sünder gnädig.

Frage 15
Wie ist es zu den vielen Religionen und Göttern gekommen, denn jede Religion scheint doch einen anderen Gott anzubeten?

Der Mensch tendiert dazu, sich Gott nach seinem Bilde zu schaffen. Als Christus in Gestalt Jesu auf Erden war, hofften die Menschen auf einen weltlichen König, der zu allem Ja und Amen sagt, was „menschlich" ist, was also sündig ist. Da Jesus genau das nicht tat, sondern stattdessen den Gott der Liebe, der Güte, des Friedens, der Gerechtigkeit, der Geschwisterlichkeit und der Gleichheit in Einheit mit allem Sein lehrte, fiel Er in Ungnade bei den Herrenmenschen der Priesterkaste und der

Gelehrten. Religionen sind Menschenwerk. Die Lehren Christi sind keine Religion.

Frage 16
Warum wird hier immer der Kirchengott vom wahren Gott unterschieden, wenn es doch nur einen Gott gibt und was meint der Ausdruck „Christus-Gott"

Das Wort „Christus-Gott" benutze ich deswegen gerne, weil er griffig ist und sofort klarmacht, dass es zwar nur einen Gott allen Seins gibt, dass es aber viele falsche Vorstellungen von Gott gibt, vor allem von Seiten der Kirchen. Der Kirchen-Gott ist ein wütender Strafgott, der die meisten Seelen für immer und ewig in eine ewige Hölle verbannt, ein Gott, der grausame Kriege befohlen haben soll. Hassmenschen brauchen einen Hass-Gott und mit diesen dunklen satanischen Vorstellungen hat Christus in Jesus endgültig aufgeräumt. Der Christus-Gott ist Liebe und Frieden.

Frage 17
Kennen alle Völker der Erde diesen entscheidenden Unterschied?

Die Gottes-Offenbarungen aller Propheten aller Zeiten und die Offenbarungen des Christus heute, durch die Prophetin Gabriele, sind weltweit bekannt, wenn sie auch noch nicht bei allen Menschen angekommen sind. Aber alle Menschen haben ein Gewissen. Es ist der Geist Gottes in uns und jeder kann erfühlen, woher alle Übel kommen müssen, die die heutige Zeit prägen: Nur vom Menschen! Jeder Mensch wird irgendwann erfahren, wer oder was Gott ist. Die Sehnsucht nach der Wahrheit ist in allen Menschen drin. Die Wahrheit will allerdings geliebt und gewollt sein.

Frage 18
Warum gibt es heute eine so auffallend große Gottesferne und/oder so eine starke Abneigung gegen den Geist Christi, von der man fast sogar sagen könnte, dass Christus bei vielen Menschen „mega-out" zu sein scheint?

Wahrscheinlich gibt es tausende Gründe für die heutige Gottesferne. Nach meinen Erfahrungen könnte der Hauptgrund darin liegen, dass die Mehrheit der Menschen noch nicht bereit ist, sich und ihre Lebensweise als sündig zu erkennen und die Ursachen aller Übel sich selbst zuzuschreiben. Zwar mag ein großes Maß an Unaufgeklärtheit auch eine wesentliche Rolle spielen, aber nicht zu übersehen ist, dass viele Menschen es leider noch ablehnen, sich mit den Christus-Offenbarungen und mit dem Christus-Gott zu befassen. Viele wollen die Wahrheit nicht wissen.

Frage 19
Warum wollen viele Menschen die Wahrheit nicht wissen? Warum sind die Menschen gegenüber der Christus-Wahrheit so abweisend?

Aus eigener Erfahrung mit mir selbst, kann und muss ich bekennen, dass es wohl die stille Ahnung sein muss, oder zumindest sein könnte, dass man sich radikal ändern muss, wenn man die hohen Christus-Ideale und die Gesetze Gottes befürwortet. Deswegen habe ich das Buch „Christus-Aversionen" geschrieben, in der Hoffnung, die innere Abwehr gegen die Verantwortung und gegen das Gute in uns aufzuweichen. Das musste ich selbst auch tun und ich kenne dieses Problem von daher sehr genau. Es ist der „innere Schweinehund", der die Gottferne schafft.

Frage 20
Die Antwort auf die Frage 19 ist noch zu wenig konkret. Was kann denn konkret daran so schwierig sein, sich mit der Christus-Wahrheit zu arrangieren?

Konkret ist es der Egoismus, der uns davon abhält, liebgewordene Gewohnheiten zu opfern, obwohl diese uns in Wahrheit selbst und der Natur schaden. Wir fühlen uns noch wohl in unseren Genüssen, wie z.B. der Fleischverzehr. Wir wollen das Leid der Tiere nicht sehen, um daraus die richtigen Konsequenzen zu ziehen. Es gibt noch viele andere Beispiele, die letztlich immer auf den Egoismus zurückzuführen sind. Die Christus-Wahrheit ist unbequem. Der Egoismus und das bequeme Menscheln stehen der Wahrheit und dem guten Willen Gottes entgegen.

Frage 21
Kann man den Christus-Gott an bestimmten Eigenschaften festmachen, die dann ja auch in allen Menschen als Veranlagung vorhanden sein müssten, wenn Gott im Inneren aller Menschen wohnt?

Christus nennt uns durch die Prophetin Gabriele fünf wesentliche Eigenschaften, die göttlich sind, die in uns Menschen tatsächlich auch angelegt sind. Zum Teil sind uns diese fundamentalen Eigenschaften schon lange bekannt und zum Teil standen sie sogar auf den Fahnen revolutionärer Bewegungen. Als wesentliche Eigenschaften Gottes sind uns die fünf folgenden göttlichen Attribute genannt: Freiheit, Geschwisterlichkeit, Gerechtigkeit, Gleichheit und Einheit. Würden wir Menschen diese Attribute entfalten, hätten wir heute schon den Himmel auf Erden.

Frage 22
Christus lehrte uns schon in Gestalt des Nazareners Jesus und Christus bekräftigt diese Lehre heute erneut durch Seine Prophetin Gabriele, wonach das oberste Gebot die Liebe zu Gott ist. Wie können wir Gott lieben lernen?

Wer die Freiheit liebt, der liebt Gott. Wer die Gerechtigkeit liebt, der liebt Gott. Wer die Geschwisterlichkeit liebt, der liebt Gott. Wer die Gleichheit liebt, der liebt Gott. Wer die Einheit liebt, der liebt Gott. Wer also die göttlichen Eigenschaften liebt, der liebt Gott. Wer liebt, der gibt. Gott ist Liebe und Liebe gibt, ohne für sich einen Vorteil ergattern zu wollen. Alle göttlichen Eigenschaften sind tief in unserer Seele angelegt. Wer Gott liebt, der liebt die göttlichen Eigenschaften in sich und er wird alles tun, um diese zu entfalten, um sie in diese dunkle Welt zu transportieren.

Frage 23
Wer oder was ist Christus oder was bedeutet der Name Christus?

Christus selbst sagt, dass Er der Sohn Gottes ist und Er lehrt auch, dass wir alle Söhne und Töchter, also Kinder Gottes sind. Deswegen lehrt Christus auch, dass Er unser aller geistiger Bruder ist. Das Wort „Christus" bedeutet vom Sinn her soviel wie der „Gesalbte" oder der „Auserwählte". In den Offenbarungen lesen wir, dass Christus der erstgeschaute Sohn Gottes ist, der Mitregent der Himmel. Die Auswahl des Christus dürfte sich auf den Auftrag der Erlösung aller gefallen Seelen beziehen. Christus lebte uns vor, dass ein Leben ohne Sünde möglich ist.

Frage 24
Warum führt kein anderer Weg zu Gott als der Weg der Gefolgschaft Christi, der in der Aussage Christi zum Ausdruck kommt: „Ich Bin der Weg, die Wahrheit und das Leben, niemand kommt zum Vater, denn durch Mich!"

Christus lehrt uns den wahren Gott, der das ewige und unendliche Leben in allen Lebensformen ist. Religionen sind menschengemachte Irrlehren. Sie sind unwahr und Christus setzte in Gestalt des Jesus von Nazareth den klerikalen Irrlehren die absolute Wahrheit entgegen. Er lehrte uns den wahren Willen Gottes und lebte uns diesen auf Erden vor, frei von jeder Sünde. Diesen Weg soll, kann und muss jeder gehen, der sich für den Weg aus dem Rad der Reinkarnationen entscheidet. Das ist der Weg der Erlösung Christi aus den weltlichen Bindungen zur Freiheit in Gott.

* * *

EPILOG
zum Kapitel 03

Als Zusammenfassung zu der Frage, wer oder was Gott eigentlich ist, eignet sich das folgende Zitat der Seite 21 aus dem im Gabriele-Verlag erschienen Buch:
„Der mutige junge Mann Jesus von Nazareth".

ZITAT:

GOTT ist Geist.

GOTT ist das universale Bewusstsein, die All-Intelligenz, der Schöpfer allen Lebens.

GOTT ist das Leben in seiner ganzen Schöpfung.

Es gibt kein Leben außer GOTT.

ER ist das Leben im Mikrokosmos und im Makrokosmos.

ER ist das Leben in Allem.

ER ist der Odem im Atem aller Seiner Geschöpfe.

GOTT, der All-Eine, ist grenzenlose Liebe und grenzenloses Sein.

ER ist die All-Einheit und die All-Ewigkeit.

ER ist der Freie Geist der Unendlichkeit und der Vater-Mutter-Gott aller Seiner Kinder.

In GOTT gibt es keine äußeren Religionen. Alle äußeren Religionen sind Menschenwerk. Äußere Religionen sind von Priestern gewollt, nicht von GOTT dem Ewigen.

Ende des Zitates

**Die folgenden Zitate bekannter Personen geben Zeugnis davon,
dass Religionen und Kirchen alles Mögliche sein können,
nur für den CHRISTUS-GOTT nicht,
und somit können sie auch nicht christlich sein!**

Das Beste, was das Christentum hervorgebracht hat, sind seine Ketzer.

Ernst Bloch,
Philosoph, 1857-1977

...

Jesus verkündete das Reich Gottes, und gekommen ist die Kirche.

Alfred Loisy,
exkommunizierter französischer Theologe, 1857-1940

...

Wenn man das Judentum der Propheten und das Christentum, wie es Jesus
gelehrt hat, von allen Zutaten der Späteren, insbesondere der Priester,
loslöst, so bleibt die Lehre übrig, die die Menschheit von allen sozialen
Krankheiten zu heilen imstande wäre.

Albert Einstein
Physiker, 1879-1955

...

Die hohe, reich dotierte Geistlichkeit fürchtet nichts mehr als die
Aufklärung der Massen.

Johann Wolfgang von Goethe
Dichter und Naturforscher, 1749-1832

...

Tretet aus der Kirche aus. Tretet aus der Kirche aus. Tretet aus der Kirche
aus. Wir sind aus der Kirche ausgetreten, weil wir es nicht länger
mitansehen konnten.

Kurt Tucholsky
Journalist und Schriftsteller, 1890-1935

* * *

Das Gewissen ist das Gesetz der Gesetze

* * *

Alphonse de Lamartine

KAPITEL 04

DIE REINKARNATION

UND DAS

GESETZ VON SAAT UND ERNTE

PROLOG
zum Kapitel 04

Was uns verschwiegen werden sollte ...

Das Buch mit dem Titel „REINKARNATION" aus dem Gabriele-Verlag trägt in seinem Untertitel den Vermerk: „Was Ihnen verschwiegen werden sollte". Der Untertitel des Buches lautet: „Eine Gnadengabe des Lebens – wohin geht die Reise meiner Seele?" Das Thema „Reinkarnation" ist den meisten Menschen noch total unbekannt, oder es stößt teilweise sogar auf heftigen Widerstand. Warum das so ist, bedarf einer gründlichen Aufklärung. Die Klärung der Frage unserer Herkunft steht nämlich in enger Verbindung mit der Frage der Zukunft aller Menschen und Seelen.

Die Lüftung des „Geheimnisses" rund um den Tod

Wir neigen dazu, angstmachenden Themen aus dem Wege zu gehen. Die Frage des Lebens vor der Geburt und des Lebens nach dem sogenannten Tode ist eng und unausweichlich mit der Frage nach dem Sinn des Lebens verknüpft. Davon wollen viele Menschen nichts wissen, obwohl jeder weiß, dass der letzte Atemzug unseres Lebens auf Erden hundertprozentig jeden ereilt. Es sind dunkle klerikale Kräfte, die über das „Davor und Danach" ein künstliches Geheimnis machen. Was soll diese streng überwachte Geheimnistuerei, die in Wirklichkeit gar kein Geheimnis ist?

Warum sterben wir nicht, wenn wir sterben?

Ist die Todesangst, die Mutter aller Ängste, ein künstliches Konstrukt der Kirchen? Warum wird die Reinkarnationslehre von der Priesterkaste verteufelt? Kann das Gesetz von Saat und Ernte, das Jesus der Christus uns lehrte, überhaupt ohne die Lehre der Reinkarnation stattfinden? Wo kommen wir Menschlein her und wohin gehen wir nach dem Erdenleben? Was hat das Leben auf Erden überhaupt für einen Sinn? Warum sind wir Menschen so sehr unterschiedlich, genauso unterschiedlich wie unsere Schicksale? Diese Lebensfragen sind der Stoff des folgenden Dialogs.

* * *

DIALOG
zum Kapitel 04

Frage 01
Was ist „Reinkarnation" überhaupt?

Zunächst ist Reinkarnation die Wiederholung einer Inkarnation. Klären wir also zunächst, was Inkarnation ist. Das Wort „Inkarnation" ist eine Ableitung aus dem lateinischen Wort „incarnatio" und es bedeutet Fleischwerdung. Im weiteren Sinne versteht man unter Fleischwerdung die Manifestation von Geist in Körper aus Fleisch und Blut, also die Verkörperung in einen Tier- oder Menschenleib. Genau genommen sind alle Lebensformen auf Erden Verkörperungen von Geist, denn alle materiellen Formen sind komprimierte kosmische Energie, wie wir heute wissen.

Frage 02
Woher wissen wir heute, dass alle Lebensformen auf Erden die Materialisation von kosmischer Energie sind und was ist wiederum unter „Materialisation" zu verstehen?

Die Quantenphysik bestätigt heute, dass Materie formgewordene Energie ist. Die kosmische Energie kann sich sowohl materialisieren, als auch wieder zur Energie werden, sich also wieder dematerialisieren. Diese eigentlich altbekannte Tatsache beobachten wir regelmäßig in der Natur, nämlich als Werden und Vergehen im Rhythmus der Jahreszeiten in der Pflanzenwelt. Es grünt und blüht in der ganzen Natur, um beizeiten wieder zu verblühen, zu verwelken und zu entlauben, um sich beizeiten erneut zu entfalten. Alles Leben „badet" in kosmischer Energie.

Frage 03
Ist Materialisation das Gleiche wie Inkarnation?

Aus Sicht der Wandlung einer allgegenwärtigen kosmischen Energie in materielle Lebensformen könnte man beide Begriffe gleichsetzen, doch sie sind nicht gleich. So kann man eine Idee z.B. nicht sehen. Erst wenn man sie aufzeichnet oder wenn man die Idee verwirklicht, wie das Haus eines Architekten, wird die Idee fassbar. Sie hat sich materialisiert, ist also greifbar = materiell geworden. Unter einer Inkarnation dagegen verstehen wir die Verkörperung eines Geistwesens in einen Menschenleib, der, biologisch und funktionell gesehen, de facto ein Tierkörper ist.

Frage 04
Was ist Geist und was sind Geistwesen?

Alle Kinder Gottes sind Geistwesen, die Gott nach Seinem Bilde geschaffen hat. Sie sind Teil der Schöpfung und selbst im Werk der Schöpfung tätig. Geist ist Gott und Gott ist Geist. Gott ist allgegenwärtige und allmächtige Schöpferenergie, die als höchste Intelligenz in allen Formen des Lebens, also in allen Formen des Seins wohnt. Wir Menschen sind tief in unserem Inneren Geistwesen. Der Kern unserer Seele ist Geist, ist das Göttliche in uns. Unsere Seele ist ein feinstofflicher Körper, der seinen reinen Geistleib mit Schalen der Sünde verhüllt und verdunkelt hat.

Frage 05
Inkarnieren alle Geistwesen in einen Leib aus Fleisch und Blut, also in einen Menschenleib, und sind alle Menschen ehemalige Geistwesen?

Aus den Gottesoffenbarungen durch Propheten aller Zeiten, vor allem in der heutigen Zeit, wissen wir, dass sich nur die Fallwesen in einen Menschenkörper inkarnieren, um sich aus ihren Verstrickungen lösen zu können. Reine Geistwesen inkarnieren nur mit einer Mission, die darin besteht, ihren Geschwistern beizustehen, die als Seelen in den Seelenreichen leben oder als Menschen auf Erden leben, also inkarniert sind. Alle Menschen sind also ehemalige reine Geistwesen und tragen den göttlichen Kern in sich, der nicht verböst werden kann.

Frage 06
Wenn Inkarnation die Einverleibung einer Seele in einen menschlichen Körper ist, was für ein Sinn steckt dann hinter der Reinkarnation?

Reinkarnation ist die sich wiederholende Einverleibung einer Seele in den Leib eines Menschen. Seelen brauchen in der Regel mehrfache Einverleibungen, um sich auf der Erde selbst zu erkennen und um Schuld abzutragen, wozu ein einziges Leben nicht reicht. So gesehen, sind wir „heruntergekommene" Seelen, denn man spricht ja auch von Niederkunft, wenn ein Kind geboren wird. Wir kommen also aus einer höheren Ebene auf die Erde, dem Ort der Charakterschulung für eine höhere Lebensform. Das ist der tiefe Sinn des ganzen Reinkarnationsgeschehens.

Frage 07
Haben alle Menschen eine Vergangenheit aus früheren Leben auf der Erde?

Wenn man die Bücher zum Thema Reinkarnation aus dem Gabriele-Verlag liest, von denen einige in der Website CHRISTUSGEWISSEN aufgeführt sind, müsste es so sein, denn es ist offenbart, dass die Reinkarnation nicht Gottes Wille ist. Gottes Wille ist es, dass wir uns nicht immer wieder in die Niederungen der Materie herunter ziehen lassen. Wir sind inkarnierte Seelen und als Mensch sollen wir einen Grad der Reinheit erlangen, der es uns erlaubt, uns für immer in höhere Lebensformen emporzuarbeiten. Das ist mit der Auferstehung im Fleische gemeint, die Erlösung.

Frage 08
Wenn das alles so stimmt mit der Reinkarnation, dann muss es ja schon immer so gewesen sein. Warum ist das Reinkarnationsgeschehen in unseren Breitengraden weitgehend unbekannt, obwohl die Reinkarnation Fakt sein soll?

Die Verfälschungen und die Verleumdungen der Lehren Christi durch die schein-christlichen Staats- und Machtkirchen-Konzerne, die römisch-katholische Kirche und deren protestantischen Ableger in erster Linie, haben dafür gesorgt, dass diese Lehre der Hoffnung und der Zuversicht vorübergehend aus unserem Bewusstsein ausgetrieben wurde. Die Hexenverfolgungen, die blutigen klerikalen Gerichte der Inquisition und die vielen Kreuzzüge im Mittelalter hatten nur ein einziges Ziel: Den Christus-Geist der Erlösung für immer auszumerzen, was aber nicht gelang.

Frage 09
Was hat der Christus-Geist der Erlösung mit der Reinkarnationslehre zu tun?

Die Auferstehung im Fleische (nicht die Auferstehung <u>des</u> Fleisches) ist für alle Menschen die Möglichkeit, unser verschattetes und verlorenes Geistbewusstsein als Mensch auf Erden zu reaktivieren. Der Christus-Geist der Erlösung besagt, dass alle Seelen einst auferstehen werden, um wieder als reine Geistwesen im Reiche Gottes zu leben. Keine Seele geht verloren, egal wie verschattet sie noch ist. Die Überwindung der wiederholten Einverleibungen unserer Seele ist ein wichtiger Teil der Erlösung, indem wir uns auf Erden von unseren Sünden lösen.

Frage 10
Noch einmal zurück zu der Frage warum es möglich war und ist, dass diese grundlegende Frage der Reinkarnation in der gesamten westlichen Welt in Vergessenheit geraten konnte: Ist das brutale Vorgehen der Kirchenfürsten der einzige Grund, warum ein Naturgesetz so erfolgreich verleugnet werden kann?

Das brutale Vorgehen der Kirchenfürsten aller Zeiten gegen die Wahrheit und die üble „Kunst" der Irreführung durch die Intelligentia auf kirchlicher und weltlicher Ebene, heute „Manipulation" genannt, war und ist nur die eine Seite der Medaille, die auf die Eliminierung des Reinkarnationsbewusstseins zielte und dieses immer noch versucht. Als zweiter Fakt muss aber auch die Verführbarkeit des Menschen gesehen werden, die damals wie heute, fast alle Menschen im Griff hatte und hat. Das Allzumenschliche in uns liebt die bequemen Illusionen mehr als die Wahrheit.

Frage 11
Was ist an der urchristlichen Reinkarnationslehre so sehr „unbequem", sodass viele Menschen dazu neigen, die Reinkarnation abzulehnen, wenn sie davon hören?

Niemand kann die Reinkarnation ablehnen. Nur die Lehre der Reinkarnation kann abgewiesen werden. Die Reinkarnation selbst wirkt als Naturgesetz unabhängig vom Willen des Menschen. Die göttlichen Gesetze, die Naturgesetze lassen sich von niemanden umschiffen. Man kann noch so viele Lügen verbreiten, letztlich wird die Wahrheit immer siegen. Das Reinkarnationsgesetz ist deswegen vielen Menschen noch ein Stein im Schuh, weil es bedeutet, dass jeder Mensch für alle seine sogenannten Schicksale selbst verantwortlich ist, wenn sie schmerzhaft sind.

Frage 12
Warum sind wir als Menschen für schwere und schmerzhafte Schicksalsschläge selbst verantwortlich?

Das hängt mit dem Kausalgesetz zusammen, das Christus uns in Gestalt des Jesus von Nazareth schon vor zweitausend Jahren immer wieder lehrte: Was der Mensch sät, das wird der Mensch ernten. Dieses Gesetz, auch „Gesetz von Saat und Ernte" genannt, oder auch Gesetz von „Aktion gleich Reaktion", ist untrennbar mit dem Gesetz der Reinkarnation verknüpft. Das Gesetz von Saat und Ernte mag vielen Menschen zwar verbal bekannt sein, auch in der westlichen Welt, aber der heutige moderne Techno- und Betonheide liebt die Verantwortung für sein Tun gar nicht.

Frage 13
Wieso ist das Gesetz von Saat und Ernte untrennbar mit der Reinkarnation verbunden und noch einmal gefragt: Wieso ist jeder Herr seines Schicksals?

Wir Menschen sind ehemalige gefallene Engel, die von Gott, unserem Schöpfer, einen begrenzten Energievorrat mit auf den Weg in das Gefängnis von Raum und Zeit bekommen haben. Diese Energie haben wir heruntertransformiert und ins Negative umgepolt. Es sind die negativen Energien in unserem Charakter, die alle harten Schicksale anziehen. Was wir der Natur und unseren Mitmenschen antun, fällt 1:1 wieder auf uns zurück. Wir ernten das Leid, das wir anderen Lebewesen und Menschen zufügen, damit wir als Mensch lernen, wieder göttlich zu werden.

Frage 14
Noch immer ist nicht ganz einsichtig, was das mit dem Reinkarnationsgesetz zu tun hat. Ist die Reinkarnation ein Strafakt Gottes für unsere Sünden?

Was Sünde ist, müsste zunächst geklärt werden und das ist allerdings ganz einfach. Wir haben die Zehn Gebote Gottes durch Moses und wir haben die Gesetze des Lebens und des Friedens aus der Bergpredigt. Wer heute sagt, er kennt die Gesetze des Friedens und des Lebens nicht, muss sich den

Verdacht gefallen lassen, dass er sie nicht kennen will. Beispiel: Das 5. Gebot, wonach wir nicht töten sollen, ist weltweit bekannt und es ist in jedem menschlichen Gewissen, tief in der Seele, verankert. Gott straft nicht. Wer bewusst sündigt, der bestraft sich also selbst.

Frage 15
Es gibt aber doch bekannte und sogar prominente Sünder der hochkarätigen Art, die scheinbar nicht für ihre Kriege und Massenmorde bestraft werden, die sogar ein recht komfortables Leben in Saus und Braus fristen dürfen. Wo ist da das Kausalgesetz und wo ist da die Gerechtigkeit Gottes?

Die Strafe aus dem Gesetz von Saat und Ernte, die ja immer eine Selbstbestrafung ist, folgt nicht immer auf dem Fuße und sie kann es auch deswegen nicht, weil die Leidenden unter den Missetätern, die wir fälschlicherweise Opfer nennen, nun gerade das abtragen sollen, was sie in früheren Leben der Schöpfung zugefügt haben. Wir müssen die Täter-Opfer-Rolle neu sehen lernen. Die Opfer von heute sind die Täter von gestern und die Täter von heute werden die Opfer von morgen sein. Wir haben es also in allem mit einer ausgleichenden Gerechtigkeit zu tun.

Frage 16
Ist das Gesetz von Saat und Ernte identisch mit dem alttestamentarischen Prinzip „Auge um Auge und Zahn um Zahn"?

Nein, das alte Testament ist eine üble Priesterschrift der Gewalt, der Kriege und der Rache, das man beim Lesen nicht schräge halten sollte, weil sonst das Blut da heraustrieft. Die Priester kannten und kennen keine Gnade, vor allem nicht die Gnade Gottes, die Christus uns lehrt. Christus lehrt bis heute das göttliche Prinzip der Vergebung. Wer echte Reue zeigt, wer um Vergebung bittet, wer selbst seinen Peinigern vergibt und wer die erkannten Sünden nicht mehr tut, dem wird seine Schuld erlassen. Er wird auch nicht alles erleiden müssen, was er angerichtet hat.

Frage 17
Wie funktioniert denn das Gesetz von Saat und Ernte, wenn es möglich ist, das bestimmte Gräueltaten erst nach vielen Generationen den Weg des gerechten Ausgleichs gehen, indem Täter und Opfer sich wieder begegnen? Gibt es denn eine Art „Registratur", in der nichts verlorengeht, was der Wandlung bedarf?

Ja, und diese Buchhaltung Gottes ist in dem gleichnamigen Buch genau dargelegt, das im Gabriele-Verlag oder im Buchhandel erworben werden kann. Wir wissen, dass keine Energie verlorengeht und jedes Gefühl, jeder Gedanke, jedes Wort und jede Tat ist Energie, die mehrfach im Kosmos gebucht und gespeichert wird und in unserer Seele, dem Buch unserer Leben auf Erden, gegengebucht wird. Auch die Erde registriert alle Vorgänge auf Erden und zwar so lange, bis das „Fass voll" ist. Dann fließen die Sünden aus und ergießen sich und verteilen sich auf die Sünder.

Frage 18
Gibt es dabei wirklich kein Vertun und keinen Irrtum im Maß und im Umfang, auch unter Berücksichtigung der Schwere der Sünden, bei der Verteilung der Folgen der Sünden auf die Verursacher der Sünden in Kausalgesetz?

Darauf können wir vertrauen und nur der bezweifelt die Gerechtigkeit Gottes, der noch nicht gereift genug dafür ist, an die Vollkommenheit und die Unfehlbarkeit unseres Schöpfers zu glauben. Es ist eine Frage des Gottvertrauens, dass dem Gesetz von Saat und Ernte nichts entgeht, dass jedes Haar registriert ist und, dass jede disharmonische Frequenz wieder in göttliches Licht verwandelt werden wird. Der Geist der Erlösung, Christus also, wird alle Seelen wieder nach und nach zurück ins Licht führen, in das Reich Gottes, egal wie verkorkst die Seele noch ist.

Frage 19
Welche Rolle spielt das Karma im Reinkarnationsgeschehen?

Das Karma könnte man als das Schuldenkonto ansehen, dass jede Seele in sich trägt und das im All-Computer des Kosmos, in den zuständigen Gestirnen und in der Erde selbst gegengebucht ist. Wir kommen nur mit einer Teillast auf die Erde, weil wir als Mensch unter der Gesamtlast, die sich im gesamten Fallgeschehen aufgehäuft hat, zusammenbrechen würden. Wenn ich die Christus-Offenbarungen durch die Prophetin Gabriele richtig verstanden habe, kann jede Seele dann die Vergebung aller Sünden erfahren, wenn sie auf Erden ein Leben in Gott führt.

Frage 20
Was ist das Gruppenkarma und was hat die einzelne Seele mit dem Gruppenkarma zu tun?

Der Zustand der nahezu vollkommen zerstörten Natur auf der Mutter Erde kann ja nicht das Werk einzelner Übeltäter sein. Auch sind Kriege nicht möglich, wenn die Völker nicht mitspielen würden. Im zweiten Weltkrieg haben sich ja nicht Hitler und Stalin im Boxring vermöbelt, sondern die Völker haben sich ja aufeinander hetzen lassen. Von dieser Kollektivschuld wollen die meisten Menschen noch nichts wissen. „Adolf Hitler ist es gewesen" – mit dieser Schuldzuweisung ließ es sich besser leben. Irrtum: Der Kosmos ist hochschwanger und die Fässer sind voll!

Frage 21
Bedeutet das, dass es wieder Krieg geben wird, weil die Völker ihre Vergangenheit noch nicht gesühnt haben?

Die Menschheit hat nicht nur ihre blutigen Vergangenheiten noch nicht gesühnt, sondern die Menschheit hat sogar noch draufgesattelt. Nach 1945 wurden nicht nur weitere Kriege geführt und zum großen Krieg aufgerüstet, der alle Völker vernichten kann, sondern es hat einen beispiellosen Krieg gegen die Natur, gegen die Schöpfung Gottes gegeben. Der Techno-Wahn, wie die „friedliche" Nutzung der Atomenergie oder auch die Gen-

Manipulation an Pflanzen, Tieren und Menschen fordern ihren Tribut. Die Menschheit wird ernten, was sie gesät hat.

Frage 22
Das hört sich fast wie ein Weltuntergangs-Szenario an. Blüht uns tatsächlich der Weltuntergang, wie er in den Johannes-Offenbarungen beschrieben ist, und der auch von dem Seher Nostradamus verschlüsselt angekündigt ist?

Der Untergang dieser Welt ist in der Tat schon lange prophezeit. Der Weltuntergang ist die Selbstvernichtung dieser lebensverachtenden und brutalen Zivilisation, die aber nicht von Gott kommt, sondern von dem gewissenlosen Brutalo und Egomanen Mensch. Das ist ganz wichtig zu erkennen und noch wichtiger ist es zu erkennen, welche Rolle jeder Einzelne in diesem Desaster spielt. Christus verkündet, dass Er alles neu machen wird und es wird eine neue Menschheit auf Erden inkarnieren, und diese wird den Himmel auf die Erde holen.

Frage 23
Wenn man das alles hört oder liest, dann kann einem ganz schwindelig werden. Wie ist dieses Horrorszenario, das dem Reinkarnationsgesetz und dem Gesetz von Saat und Ernte innewohnt, mit den Worten Jesu zu vereinbaren, der sinngemäß einst sagte: „Fürchtet euch nicht, denn Ich Bin alle Tage bei Euch."?

Noch einmal muss betont werden: Nicht das Kausalgesetz ist Schuld am Chaos dieser vergammelten Welt und auch nicht das Reinkarnationsgesetz und schon gar nicht Gott und unser Erlöser Christus, sondern ausschließlich der Mensch. Warum? Alle Menschen haben die freie Wahl, sich für Gott und für Christus zu entscheiden und dementsprechend ihr Leben auf Erden zu gestalten oder gegen Gott, gegen das Leben. Wer sich für Christus entscheidet und im Gottvertrauen lebt, hat nichts zu befürchten. Wahre Christen fürchten weder Tod noch Teufel.

Frage 24
Woher soll denn diese Furchtlosigkeit kommen, im Angesichte dessen, was sich ja ganz offensichtlich in der kosmischen Atmosphäre zusammenbraut?

Wer sich bemüht, ein gerechtes Leben im Geiste Christi zu leben, wer das Karma und die Reinkarnation und das Kausalgesetz wirklich auf dem Radarschirm hat, der lebt auch in der Gewissheit, dass wir nicht sterben, wenn wir sterben. Wir brauchen den Tod nicht fürchten und wenn Zeiten über uns kommen, in denen die Lebenden die Toten beneiden werden, kann uns ein gnädiger Tod von all dem erlösen, wovor sich die meisten noch fürchten müssen, weil sie noch uneinsichtig sind. Die Gerechten werden im Diesseits und im Jenseits Gerechtigkeit erfahren.

Frage 25
Wann ist man denn gerecht?

Wer sich bemüht und sich täglich darin übt, sich seinen Mitmenschen gegenüber immer so zu verhalten, wie man selbst behandelt werden möchte, wer auch die Tiere so behandelt, wie man selbst behandelt werden möchte und wer alle Formen des Lebens in der Natur liebevoll behandelt, der geht den Weg der Gerechtigkeit. Diesen Weg kann der Mensch aber nicht aus sich selbst heraus gehen. Er braucht die Innere Führung des Christus Gottes. Wir alle müssen uns öffnen für den Geist der Liebe in Selbstlosigkeit und für den Geist des absoluten Friedens in Freiheit.

Frage 26
Was bedeutet es, wenn gesagt wird, wir sollen das Rad der Reinkarnationen durchbrechen oder überwinden?

Es gibt auch auf dem Gebiet der Reinkarnation Irrlehren, genauso wie viele Botschaften Gottes durch Propheten von Priestern verfälscht wurden und werden, damit wir immer wieder dem Satan der Sinne auf den Leim gehen. Eine Irrlehre besagt, dass die Reinkarnation ein ewiges Spiel des Kommens und Gehens ist, was ja bedeutet, dass die Materie, nicht vergänglich wäre. Christus lehrt uns dagegen, dass die Materie wieder zu Geist werden wird. Das Licht in uns führt in die Erlösung. Die Reinkarnationen werden ein Ende haben. Das ist der Wille Gottes.

Frage 27
Was bedeutet das für den einzelnen Menschen und die einzelne Seele?

Nach dem Leibestod leben wir als Seele in einem anderen Aggregatzustand auf solchen Planeten weiter, die einer Reinigungsebene angehören, und die dem Stand unseres Bewusstseins entspricht, das wir auf Erden erworben haben. Wer die vierte Stufe der sieben Stufen der Evolution auf Erden oder im Jenseits erreicht, so habe ich die Offenbarung Christi durch die Prophetin Gabriele verstanden, wird nicht mehr von der sündigen Erde magnetisch angezogen. Die Wiedergeburt ins Fleisch, also die Reinkarnation, wird überwunden werden, wenn auch durch Leid.

Frage 28
Was ist denn mit den Menschen, die sterben oder die schon gestorben sind, ohne je von der Reinkarnationslehre gehört zu haben, denn Sie können ja rein vom Wissen her gar nicht erkennen, warum sie auf Erden waren oder sind?

Uns ist offenbart, dass alle Seelen, ob im Diesseits in einen Menschen verkörpert, oder im Jenseits in einer Reinigungsebene lebend, immer wieder mit den Lehren des Lebens kontaktiert und unterrichtet werden, wenn sie sich für die Lehren und Gesetze des Lebens öffnen. Das „Nicht-Wissen" gibt es also nicht. Es gibt nur das „Nicht-Wissen-wollen", ob im Diesseits oder im Jenseits. Ob als Seele oder als Mensch: Jeder entscheidet vollkommen frei, was ihm wichtiger ist – die Wahrheit oder die Illusion als Mensch herrschen zu können, wie es ihm persönlich beliebt.

Frage 29
Was passiert denn mit den Menschen und den Seelen, für die das Gesetz von Saat und Ernte in Verbindung mit dem Gesetz der Reinkarnation nicht glaubwürdig ist, die also noch nicht daran glauben können?

Gegenfrage: Wem erschließen sich die Auszüge aus den kosmischen Gesetzen des Lebens nicht? Sind es nicht jene Mitmenschen, die noch zu sehr an den weltlichen Genüssen kleben, die noch zu sehr geblendet sind von Wissenschaft und Technik oder, die noch zu sehr berauscht sind von Macht und Geld? Sie werden all das Vergängliche verlieren und sie werden das Leid erfahren, das sie der Natur und ihren Mitmenschen zugefügt haben, ob im Diesseits oder im Jenseits. Das Leben ist der größte Lehrmeister und jeder Sünder wird im Leid sich selbst erfahren.

Frage 30
Was haben die Staatskirchen, ob katholisch oder evangelisch, davon, die Reinkarnationslehre zu verteufeln? Schneiden die sich nicht „ins eigene Fleisch", wie man so sagt?

Sie schneiden sich nicht nur ins eigene Fleisch, sondern sie schaufeln sich seit ca. 1.700 Jahren ihr eigenes Grab. Durch die Kirchenpolitik manövrieren sie sich selbst ins Abseits. Ihre Tage sind gezählt, weil die Kirchen, die ja aus der Kaste der Priester heraus entstanden sind, und damals wie heute immer schon eng mit den Mächtigen der Welt verbandelt waren und sind, hörige Untertanen brauchen, um diese ausbeuten zu können. Die brutale Obrigkeitsdenke steht im diametralen Gegensatz zur Lehre Christi, die die Reinkarnation und das Kausalgesetz enthält.

Frage 31
Aber lehren nicht auch die Kirchen das ewige Leben?

Sie heucheln ihrem Kirchenvölkchen das ewige Leben vor und sie leugnen, woher die Seele in Wahrheit kommt. Sie behaupten, die Seele entsteht mit der Geburt und sie könne nur ewig leben, wenn sie kirchlich getauft ist. Die Katholiken behaupten sogar, dass, wer nicht katholisch ist, oder nicht mehr katholisch sein will, ewig im Fegefeuer schmachten wird. Von einem Leben vorher und davon, dass alle Seelen Erlösung erfahren werden, reden sie nicht, weil sie von der Angst ihrer Hörigen und Untergebenen profitieren. Herrenmenschen regieren letztlich mit der Angst.

Frage 32
Kann man nach genauer Überlegung und Analyse im Sinne der Plausibilität sagen, dass eine Erlösung durch Christus ohne Reinkarnationsbewusstsein unlogisch ist?

Wenn man unter Logik folgerichtiges Denken versteht, würde ich auch sagen, dass die Reinkarnationslehre und das Gesetz von Saat und Ernte logisch in dem Sinne sind, weil ja jede menschliche Äußerung, jedes menschliche Verhalten, eine Folge hat. Wer logisch denkt, denkt stets an die Folgen seines Denkens und Tuns. Er denkt und verhält sich also folgerichtig, wenn er um die Folgen jeder Sünde weiß und sich deswegen schon um Abstand zur Sünde bemüht. Der logische Analytiker weiß um den Segen des Füreinander und auch um den Fluch des Gegeneinander.

* * *

EPILOG
zum Kapitel 04

Empfehlung

Der obige Dialog konnte in dieser Kürze nur einige wichtige Aspekte der Lehren Christi zur Reinkarnation andeuten, so, wie ich als Autor dieses Dialoges die Christus-Offenbarungen durch die Prophetin in der Jetztzeit verstanden habe. Es empfiehlt sich erneut, unbedingt die Original-Literatur aus dem Gabriele Verlag zu diesem, im wahrsten Sinne, lebenswichtigen Thema selbst zu lesen. Als Autor dieses Dialoges kann ich zwar den Intellekt ansprechen, nicht aber das Herz und das Gewissen, das in uns allen pocht. In das Gewissen kann nur Christus sprechen.

Unsere eigenen Entscheidungen vor der Geburt

Zum Abschluss dieses Kapitels gibt es noch eine dichterische Delikatesse in Form eines Gedichtes, das Hermann Hesse zugeschrieben wird. Mit den folgenden lyrisch verfassten Worten beschreibt der Verfasser, dass keine Seele unvorbereitet zur Inkarnation geht. Jede Seele wird belehrt und niemand zwingt die Seele, sich in das Fleisch eines Menschenkörpers zu begeben, außer die Seele selbst, wenn sie in ihrer letzten Inkarnation noch nicht geschafft hat, sich dem Magnetismus des Weltlichen zu entziehen. Der Christus-Gott ist der Gott der Freiheit für jede Seele.

* * *

ABSCHLIESSEND NOCH EIN ZITAT

Das folgende Zitat wird dem Schriftsteller und Buchautor Hermann Hesse zugeschrieben:

Zitat der Seiten 11 und 12 aus dem Buch mit dem Titel und den Untertiteln:

Was Ihnen verschwiegen werden sollte:

REINKARNATION

Eine Gnadengabe des Lebens

ISBN 978-3-89201-273-3
im Gabriele-Verlag oder im Buchhandel erhältlich

DAS LEBEN
DAS ICH SELBST GEWÄHLT

Ehe ich in dieses Erdenleben kam,
ward mir gezeigt, wie ich es leben würde.
Da war die Kümmernis, da war der Gram,
da war das Elend und die Leidensbürde.
Da war das Laster, das mich packen sollte,
da war der Irrtum, der gefangennahm.
Da war der schnelle Zorn, in dem ich grollte,
das waren Hass und Hochmut, Stolz und Scham.

Doch da waren auch die Freuden jener Tage,
die voller Licht und schöner Träume sind,
wo Klage nicht mehr ist und nicht mehr Plage,
und überall der Quell der Gaben rinnt.
Wo Liebe dem, der noch im Erdenkleid gebunden,
die Seligkeit des Losgelösten schenkt.
Wo sich der Mensch, der Menschenpein entwunden,
als Auserwählter hoher Geister denkt.

Mir ward gezeigt das Schlechte und das Gute,
mir ward gezeigt die Fülle meiner Mängel,
mir ward gezeigt die Wunde, draus ich blute,
mir ward gezeigt die Helfertat der Engel.
Und als ich so mein künftig Leben schaute,
da hört´ ein Wesen ich die Frage tun:
Ob ich dies zu leben mich getraute,
denn der Entscheidung Stunde schlüge nun.

Und ich ermaß noch einmal alles Schlimme –
„dies ist das Leben, das ich leben will!"
gab ich zur Antwort mit entschloss´ner Stimme
und nahm auf mich mein neues Schicksal still.
So ward geboren ich in diese Welt,
so war´s als ich ins neue Leben trat.
Ich klage nicht, wenn´s oft mir nicht gefällt,
denn ungeboren hab´ ich es bejaht.

ENDE DES ZITATES

* * *

KAPITEL 05

DER ENGELSTURZ

UND

DAS VERLORENE SCHULDBEWUSSTSEIN

PROLOG
zum Kapitel 05

Der ehemalige Messdiener

Ein pensionierter Beamter erzählte mir, dass er als Junge katholisch war und sogar als Messdiener gedient hatte. Er erinnert sich gerne zurück an diese Zeit. Jetzt aber ist es mit dem Glauben vorbei. Für ihn sei es unerträglich geworden, permanent in die Rolle des Sünders hineingezwungen zu werden. Für ihn ist die Erbsünde von all dem Sündenspektakel das Unerträglichste, was man ihm weismachen wollte. Lieber glaubt er an gar nichts mehr, als an solch einen Unsinn. Dennoch hält er Kontakt mit Gläubigen aller Richtungen und überhaupt versteht er sich mit allen Menschen gut.

Die ehemalige Lehrerin

Eine pensionierte Lehrerin, die inzwischen pflegebedürftig ist und auf fremde Hilfe angewiesen ist, gibt sich in Gesprächen immer sehr tolerant, vor allem in religiösen Fragen. Sie glaubt an Gott und sie hat auch viel gelesen, auch über Karma und Reinkarnation. Die Frage, ob sie sich auch mit der Prophetie genauer befasst hat und ob sie sich auch für die Prophetie in der Jetztzeit interessieren würde, bejahte sie zunächst, was allerdings sehr schnell und seltsam abrupt endete. Ihr Gott, an den sie glaubt, vergibt alle Sünden und zwar schon, bevor man sündigt. Oh, wie schön!...

Hochmut kommt vor dem Fall ...

Das verlorene Schuldbewusstsein hat viele Gesichter, aber ihnen allen ist die Flucht vor der Verantwortung gemeinsam. Nur ganz wenigen Menschen ist bewusst, dass wir Menschlein „gefallene Engel" sind. Unser Verhältnis zur Schöpfung, dessen Teil wir sind, und unser Verhältnis zu unserem Schöpfer, am Zustand der Natur sichtbar, ist erkennbar gestört. Stört uns das nicht? Warum scheint uns das nicht zu stören? Sehen wir das Leid der Tiere und Pflanzen nicht? Doch wir sehen es, aber wir sehen nicht, dass wir die Urheber der Zerstörung sind. Wieso stört uns die Zerstörung so wenig? Wo ist unser Schuldbewusstsein geblieben? Mehr dazu im folgenden Dialog.

* * *

DIALOG
zum Kapitel 05

Frage 01
Was verbirgt sich hinter dem Fall, dem der Hochmut vorangeht, und was verbirgt sich hinter dem Fallgeschehen?

Im Stillen kennt doch fast jeder den Sündenfall im Paradies, aber wir nehmen diese Realität nicht mehr als Realität wahr. Allerdings entstellt die Geschichte von Adam und Eva des alten Testaments der Kirchenbibel, die uns den Sündenfall im Paradies in Form eines Märchens schildert, meiner Ansicht nach auf mehrfache Weise das wirkliche Fallgeschehen. Man kann Tatsachen unglaubwürdig machen, indem man sie so sehr verklausuliert, dass die Wahrheit kaum noch zu erkennen ist. Die Kirchen verkennen stets die Wahrheit, denn sie verachten die Wahrheit.

Frage 02
Steckt denn in der Schilderung vom Sündenfall von Adam und Eva nicht wenigstens ein Teil der Wahrheit, die uns aufhorchen lassen könnte?

Jede Lüge funktioniert ja nur, wenn sie Teile der Wahrheit enthält. Ich persönlich erkenne nur einen einzigen Fakt in der Adam-und-Eva-Story als wahr an, nämlich, dass es einen Sündenfall gegeben hat und auch gegeben haben muss. Wenn aber der Sündenfall so sehr entstellt wird, dass dieser von ernsten Menschen nicht mehr ernstgenommen werden kann, dann ist eines erreicht, was zu allen Zeiten schon immer das Ziel der Priester und Kleriker war und ist, nämlich: Gezielt Verwirrung, Verdummung, und Desinformation zu stiften, ganz im Dienste weltlicher Macht.

Frage 03
Sind denn Gleichnisse, Geschichten und Metaphern grundsätzlich untauglich oder abwegig, um schwer zu vermittelnde Inhalte zu vermitteln?

Natürlich nicht, denn auch Jesus von Nazareth hat sich oft der Gleichnisse bedient, um die Wahrheit verständlicher an die noch Ungläubigen heranzutragen. So ist das Gleichnis vom verlorenen Sohn ein schönes und begreifliches Bild dafür, dass keine Seele verloren ist, aber auch dafür, dass jede Seele und jeder Mensch aus freier Entscheidung sich selbst auf den Weg zurück zum Vater begeben muss, wenn der Sohn die Abkehr vom Vater bereut. Wer das tut, der wird Vergebung und Aufnahme finden. Solche Gleichnisse fördern Einsicht und Selbsterkenntnis.

Frage 04
Was ist denn inhaltlich an der Adam-und-Eva-Story konkret so unglaubwürdig, was viele Menschen davon abhalten könnte, an den Sündenfall und seine Folgen zu glauben, wie er sich tatsächlich zugetragen hat?

In den Christus-Offenbarungen durch die Prophetin Gabriele, die ich persönlich für richtig und echt halte, ist uns das Fallgeschehen völlig anders dargestellt, und zwar plausibel und stimmig. Wenn ich die aktuellen Offenbarungen richtig verstanden habe, dann hat der Sündenfall nicht in einem Paradies auf Erden und nicht im Menschenleib stattgefunden. Auch das Verbot Gottes, Früchte vom Baum der Erkenntnis zu essen und die Schlange als Verführerin erscheinen mir sehr suspekt. Das Schlimmste jedoch ist die angebliche Reaktion Gottes ... ...

Frage 05
Was ist denn an der angeblichen Reaktion Gottes unwahr oder vielleicht sogar ursächlich dafür, dass sich die meisten Menschen heutzutage nicht als Teil des Sündenfalls erkennen wollen oder können?

Was Andere an der Adam-und-Eva-Variante abstößt, kann ich nicht sagen. Was uns hier aber aufgetischt wird, das ist ein wütender Strafgott, der Adam und Eva zornig und mit schmerzhaften Straf-Auflagen aus dem Paradies verjagt haben soll. Das ist typisch Kirche und Teil des Pfaffen-Größenwahns aller Zeiten bis heute. Nur der Herr Pfarrer kann diesen zürnenden Kirchen-Gott milde stimmen und wir, die zur Erkenntnis von gut und böse unfähig sein sollen, brauchen den Priester-Gehorsam! Wer soll so einen Unsinn für wahr halten, ohne vollends zu verblöden?

Frage 06
Na gut, überlassen wir es jedem Einzelnen, wie er sich zu der Geschichte des Sündenfalls im Paradies und zu der Vertreibung von Adam und Eva aus dem Paradies stellt. Wie hat sich denn der Sündenfall in Wirklichkeit zugetragen?

Um es mit einem einfachen Satz zu sagen: Wir alle haben uns als ehemalige reine Geistwesen, einst im ewigen Reiche Gottes lebend, gegen Gott gestellt. Der Hochmut eines Erzengels, der uns als Luzifer bekannt ist, hat viele weitere Engel mit seinem Hochmut infiziert. Viele Engel haben sich in das niedere, gottferne Denken hinabziehen lassen. In heutiger Denkart und Sprache könnte man sagen, dass wir uns in Opposition zu Gott begeben hatten, weil wir als ehemalige Engel eine andere Schöpfung wollten. Wir wollten selbst Gott sein, selbst Schöpfer sein.

Frage 07
Bedeutet das, dass am Beginn des Fallgeschehens gewisse Gedanken und Ideen aufkeimten, die eine andere und „bessere" Schöpfung wollten?

Noch schlimmer: Wer die Schöpfung Gottes zu verbessern vorgibt, der stellt das Werk Gottes doch in Frage indem er das Gute ungut nennt. Dahinter steckt doch die Wahn-Idee, die die Liebe und die Weisheit Gottes und Seine Allmacht in Abrede stellt. Dem musste ja irgendwann die Sabotage an der Schöpfung Gottes folgen. Uns ist offenbart, so habe ich es jedenfalls verstanden, dass der weibliche Engel Luzifer die Schöpfung insgesamt abgelehnt haben soll, mit dem Ziel wieder in den Urstrom zurückkehren zu können, wo er wieder gottgleich sein könnte.

Frage 08
Wenn man sich das Treiben der Menschheit auf dem Gebiet von Wissenschaft und Technik kritisch anschaut, dann zeigt sich tatsächlich eine nahezu allumfassende „wissenschaftlich-technisch-innovativ" motivierte Zerstörung der Natur durch den Menschen. Tobt in uns Menschen ein unbewusster Zerstörungstrieb, der es auf die Zerstörung des Lebens und der Schöpfung Gottes abgesehen hat?

Das soll und darf jeder für sich selbst entscheiden, so, wie er sich selbst sieht. Aus meiner Sicht stellt sich der Mensch doch selbst infrage, wenn er die Schöpfung nicht als genial und vollkommen anerkennt, indem er in seinem Größenwahn glaubt, sie verbessern zu müssen. Sind wir nicht selbst Teil der Schöpfung Gottes? Warum gibt es kaum noch Menschen, die sich als Kinder Gottes sehen? Wer glaubt, die Schöpfung verbessern zu müssen oder zu können, stellt sich sogar über Gott. Ist die Natur etwa eine Fehlkonstruktion? Kann der Mensch Leben schaffen?

Frage 09
Nochmal zur Frage der Vertreibung aus dem Paradies: Hat Gott uns vertrieben – ja oder nein – und wie hat Gott denn die Fallwesen behandelt, nachdem sie sich von Gott abgesetzt haben?

Uns ist offenbart, dass der Erzengel Michael die Fallwesen hinausbegleitet hat. Von einer Vertreibung kann nicht die Rede sein, sondern genau das Gegenteil von einer Vertreibung ist uns offenbart, nämlich: Gott gab uns Fallwesen freies Geleit und dazu noch ein Quantum von göttlicher Lebensenergie mit auf den Weg, womit wir, die Abtrünnigen, uns selbst beweisen können, wo wir landen, wenn wir uns aus der Einheit in und mit Gott verabschieden, um unser „eigenes Ding" zu machen. Das Resultat liegt nun vor. Jetzt ernten wir sichtbar, was wir gesät haben.

Frage 10

Im Prolog ist von einem ehemaligen Messdiener, einem pensionierten Beamten, die Rede und von einer ehemaligen Lehrerin, die jetzt pflegebedürftig ist. Beide haben eine scheinbar konträre Haltung zur Sünde, also ein unterschiedliches Schuldbewusstsein. Was hat diese Einleitung mit dem Thema Engelsturz zu tun?

Die Abwendung der Fallwesen von der Einheit in und mit Gott hatte und hat einen Zwiespalt zur Folge, der uns bis heute prägt, und zwar nicht nur im Verhältnis zu Gott, sondern auch untereinander. Was alle Fallgedanken aller Fallwesen eint, ist die Flucht vor dem Schuldbewusstsein, vor der Verantwortung. Die Flucht vor der Verantwortung hat nun viele Gesichter. Zwei davon sind im Prolog gezeigt. Die meisten Menschen wollen sich nicht als Sünder sehen oder erkennen und andere sind der Meinung, man dürfe sündigen, so, als wäre das Sündigen Gottes Wille.

Frage 11

Sich selbst ungerne als Sünder sehen zu wollen, das lässt sich, aus menschlicher Perspektive, noch nachvollziehen, aber schwer begreiflich sind doch solche Ideen, die uns quasi das Sündigen erlauben sollen, und wonach es eine Art automatische Vergebung unserer Sünden durch Gott geben soll, quasi sogar im Voraus. Wer lehrt denn so einen Unsinn?

Diese Variante einer angeblichen „Vergebungs-Automatik" stammt aus dem Hirn des Protestanten Martin Luther, dem geistigen Chef der lutherischen Protestanten. Luther revoltierte ja bekanntlich gegen den katholischen Klerus, der, damals wie heute, einen perversen priesterlichen Personenkult betrieb und betreibt. Die katholischen Priester spielen sich als Stellvertreter Gottes auf Erden auf, inklusive der Macht der Vergebung von Sünden. Luther musste dafür einen Ersatz schaffen. So kam er auf die Idee der „erlaubten Sünden" mit „automatischer Vergebung".

Frage 12

Was hat es mit der Erbsünde auf sich, wonach jeder Erdenbürger von Geburt an sündig sein soll? Sind wir alle Sünder, schon von Geburt an?

Wer das Reinkarnationsgeschehen und die Karma-Frage in seinem Bewusstsein hat, dem stellt sich diese Frage gar nicht. Ich persönlich finde interessant, dass das Wort „erben" im Wort „sterben" enthalten ist. Jeder Mensch weiß, dass er geboren ist und dass er sterben wird. Aber Urchristen wissen, dass nur der irdische Leib stirbt, nicht die Seele und nicht der Geist in uns. Erben hat also etwas mit Sterben zu tun. Aus Sicht der Reinkarnation erben wir bei unseren Einverleibungen unsere eigenen Vorgaben aus früheren Leben, auch unsere unbereinigten Fehlhaltungen.

Frage 13
Wenn jeder Mensch der Erbe seiner eigenen Eingaben aus früheren Leben ist, also quasi jeder sein eigener Erbe und Nachfolger ist – wie kommt es dann, dass sich so viele Menschen dieser Tatsache gegenüber verschließen?

Hochmut kommt vor dem Fall. Diese altbekannte Weisheit, liefert den Schlüssel für die Antwort auf diese Frage. Dem Fallgeschehen ging also der Hochmut voraus. Mir scheint, dass Hochmut, Stolz und Größenwahn, die Hauptquellen der weitverbreiteten Uneinsichtigkeit sind. Schuldbewusstsein setzt ja Einsicht voraus und Einsicht folgt der Selbsterkenntnis, einschließlich der Bereitschaft zur Selbstkritik. Da das Fallgeschehen bis dato anhält, muss auch das Hauptmotiv, der Hochmut, noch in uns allen drin sein, wenn auch in unterschiedlichen Maßen.

Frage 14
Nochmal nachgefragt: Warum verschließen sich fast alle Menschen der Einsicht, dass wir selbst die Urheber aller Übel auf Erden sind, ob es sich um harte Einzel-Schicksale oder Massenschicksale handelt?

Wir, fast alle Menschen, sind noch immer die gleichen Fallwesen, die glauben, sie könnten ohne Gott ein gutes oder gar besseres Leben gestalten. Bis in die heutige Zeit leben fast alle Menschen und Seelen in den jenseitigen Reinigungsebenen in der ursprünglichen Wahnvorstellung, wie Gott, von dem wir alle abstammen, sein zu wollen und zu können. Diese innere Fehlhaltung ist uns meist nicht bewusst, aber sie ist dennoch der eigentliche Motor, der uns immer wieder in dieser Illusion gefangenhält. Ohne Gott geht gar nichts – das werden irgendwann alle erkennen.

Frage 15
Bedeutet das, dass ohne das Fallgeschehen im Hinterkopf zu haben, wir als Menschen nicht dazu in der Lage sind, die Wurzeln aller Übel dieser Welt in dieser Zeit zu erkennen?

Ich selbst war einst ein feuriger Anhänger der Idee: „Es rettet uns kein höh´res Wesen, kein Gott, kein Kaiser noch Tribun – uns aus dem Elend zu erlösen, können wir nur selber tun!" Das Zitat stammt aus der Hymne der revolutionären Arbeiterbewegung, der sogenannten Internationale. Dieser folgenschwere Irrtum scheint noch hartnäckig in allen Hirnen zu nisten, auch in jenen, die von sich glauben, keine Kommunisten zu sein. Man muss auch kein Kommunist sein, um so zu ticken, aber man ist dann ein Materialist, was die Kommunisten ja auch sind.

Frage 16
Nochmal anders gefragt: Ist es so, dass wir, solange wir uns noch nicht als gefallene Engel sehen, die seit dem Fallgeschehen bis heute in Opposition zu Gott stehen, Gefangene unserer Irrtümer bleiben werden?

Ein wesentlicher Aspekt der Wahrheit ist, dass alles mit allem zusammenhängt. So ist das Fallgeschehen, oft auch Engelsturz genannt, in enger Verbindung mit dem Reinkarnationsgesetz, dem Gesetz von Saat und Ernte und dem Bewusstsein der Kindschaft Gottes aller Lebewesen, auch der Menschen, als Ganzes zu sehen. Die Allkraft allen Seins ist Gott und Gott ist in allem, was ist. Selbst in dem Unguten und Bösen ist Gott, allerdings in Form umgepolter göttlicher Energie mit niederer Frequenz. Letzteres ist durch die Kraft der Erlösung, durch Christus, vergänglich.

Frage 17
Sind das Geistbewusstsein und die Anerkennung, dass wir als Mensch, also jeder Mensch, Teil des Fallgeschehens sind, identisch und ist das Geistbewusstsein Voraussetzung für die Entfaltung der inneren Christuskraft der Erlösung?

Wer sich darüber im Klaren ist und wer in dem Bewusstsein lebt, ein gefallener Engel zu sein, also ein ehemals reines Geistwesen, das sich einst dazu hat verleiten lassen, zu unserem Schöpfer in Opposition zu gehen, der ist auf dem besten Wege, die in allen Menschen und Seelen ruhende Christuskraft der Erlösung zu entfalten. Wer jedoch seine Herkunft nicht kennt oder sie verkennt oder verleugnet, weil er sich noch zu wohl in seinen Sünden fühlt, kann sich so lange noch nicht von dem Menschlichen und dem Allzumenschlichen lösen, wie er sich noch prostituiert.

Frage 18
Was ist mit der Formulierung „sich prostituieren" gemeint?

Ursprünglich prostituiert sich derjenige, der der Prostitution nachgeht. Im Laufe der Zeit hat dieser Begriff eine Verallgemeinerung erfahren. Wenn sich jemand in den Dienst moralisch fragwürdiger oder niederer Zwecke stellt, und sich selbst dadurch herabwürdigt und erniedrigt und sich dafür auch noch honorieren lässt, dann drückt man das bildlich aus, indem man sagt: „ Er oder sie prostituiert sich". Man sündigt also. Z.B. verrichten Menschen ungute, böse Arbeiten, lassen sich dafür bezahlen und wissen oft sehr wohl, dass sie eine schändliche Arbeit tun.

Frage 19
Lässt sich das „Sich-Prostituieren" an einigen Beispielen verdeutlichen?

Alle „Berufe", deren Ausübung direkt und ganz klar gegen eines der Zehn Gebote Gottes durch Moses verstoßen oder die Regeln des Friedens und des Lebens in der Bergpredigt Christi missachten, lassen sich unter das „Sich-Prostituieren" buchen. Beispiele: Soldaten und Bedienstete der Bundeswehr,

Richter und Polizisten, Schlachter in Schlachtbetrieben, Angestellte im Vertrieb von Fleischprodukten, Bedienstete in den Mastanstalten und Massentierhaltungen, Forscher auf dem Gebiet der Genmanipulation, Angestellte der Atomindustrie und dergleichen mehr.

Frage 20
Das würde ja bedeuten, dass der größte Teil der sogenannten gewerblichen Lohnarbeiten und auch ein großer Teil selbständiger Arbeiten und Dienstleistungen aus dieser Perspektive heraus zu unterlassen wären. Dann würde aber doch unsere Wirtschaft zusammenbrechen. Ist das Gottes Wille?

„Die Wirtschaft" bricht auch mit den sündigen Arbeiten ständig in sich zusammen, weil „die Wirtschaft", die wir heute betreiben, der Befriedigung der Sucht nach Luxus und Macht, Genuss und Vergnügen dient, statt dem Gemeinwohl im Einklang mit der Natur und den göttlichen Naturgesetzen. „Die Wirtschaft" ist eine Wirtschaft der Forderungen und nicht eine Wirtschaft der Liebe zu Gott und Seiner Schöpfung. Wir sind auf Erden, um wieder göttlich zu werden. Das ist die Konsequenz aus dem Leid, das wir uns täglich selbst „erwirtschaften". Arbeit ist Dienst für Gott.

Frage 21
Was hat das Wissen oder die Gewissheit, ein gefallener Engel zu sein, bzw. ein ehemals reines Geistwesen zu sein, das sich einst gegen Gott gestellt hat, für Auswirkungen auf das praktische Leben? Warum brauchen wir dieses Bewusstsein?

Im Titel dieses Kapitels ist von dem verlorenen Schuldbewusstsein die Rede. Ein fehlendes Schuldbewusstsein verhindert die Wandlung vom Bösen zum Guten. Es lässt das Gewissen nicht zu Wort kommen, wenn es darum geht, unsere Haltung zu Fragen des Lebens und unser daraus resultierendes Verhalten vorher oder im Nachhinein zu prüfen. Die Gerechtigkeit kann sich nicht entfalten, der Geist des Friedens auch nicht und wir werden blind für das Wohl unserer Mitmenschen. Wir stumpfen ab, wir erkalten, wenn wir kein Schuldbewusstsein zulassen wollen.

Frage 22
Um ein Schuldbewusstsein zu entwickeln, muss man doch Kenntnis von dem Fehlverhalten haben, was konkret vorliegt. Ein allgemeines Schuldbewusstsein ohne die genaue Kenntnis vergangener Taten kann sich doch gar nicht entwickeln. Wie verhält es sich damit?

Auf den ersten Blick scheint das so zu sein. Das Wissen um das Fallgeschehen als solches reicht natürlich nicht. Die Abwendung von Gott, die wir Fallwesen vor unvorstellbaren Zeiten vollzogen hatten, ist ja nicht folgenlos. Unser Abstieg in die materiellen Welten ist untrennbar mit dem Reinkarnationsbewusstsein und mit dem Gesetz von Saat und Ernte zu sehen. Die Menschwerdung und die Kette von Reinkarnationen haben sich sukzessive über Äonen entwickelt. Je tiefer wir gefallen waren, desto mehr verdichteten sich unsere belasteten Seelen zur Materie.

Frage 23
Was bedeutet das konkret?

Das Fallgeschehen hat sich stufenweise vollzogen. Es entstanden Fallreiche, von denen einsichtige Fallwesen die Rückkehr ins Reich Gottes antreten konnten, was wohl auch teilweise geschah. Die Uneinsichtigen fielen immer tiefer. Ihr Geistleib verdichtete sich immer mehr, bis zu dem Zustand, dem Endzustand, in dem wir heute, im Gefängnis von Raum und Zeit, leben. Die ehemaligen Fallebenen sind seit dem „Vollbracht" durch die Erlösertat Christi, in Gestalt des Jesus von Nazareth, zu Ebenen der Reinigung verschatteter Seelen geworden, wo die Verstorbenen leben und wirken.

Frage 24
Damit wissen wir aber immer noch nicht, für welche zurückliegenden Sünden wir ein Schuldgefühl entwickeln sollen. Wie soll und wie kann das funktionieren?

Wir, die wir heute als Menschen auf der Erde leben, können und sollen an dem gegenwärtigen und desolaten Zustand der Erde, der Natur und aller Lebewesen auf Erden, einschließlich der Menschheit selbst, erkennen, dass wir Menschen allein die Urheber dieses gigantischen Werkes der Zerstörung und der Selbstzerstörung sind. Es ist das verlorene Schuldbewusstsein im Zusammenhang mit der Leugnung der Reinkarnationslehre, des Kausalgesetzes als Teil des Fallgeschehens, das uns daran hindert, dass sich jeder selbst als einen Teil des Kollektiv-Karmas erkennt.

Frage 25
Demnach ist es also nicht erforderlich, dass wir die Sünden aus unseren Vorleben kennen müssen, um einsichtig zu werden?

Wir würden unter der Kenntnis der Last all unserer Sünden zusammenbrechen, die wir in vielen Inkarnationen verbrochen haben. Wenn wir auf die Erde kommen, dann bringen wir ja einen Teil unserer Sünden als Anlage, als Schatten in unserem Charakter, mit in dieses Leben. Selbst damit können oder wollen sich viele Menschen nicht abfinden. Wie sollen wir die ganze Last aus unseren Vorleben aushalten, wenn wir nicht einmal dazu bereit sind, die Verantwortung für unsere jetzigen Charaktermängel zu übernehmen? Wir sollen in der Gegenwart leben.

Frage 26
Was bedeutet die Aussage: „Wir sollen in der Gegenwart leben"?

Uns ist offenbart, dass wir uns in dieser Inkarnation mit unseren Fehlhaltungen, die wir in dieses Leben mitgebracht haben, befassen sollen. Es ist unsere Aufgabe, unsere täglichen Verhaltensweisen dahingehend zu beobachten und zu prüfen, ob wir im Einklang mit dem göttlichen Gesetz sind. Wir sollen also unser Gewissen in unseren Alltag einbringen und das funktioniert nur in der Gegenwart. Was ich heute empfinde, heute denke, heute sage und heute tue, das soll ich wägen und das soll ich im Geiste Christi bereinigen, wenn ich mich selbst beim Sündigen ertappe.

Frage 27

Kommen wir noch einmal auf das verlorene Schuldbewusstsein zurück. Was ist genau unter dem verlorenen Schuldbewusstsein zu verstehen?

Zunächst ist das verlorene Schuldbewusstsein mit Gewissenslosigkeit oder mit Gewissensarmut identisch. Wir tun uns äußerst schwer damit, alle unangenehmen und schmerzhaften Schicksalsschläge als Folge unserer eigenen Verhaltensweisen im Rahmen des Gesetzes von Saat und Ernte zu erkennen. Die Bereitschaft zur Selbsterkenntnis, zur Reue, zur Bitte um Vergebung und selbst zu vergeben, eventuell zur Wiedergutmachung und die Unterlassung der erkannten Sünden ist kaum noch sichtbar vorhanden, vor allem nicht in gesellschaftlichen Fragen.

Frage 28

Was haben die Missstände in gesellschaftlichen Fragen mit Selbsterkenntnis und mit dem Schuldbewusstsein zu tun?

Die gesellschaftlichen Fragen schließen die Verantwortung für die Zerstörung der Natur mit ein, das sollte uns bewusst sein. Ob es um die ungerechten Verhältnisse in der Gesellschaft geht, ob national oder international, ob es um die wachsende Kriegsgefahr geht, ob es um Pandemien oder um die nicht mehr zu verkennende Zerstörung der Natur und der Mutter Erde geht – das Werk der Zerstörung ist nicht das Werk von „Denen-da-oben", sondern wir alle haben uns über mehrere Generationen und Inkarnationen schuldig gemacht und das wird total verkannt.

Frage 29

Kann das Bewusstsein, dass wir alle ehemalige reine Geistwesen sind, oder gefallene ehemalige Engel, wie es manchmal auch genannt wird, an dem verlorenen Schuldbewusstsein und an der Gewissenslosigkeit etwas ändern?

Würden alle Menschen bei sich selbst damit beginnen, Gott unseren Schöpfer und die Schöpfung zu lieben, würden wir aufhören zu töten, zu hassen, zu neiden, zu lügen und zu betrügen, wenn jeder seinen Egoismus freiwillig opfern würde zum Wohle des großen Ganzen, dann würde sich nicht nur etwas ändern, sondern dann würde sich alles ändern. Jeder einzelne Mensch ist ein Teil der Menschheit und alle Veränderungen kann jeder nur bei sich selbst vornehmen. Niemand kann und soll seine Mitmenschen ändern wollen. Jeder sollte sich an die eigene Nase fassen.

Frage 30

Das klingt irgendwie logisch und plausibel, aber gleichzeitig kommen da Bedenken in einem hoch. Was ist denn, wenn die anderen nicht mitziehen, wenn die Mehrheit der Menschheit sich immer wieder in Kriege und Faschismen, in ein heilloses Gegeneinander statt in ein gedeihliches Miteinander verwickeln lässt?

Aktuell sieht es tatsächlich so aus, dass die Masse der Menschen nicht bereit ist umzudenken. Aktuell geht die Masse der Menschen weltweit der

Propaganda der Obrigkeiten auf den Leim und es sieht tatsächlich so aus, dass die Masse sich nicht ändern will. Wer aber so denkt, der externalisiert seine eigene Verantwortung und hat offensichtlich nicht das Fallgeschehen vor dem Inneren Auge, was automatisch dazu führen würde, dass jeder einzelne beginnt, über mehrere Leben und darüber hinaus über das Leben im Jenseits zu denken, denn dort „spielt die wahre Musik".

Frage 31
Was bedeutet die Formulierung: „ Im Jenseits spielt die wahre Musik"? Bedeutet das etwa, dass auf Erden „nichts mehr zu löten" ist, wie man so sagt?

Uns ist offenbart, jedenfalls habe ich es so verstanden, dass das Fallgeschehen, der Engelsturz also, von Anfang an eine „Episode" im Plan der Schöpfung ist, was dessen Vergänglichkeit bedeutet. Das bedeutet, dass der Christusweg der Erlösung von den Verstrickungen aller Fallwesen, die wir inkarnierten Menschlein ja sind, dafür sorgt, dass alle gefallenen Engel, die noch als Seelen in den Seelenreichen leben oder, die auf Erden inkarniert sind, als ehemalige Lichtwesen wieder dem ewigen Lichte zustreben werden. Diesen Prozess nennt man auf Erden Evolution.

Frage 32
Noch einmal anders nachgefragt: „Ist die Erde und ist die Menschheit überhaupt noch zu retten?"

Alle echten Propheten aller Zeiten, so auch die Prophetin Gabriele, durch die kein anderer als Christus selbst in dieser Zeitenwende zu uns spricht, und uns die Dinge mitteilt, die Christus uns in Gestalt des Jesus von Nazareth vor zweitausend Jahren noch nicht nahebringen konnte, weil wir damals die kosmischen Dimensionen noch nicht fassen konnten, sagen das Ende dieser, von den Dämonen geprägten Zivilisation voraus. Mit einfachen Worten ausgedrückt: Alle Seelen und mit ihnen die gesamte Materie, werden sukzessive wieder in das Reich Gottes zurückkehren.

Frage 33
Da werden sich so manche Zweifler fragen, wieso Gott das Fallgeschehen überhaupt zugelassen hat, wenn von vornherein feststeht, dass sich ohnehin alle Fallwesen wieder in ihren ursprünglichen Zustand als Lichtwesen in Gott hochtransformieren werden.

Als verschattete Seelen machen wir ja täglich Erfahrungen mit unseren Schatten und mit unseren charakterlichen Unzulänglichkeiten. Wir leben als Menschen in einer Echo-Welt. Wir machen deswegen Erfahrungen mit uns selbst, weil alle Energien, die wir einst ausgesandt haben und die wir jeden Augenblick aussenden, im Kosmos und in unserer Seele gespeichert sind. Diese Energien, ob positiv oder negativ, kommen irgendwann auf uns zurück. Wir begegnen uns also immer selbst und wir haben die freie Entscheidung, ob wir unsere Irrwege fortsetzen wollen.

Frage 34

Die obige Antwort könnte vermuten lassen, dass wir selbst, die Fallwesen, auch diejenigen sind, die das Fallgeschehen beenden sollen und dieses auch über lange Zeiträume, die wir uns nicht vorstellen können, tun werden. Ist dem so und wer garantiert uns das?

Wenn ich die Christus-Botschaften der Neuzeit richtig verstanden habe, dann ist die Freiheit eine der Grundeigenschaften Gottes. Gott lässt uns gewähren. Wir sind darin frei, uns so zu verhalten, wie wir uns als Kinder Gottes verhalten sollen oder eben auch nicht. Verhalten wir uns untereinander und dem Leben gegenüber feindlich und gegensätzlich, statt harmonisch und friedlich in Harmonie und in göttlicher Einheit, dann ernten wir genau dasjenige, was wir bestellt haben. Wir ernten Leid, weil wir Leid gesät haben, um im Leid das Kausalgesetz zu begreifen.

Frage 35

Dann wäre das ganze Fallgeschehen ja ein Prozess der Evolution vom Licht in die Dunkelheit und zurück oder anders ausgedrückt: Ein Prozess der Regeneration, der einer Degeneration folgt. Kann man das so sehen?

So ähnlich kann man sich das sicher vorstellen. Das Entscheidende dabei ist aber, dass sich der Fall von Anfang an gegen das Leben und gegen die Schöpfung richtet und das Leben ist Gott. Aus diesem Schlamassel kommen wir weder als Menschen, noch als Seelen in den Seelenreichen, von alleine heraus. Wir sind zwar in unseren Entscheidungen frei darin, die göttlichen Gesetze zu befürworten, aber wir brauchen die Christus-Kraft der Erlösung, um uns von unseren weltlichen Bindungen lösen zu können. Wer sich in Charakterarbeit übt, der weiß das genau.

Frage 36

Wie funktioniert das mit der Christuskraft der Erlösung? Wie kommen wir an die Christuskraft der Erlösung heran, wenn wir den Weg der Erlösung gehen wollen?

In der Frage ist fast schon die Antwort enthalten, nämlich der Wille ist die Kraft der Erlösung, aber eben nicht des Menschen Eigenwille, sondern der Wille Gottes in uns. Immer wieder lehrte uns schon Christus in Gestalt des Jesus von Nazareth das berühmte: „Dein Wille geschehe" und das lehrt uns Christus heute erneut durch Seine Prophetin Gabriele: „Vater, Dein Wille geschehe, nicht mein Wille, der noch vom niederen menschlichen Egoismus geprägt ist." Der Wille Gottes ist in uns, weil Gott in allem ist, was ist, und Christus, unser Erlöser ist auch in uns.

Frage 37
Wenn Gott in allen Menschen und Seelen ist und wenn die Christuskraft der Erlösung auch in uns allen drin ist, wieso kommt es dann nicht zur Entfaltung dieser heiligen Kräfte, mit denen alles Leid auf Erden ein Ende hätte?

Es ist schon weiter oben gesagt, dass im Jenseits „die Musik gespielt wird". In den Reinigungsebenen mit ihren verschiedenen Bewusstseinsstufen entscheiden wir als Seele selbst, ob wir und warum wir uns erneut auf Erden einverleiben. Das geht aber nicht mehr lange, denn es werden bald nur noch höherschwingende und reine Geistwesen inkarnieren können, um die Erde schwingungsmäßig höher zu transformieren. So wird über Generationen das Friedensreich Christi auf Erden auf einer neuen Erde entstehen, mit dem Ziel, dass alle Materie wieder zu Geist wird.

Frage 38
Und was passiert dann mit den Seelen, die auf der Erde die göttlichen Ziele in sich noch nicht entwickelt haben und sich dann auch nicht mehr auf Erden einer erneuten Bewährung stellen können?

Wer sich jetzt nicht eines Besseren besinnen möchte, der wird in den Ebenen der Reinigung all das schmerzhaft abtragen müssen, was er an Schmerzen auf Erden verursacht hat, statt sich wieder den Gesetzen Gottes zu beugen. Während wir auf Erden Vergebung unserer Sünden erfahren können, und somit nicht mehr alles abtragen müssen, was wir einst verursacht hatten, müssen die Uneinsichtigen über das Leid alles abtragen, was sie in die atmosphärische Chronik eingebracht haben. Aber auch die schwerbelasteten Seelen gehen nicht verloren, doch sie müssen abtragen.

Frage 39
Eigentlich ist das Gerechtigkeit pur und ein Beweis der Liebe und der Geduld Gottes, wenn Er uns so lange im Erdenkleid gewähren lässt, bis wir einsichtig werden. Kann man die Erde als Schulungsort für die Charakterbildung ansehen, die keinen anderen Zweck erfüllt, das Fallgeschehen, unsere Abwendung von Gott also, zu überwinden?

Ja, aber in Einheit mit den Seelenreichen, wo wir ja auch belehrt und unterwiesen werden, u.a. auch darin, dass es nicht Gottes Wille ist, dass wir inkarnieren, denn jede Inkarnation birgt ja auch die Gefahren weiterer Belastungen für unsere Seele in sich. Interessant ist doch, dass eine Umfrage auf Erden, ob wir hungern oder essen wollen, ob wir Frieden oder Krieg wünschen, ob wir Hass oder Liebe wollen, mehrheitlich positiv entschieden werden würde. Die Krux ist „nur": Fast keiner will auch den Preis für Frieden, Freiheit und Gerechtigkeit zahlen … …

Frage 40
Was ist denn der Preis für Frieden, Freiheit und Gerechtigkeit? Ist er so hoch, dass Frieden, Freiheit und Gerechtigkeit unerschwinglich sind?

Frieden, Freiheit und Gerechtigkeit sind für niemanden unerschwinglich. Jeder kann den Preis dafür zahlen, wenn er nur will. Das ist das alles Entscheidende: Wir wollen den Himmel auf Erden umsonst haben und diese Illusion müssen wir uns von der Backe putzen. Wir kommen nicht umhin, als uns schrittweise, aber vollständig auf die Erfüllung der Gebote Gottes durch Moses, einschließlich der Friedens- und Lebensregeln Christi der Bergpredigt zu besinnen und praktisch im Leben umzusetzen. Das kann jeder, der dazu willens ist. In dem Moment, wo wir das tun wollen, wird die Christuskraft der Erlösung in uns wach und wirksam.

* * *

EPILOG
zum Kapitel 05

Wahrscheinlich sind die Ausführungen in dem obigen „Engel-Sturz-Dialog" für so manchen Leser nicht befriedigend. Vielleicht hat der obige „Engel-Sturz-Dialog" sogar für die meisten Leser mehr Fragen als Antworten aufgeworfen. Wenn dem so ist, kann es nur eine Abhilfe geben, nämlich das Lesen der Christus-Offenbarungen selbst, die im Gabriele-Verlag oder im Buchhandel erworben werden können. Dieses Buch „Christusgewissen" kann, will und darf nur ein erstes Interesse wecken. Das trifft auch für dieses Thema zu. Nur die Original-Literatur kann maßgeblich sein.

Im Gabriele-Verlag findet man nicht nur hervorragende Literatur-Beschreibungen, sondern es ist auch möglich, sich telefonisch zu bestimmten Themen die passende Literatur zu erfragen. Einzig die Christus-Offenbarungen selbst, die durch die Prophetin Gabriele zu uns gelangen, können unsere Herzen für die absolute Wahrheit öffnen. So ist es auch mir ergangen. Sekundärliteratur kann bestenfalls erste Aufmerksamkeit erwecken, aber niemals das erreichen, was nur die durchgeistigte Sprache Christi selbst vermag: Das Innere Bewusstsein zu erwecken.

Mich persönlich hat in ganz besonderer Weise das Buch: „SEIN AUGE – Die Buchhaltung Gottes" angesprochen, weil dort detailliert beschrieben ist, wie das Gesetz von Saat und Ernte funktioniert, eingebettet in das Fallgeschehen, wobei der Leser auch die satanischen Raffinessen erfährt, um besser auf der Hut zu sein. Dieses Buch nehme ich immer wieder zur Hand und jedes Mal entdecke ich Neues darin, weil unser Bewusstsein nie alles auf einmal aufnehmen kann. Von daher die lohnende Empfehlung: Lest in erster Linie die Original-Christus-Offenbarungen!!

* * *

Abschließend zu dem Kapitel des Engelsturzes soll die folgende Lyrik von Paul Gerhardt, als Zeugnis eines echten und wahren Gottvertrauens, dazu animieren, sich dessen bewusst zu werden, warum wir vorübergehend als Mensch auf Erden sind:

Paul Gerhardt

Paul Gerhardt
1607 – 1677

ICH BIN EIN GAST AUF ERDEN

Ich bin ein Gast auf Erden und hab´ hier keinen Stand;
der Himmel soll mir werden, das ist mein Vaterland.
Hier reis´ ich bis zum Grabe; dort in der ew´gen Ruh
ist Gottes Gnadengabe, die schließt all Arbeit zu.
…
Was ist mein ganzes Wesen von meiner Jugend an
als Müh´ und Not gewesen? Solang´ ich denken kann,
hab´ ich so manchen Morgen, so manche liebe Nacht
mit Kummer und mit Sorgen des Herzens zugebracht .
…
Mich hat auf meinen Wegen manch harter Sturm erschreckt;
Blitz, Donner, Wind und Regen hat mir manch Angst erweckt;
Verfolgung, Hass und Neiden, ob ich´s gleich verschuld´t,
hab ich doch müssen leiden und tragen mit Geduld.
…
So ging´s den lieben Alten, an deren Fuß und Pfad
wir uns noch täglich halten, wenn´s fehlt an guten Rat;
sie zogen hin und wieder, ihr Kreuz war immer groß,
bis dass der Tod sie nieder legt in des Grabes Schoß.
…
Ich habe mich ergeben in gleiches Glück und Leid;
was will ich besser leben als solche großen Leut?
Es muss ja durchgedrungen, es muss gelitten sein;
wer nicht hat wohl gerungen, geht nicht zur Freud hinein.
…
So will ich zwar nun treiben mein Leben durch die Welt,
doch denk´ ich nicht zu bleiben in diesem fremden Zelt.
Ich wand´re meine Straße, die zu der Heimat führt,
da mich ohn´ alle Maße mein Vater trösten wird.
…

Mein´ Heimat ist dort droben, da aller Engel Schar
den großen Herrscher loben, der alles ganz und gar
in seinen Händen träget und für und für erhält,
auch alles hebt und leget, wie es ihm wohlgefällt.

...

Zu dem steht mein Verlangen, da wollt´ ich gerne hin;
die Welt bin ich durchgangen, dass ich´s fast müde bin.
Je länger ich hier walle, je wen´ger find´ ich Freud,
die meinem Geist gefalle; das meist´ ist Herzeleid.

...

Die Herberg´ ist zu böse, der Trübsal ist zu viel.
Ach komm, mein Gott, und löse mein Herz, wenn dein Herz will;
komm, mach ein selig´s Ende an meiner Wanderschaft,
und was mich kränkt, das wende durch deinen Arm und Kraft.

...

Wo ich bisher gesessen, ist nicht mein rechtes Haus.
Wenn mein Ziel ausgemessen, so tret´ ich dann hinaus;
und was ich hier gebrauchet, das leg´ ich alles ab,
und wenn ich ausgehauchet, so scharrt man mich ins Grab.

...

Du aber, meine Freude, du meines Lebens Licht,
du ziehst mich, wenn ich scheide, hin vor dein Angesicht
ins Haus der ew´gen Wonne, da ich stets freudenvoll
gleich wie die helle Sonne mit andern leuchten soll.

...

Da will ich immer wohnen – und nicht nur als ein Gast –
bei denen, die mit Kronen du ausgeschmücket hast;
da will ich herrlich singen von deinem großen Tun
und frei von schnöden Dingen in meinem Erbteil ruh´n.

* * *

KAPITEL 06

DIE ZEHN GEBOTE GOTTES

UND DIE

BERGPREDIGT JESU

PROLOG
zum Kapitel 06

Von hoher Aktualität

Im Gabriele-Verlag gibt es ein Buch mit dem Titel: „Die Zehn Gebote Gottes und die Bergpredigt des Jesus von Nazareth", das auch über den Buchhandel mit der ISBN-Nr.: 978-3-89201-802-S erworben werden kann. Dort ist auf 210 Seiten der Wille Gottes für die heutige Zeit ausgelegt, denn heute tickt die Menschheit anders als zu Moses Zeiten und zu der Zeit, als Christus in den Nazarener Jesus einverleibt war. In diesem Kapitel befassen wir uns mit Fragen bezüglich der Aktualität der hohen Christus-Ideale für uns heute und warum wir diesen Kompass gerade heute dringend brauchen.

Das schleichende Ende der Mammon–Kultur

Immer mehr Menschen möchten diesem verrotteten Staat in dieser vergammelten Welt die Stirn bieten, mitsamt der herrschenden Rechtsordnung der Privilegierung, welche der Träger dieser Gesellschaftsordnung ist, einschließlich dieser brutalen, mörderischen und suizidalen Wirtschaftsordnung. Weltweit, auch in unserem Land, versuchen Millionen Aufrichtige einen Paradigmenwechsel herbeizudemonstrieren. Neue Eliten bieten teils neue, teils aber auch alte Ideen in neuen Schläuchen an, die uns den heißersehnten Frieden in Freiheit und Gerechtigkeit bescheren sollen.

Wer oder was muss sich wohin ändern, damit sich die Welt ändern kann?

Ein ungeschminkter Blick in die Historie der Menschheit lässt in uns jedoch eine ernüchternde Skepsis entstehen. Können all die gutgemeinten Mühen der aktiven Dissidenten die diktatorischen Verhältnisse beenden? Müssen die Proteste nicht in eine Sackgasse führen, wie seit tausenden von Jahren? Sind die Politiker schuld an unserem Dilemma und ist das „arme Volk" etwa unschuldig? Haben wir es nicht in Wirklichkeit mit einem unsichtbaren Pakt zwischen Volk und Politik zu tun? Wer oder was muss sich wie und wohin ändern? Mehr dazu im folgenden Dialog.

* * *

DIALOG
zum Kapitel 06

Frage 01
Der Inhalt des Prologs lässt vermuten und fragen, ob unsere Verhaltensweisen als Mensch, wie meist angenommen, die Privatangelegenheit jedes Einzelnen sind, die niemanden etwas angehen, oder etwa doch? Sind unsere Verhaltensweisen, ganz oder teilweise, Privatangelegenheiten oder nicht?

Die Menschheit ist weltweit in allen Lebensfragen derart tief gespalten, dass gutes Verhalten entweder nicht gesehen oder bewusst verschleiert wird. So ist vielen nicht klar, dass jede persönliche Entscheidung und ihre Umsetzung beides ist, nämlich einerseits eine sogenannte „Privatsache", die aber gleichzeitig immer auch mit gesellschaftlichen Auswirkungen verbunden ist. So gesehen gibt es keine „Privatangelegenheiten" ohne gesellschaftliche Relevanz, und sei es auch „nur" eine noch so kleine „Privatsache", wie z.B. das Anzünden einer Zigarette.

Frage 02
In diesem Dialog wollen wir uns ja mit den Zehn Geboten Gottes und mit den Inhalten der Bergpredigt Jesu befassen und dieses vor dem Hintergrund, was die Gebote uns modernen Menschen in dieser turbulenten Zeit noch zu sagen haben. Dabei fällt auf, dass sich zumindest die Zehn Gebote an jeden Einzelnen richten. Ist das nicht eher ein Beleg für die Privatsphäre unserer Verhaltensweisen?

Was bedeutet „Privatsphäre"? Bei Wikipedia ist es sinngemäß der nichtöffentliche Bereich, in dem jeder sich ohne äußere Einflussnahme frei entfalten können darf, ein sogenanntes Menschenrecht. Aus meiner Sicht haben wir es hier mit einer Art Mogelpackung zu tun, die eine Freiheit suggerieren soll, die es in der Praxis gar nicht gibt. Kein Mensch ist frei von äußeren Einflüssen, denn auf uns wird in Wirklichkeit permanent äußerer Einfluss ausgeübt. So ist z.B. die Psychologie eine Werkzeugkiste mit lauter Werkzeugen zur Manipulation unseres Verhaltens.

Frage 03
Die Gebote Gottes und die Bergpredigt sind ja im Prinzip Verhaltensmaßstäbe für jeden einzelnen Menschen. Im Gegensatz zu den weltlichen Rechtsvorschriften sind sie aber offensichtlich nicht zwingend, denn deren Nichtbefolgung ist ja nicht mit Sanktionen verbunden, wie es im weltlichen Recht der Fall ist. Ist das vielleicht die Quelle für die Illusion des Privaten?

Es ist gut, dass wir das genauer klären, bevor wir ins Eingemachte gehen. „Privat" ist ja im Grunde etwas in sich Geschlossenes, das also nicht nach außen offen ist. In der ganzen Natur, in der ganzen Schöpfung finden wir gar keine „Privatsphäre". Das „Private" kann nur eine üble und trübe menschliche Machenschaft sein, die nur ein Ziel verfolgt: Reichtum und Privilegien vor dem legitimen Zugriff anderer Berechtigter zu schützen. Nur vor diesem Hintergrund konnte es gelingen, solche Verhaltensweisen zu „privatisieren" und rechtlich zu schützen, die profitabel sind.

Frage 04
Wenn es in der Natur und in der ganzen Schöpfung Gottes keine Privatsphäre gibt, was ist dann das Naturprinzip?

Die Offenheit ist das Naturprinzip. Uns ist offenbart, dass die gesamte Schöpfung offen ist, wobei alle Geschöpfe der Erde untereinander in Kommunikation stehen und gleichzeitig stehen alle Formen des materiellen Lebens mit der Geistwelt in Kommunikation. In der urchristlichen Literatur gibt es den Begriff „kosmisches Bewusstsein". In allen Kosmen sind alle Lebensformen miteinander verbunden. Alle Kräfte wirken und schöpfen gemeinsam mit Gott. Der Kosmos kennt keine abgeschotteten Privat-Inseln, auch auf Erden nicht. „Privatheit" ist ein Produkt des Fallgeschehens.

Frage 05
Die Privat-Frage kann uns u.a. auch deswegen in den Sinn kommen, weil Christus uns in den neuzeitlichen Offenbarungen durch die Prophetin Gabriele mehrfach darauf hinweist, dass das Verhalten unserer Mitmenschen uns nichts angeht. Jeder soll sich um seine eigene geistige Verfassung kümmern. Das Verhalten unseres Nächsten geht uns nichts an, weil dessen Verhalten eine Angelegenheit zwischen Gott und unserem Nächsten ist. Steht das nicht im Widerspruch zum Prinzip der All-Kommunikation und haben wir es vor diesem Hintergrund nicht doch mit einer „Privatsphäre" zu tun?

Absolut nicht, denn dann wäre Gott ja ein Privatier. Gott ist aber die Allmacht, die auch allgegenwärtig in allen Lebensformen im Diesseits und im Jenseits ist. Die Lehren Christi bezüglich der Fehlhaltungen und Sünden unserer Mitmenschen, die ja alle auch unsere Geschwister vor Gott sind, sind auf die Wahrung der göttlichen Freiheit bezogen, aber in Verbindung mit dem Gesetz von Saat und Ernte. Nichts ist privat. Jedes Verhalten, ob gut oder böse, hat Wirkungen auf das große Ganze, denn im Kosmos ist alles in allem enthalten und alles ist miteinander verbunden.

Frage 06
Das gemeinschaftliche Denken ist schwer vorstellbar, vielleicht weil wir uns selbst immer nur als Einzelwesen sehen, als ein auf sich gestelltes Individuum. Sollen wir wirklich tatenlos zusehen, wenn sich zum Beispiel jemand auf Kosten anderer bereichert oder wenn sich jemand Dinge erlaubt, die anderen Mitmenschen oder der Gemeinschaft oder der Natur schaden?

Das gemeinschaftliche Denken ist nur dann schwer vorstellbar, wenn man in erster Linie nur an sich selbst denkt, also primär sein Eigenwohl über das Gemeinwohl stellt. Das unselige „Privat-Denken" heißt nicht, dass es „Privates" gibt. Christus lehrt, dass wir das Verhalten unserer Mitmenschen nicht persönlich kritisieren, beurteilen oder gar verurteilen sollen, um sie zu beeinflussen. Jeder Mensch soll unbeeinflusst und aus eigenem freien Willen heraus sich so verhalten, wie er es für richtig hält. Letztlich wird jeder an den Folgen seines Denkens und Tuns lernen.

Frage 07
Was ist in diesem Zusammenhang die berühmte Eigenverantwortlichkeit?

Enorm wichtige Frage: Eigenverantwortlichkeit ist das Bewusstsein, dass ich selbst sowohl für alle meine persönlichen Schicksale verantwortlich bin, egal ob sie gut oder ungut sind, als auch, dass ich persönlich gleichzeitig ebenso für alle gemeinschaftlichen Schicksale mitverantwortlich bin. Ganz klar lässt sich das an dem fünften Gebot Gottes durch Mose erkennen, wonach wir nicht töten sollen. In „unserem Land" werden täglich zwei Millionen Tiere geschlachtet, also gegen den Willen Gottes getötet. Da fragt sich doch, wer das zu verantworten hat!?!?

Frage 08
Wenn man diese Zahl der Tierschlachtungen auf ein Jahr hochrechnet, kann es einem regelrecht übel und schwindelig werden und jetzt kann klar werden, dass das Fleischessen keine „Privatangelegenheit" sein kann. Gibt es über die Schlachtzahlen von Tieren offizielle Statistiken?

Laut statistischem Bundesamt wurden im Jahre 2019 mehr als 763 Millionen Tiere in Deutschland geschlachtet. Im Durchschnitt hat also jeder der 80 Millionen Bürger unseres Landes zehn Tiere im Jahr schlachten lassen. Im größten deutschen Schlachtbetrieb Tönnies werden allein auf dem Gelände von Rheda-Wiedenbrück pro Tag 20.000 Schweine bestialisch umgebracht. Spätestens hier müsste jedem aufrichtigen Menschen klar werden, dass der Fleischkonsum keine „Privatsache" sein kann, weil jeder Fleischkonsument ein Teil dieses brutalen Massakers ist.

Frage 09
Im Angesicht dieser schockierenden Zahlen, hinter denen sich ja ein unsägliches Leid der Tiere schon vor der Schlachtung verbirgt, ist man doch versucht, aktiv auf die Fleischkonsumenten einzuwirken, damit sie ihr Konsumverhalten zum Wohle der Tiere ändern. Weiter oben hieß es aber, dass wir das nicht tun sollen, weil jeder frei in seiner Entscheidung bleiben soll. Ist es wirklich Gottes Wille, dass wir solche brutalen Methoden und Verhaltensweisen tolerieren?

Gottes Wille ist es, dass jeder zunächst bei sich selbst beginnt, die Konsequenzen aus seinen eigenen Erkenntnissen zu ziehen. Ich selbst bin also von Gott, unserem Schöpfer, dazu aufgerufen, keine Tierprodukte mehr zu essen, mich also von den Früchten der Mutter Erde zu ernähren. Erst wenn ich das vollständig vollbracht habe, kommuniziere ich bereits durch mein gottgefälliges Verhalten den Geist Gottes in diese verruchte Welt. Erst dann hat mein aufklärerisches Wort auch ein Gewicht, das aber immer nur allgemein und nie persönlich adressiert sein soll.

Frage 10

Warum sollen wir denn nicht einen Fleischkonsumenten persönlich auf sein Verhalten und dessen Folgen für die Allgemeinheit und für sich selbst ansprechen?

Uns ist offenbart, dass wir niemanden beschämen sollen. Wenn wir das tun, dann kann das eher kontraproduktiv sein, ja sogar eine Trotzreaktion hervorrufen und das, obwohl vielleicht im Inneren unseres Mitmenschen schon ein Umdenken begonnen haben kann. Erst wenn wir danach gefragt werden, wie dieses oder jenes Verhalten einzuordnen ist, dürfen wir die erbetene Auskunft geben, aber auch diese immer nur in der Form der Allgemeingültigkeit und nie persönlich. So habe ich es jedenfalls verstanden und so versuche ich mich selbst auch zu verhalten.

Frage 11

Nach den ersten zehn Fragen können wir ja jetzt mal langsam zu den zehn Geboten Gottes durch Moses und zu den Inhalten der Bergpredigt Jesu übergehen und da fragt sich: Haben wir es mit Gesetzen zu tun, die befolgt werden müssen?

Die zehn Gebote sind in der „Soll-Form" geschrieben, nicht in der „Muss-Form". Auch Christus sprach als Jesus nie vom „Muss". Noch interessanter sind die zwölf Gebote Christi für die Jetztzeit. Sie sind ebenfalls in der „Soll-Form" verfasst. Die zwölf Christus-Gebote sind in dem nachfolgenden Epilog gesondert aufgeführt, weil ich darin eine total geniale Zusammenfassung der Zehn Gebote Gottes durch Moses und der Lebens- und Friedensregeln der Bergpredigt des Nazareners Jesus sehe. Die Gesetze Gottes müssen wir erst dann einhalten, wenn wir sie bejahen.

Frage 12

Auf der Erde haben wir ja auch Gesetze. Die müssen aber auch dann eingehalten werden, wenn wir sie nicht bejahen. Was ist denn ein Gesetz überhaupt, wenn die Gesetze Gottes und die weltlichen Gesetze so unterschiedlich verpflichtend zu sein scheinen?

Weil die irdischen Gesetze nichts mit den Gesetzen Gottes gemein haben, nenne ich persönlich die weltlichen „Gesetze" nur noch Rechtsvorschriften. Nur was von Gott kommt, ist für mich Gesetz. Christus gab uns die erwähnten zwölf Gebote mit denen wir den Himmel auf die Erde holen könnten und dieses eines Tages auch tun werden. Das bundesrepublikanische Recht besteht dagegen aus ca. 2.100 Paragraphen mit ca. 46.000 Einzelvorschriften, plus ca. 3.100 Rechtsverordnungen mit ungefähr 41.000 Einzelvorschriften. Durch sie haben wir die Hölle auf Erden.

Frage 13
Damit ist immer noch nicht die Frage beantwortet, was eigentlich ein Gesetz ist. Was unterscheidet das Gesetz Gottes von weltlichen Gesetzen, wie sie ja auch von der Prophetin Gabriele genannt werden?

Die Prophetin Gabriele offenbart glasklar, dass Gottes Gesetze nicht veränderbar sind. Sie galten und gelten schon immer und ewig. Wir kennen ja nur die Auszüge aus dem Gesetz Gottes für das Leben auf dieser Erde. Gott selbst ist ja DAS GESETZ und Gott ist in allem, was ist. Das Gesetz Gottes ist also absolut und unwandelbar, während die weltlichen Rechtsvorschriften relativiert sind und stets geändert werden. Ein weiteres entscheidendes Kriterium der Gesetze Gottes ist die absolute und universelle All-Gültigkeit. Keiner kann sich an ihnen vorbeimogeln!

Frage 14
Das weltliche Recht, also die weltlichen Gesetze behaupten auch von sich, das sie für alle Menschen in gleicher Weise gelten. Tun sie es etwa nicht?

Wer, wie ich, über viele Erfahrungen mit der Justiz verfügt, der weiß genau, dass die Gleichheit aller vor dem Gesetz eine nackte Heuchelei ist. Nebenbei: Das deutsche Steuerrecht hat ca. 33.000 Paragraphen, nur mal als Nachreichung zu den in Frage 12 genannten Zahlen. Alle weltlichen Rechtsvorschriften ändern nichts an der Tatsache, dass sie nicht für alle gleichermaßen gelten, und dass sie auch nicht gleichbleibend, also unwandelbar sind. Das weltliche Recht verdient die hohe Bezeichnung „Gesetz" nicht, denn es ist ein willkürliches (Un-)Rechts-Konstrukt.

Frage 15
Man hört in letzter Zeit oft und immer häufiger den Begriff „Rechtsbeugung". Was ist darunter genau zu verstehen?

Rechtsbeugung ist ein ganz heißes Thema. Die weltlichen Rechtsvorschriften sind meist nicht eindeutig formuliert und wenn ausnahmsweise doch einmal, dann werden sie raffiniert „relativiert". Rechtsvorschriften können also unterschiedlich ausgelegt und demnach auch unterschiedlich angewendet werden. Im Staat und auch im Kirchenrecht der Staats- und Machtkirchen-Konzerne darf aber nicht jeder die Rechtsvorschriften auslegen. Das ist nur den Richtern, Rechtspflegern und Obrigkeiten vorbehalten. Der Untertan hat nur zu gehorchen und sonst nichts.

Frage 16
Was heißt das konkret im praktischen Leben für den Staatsbürger?

Der Staatsbürger lebt in einer permanenten Rechtsunsicherheit, schon wegen der unüberschaubaren Anzahl der Rechtsvorschriften, die selbst Rechtsanwälte nicht mehr überschauen und verstehen können. Wir sind nicht darin frei, das Recht nach eigenem Gutdünken anzuwenden. Angeblich gilt offiziell z.B. die Glaubens- und Gewissensfreiheit. Sie existiert aber dann nicht, wenn wir Anordnungen von oben nicht befolgen wollen, die gegen das göttliche Gesetz verstoßen. Nicht ich darf nach meinem Gewissen frei entscheiden, sondern letztlich darf das nur ein Richter.

Frage 17
Das kann man sich gar nicht vorstellen. Gibt es dafür ein Beispiel?

Bekanntlich und nachweislich werden die Bürger unseres Landes über die Medien systematisch desinformiert, also systematisch angelogen oder es werden relevante Fakten unterschlagen, die ein anderes Verhalten der Bürger erzeugen würden, wenn sie bekannt wären. Die Medien sind also inzwischen Propagandawerkzeuge und Manipulatoren geworden, vorneweg die öffentlich-rechtlichen Rundfunk- und Fernsehanstalten ARD, ZDF und DLF. Eine Verweigerung der GEZ-Zwangs-Abgabe aus Gewissensgründen, weil sie das Lügen finanziert, ist unzulässig.

Frage 18
Demnach kann man als Urchrist oder als Freidenker mit geistig-spirituellem Hintergrund mit der weltlichen Rechtsordnung in Konflikte geraten, die mit harten Rechtsfolgen verbunden sein können, die unter Umständen sogar die Existenz als Mensch gefährden können. Wird dann der Widerstand zur Pflicht?

Ich persönlich habe mich für den Inneren Widerstand als Pflicht entschieden. Das bedeutet, dass ich mich für den Christusweg der Erlösung entschieden habe. Ich habe mich aus freier Entscheidung vor Gott dazu verpflichtet, alles in meiner Kraft stehende zu tun, die Gesetze Gottes nicht nur zu bejahen, sondern sie auch, meinen derzeitigen Fähigkeiten entsprechend, vollständig anzuwenden. Es gibt auch eine „Innere Verfolgung". Das sind die Versuchungen des Satans der Sinne in mir. Ihnen gebührt täglich mein aktiver Widerstand. Damit habe ich genug zu tun.

Frage 19
Aktuell, im Angesicht vieler zweifelhafter Corona-Zwangsvorschriften, stellt sich für viele Bürger ernsthaft die Frage, ob es nicht ein Recht oder sogar eine Pflicht zum Widerstand gegen staatliche Willkürmaßnahmen gibt, und zwar auch dann, wenn diese rechtlich angeordnet sind, aber eindeutig den Weg in Richtung Faschismus ebnen. Ist das kein Thema für Menschen mit einer urchristlichen Gesinnung?

Natürlich sind solche unheilvollen Entwicklungen in Richtung Faschismus und Krieg ein Thema für Menschen mit urchristlicher Gesinnung. Die Frage des Widerstandes muss jeder mit seinem eigenen Bewusstsein und mit seinem eigenen Gewissen abklären. Ich persönlich war als ehemals aktiver 68iger-Revolutionär immer an vorderster Front im Widerstand gegen diesen Krieger-Staat zu finden, notfalls mit allen Mitteln. Der Christusweg der Erlösung jedoch geht den Weg der Gerechtigkeit im Geiste der uneingeschränkten Nächstenliebe und Feindesliebe.

Frage 20
Wie sieht in der Widerstandsfrage der Weg der Gerechtigkeit konkret aus, wenn der Widerstand mit den Lehren Christi kompatibel sein soll?

Wenn wir jede Frage des Alltags auf Erden zur Gewissensfrage erheben, wissen wir immer, was wir tun oder unterlassen sollen. Dazu gehört, dass Urchristen alle Menschen, auch die Feinde der Gerechtigkeit in Staat, Kirchen und Gesellschaft, stets und ohne eine Einschränkung immer so behandeln, wie jeder selbst behandelt werden möchte. Dazu gehört vor allem die Ablehnung jeder Form von Gewalt und die Ablehnung jeglichen Zwanges, denn der Christus-Gott ist absolute Freiheit und Güte. Dieses urchristliche Prinzip gilt ohne Einschränkung für alle Mitmenschen.

Frage 21
Aktuell scheint weltweit eine präfaschistische Phase eine Zeit mit Verhältnissen einzuläuten, die an 1933 in Deutschland erinnern, aber mit noch konzentrierteren Machtkonstellationen als damals, und möglicherweise mit noch viel schlimmeren Folgen als 1933. Ist es nicht Christenpflicht solchen Gefahren gemeinsam mit allen aufrichtigen Menschen wirksam entgegenzutreten, bevor es zu spät ist?

Diese heikle Frage wird in Kapitel 15 dieser Website genauer erörtert werden. In diesem Kapitel reicht es vorläufig festzustellen, dass wir das Faschismusproblem nicht hätten, wenn die Menschheit, wenn also jeder einzelne Mensch, den Willen Gottes täte. Dem ist aber nicht so. Die Faschismusgefahr muss aus der Perspektive des Gruppen-Karmas im Rahmen des Reinkarnationsgesetzes beleuchtet werden. Die Mehrheit der Menschheit ist offensichtlich noch nicht dazu bereit, nach den Geboten Gottes zu leben. Das ist Fakt. Deswegen gibt es die Faschismusgefahr.

Frage 22
Kann oder soll das bedeuten, dass diejenigen, die sich für Freiheit, Frieden und Gerechtigkeit engagieren möchten, auf öffentliche und konzertierte Aktionen in diesem Geiste verzichten sollen?

Wer noch daran glaubt, die willfährige und manipulierte Mehrheit der Völker durch Demos oder andere konzertierte Aktionen aufrütteln zu können, um auf diese Weise das „Masse-Verhalten" in positive Bahnen zu lenken, was immer auch darunter zu verstehen ist, der soll es tun. Wer noch glaubt, die Obrigkeit allein sei schuld an dem Desaster und wer noch an die Unschuld des Volkes glaubt, der irrt. Die Dissidenten denken meist: Das unschuldige Volk soll sich gegen die Obrigkeit erheben, damit die Obrigkeit abdankt oder sich wendet. Das funktioniert nicht!

Frage 23
Warum soll das nicht der richtige Weg sein oder anders herum gefragt: Was wäre dann der richtige Weg, bzw. die richtige Alternative?

Die richtige Alternative finden wir in der Problemanalyse auf Basis des Karmas im Rahmen des Kausalgesetzes und wir können nur fündig werden, wenn wir immer wieder über mehrere Leben auf Erden zu denken lernen. Tun wir das nicht, und haben wir nicht das Reinkarnationsgesetz im Kalkül, dann laufen wir Gefahr, ein intergenerationelles Problem auf ein Generationsproblem zu verkürzen. Tun wir diesen Fehler, kommen wir niemals den Ursachen auf die Spur. Wer nicht die Ursachen erforschen will, kann die Übel dieser Welt nicht ursächlich behandeln.

Frage 24
Das ist aber sehr allgemein und sehr weit ausgeholt ausgedrückt, fast sibyllinisch. Soll man die Lösung konkreter gesellschaftlicher Gefahren etwa den unsichtbaren Kräften der Selbstregulation überlassen? Das kann doch nicht des Rätsels Lösung sein, oder etwa doch? Was heißt Karma in diesem Zusammenhang?

Es ist nicht zu übersehen, dass die Völker weder die Kriege und die Massenmorde der vergangenen 5.000 Jahre, noch die Kriege der vergangenen 500 Jahre, noch den permanenten Krieg gegen die Natur in den „Friedenszeiten" dazwischen, aufgearbeitet haben, um die richtigen Konsequenzen daraus zu ziehen. So hat das deutsche Volk nach 1945 weder den Faschismus noch den Krieg zu seiner Lektion gemacht, um sich dann konsequent für den Frieden zu entscheiden. Wo war und wo ist die Bereitschaft, den Geist Christi ins Zentrum unseres Lebens zu stellen?

Frage 25
Wäre oder ist eine individuelle Lebensführung im Geiste Christi nicht ohne gesellschaftlich relevante Folgen, weil die Gesellschaft sich offensichtlich nicht mehrheitlich dem Geiste Christi zuwenden möchte?

Gegenfrage: Was ist denn an den Zehn Geboten Gottes durch Moses so schwierig, dass man noch nicht einmal diese einfachen Auszüge aus den göttlichen Regeln des Lebens akzeptieren und verwirklichen kann? Weiter gefragt: Was ist denn an den Lehren der Bergpredigt Jesu so inakzeptabel, dass die meisten Menschen sich nicht berufen fühlen, ihr Leben nach ihnen zu gestalten? Ist es nicht so, dass fast alle Menschen sich zwar im Stillen nach Freiheit, Gerechtigkeit, Gleichheit, Frieden und Einheit sehnen, aber nicht den hohen Preis dafür zahlen wollen?

Frage 26
Was ist denn dieser hohe Preis, den wir Menschen zu entrichten hätten, damit wir in Frieden, Freiheit, Gerechtigkeit, Gleichheit und Einheit leben könnten? Ist der Preis so hoch, dass die Bereitschaft, den Preis für das Glück auf Erden zu zahlen, so sehr gering ist?

Wer Gott, den Quell aller Lebensformen und alles Guten in der Schöpfung, nicht liebt, wer den Namen Gottes nicht ehrt, wer nicht bereit ist, jeden Tag zum Tag des Herrn zu machen, wer Vater und Mutter nicht achten will, wer das Töten und das Morden nicht lassen will, wer seinen Nächsten nicht treu dienen will, wer das Stehlen nicht lassen will, wer die Lüge mehr liebt als die Wahrheit, wer nicht aufhören will, Frau, Mann oder Kind besitzen zu wollen und wer seine Gier nach Hab und Gut nicht zähmen will, der will Gutes ernten, ohne selbst Gutes zu säen.

Frage 27
Bedeutet das, dass der Egoismus die Basis für alle Übel ist, die wir in der Vergangenheit und zur jetzigen Zeit auf Erden registrieren müssen?

Was könnte uns denn sonst davon abhalten, das Gemeinwohl und das große Ganze über das Eigenwohl zu stellen, wenn nicht die totale und globale Ich-Bezogenheit des Individuums Mensch? Der Egoismus macht uns blind. Er ist der Sarkophag für unser Gewissen. Wir sind doch schon so weit degeneriert, dass wir die Missstände, die wir auf Erden produzieren, oft noch nicht einmal als Missstände wahrnehmen. Die Massakrierung unschuldiger Tiere gilt als „normal", denn das machen die anderen ja auch. „Erst kommt das Fressen, dann die Moral" – das gilt als normal!

Frage 28
Wenn der Egoismus, die totale Ich-Bezogenheit, der Motor für Krieg, Hunger, Elend und Zerstörung ist, inklusive der Selbstzerstörung der Gattung Mensch, dann fragt sich, wie wir aus diesem Teufelskreis herauskommen?

Das Einfachste auf der Welt ist schneller gesagt als getan: Es ist die Reinigung unserer Seele im Geiste Christi. Alles würde sich zum Guten wenden, würde sich die Menschheit auf Christus ausrichten. Unsere Gesinnung und unser Verhalten strahlen immer in das Große Ganze hinein, ob negativ oder positiv, ob gut oder böse. Das bedeutet: Jede individuelle Überwindung der Eigenwilligkeit zugunsten des Willen Gottes und somit des Gemeinwohls verändert die Welt und überträgt sich auf unsere Mitmenschen. Das funktioniert nur, wenn jeder bei sich beginnt.

Frage 29
Gibt es unter den Zehn Geboten Gottes durch Moses eine Rangfolge, die man als Suchender und Williger beachten sollte, wenn man sein Leben im Geiste Christi umgestalten möchte?

Das Fundament jeder wahren christlichen Gesinnung ist die Liebe. Ohne Liebe wird niemand auch nur ein Gebot Gottes erfüllen können. Da auch die Liebe von den dämonischen Kräften für niedere menschliche Zwecke umgepolt worden ist, kommen wir nicht umhin, uns ein klares Bild von der Liebe im göttlichen Sinne zu machen. Die Gebote selbst, wie auch die Lehren Christi in der Bergpredigt wirken, so wie ich es verstanden habe, immer im Kanon, also immer zusammen. In jedem Gebot sind alle anderen Gebote enthalten. Sie sind alle EINS, quasi ein Orchester.

Frage 30
Warum braucht der Begriff „Liebe" eine Revision und was kennzeichnet oder unterscheidet die göttliche Liebe von der menschlichen Liebe?

Was sehen wir in der Natur, zu der wir selbst ja auch gehören? Wir sehen und erleben unaufhörlich das Geben. Man kann auch sagen: „Gott, der ja das Leben ist, verschenkt sich ohne Unterlass". Somit können wir sagen: „Liebe gibt, und zwar ohne nehmen zu wollen." Die menschliche Liebe dagegen will nur nehmen, will nur haben. Einige Beispiele: Ich liebe diese Frau – die muss ich haben! Ich liebe dieses Auto – das muss ich unbedingt haben. Ich liebe die Anerkennung – ich muss unbedingt den Beifall haben! Der Mensch will haben, aber Gottesliebe gibt.

Frage 31
Ist dieser krasse Kontrast zwischen Gottesliebe und der menschlichen Eigenliebe nicht übertrieben? Unter uns Menschen kennen wir doch das Berühmte: „Eine Hand wäscht die andere!" Man spricht häufig sogar von gegenseitigem Nutzen, was auch „win-to-win-Strategie" genannt wird. Ist das nicht auch eine Form von Nächstenliebe, wenn man den eigenen Nutzen mit dem Nutzen des Nächsten zu verbinden versucht?

Wer das so sehen möchte, der kann das gerne tun, aber er verkennt dabei, dass die wahre Liebe nur gibt, ohne nehmen zu wollen. Die oben beschriebene Mischform von Eigenliebe und Nächstenliebe ist nach meinen Erfahrungen Augenwischerei. Das wird dann klar und deutlich, wenn man an die Realisierung der Gebote Gottes geht, und zwar jedes einzelnen Gebotes. Auch Christus lehrt sinngemäß: „Wer nicht für Mich ist, der ist gegen Mich". Was bedeutet das? Das kann nur bedeuten, dass der Wille Gottes mit dem Eigenwillen des Menschen nie vereinbar sein kann.

Frage 32
Lässt sich die Unvereinbarkeit des Willen Gottes mit dem Willen des Menschen an einem Beispiel veranschaulichen?

Das fünfte Gebot, das heutzutage für viele Willige der erste Einstieg in eine wahre christliche Lebensgestaltung sein kann, zeigt die Absolutheit der Gesetze Gottes auf: „Du sollst nicht töten!" Die massenhafte Tötung und Ermordung der Tiere gilt heute überwiegend noch als „normal". Es ist der absolute Wille Gottes, dass wir als Christen jede Lebensform achten und schützen und keine Lebensform, egal ob Tier, Pflanze, Mineral, auch das menschliche Leben nicht, missachten sollen. Was macht der Mensch? Er tötet und tötet so lange, bis das eigene Gewissen tot ist.

Frage 33
Wie ist das Verhältnis der Zehn Gebote Mose zu den Lehren der Bergpredigt des Nazareners Jesus? Reichen die Gebote Gottes durch Moses nicht aus, so dass Christus in Gestalt des Jesus noch einmal nachlegen musste?

Beide stammen aus der gleichen Quelle und Christus, der in Jesus inkarniert war, betonte schon damals, dass Er nicht gekommen ist, um die Weisungen der Propheten vor Ihm abzuschaffen, sondern dass Er für deren Erfüllung eintrat, was Er uns ja auch vollständig vorlebte. In der Bergpredigt sind jedoch, dem damaligen Bewusstsein entsprechend, weitere Auszüge aus den göttlichen Gesetzen offenbart worden, die auch schon immer galten, die für die Menschen in der Zeit des Moses aber offensichtlich noch „zu hoch" waren, um sie zu verstehen.

Frage 34
Warum ist es ratsam, die Bedeutung der Zehn Gebote durch Moses und die Bergpredigt Jesu für die heutige Zeit neu zu bewerten und zu beleuchten?

Wir leben unverkennbar heute in einer Zivilisation, die von den meisten Menschen als die „fortschrittlichste Zivilisation" aller Zeiten empfunden wird. Die meisten Menschen sind von der modernen Technik fast total verblendet, und zwar so sehr, dass wir von einem modernen „Beton- und Techno-Heidentum" reden könnten. Der moderne Mensch heute hat sich in Wahrheit jedoch in dem gleichen Maße des technischen „Fortschritts" geistig zurück entwickelt. Die geistige Degeneration der Menschheit braucht zu ihrer Erneuerung dringend den Geist Christi als Kompass.

Frage 35
Was ist unter geistiger Degeneration zu verstehen?

Der heutige Mensch ist sich offensichtlich noch um ein Vielfaches weniger darüber bewusst als zur Zeit Mose und auch zur Zeit Jesu vor zweitausend Jahren, dass wir fleischgewordene Geistwesen sind, Kinder Gottes. Die Technik heute ist zum Götzen geworden, der von fast allen Menschen angehimmelt wird. Man glaubt, ohne Technik gibt es weder Heil noch Gesundheit. Die Gen-Technologie ist dabei zum Favoriten aller Technologien avanciert. Die Techno-Heiden glauben, dass sie den Hunger in der Welt und alle Krankheiten technisch besiegen können.

Frage 36
Wenn der Glaube und das Vertrauen in die modernen Technologien in Wirklichkeit ein blinder Glaube ist, dem eher eine gesunde Skepsis gebührt, dann fragt sich doch, woher dieser blinde Glaube kommt und wie dem begegnet werden kann. Wie steht es damit?

Es heißt, wir leben heute im Informationszeitalter. Besser und tausendmal richtiger wäre die Bezeichnung „Desinformations-Zeitalter". Warum? Es wird bezüglich der Gen-Technologie das Blaue vom Himmel versprochen und das mit den Mitteln der heutigen Informationstechnologien, die laufend Erfolge suggerieren und diese mit raffinierten Methoden bildlich darstellen, Erfolge, die überhaupt nicht stattfinden. Gleichzeitig werden Risiken und das Maß der Zerstörung an Mensch und Natur systematisch verheimlicht und die Aufklärung systematisch verhindert.

Frage 37
Das hört sich fast wie ein Teufelskreis an, aus dem es kein Entrinnen zu geben scheint, wenn man diese ungeheure Macht der manipulativen Medien bedenkt. Wie sollen da die Zehn Gebote Gottes und die Regeln des Lebens und des Friedens der Bergpredigt Jesu noch Gehör finden, geschweige denn die Oberhand gewinnen, damit das satanische Treiben ein Ende finden kann?

Aus meiner Sicht ist das Leben selbst der größte Lehrmeister. Das Gesetz von Saat und Ernte wird bei vielen heute noch Verblendeten ihren Götzenglauben bis in die Fundamente erschüttern. Ich persönlich gehe davon aus, dass die Wahrheit siegen wird, weil die Musik im Jenseits spielt. Wer jetzt noch nicht bereit ist, dem Geist der Erlösung zu folgen und alle unsere selbstgeschaffenen Übel mit Christus zu bereinigen, der wird in einer erneuten Inkarnation oder im Jenseits alle jene Sünden abtragen müssen, für die wir auf Erden noch Vergebung erlangen können.

Frage 38
Das würde ja bedeuten, dass die modernen Technologien und die Wissenschaften in Verbindung mit den Informationstechnologien unweigerlich scheitern werden. Woher kommt diese Zuversicht und wird das Scheitern nicht mit unsäglichen Leiden für die Menschheit vor sich gehen?

Genauso ist es prophezeit, vor allem durch die Prophezeiungen Christi in dieser Zeit, die uns durch die Prophetin Gabriele in klarer und in verständlicher Form in diese elendige Welt gegeben werden. Wir leben offensichtlich in einem Tollhaus: Vor kurzem haben sich nur Ganoven maskiert, wie in den alten Cowboy-Filmen und in alten Krimis zu sehen ist. Heute läuft die ganze Welt maskiert herum, und zwar auf Befehl von satanisch beherrschten Herrscher-Marionetten. Gleichzeitig wird die Wirtschaft an die Wand gefahren. Sind das etwa Zeichen des Fortschritts?

Frage 39
Damit ist aber noch nicht die Frage beantwortet, ob das Scheitern von Technik und Wissenschaft nicht mit einem unermesslichen Leid einhergehen muss. Ist dem so?

Die Christus-Offenbarungen in diese Zeit, die jeder im Gabriele-Verlag erwerben und lesen kann, die übrigens auch über Funk und Fernsehen ausgestrahlt werden, verhehlen nicht: Die Lebenden werden die Toten beneiden. Es kann auch gar nicht anders sein. Die Menschheit hat Kriegstechnologien mit einer riesigen Vernichtungskraft entwickelt, die zum Teil auch „friedlich" genutzt werden, nämlich im Krieg gegen die Natur. In den Laboren des Krieges werden u.a. auch biologische Waffen hergestellt, um mit viralen Massen-Infektionen den „Feind" lahmlegen zu können.

Frage 40
Es ist nicht zu leugnen, dass die modernen Technologien die Menschheit und ihren Wohnplaneten Erde mehrfach vernichten können. Wohnt im Angesichte dieses gewaltigen Vernichtungspotentials nicht auch eine Chance inne, die uns hoffen lassen kann, dass die Verantwortlichen aufhören, mit dem Feuer zu spielen? Anders gefragt: Gibt es eine Kraft der Abschreckung zur Verhinderung der Eskalation von militärischer Gewalt?

Wer solchen Propagandalügen seinen Glauben schenkt, der hat sich selbst verraten und verkauft. Es gibt keinen anderen Weg für Frieden, Gerechtigkeit, Gleichheit in Freiheit und in Einheit als den Christusweg der Erlösung, d.h. auch den Weg der Lösung von solchen selbstmörderischen Illusionen. Die dämonischen Kräfte haben und hatten nie anderes im Sinn, als die Zerstörung der Schöpfung Gottes, weil sie sich selbst für Gott halten. Die Dämonen im Jenseits und ihre hörigen Menschen schrecken vor nichts zurück, vor allem weil sie sich selbst für allmächtig halten.

Frage 41
Menschen, die sich dafür entscheiden möchten, die Gebote Gottes anzunehmen und zu erfüllen, stehen häufig vor der Frage, womit sie einen Einstieg in ein neues Leben beginnen können? Sicher gibt es kein Rezept, das für alle gelten kann, aber aller Anfang ist bekanntlich schwer. Lässt sich der Anfang erleichtern?

Aus eigener Erfahrung kann ich nur empfehlen, sich vorzunehmen, als erstes das fünfte Gebot zu erfüllen. Es lautet: „Du sollst nicht töten!" Die meisten Menschen sind sich nicht darüber im Klaren, was dieses Gebot in der heutigen Zeit ganz konkret bedeutet. Anders ausgedrückt: Viele denken, dass sie selbst gar nicht töten. In Wirklichkeit sind sie auf verschiedene Art und Weise in die Maschinerie des Tötens verwickelt, sei es als Fleischkonsumenten, als Soldaten und Polizisten, als Arbeiter und Angestellte in bestimmten Fabriken oder durch Gleichgültigkeit.

Frage 42
Wäre es jetzt nicht angebracht, dass wir jedes der Zehn Gebote Gottes durch Moses und die einzelnen Seligpreisungen mit den Wehrufen aus der Bergpredigt Jesu und andere wichtige Lehren Jesu einzeln dahingehend durchgehen, was ihre Bedeutungen in der heutigen Zeit sind?

Das ist bereits geschehen, und zwar in dem Buch, das zu Beginn im Prolog empfohlen worden ist. Wer dieses Buch aufmerksam durchliest und dabei den ernsthaften Willen in sich verspürt, die eindeutigen und klaren Inhalte dieses Buches zu seiner eigenen Lebensgrundlage zu machen, der braucht keine Unterweisungen von Menschen wie mich, die selbst noch nicht ihr Menschliches vollständig überwunden haben. Es ist allerdings ratsam und auch äußerst hilfreich sich selbst ans Werk zu machen und zu versuchen, die Gesetze Gottes auf sein eigenes Gewissen zuzuschneiden.

Frage 43
Was soll das bedeuten: „... die Gesetze Gottes auf sein eigenes Gewissen zuzuschneiden?"

Es ist davon auszugehen, dass jeder Mensch unterschiedlich „gestrickt" ist und die Unterschiede können sehr groß sein. Anatomisch sind alle Menschen zwar ähnlich aber dennoch sind alle Menschen verschieden und alle „ticken" auch verschieden. Wichtig dabei ist, dass die äußeren Unterschiede im Gesicht und in der Gestalt das Resultat unserer inneren seelischen Verfassung ist. Unsere seelische Verfassung wiederum ist das Resultat unserer Verhaltensweisen, die wir in unseren Vorleben als Mensch auf Erden an den Tag gelegt haben. Wir zeichnen uns also stets selbst.

Frage 44
Was hat das nun mit dem Gewissen zu tun?

Unser Gewissen könnte man auch als Motor für unseren Charakter sehen. Dieser wiederum ist keine Konstante und schon gar nicht eine unbeeinflussbare Größe. Er ist das Resultat unserer Inneren seelischen Verfassung, unseres Bewusstseins, in letzter Instanz unserer Haltung gegenüber unserem Schöpfer und Seines Willens. Ausschließlich wir selbst sind es, die stündlich und täglich bei jeder Aktion und bei jedem Gedanken darüber entscheiden, wer oder was uns lenkt. Also kann nur jeder selbst darüber entscheiden, was für ihn die Gebote Gottes heute bedeuten.

Frage 45
Aber es kann doch nicht falsch sein, wenn Menschen, die in der Erfüllung der Gebote Gottes schon mehr Übung und Erfahrungen haben, ihre Erfahrungen an solche Mitmenschen weitergeben, die gerade noch am Anfang der Hinwendung zu Christus und unserem Schöpfer stehen, oder doch?

Natürlich nicht und ich selbst habe meine persönlichen Sichtweisen zur Bedeutung der Zehn Gebote Gottes und den Lehren Christi in einem Buch veröffentlicht, das den Titel „Christus-Aversionen – Umdenkprotokoll eines Atheisten" trägt. Es ist nur dann behilflich, wenn die eigene Ansicht nur als ein Vorschlag gilt, der nicht verbindlich ist und auch nicht sein kann. Meine veröffentlichten Ideen sind nur für mich verbindlich. Das bedeutet: Jeder muss sich selbst und eigenständig mit dem Willen Gottes gründlich befassen und seine eigenen freien Entscheidungen treffen.

Frage 46
Sind denn die Christus-Offenbarungen durch die Prophetin Gabriele verbindlich?

Sie sind die Gesetze Gottes. Kein Mensch kommt an den Gesetzen Gottes vorbei. Verbindlich sind sie aber erst für jene, die den Willen Gottes anerkennen und den Geist der Erlösung durch Christus annehmen und befürworten, aber auch nur dann, wenn jeder sich frei und ohne Zwang für den Gott entscheidet, den Christus uns lehrte und lehrt. Meine Entscheidungen als Mensch können immer auch falsch oder fehlerhaft sein. Der Wille Gottes dagegen ist niemals falsch und fehlerhaft. Somit empfiehlt sich, nur die Original-Christus-Offenbarungen gelten zu lassen.

Frage 47
Trotzdem kann es doch hilfreich sein, sich von Menschen mit einer urchristlichen Gesinnung Ratschläge und Orientierungshilfen zu holen, oder?

Das Wichtigste ist, und das muss ganz klar und unmissverständlich gesagt werden, dass sich jeder eigenständig, unbeeinflusst von Menschen, und freiwillig mit den Lehren Christi befassen sollte. Nur wenn das gewährleistet ist, dann kann auch der Rat eines Mitmenschen zusätzliches Licht in die Eigenbemühungen bringen, aber auch nur wenn der Ratgeber selbst schon weitgehend im Geiste Christi lebt. Wie glaubwürdig ist z.B. ein Ratgeber, der einen Raucher vom Rauchen abrät, wenn der Ratgeber selbst raucht? Primär gilt also: „Hilf Dir selbst, dann hilft Dir Gott!"

Frage 48
Ist es eigentlich schwer, sein Leben auf die Zehn Gebote Gottes durch Moses und auf die Lehren Christi und Seinen Verheißungen in der Bergpredigt auszurichten?

Man könnte sagen: „Es ist das Einfache, das schwer zu machen ist." Christus sagt selbst sinngemäß, dass der Weg zu Gott schmal, steil und steinig ist. Aber: Wer die Mühen zur Selbsterkenntnis und zur Wandlung seines Charakters nicht scheut, der erlebt auch, was Christus durch Seine Prophetin Gabriele offenbart, nämlich, dass es sich letztlich mit Gott leichter lebt. Beides kann ich mit einem guten Gewissen vollauf bestätigen. Ich bestätige aber auch, dass ich täglich den Kontakt mit den Offenbarungen Christi brauche, damit ich täglich das tun kann, was wir tun sollen.

Frage 49
Die Zehn Gebote Gottes sind ja noch relativ leicht zu verstehen, aber die acht Seligpreisungen und die vier Wehrufe in der Bergpredigt Jesu sind nicht so ohne weiteres verständlich. Wie kommt man damit zurecht?

Ich selbst hatte vor etwa sieben Jahren, anno 2012/13, als ich meinen Atheismus nicht mehr ertrug, auch erst mit der Erfüllung der Zehn Gebote, vor allem mit dem fünften Gebot, begonnen, mich selbst zu christianisieren. Mir war nämlich eines schon lange klar: Was nützen die besten Verkehrsregeln, wenn sich niemand daran hält? Die Bergpredigt Jesu war mir schon immer ein Problem, bis zu dem Tage, als ich Bekanntschaft mit der Reinkarnationslehre machen durfte. Die Reinkarnation empfand ich sofort als Wahrheit und die Bergpredigt Jesu wurde mir immer klarer.

Frage 50
**Also lässt sich zusammenfassend sagen, dass unabhängig von den
künftigen dramatischen Entwicklungen in der Welt und in
Deutschland, jeder Mensch sich dringend überlegen sollte, wie er sich
zu Christus, dem Geist der Erlösung stellt, um eigene Wege heraus aus
allen unseren selbstproduzierten Übeln zu finden?**

Dem kann nicht widersprochen werden. Am Beginn des Dialoges konnte
schon klar werden, dass jede Empfindung, jeder Gedanke, jede Haltung und
damit jedes Verhalten Energie ist, ob gut oder böse, die sich in die
kosmische Chronik und in unsere Seele einträgt. Von dort wirken alle
Energien auf uns zurück und bescheren jedem dasjenige, was er sozusagen
bestellt hat. In erster Linie geht es um das Leben im Jenseits, denn dort
spielt die wahre Musik, weil wir sowohl hier auf Erden und dann dort als
Seele selbst bestimmen, was wir noch abzutragen haben.

* * *

EPILOG
zum Kapitel 06

Wie ein selbstbestimmtes Leben auf der Grundlage der Zehn Gebote Gottes durch Moses und der Regeln des Lebens in Freiheit und Frieden auf Basis der Bergpredigt Jesu konkret verläuft oder verlaufen kann, ist in der vorliegenden Kürze von Fragen und möglichen Antworten nicht erschöpfend und auch nicht allumfassend möglich. Dieses ist nur durch eigene Erfahrungen möglich, denn die Auszüge der Gesetze Gottes für das Leben auf Erden, sind keine Studier-Theorien. Sie sind nichts anderes als Anleitungen zum Handeln im Dienste der Erkenntnis.

Es gibt nichts Gutes – außer man tut es … …

Wenn der obige Dialog ein klein wenig dazu motiviert, sich wenigstens schon mal probeweise ein Leben mit Christus vorzustellen, um auf diesem Probedenken ein neues Leben auszuprobieren, dann wäre das der Anfang in ein Leben ohne Angst und Befürchtungen. Nichts und niemand kann uns erschrecken oder uns mit Furcht und Angst einschüchtern und obrigkeitshörig machen, wenn wir uns nach und nach dem Geist der Liebe öffnen, in dem vollem Bewusstsein, dass sich das eigentliche Leben nicht auf Erden abspielt. Dieses gilt für alle Seelen und für alle Menschen.

Die zwölf Gebote Christi

Der beste Abschluss dieses Kapitels sind die zwölf Gebote Christi (siehe nächste Seite), die Christus selbst uns durch Seine Prophetin Gabriele hat zukommen lassen. Sie sind nicht nur ein Juwel, das ein Licht nach dem anderen in uns aufgehen lassen kann, wenn wir erfahren, wie einfach der Wille Gottes für jeden aufrichtigen Menschen zu begreifen ist. Wer kann bessere Ideen liefern, wer kennt höhere Ideale, die dazu geeignet wären, das dunkle, brutale und dämonische Treiben auf Erden zu beenden, indem wir mit diesen Geboten das Licht der Liebe in uns für alle entfachen?

* * *

DIE ZWÖLF GEBOTE JESU

ZITAT AUS:

DAS IST MEIN WORT
Kapitel 46, Vers 10-21, Seiten 543+544

Ihr sollt nicht das Leben nehmen irgendeinem Geschöpfe aus Vergnügen oder zu eurem Vorteil, noch es quälen.

Ihr sollt nicht das Gut eines anderen stehlen und auch nicht für euch selbst Länder und Reichtümer sammeln, mehr als ihr bedürfet.

Ihr sollt nicht das Fleisch essen noch das Blut eines getöteten Geschöpfes trinken, noch etwas anderes, welches Schaden eurer Gesundheit oder eurem Bewusstsein bringt.

Ihr sollt keine unreinen Ehen schließen, wo keine Liebe und Reinheit sind, noch euch selbst verderben oder irgendein Geschöpf, das von dem Heiligen rein geschaffen worden ist.

Ihr sollt kein falsch Zeugnis geben gegen euren Nächsten, noch willentlich jemand täuschen durch eine Lüge, um ihm zu schaden.

Ihr sollt niemandem tun, was ihr nicht wollt, dass man euch tue.

Ihr sollt anbeten den Einen, den Vater im Himmel, von dem alles kommt, und ehren Seinen heiligen Namen.

Ihr sollt achten eure Väter und Mütter, welche für euch sorgen, ebenso alle gerechten Lehrer.

Ihr sollt lieben und beschützen die Schwachen und Unterdrückten und alle Geschöpfe, welche Unrecht erleiden.

Ihr sollt mit euren Händen alles erarbeiten, was gut und geboten ist. So sollt ihr essen die Früchte der Erde, auf dass ihr lange lebt in dem Land.

Ihr sollt euch reinigen alle Tage und am siebenten Tag ausruhen von eurer Arbeit und den Sabbat und die Feste eures Gottes heilig halten.

Ihr sollt den anderen das tun, was ihr wollt, dass man euch tue.

ENDE DES ZITATES

* * *

KAPITEL 07

PROPHETIE, PROPHETEN,

PROPHEZEIUNGEN

PROLOG
zum Kapitel 07

Prophetie und Religiosität

Allgemein wird jeder die Prophetie dem Religiösen zuordnen. In der heutigen Zeit scheint Religiosität allerdings keine große Rolle mehr zu spielen, wovon auch die Prophetie betroffen sein müsste. Was verstehen wir unter Religiosität? Was sagt z.B. Wikipedia zur Religiosität? Zitat: „Religiosität bezeichnet die aus tiefer Ehrfurcht vor der Ordnung und Vielfalt in der Welt entstehende, universale menschliche Empfindung, dass alles letzten Endes auf einer ganzheitlichen, jedoch transzendenten Wirklichkeit beruht". Hier fragt sich, was transzendente Wirklichkeiten sein könnten?

Was sind transzendente Wirklichkeiten?

Unter Transzendenz versteht man Wahrnehmungen, die außerhalb des Dinglichen liegen, also jenseits jener materiellen Gegebenheiten, die wir Menschen mit unseren fünf Sinnesorganen wahrnehmen können. Wenn wir von Wirklichkeit sprechen, dann geht es um etwas, was real ist, was existiert, von dem in letzter Konsequenz eine Wirkung ausgehen muss. Wirklichkeit und Wirkung dürften also etwas miteinander zu tun haben. Hinter jeder Wirkung müssten auch Kräfte stecken, Energien, die wir ebenfalls nicht mit unseren Sinnesorganen wahrnehmen können, wie z.B. Gedanken.

Prophetie, Propheten und Prophezeiungen – Phänomene des Schreckens?

Seit Menschen Gedenken gab es Propheten und Prophezeiungen. Sie sind Realitäten, also Wirklichkeiten und dennoch wird den Propheten und ihren Prophezeiungen stets wenig Glauben geschenkt, vor allem den Propheten im eigenen Land, wie es sogar sprichwörtlich überliefert ist. Warum wird den Botschaften der Propheten so wenig Glauben verliehen? Sind Wirklichkeiten nicht auch Wahrheiten und was ist an der Wahrheit so schrecklich, dass Propheten zu allen Zeiten verfolgt und getötet wurden, obwohl Propheten freudige Wahrheiten verkünden? Mehr dazu im folgenden Dialog.

* * *

DIALOG
zum Kapitel 07

Frage 01
Warum ist es in der heutigen Zeit ratsam, sich mit der Prophetie zu befassen?

Die Befassung mit der Prophetie in der heutigen Zeit ist nicht nur ratsam. Sie ist dringend geboten. Sie ist sogar notwendig im wahrsten Sinne des Wortes, weil die Prophetie wirklich Not wenden kann und dieses auch tun möchte. Die Befassung mit der Prophetie ist für die Menschheit heutzutage unumgänglich geworden, weil wir Menschen mehrheitlich ganz offensichtlich die Orientierung verloren haben. Wir sind unterwegs und wissen nicht wohin. Wir wissen noch nicht einmal mehr, woher wir kommen. Wenn Nomaden nicht weiterwissen, machen sie sich sesshaft.

Frage 02
Sesshafte Nomaden, was ist das für eine widersprüchliche Idee?

Das Nomadentum ist nach meinen Informationen die ursprünglichste Lebensform des Menschen. Nomaden sind immer auf der Reise. Sie rasten hier und dort, aber bald ziehen sie weiter. Sie haben keine Heimat, aber sie suchen oft unbewusst eine Heimat, wo sie bleiben könnten. Genau betrachtet sind wir immer noch Nomaden, denn die Sesshaftigkeit bekommt uns nicht. Sesshaftigkeit ist nämlich Stillstand mit allen Übeln, die wir heute beklagen. Wir stellen nämlich fest, dass die Heimat, die uns sesshaft werden ließ, gar nicht unsere Heimat ist. Wir bleiben Nomaden.

Frage 03
Wieso bleiben wir trotz Sesshaftigkeit Nomaden?

Weltweit wird die Sesshaftigkeit zunehmend fluide. Immer häufiger wird der Wohnsitz gewechselt, weil z.B. immer häufiger der Arbeit hinterhergefahren wird. Gleichzeitig finden immer größere Migrationen, also Völkerwanderungen statt. Ist das nicht Nomadentum pur? Auch als Seele sind wir auf der Wanderschaft zurück zu unserer geistigen Heimat. Tief in unserer Seele wohnt das Göttliche, Gott. Die unauflösbare Ur-Einheit, also Gott in uns, erkannte sogar der Philosoph Leibniz. „Monade" nannte er diese unteilbare, vollkommene Einheit, die in allem Sein ist.

Frage 04
Was ist „Monade" und hat die Bezeichnung „Monade", die fast so wie „Nomade" klingt, etwas mit dem Nomadentum zu tun, zumal die Begriffe „Nomade" und „Monade" auch noch aus den gleichen Buchstaben bestehen?

Leibniz entwickelte eine Monadenlehre, die Monadologie, die aber auch schon sehr viel älter ist. Die Monadologie geht davon aus, dass der Mensch und alle Lebensformen aus kleinsten geistigen Partikeln bestehen, quasi aus geistigen Atomen, die nicht teilbar sind und keine Dimension haben, die also göttlich sein müssen. Unbewusst beschreibt die Monaden-Theorie den göttlichen Funken in uns und in allem Sein. Philosophen haben jedoch oft nicht viel mit Gott im Sinn und dennoch fragen auch sie: „Wer sind wir, woher kommen wir, wohin gehen wir?"

Frage 05
Ein ziemlich komplizierter Gedanke, dieser Nomaden-Monaden-Gedankengang! Was haben solche philosophischen Überlegungen mit unserem Thema „Prophetie, Propheten und Prophezeiungen" zu tun?

Sehr viel, denn sogar die selbstgefälligen Philosophen, und mit ihnen immer mehr Wissenschaftler, sehen sich gezwungen, sich mit der Kardinalfrage zu befassen, die die Propheten aller Zeiten längst beantwortet haben, nämlich: „Wer oder was sind wir Menschen eigentlich? Woher kommen wir und wohin gehen wir?" Wir sind also wirklich Nomaden. Wir sind auf dem Wege zu unserer geistigen Heimat. Durch die Propheten könnten wir es alle wissen, aber die Mehrheit der Menschen will es nicht wahrhaben. Deshalb dreht sich die Menschheit immerzu im Kreise.

Frage 06
Wer sich immer nur im Kreise dreht, der kann natürlich nicht vorankommen, eine altbekannte Tatsache. Könnte man die Propheten als eine Art Lotsen bezeichnen, die die verwirrte und verirrte Menschheit aus dem Labyrinth ihrer falschen und unvollkommenen Daseins-Theorien herausführen wollen oder sollen?

Nicht ganz, denn die Propheten aller Zeiten tun unendlich viel mehr als weltliche Lotsendienste, die ja meistens bezahlte Dienstleister sind. Propheten dagegen sind Gesandte Gottes, die große Opfer auf sich nehmen müssen. Propheten wirken total selbstlos, vollkommen ohne eigene Vorteile für sich als Mensch. Propheten dienen ohne zu verdienen und ohne verdienen zu wollen. Propheten sind menschliche Instrumente Gottes, die uns den Weg zurück in unsere geistige Heimat lehren und vorleben. Durch Prophetenmund erfahren wir Auszüge aus der ewigen Wahrheit.

Frage 07
Warum führt Gott uns Menschen nicht direkt, also unmittelbar, wenn Gott doch allmächtig ist? Warum bedarf es der Propheten, die ja eine indirekte, mittelbare Führung Gottes für Seine verirrten Kinder sind, jedenfalls für solche Kinder, die den Christusweg der Erlösung zurück zu Gott gehen wollen?

Die Antwort auf diese Frage erklärt sich aus dem Fallgeschehen, wie im 5. Kapitel beschrieben. Wenn wir das Gleichnis vom verlorenen Sohn, das Jesus uns damals gab, hinzunehmen wird folgendes deutlich: So, wie der verlorene Sohn, der sich von seinem Vater seinen Erbteil auszahlen ließ, um in weiter Ferne ein Leben in Saus und Braus führen zu können, für seinen Vater nicht mehr erreichbar war, weil sein Sohn sich zu weit von ihm entfernt hatte, so haben auch wir Menschen uns zu weit von unserem Gottvater entfernt, um göttliche Impulse empfangen zu können.

Frage 08
Was bedeutet die Aussage etwas konkreter: „Wir können aufgrund unserer Gottferne die göttlichen Impulse nicht mehr empfangen"?

Die Antenne für die göttlichen Impulse ist unser Gewissen. So, wie eine Antenne diverse Empfangsstörungen haben kann, so ähnlich kann unser Gewissen gestört sein. Schauen wir in die Welt, dann ist festzustellen, dass genau das nicht mehr zu übersehen ist: Die massenweise Störung unseres Gewissens. Das äußert sich darin, dass die meisten Menschen nicht mehr wissen, was gut und was böse ist, was sich gehört und was sich nicht gehört. Die Masse der Menschen weiß nicht mehr, was Gottes Wille ist und warum die Erfüllung des Willens Gottes unsere Rettung wäre.

Frage 09
Was sind denn eigentlich die göttlichen Impulse?

Wenn ich die aktuellen Gottesoffenbarungen richtig verstanden habe, dann sind alle Lebensformen, auch diejenigen in der materiellen Natur, von göttlichen Energie-Impulsen gelenkt. Wenn wir Menschen Teil der materiellen Natur sind, dann müssen auch wir Menschen gelenkte Wesen sein. In diesem Sinne sind wir also nicht „autonom", wie es viele Menschen gerne wären. Unser Denken und Verhalten ist also entweder von göttlichen Energie-Impulsen gelenkt, oder von satanischen Impulsen, denn wir sind kosmische Sende- und Empfangsstationen.

Frage 10
Die Frage der Autonomie und der Freiheit des Menschen ist bekanntlich der Kern aller Streitigkeiten zwischen diversen Philosophen und Religionsführern. Bis zum heutigen Tage ist die Frage der Freiheit des Menschen heftig umstritten. Gab oder gibt es zu dieser Kardinalfrage durch die Propheten keine klaren Antworten?

Doch, und noch mehr als das: Die Prophetie gab und sie gibt eindeutige Antworten auf die Fragen der Freiheit und zur sogenannten Autonomie des Menschen, denn Gott hat sich zu allen Zeiten offenbart und Gott offenbart sich erneut in unserer Jetzt-Zeit. Wer dem Menschen den freien Willen abspricht, tut dieses nur, um sich Menschen untertan zu machen, um sie also zu entmündigen. Die uralte Leier von der Herrschaft des Menschen über den Menschen ist nicht Gottes Wille. Gott lehrt uns durch Christus unmissverständlich: Jeder Mensch hat seinen freien Willen.

Frage 11
Gilt das Wort der Propheten mehr als die Worte der Philosophen und auch mehr als die Worte der Religionsführer?

An dieser Stelle sollten wir uns zunächst klarmachen, wer oder was die Propheten sind. Propheten sind inkarnierte reine Geistwesen. Reine

Geistwesen inkarnieren nicht aus Sünde in einen menschlichen Körper, wie es die mit Sünde belasteten Seelen tun, sondern sie sind im Dienste und im Auftrag Gottes auf Erden, um Gott als menschliches Sprachrohr zu dienen. Religionsführer und Philosophen dagegen sind, wie wir Menschen alle, sündige Seelen. Philosophen und Theologen liefern fragwürdige Theorien. Durch Propheten spricht Gott und nur Gott ist die Wahrheit.

Frage 12
Woher wissen Propheten in Menschengestalt überhaupt, dass sie Propheten sind, dass sie sich also schon als Geistwesen für das Prophetenamt verpflichtet haben?

Der inkarnierte Prophet weiß als Mensch zunächst gar nichts von seiner Aufgabe auf Erden. Wenn sündige Seelen inkarnieren, trinken sie den berühmten „Trunk des Vergessens", d.h. der Mensch kennt das gesamte Sündenregister seiner „Fall-Karriere" nicht. Es wird von Gott abgeschirmt, damit der Mensch sich auf seine Agenda konzentrieren kann, die er in diese Inkarnation in freier Entscheidung mitbringt. Das gilt auch für Propheten in Menschengestalt. Sie fühlen in sich eine starke Gottesliebe und leben sie auch, aber ihre Mission bedarf noch der Berufung.

Frage 13
Schwer zu verstehen, denn Propheten sind doch inkarnierte reine Geistwesen und reine Geistwesen sind doch frei von jeder Sünde. Wieso trinken auch sie den Trunk des Vergessens? Vergessen sie dann auch ihren Auftrag?

Wenn reine Geistwesen sich in einen Menschenkörper einverleiben, dann können sie dies nur, wenn sie sich mit Sünden belasteter Seelen „erdenschwer" machen, so wie ein Tiefseetaucher Gewichte braucht, um auf den Meeresgrund niedertauchen zu können. Hat ein reines Geistwesen sich mit Sünden anderer Seelen ummantelt, ist der Weg zur Erde der gleiche Weg, wie ihn die sündhaften Seelen gehen, die es noch auf die Erde zieht. Dann verlieren auch die reinen Geistwesen vorerst ihre Erinnerung ihres „Vorher", aber sie sind für Gott über Impulse noch erreichbar.

Frage 14
Wie erfolgt dann konkret die Berufung eines Menschen zum Propheten, obwohl der Prophet sich schon als Geistwesen vor seiner Inkarnation verpflichtet hat?

Die Prophetin Gabriele, durch die sich Christus in der heutigen Zeit offenbart, hat genau diese schwierige und äußerst problematische Phase ihrer inneren Berufung, im Alter von ca. 40 Jahren, geschildert. Der Mensch Gabriele, in den der Seraph der göttlichen Weisheit inkarniert ist, musste auch als Mensch extra der Berufung als Prophetin zustimmen, obwohl der Geist sich schon verpflichtet hatte. Erst dann konnte Christus über den Menschen Gabriele verfügen und durch die Prophetin Gabriele zu den Menschen sprechen, jedoch erst nach harten Lebensumstellungen.

Frage 15
Welche harten Lebensumstellungen mussten oder müssen zuerst vollzogen werden, bevor die Propheten als Propheten wirken konnten und können?

Alle Propheten, vor allem der größte Prophet aller Zeiten, Christus, der in den Nazarener Jesus inkarniert war, mussten schwere und schwerste Opfer bringen. Ich vermute, dass diese schweren Opfer der Entlastung von jenen Sünden dienen, mit denen sich reine Geistwesen ja umgeben mussten, um überhaupt inkarnieren zu können. Erst diese Bereinigungen und die absolute und totale Treue als Mensch zu Gott ermöglichen es dem Propheten, die Botschaften aus der Geistwelt zu empfangen, um Gottes Willen für uns Menschen in unsere Sprache zu übersetzen.

Frage 16
Sind Propheten in ihrem Menschen-Dasein nur noch die Sprachrohre Gottes oder ausschließlich nur noch die Instrumente Gottes, die nur noch Botschaften Gottes verkünden und sich dabei ansonsten jeglicher eigener Meinung enthalten, ganz im Gegensatz zu uns Menschen, die gewöhnlich ihre Meinungen von sich geben?

Propheten kennen keine eigene Meinung mehr. Meinungen weichen immer von der Wahrheit ab, weil die menschliche Meinung auf Unwissenheit in Bezug zur Wahrheit beruht. Eine Meinung ist eher eine Vermutung darüber, welche Kräfte in oder hinter einer Erscheinung in der Natur stecken. Die absolute Wahrheit, die Christus und alle Propheten uns lehren, ist Gott, der die Urquelle allen Seins ist, auch in solchen Erscheinungen, die der Mensch nicht versteht. Propheten leben in der absoluten Gottesgewissheit und sie erkennen in jeder Frage den Willen Gottes.

Frage 17
Wie sind die Worte Jesu zu verstehen zu verstehen, die da lauten: „ICH BIN der Weg, die Wahrheit und das Leben. Keiner kommt zum VATER denn durch MICH." Sind diese Worte wirklich so absolut, wie sie klingen?

Wer die Zehn Gebote Gottes durch Moses und die Bergpredigt Jesu nicht nur kennt, sondern wirklich nach ihnen lebt, der weiß, dass alle Seelen und Menschen, die sich einst im Fallgeschehen von Gott abgewandt hatten, wieder Gott zustreben werden. Christus in Jesus lebte uns vor, dass die Gesetze des Lebens und des Friedens auf Erden vollkommen verwirklichbar sind. Wer dieses tut und Christus nachfolgt, ist bereits auf dem Wege zurück in unsere geistige Heimat in Gott. Wer die Gesetze noch nicht erfüllt, der muss zuerst alle seine Sünden leidvoll abtragen.

Frage 18
Was ist eigentlich genau unter „Erlösung" und zu verstehen?

Als gefallene und verschattete Seelen haben wir uns, über für uns unvorstellbar lange Zeiträume hinweg geweigert, die von Gott empfangenen

Energien in den göttlichen Kreislauf aller kosmischen Energien wieder zurückzugeben, um in der Folge erneut göttliche Energien empfangen zu können. Wir wollten alles für uns selbst behalten, was wir als Egomanen in Menschengestalt ja auch täglich tun, oft ohne es zu wissen. Dadurch binden wir uns, werden unfrei, abhängig von unseren Lasten und Lastern. Wenn wir uns von diesen lösen, erfahren wir die Erlösung.

Frage 19
Wieso ist Christus unser Erlöser oder anders gefragt: Wieso ist Christus unser aller Erlöser, und wieso kann es ohne Christus keine Erlösung geben?

Wenn ich die Botschaften richtig verstanden habe, dann ist unsere Schuldenlast derart groß, dass Gott uns diese erlassen möchte, damit wir wieder die Reinheit erlangen, um wieder als reine Geistwesen im Reich Gottes schöpfend tätig werden zu können. Diesen Schuldenerlass, die Vergebung unserer Sünden können wir aber nur erlangen, wenn wir der Freiheit in Gott zustreben. So, wie wir uns bei der Geburt als Mensch von unserer menschlichen Mutter entbinden, sollen wir uns in Folge von allen menschlichen Bindungen entbinden, nämlich von unseren Sünden.

Frage 20
Damit ist die Frage, warum Christus unser Erlöser ist, noch nicht beantwortet. Können wir Menschen uns nicht alleine erlösen, z.B. durch Einsicht und der Veredelung unseres Charakters aus uns selbst heraus?

Das könnte meiner Erfahrung nach nur dann funktionieren, wenn wir in jeder Situation wüssten, was gut und was böse ist, was also der Wille Gottes ist und wenn wir dann auch noch immer die Kraft hätten, unsere Mängel zu überwinden. Beides aber haben wir zwar als göttlichen Kern in uns drin, aber wir haben es ja über viele Leben auf Erden immer mehr zugemüllt. Deswegen sind wir ja wieder auf der Lebensschule Erde. Aus eigener Erfahrung kann ich bestätigen, dass ich selbst meine eigenen Mängel ohne Christus-Orientierung nicht überwinden kann.

Frage 21
Die Urchristen in der heutigen Zeit leben in der Gewissheit, dass Christus selbst durch die Prophetin Gabriele zu uns spricht. Woher können wir wissen, dass die Prophetin Gabriele in Menschengestalt wirklich eine Prophetin Gottes ist?

Bei mir war es so, dass ich durch gewisse Ereignisse immer mehr zu der festen Überzeugung gelangte, dass wir Menschen mit der Geistwelt in Kommunikation stehen müssen. Ich hielt es für immer wahrscheinlicher, dass alle „unsere" Ideen Produkte aus der Geistwelt sind, dass sie also aus dem Jenseits kommen. Mit dieser Gewissheit im Hinterkopf, begann ich die Christus-Offenbarungen der Prophetin Gabriele zu lesen. Diese sind so wuchtig, dass mir klar wurde: Das alles kann sich kein Mensch ausdenken. Das müssen wirklich Botschaften Gottes sein.

Frage 22
Wie kommt man überhaupt auf die Idee, die umfangreichen Christus-Botschaften lesen zu wollen und sich mit der Prophetie zu befassen, denn das alles ist ja keine leichte Kost, die mühelos zu schlucken ist?

Jeder kommt irgendwann und irgendwie auf die Frage nach dem Sinn dieses doch recht kurzen Lebens auf Erden und auf die Frage, ob dieses kurze Erdenleben denn nun alles ist oder war. Jeder wandelt so lange auf den Pfaden seiner eigenen Illusionen und Irrtümer, bis er eines Tages, entweder durch leidvolle Erfahrungen und/oder durch Eingebungen merkt, dass es ein Jenseits und eine höchste Intelligenz im Jenseits unserer menschlichen Vorstellungen geben muss. Die Gewissheit, dass alle Seelen höheren Lebensformen zustreben, die motiviert total.

Frage 23
Steckt hinter dem Bild des Nomadentums am Beginn dieses Kapitels die Seelenwanderung in immer höhere Lebensformen? Gibt es so etwas wie ein seelisches „Nomaden-Bewusstsein", dass uns dabei helfen könnte, unsere falschen Heimatgefühle und unsere vermeintliche Sesshaftigkeit auf Erden zu überwinden?

Wir alle werden erkennen, dass unsere Seele auf der Wanderschaft ist, auch dann, wenn wir uns als Mensch sesshaft fühlen. Die gefühlte Sesshaftigkeit ist nach meinen Erfahrungen eine Illusion. Sie macht uns konservativ. Der Geist Christi ist dagegen evolutionär und revolutionär, stets auf Veränderung unseres Bewusstseins ausgerichtet. Wer rastet, der rostet. Von daher ist geistige Sesshaftigkeit genau das Gegenteil von dem, was die Menschheit braucht. Sesshaftigkeit ist Bindung und der Geist Christi ist aber die Lösung von allen Bindungen, eben die ERLÖSUNG.

Frage 24
Kommen wir zurück zur Prophetin Gabriele und zu der Frage, woher wir wissen können, dass durch den Menschen Gabriele wirklich Christus spricht und, dass die Prophetin Gabriele wirklich der inkarnierte Seraph der göttlichen Weisheit ist?

Ich hatte schon erwähnt, dass in mir bereits eine Art Geistbewusstsein entstanden war, durch bestimmte, sehr nachdenklich machende, fundamentale Ereignisse, die bei jedem anders sind, als bei mir. Als ich das Internet auf geistige Informationen hin durchforschte, kam ich auch auf die Website der Urchristen, aber auch auf eine unglaubliche Hetze gegen sie, sehr massiv und von einer unglaublichen Brutalität. Da hatte ich das Gefühl, dass ich der Wahrheit auf der Spur sein musste, denn die Verächtlichmachung der Wahrheit kannte ich aus eigenen Erfahrungen zu Genüge.

Frage 25
Aber die unbestreitbare und unbegründete Hetze und Verächtlichmachung der Prophetin Gabriele im Internet und in der Mainstream-Journaille, einschließlich diverser Kirchenblätter und sogar der öffentlich-rechtlichen Rundfunkanstalten, können doch nicht für sich ausgereicht haben, um zu der Gewissheit zu gelangen, dass die Prophetin Gabriele wirklich eine Prophetin Gottes ist, oder etwa doch?

Die Hetze gegen die Prophetin Gabriele und gegen die Urchristen bewirkte bei mir die gründliche Befassung mit den Botschaften, die Christus durch Gabriele selbst offenbarte. Diese sind für jeden zugänglich und die habe ich mir dann alle sehr sorgfältig zu Gemüte geführt. Was dann passierte, ist ein fast logischer Vorgang, der bei allen stattfindet, die nach vielen Enttäuschungen auf der Suche nach der Wahrheit sind. Die Christus-Botschaften wurden bei mir dadurch zur Gewissheit, weil ich erkannte, dass nur mit ihnen alle Übel auf Erden in Gutes gewandelt werden können.

Frage 26
Worum handelt es sich, wenn von den Ursachen aller Übel auf Erden die Rede ist und die als total plausibel erkennbar sind?

Mir wurde klar, dass die Zehn Gebote Gottes schon genügen würden, uns den heiß ersehnten Frieden auf Erden zu bescheren, wenn wir sie denn erfüllen würden. Vor allem das 5. Gebot, wonach wir nicht töten sollen, löste in mir eine Erkenntnis-Lawine aus. Nachdem ich die Reinkarnationslehre in Verbindung mit dem Gesetz von Saat und Ernte als eine Botschaft der Gerechtigkeit empfand, wurde mir immer klarer: Alle Übel, unter denen wir leiden, sind selbstverursacht, weil wir die Gesetze des Lebens nicht erfüllen. Das erkannte ich am deutlichsten an mir selbst.

Frage 27
Haben denn die Botschaften Christi durch Gabriele andere Inhalte, als die Lehren der Kirchen, die sich ja immerhin christlich nennen, und die sich ja immerhin auf die Bibel berufen, die ja allgemein als das Wort Gottes gilt?

Diese Frage berührt ein ganz „heißes Eisen", nämlich die äußerst folgenschwere Frage, ob die Kirchen wirklich christlich sind, inklusive der Frage, ob die Bibel der Kirchen wirklich das Wort Gottes ist. Ich selbst war schon lange, schon als Jugendlicher, von den Kirchen und deren Scheinheiligkeit derart angewidert, dass ich schon aus der Kirche ausgetreten bin, als sich das noch „nicht gehörte". Meine frühe Ahnung findet immer mehr fundamentale Bestätigungen in den Botschaften Christi, die klar und verständlich durch die Prophetin Gabriele übermittelt werden.

Frage 28
Ist die Prophetin Gabriele und sind die Urchristen vielleicht deswegen so sehr verhasst und werden sie vielleicht deswegen regelrecht mit Rufmordkampagnen überzogen, die teilweise sogar berufliche und gewerbliche Existenzen vernichten, weil die Prophetin Gabriele der Meinung ist und behauptet, die Kirchen seien nicht christlich und die Bibel sei nicht Gottes Wort?

Die Prophetin äußert nicht ihre Meinung, denn Meinungen sind Annahmen und nicht die Wahrheit selbst. Durch Propheten spricht Gott und durch Gabriele sprechen ebenfalls Gott und Christus, der im Erlöserauftrag Gottes steht. Gott ist absolute Wahrheit und wer gegen die Wahrheit zu Felde zieht, agiert gegen Gott, gegen den Gott der Liebe, den Christus uns lehrte und lehrt. Außerdem: Die Amts- und Machtkirchen-Konzerne selbst beweisen täglich, seit mindestens 1500 Jahren, dass sie nichts anderes sind, als die organisierte Gegnerschaft des Christus-Gottes.

Frage 29
Kann man auch dann Christ sein, ohne daran zu glauben, dass Gott und dass Christus heute durch Seine Prophetin Gabriele Botschaften verkünden, die vielleicht bis dato unbekannt sind?

Als Christus in Jesus vor 2000 Jahren im Jordantal lehrte, kündigte Er uns schon an, dass es Dinge gibt, die wir vor 2000 Jahren noch nicht fassen konnten, die Er uns aber bei Zeiten „nachliefern" wird. Es gab immer schon wahre Christen, auch vor unserer Zeit. Sie lebten die Gesetze Gottes und sie wussten vom Gesetz von Saat und Ernte und auch von der Reinkarnation. Aber heute wissen wir noch vieles mehr durch Christus selbst. Wer die Weisheitslehren Christi durch Seine Prophetin Gabriele kennt, und diese dennoch verwirft, dem ist derzeit noch nicht zu helfen.

Frage 30
Das würde ja bedeuten, dass wahre Christlichkeit nicht an der Prophetin Gabriele vorbeikommt, weil die Botschaften Christi heute Neuigkeiten enthalten, die uns Menschen bislang noch unbekannt waren oder sind. Ist dem so?

Neu ist heutzutage einzig dieser üble sittlich-moralische Zustand der Menschheit und die unglaubliche Verrohung der Menschheit und ihrer Sitten. Aus dieser Sicht können die Botschaften Christi neu anmuten, weil wir die Orientierung verloren haben, aber die himmlischen Gesetze waren und sind schon ewig das, was und wie sie sind. Wahre Christlichkeit muss nicht alles wissen, was wissbar ist. Wahre Christlichkeit besteht darin, dass jeder das tut, was er als Willen Gottes erkennt. Christlich ist, wer bewusst und ehrlich, die ihm bekannten Gebote Gottes erfüllt.

Frage 31

Wenn wir über Prophetie und Propheten sprechen, dann kommen wir nicht umhin, auch über Prophezeiungen zu reden und da gibt es allerdings Furchterregendes. Was hat es mit den Weltuntergangs-Prophezeiungen auf sich, die ja nicht gerade beruhigend sind und eher dazu geeignet sein können, sich den Prophezeiungen lieber ganz zu verschließen?

Der Kern aller Prophezeiungen Christi ist eine Frohe Botschaft, sowohl damals, als Christus in den Nazarener Jesus einverleibt war und als Gottesbote lehrte und wirkte, als auch heute durch die Prophetin Gabriele. Das Wort Evangelium ist aus dem altgriechischen „euangelion" abgeleitet und es bedeutet: Frohe Botschaft. Die Frohe Botschaft Christi besteht darin, dass keine einzige Seele verlorengeht. Jede Seele wird unter der Führung Christi Trost und Heilung erfahren und den Weg zu Gott wiederfinden. Es gibt weder eine ewige Hölle noch eine ewige Verdammnis.

Frage 32

Warum lehren die Kirchen genau das Gegenteil und was ist mit der Verheißung des Weltunterganges, der uns doch auch durch Christus und erneut durch die Prophetin Gabriele prophezeit ist? Ist das nicht ein Angst-Szenario?

Der Faktor Angst ist das Haupt-Instrument der Herrenmenschen, also jener Kaste, die sich über ihre Mitmenschen erhob, um sie zu versklaven und auszubeuten. Alle weltlichen Reichtümer, die Christus in Jesus schon aufs Schärfste als Gegnerschaft zu Gott verurteilte, stammten und stammen aus der Ausbeutung des Menschen durch den Menschen und der Natur. Gerade jetzt in der Corona-Pandemie, die eher eine „Plandemie" zu sein scheint, um erneut einen Faschismus zu installieren, wird deutlich, wie sich Welt-Menschen mittels Angst „freiwillig" knebeln lassen.

Frage 33

Welch ein Zufall, oder vielleicht auch nicht, dass die Antwort auf die Frage 32 zur Frage 33 führt, die den Faschismus fast zwingend thematisiert, der ja im Jahr 1933 die Nacht über Deutschland brachte. War es damals auch die Angst, die als Hebamme den Faschismus zur Welt brachte?

1933 ist uns zwar als Geburtsjahr des Hitler-Faschismus in Erinnerung, aber 1933 geschah noch viel Wichtigeres: 1933 kam die Prophetin Gabriele auf die Erde und das wird und kann kein Zufall sein. Es darf vermutet werden, dass Gott immer dann Propheten zu uns Menschen sandte und immer dort, wann und wo sich der Mensch selbst ganz besonders intensiv zum Opfer seiner eigenen Boshaftigkeit macht und sich dazu verleiten lässt, sich selbst zu vernichten. Gott straft nicht und Gott verurteilt nicht, aber Gott mahnt und warnt uns vor den Folgen unseres Tuns.

Frage 34
Noch einmal nachgefragt: Baute der Hitler-Faschismus auch auf den Faktor Angst?

Ja, eindeutig, und zwar wesentlich unter der aktiven Hilfe der scheinchristlichen Kirchen, denen es gelang, das Volk gegen die Juden aufzuhetzen, nämlich als „Schädlinge für die Volksgesundheit", als „Urheber aller Übel" im Lande, was den Menschen damals tatsächlich massenweise Angst machte. Die Angst war zwar nicht der einzige Faktor, aber man sattelte auf einen kollektiven Egoismus drauf, der sich bis heute als Nährboden für faschistische Propaganda eignet. Christus lehrte und lehrt dagegen seit 2000 Jahren, wie Frieden und Gerechtigkeit funktionieren.

Frage 35
Zurück zu der Frage der Weltuntergangs-Prophezeiungen: Machen die nicht auch Angst, zumindest dann, wenn man an diese Prophezeiungen glaubt und kann diese Angst nicht auch missbraucht werden?

Was ist der Weltuntergang? Das muss zuerst geklärt werden, bevor wir den „Teufel an die Wand malen". Uns ist prophezeit, dass diese satanische Zivilisation der Gewalt und der (Selbst-)Zerstörung, der Kriege, des Hungers und des Elends, sich selbst abschaffen wird. Uns ist prophezeit, dass wir jetzt in der Zeitenwende leben, der das Friedensreich Jesu Christi folgen wird. Diese Neue Welt wird aus den Trümmern der alten Welt entstehen. Das Friedensreich Christi auf Erden wird kommen. Das wird von Menschen ausgehen, die die Gesetze des Lebens erfüllen.

Frage 36
Wenn man die Johannes-Offenbarungen und die Christus-Offenbarungen durch die Prophetin Gabriele liest, dann steht der Menschheit jedoch eine Zeit bevor, in der die Lebenden die Toten beneiden werden, eine Zeit gewaltiger, dramatischer und furchtbarer Naturkatastrophen, eine Zeit der Kriege, des Mordens und eine Zeit mit unsäglichen Leiden für die gesamte Menschheit. Das ist aber doch keine Frohe Botschaft, wie sie oben geschildert ist. Ist die Prophetin Gabriele nicht doch eine Weltuntergangs-Prophetin und sind die Urchristen nicht doch Weltuntergangs-Jünger, wie es ihnen nachgesagt wird?

Tatsächlich wird das alles geschehen, ganz sicher und teilweise geschehen solche Dinge in vielen Regionen der Erde bereits. Wir sollten uns aber fragen, was daran so übel sein soll, wenn dieses weltweite Terror-Regime, das aus der Herrschaft des Mammon immer wieder hervorgehen muss, sich selbst vernichtet? Was ist daran beängstigend, wenn Kriege, Hunger und Elend für immer und unausweichlich ein Ende finden werden? Sind das nicht im Gegenteil gute Nachrichten der Hoffnung und der Freude? Die jetzige Welt ist doch eine Welt des Terrors gegen das Leben!

Frage 37

Das mag ja alles sein, aber dennoch fragt sich doch, warum dieser Wandel von der alten Welt zur Neuen Welt des Friedens mit so viel Leid verbunden sein muss, denn in den Weltuntergangs-Prophezeiungen sind ja Horror-Szenarien geschildert, die rein gedanklich ja schon unerträglich sind?

Diese Frage ist berechtigt. Ich selbst war auch zunächst schockiert und alarmiert, als ich las, was da auf die Menschheit zukommen wird. Doch Christus lehrt, dass nur die unbelehrbaren Menschen in dieses Leid hineingeboren werden und davon unterschiedlich betroffen sein werden, weil es in der Macht des Menschen gelegen hätte, das alles zu vermeiden. Seit zweitausend Jahren kennen wir das Gesetz von Saat und Ernte, aber der Mensch schlug und schlägt alle Warnungen Gottes immer wieder in den Wind. Jedes Leid ist immer die Ernte dessen, was wir gesät haben.

Frage 38

Was bedeutet der Weltuntergang für die Menschheit insgesamt als Ganzes und was bedeutet das alles für jeden einzelnen Menschen heute?

Für alle Menschen gilt, wie in den vorigen Kapiteln geschildert, dass kein Mensch stirbt, wenn er stirbt, und dass keine Seele verlorengeht. Es gilt aber auch, dass jeder dasjenige ernten wird, was er gesät hat und die Menschheit als Ganzes auch. Jeder kann heute und jeden Tag zur Besinnung kommen und sich darum kümmern, warum er für ein paar Jahrzehnte auf dieser Erde einverleibt ist und für welche guten oder unguten Ziele er seine Zeit und seine Kräfte einsetzt. Es gibt kein unverschuldetes Schicksal. Wer das nicht wahrhaben will, wird es im Leid lernen.

Frage 39

Das klingt fast so, als sei die Erde eine Art Schule des Lebens für die Menschen. Ist dem so und wenn dem so ist, wie erklärt sich, dass so viele Menschen von diesen Frohen Botschaften Christi nichts wissen wollen?

Richtiger wäre die Beschreibung, dass die Erde eine Lebensschule für solche Seelen ist, die als Seele im Jenseits nicht bereit waren, den Weg der Evolution zu gehen, und stattdessen noch so verschattet und erdgebunden waren, dass sie lieber erneut die Erde als Mensch aufsuchen wollten. Wer bis zum Ende seines Daseins auf Erden nicht bereit ist, sich Gott unserem Schöpfer wieder zuzuwenden, der klebt noch an seinen Sünden. Dazu gehöre ich selbst auch noch und fast jeder, der jetzt auf Erden lebt. Jeder kann jedoch mit Christus ein neues Leben beginnen.

Frage 40

Mit großer Wahrscheinlichkeit gibt es noch tausende Fragen zur Prophetie, zu den Propheten und vor allem zu den Prophezeiungen Christi für uns Menschen in der Jetzt-Zeit. Gibt es eine Empfehlung, wie interessierte Menschen tiefer in dieses lebenswichtige Thema einsteigen können?

Diese 40 Fragen können und sollen nur eine kleine Wegweisung dafür sein, sich selbst in das Thema hineinzulesen und zwar beim Original. Nur die Originale, also die Christus-Offenbarungen selbst sind es, die unser Herz und unser Gewissen in solche hohen Schwingungen versetzen können, die notwendig sind, um sich selbst dafür entscheiden zu können, sein Leben auf Gott und auf das ewige Leben mit Christus auszurichten. Jeder ist darin frei, dieses zu tun oder es zu lassen. Die nachfolgende Leseprobe könnte helfen, menschliche Widerstände zu überwinden.

* * *

EPILOG
zum Kapitel 07

Die Bestimmung aller Seelen

Die Frage, ob es sich lohnt, sich mit den Christus-Offenbarungen tiefer zu befassen, muss jeder selbst entscheiden. Fest steht eines: Früher oder später, ob in diesem Leben oder ob im nächsten Leben auf Erden, oder auch in den Reichen, in denen alle entkörperten Seelen nach dem Leibestod leben, drängt sich uns die Frage auf, was unsere Bestimmung ist. Dass das niedere Leben in den Niederungen der Materie nicht Gottes Wille ist und nicht sein kann, das wird jedem irgendwann zur Gewissheit werden, allerdings nicht ohne die Bereitschaft zur Selbsterkenntnis.

Es gibt keine Zufälle

Die Fragen und Antworten zur Prophetie sind von essenzieller Bedeutung, auch für die Frage, was der Menschheit vorausgesagt ist, für den Fall, dass die Menschheit erneut die Mahnungen Gottes in den Wind schlägt. Es kann kein Zufall sein, dass Gott uns erneut eine Prophetin sandte, und das anno 1933, und das ausgerechnet in Deutschland. Es scheint, dass wir Deutsche ganz besonders für den Frieden auf der Welt verantwortlich sind, nämlich unserer Vergangenheit wegen. Diese besondere Verantwortung wird nicht ohne Folgen sein, wenn wir unsere Pflicht nicht tun.

Die Christus-Offenbarung zur Prophetie

In dem Dialog zum Thema Prophetie, Propheten und Prophezeiungen war an mehreren Stellen die Rede davon, dass dieser Dialog lediglich ein erstes Interesse wecken kann, und dass es für den eigenen geistigen Fortschritt unumgänglich ist, sich den originalen Schriften zuzuwenden. Um diese Notwendigkeit verständlicher zu machen, ist diesem Epilog ein längeres Zitat aus den Christus-Offenbarungen angefügt, damit sich jeder davon überzeugen kann, wie gut es für die eigene Bewusstseinserweiterung ist, vorurteilsfrei die Originalbotschaften Christi zu lesen.

* * *

ZITAT
aus:

Das ist Mein Wort
A und Ω
Das Evangelium Jesu
Die Christus-Offenbarung,
welche inzwischen die wahren Christen in aller Welt kennen
Seiten 1087-1092
(Methode des Zitierens:
siehe Hinweis im Impressum der Website www.christusgewissen.de)

Die Gottesprophetie

Was ist ein Prophet?
Seine Berufung und seine Aufgabe.
Das Prophetische Wort des Christus Gottes in unserer Zeit

Urquell Gott

„Das ist mein Wort" ist das Buch, dessen Inhalt unmittelbar aus dem Urquell Gott kommt: Christus, der Erlöser aller Menschen und Seelen, offenbart sich über das Prophetische Wort – durch Gabriele, die Prophetin und Botschafterin Gottes in dieser mächtigen Zeitenwende.

Nähe des redenden Gottes

Obwohl Gott zu allen Zeiten durch Prophetenmund sprach und sich den Menschen mitteilte, sie aufklärte, mahnte, tröstete und führte – also mit Seinen Kindern war -, wissen in unserer Zeit viele Menschen nicht mehr von dieser Nähe des redenden Gottes; das Prophetische Wort hat kaum mehr einen Platz im diesseitsbezogenen, materialistischen Denken und Leben. Daher diese klärenden Worte. Doch auch für die Menschen in den nächsten Zeitepochen und für jene, die nach der mächtigen Zeitenwende auf Erden leben, die Bewohner des Friedensreiches Jesu Christi, sind diese Darlegungen von Bedeutung. Sie dienen der Erinnerung; denn in der Lichtzeit wird es das Prophetische Wort nicht mehr geben. Die Menschen sind dann das Wort selbst geworden, da sie das Gesetz Gottes leben.

Ich Bin

Gott sprach zu den Menschen im alten Bund. Er sprach die Menschen in Seinem „Ich Bin" an – durch Prophetenmund. Jesaja, Elia, Jeremia, Daniel, Hiob, hießen einige der bekanntesten Propheten. Der größte aller Propheten war Jesus von Nazareth, der inkarnierte Sohn Gottes. Und auch in den drauf folgenden zwei Jahrtausenden traten in der Christenheit immer wieder Propheten Gottes auf. In ihren menschlichen Körpern waren lichte Wesen der Himmel einverleibt, die den Auftrag in sich trugen, Sprachrohre Gottes zu sein.

Sein Instrument

Der Prophet ist gleich einer Posaune, in die Gott, der ewige Geist, bläst. In Seinem Instrument, dem Menschen, setzt sich die Lichtsprache Gottes in dessen Muttersprache um, damit die Menschen die Ewige Wahrheit, Gott, hören und verstehen können. Wahre Gottespropheten bleiben während der Einsprache des Gottesgeistes im Wachbewusstsein. Jesus von Nazareth, der größte Prophet, ist auch diesbezüglich das Beispiel. Gott, der Ewige, sprach durch ihn im Wachbewusstsein, wie durch alle wahren Propheten, sowohl im alten Bund als auch nach Jesu Zeit. Der Mensch fällt nur dann in Trance, wenn er jenseitige Kräfte aufnimmt, welche nicht die unmittelbare Gottesstrahlung sind. Dies ist beim echten Gottespropheten nicht der Fall.

Auftrag

Die Seele des Propheten wird auf die kommende Aufgabe im Menschenleibe lange vorbereitet, oftmals über Inkarnationen hinweg. Der Mensch wird schließlich zu einem bestimmten Zeitpunkt von Gott an den in der Seele liegenden Auftrag erinnert; dies ist die sogenannte Berufung.

Leidensweg

Der Weg des Gottespropheten ist ein Leidensweg. Er steht in der absoluten Pflicht Gott gegenüber und hat das auszusprechen, was Gott ihm eingibt. Die ernsten und mahnenden Worte Gottes, die zur Umkehr aufrufen, sind den Menschen dieser Welt stets unangenehm, weshalb die Propheten in aller Regel Hohn, Spott, Verleumdung, Verfolgung und oftmals den Tod erleiden mussten.

Künderpropheten

Es gibt zwei Kategorien von Propheten: die Künderpropheten – allgemein Propheten genannt – und die Lehrpropheten. Durch Künderpropheten gab und gibt Gott der Menschheit das geistige Wissen und die grundlegenden geistigen Gesetzmäßigkeiten, deren die Menschen bedürfen, um ihr Leben auf das Göttliche auszurichten und Schritt für Schritt in ein gesetzmäßiges Leben zu gelangen. Er mahnte und mahnt die Menschen, das zu erfüllen, was Gottes Wille ist. Künderpropheten rufen den Menschen ins Bewusstsein, dass sie Gottes Kinder sind; sie bringen ihnen seine Liebe und Weisheit nahe und weisen den Weg zu ihm.

Lehrpropheten

Durch Lehrpropheten, die zu den großen Zeitenwenden auftreten, verankert der ewige Geist nicht nur das geistige Gut im Bewusstsein der Menschen, das schon vorher offenbart worden war, sondern Er gibt weiterführende und höhere Gesetzmäßigkeiten sowie Aspekte des heiligen Urgesetzes. Der

Lehrprophet bringt also detailliert die Gesetze Gottes, und er legt diese auch aus. Durch ihn lehrt der Geist Gottes den Menschen den Inneren Weg zurück in die ewige Heimat, von wo einst jede Seele ausgegangen ist. Durch den Lehrpropheten lehrt Gott stets geistiges Gut, welches über das bisher Bekannte hinausgeht.

Selbsterkenntnis und Läuterung

Der Lehrprophet hat alles das, was Gott, der Herr, durch ihn lehren möchte, zuvor selbst in sich zu erarbeiten, zu entwickeln und zu verwirklichen. Er muss den Inneren Weg, den Weg der Selbsterkenntnis und Läuterung, allen Menschen voran zuerst selbst beschreiten. Nach geraumer Zeit erlangt dieser aus dem Geist Gottes direkt belehrte und geschulte Mensch den Gipfel mystischer Entwicklung, das Ziel des Siebenstufigen Pfades zu Gott, das die Einswerdung mit dem Bewusstsein, Gott, zur Folge hat. In einem Augenblick erkennt, schaut und weiß ein solcher Mensch sodann um die Dinge und Geschehnisse, die dem verborgen sind, der noch in der Welt der Sinne lebt.

Botschafter Gottes

Dadurch wird der Lehrprophet der Botschafter Gottes, der aus seinem erschlossenen und mit dem Göttlichen eins gewordenen Bewusstsein schöpft. Er sieht nicht mehr die Dinge oder die Menschen, wie sie scheinen, sondern er schaut die Dinge, Geschehnisse und Menschen, wie sie sind. Er schaut allem, was ist, auf den Grund.

Im Alten Testament

Im Alten Testament sandte Gott vor allem Künderpropheten auf diese Erde, durch die Er die Menschheit aus ihrer Gebundenheit an die Materie auf den rechten Weg zur geistigen Höherentwicklung zu bringen suchte.

Christus, Mitregent der Himmel

Danach wirkte Christus, die Teilkraft der Urkraft, der Mitregent der Himmel, als Erlöser und Lehrprophet unter den Menschen. Sie haben Ihn als Jesus von Nazareth – wie viele der gerechten Propheten – nicht erkannt, nicht angenommen und Seinem Leben ein vorzeitiges Ende bereitet. Auf Golgatha konnte Er mit den Worten „Es ist vollbracht" die Erlösung vollziehen: die Einsenkung eines Funkens der erlösenden Teilkraft der Urkraft als stützende und wieder zu Gott hinführende Kraft in jede Seele.

Die Lehrprophetin Gabriele

Nun hat Gott wieder ein Wesen in diese Welt gesandt. Es verleibte sich in den Menschen ein, der Gabriele genannt wird. Sie dient dem Ewigen in dieser Welt als seine Lehrprophetin. Ihr erschlossenes geistiges Bewusstsein, das im Allmächtigen ruht und von der Kraft des Allmächtigen durchdrungen ist, kennt die ewigen Gesetze und weiß den Weg zum ewigen

Gesetz, Gott. Gabriele schaut in ihrem göttlichen Bewusstsein den allumfassenden Weg hin zum Herzen Gottes. Mit schlichten Worten vermag sie den allumfassenden Inneren Weg zu erklären, den Menschen zu seinen Ursachen zu führen, ihm zu helfen, diese zu beheben, und, so er gewillt ist, den Einzelnen Christus zuzuführen. Sie hat Einblick in die Tiefe des Menschen, in ihre Seelenbeschaffenheit. Ihre weitere Aufgabe als Lehrprophetin ist es, die Einzelheiten des Ewigen Gesetzes Gottes nun für alle Teilbereiche des Lebens in diese Welt zu bringen, die Details der göttlichen Gesetze für das Zusammenleben der Menschen in Familie und Beruf, in Wirtschaft und Gesellschaft, für die Kindererziehung und die sozialen Dienste sowie das Heilsein von Seele und Leib. Zugleich lehrt sie Schritt für Schritt die Anwendung der ewigen Gesetze in allen Bereichen des Lebens.

Gesetze des geistigen Lebens

Lehrpropheten haben also – zusätzlich zu dem Auftrag, Gottes unmittelbare Posaune zu sein – die Aufgabe, ihre Mitmenschen in alle Gesetze des geistigen Lebens zu unterweisen und ihnen in allen Fragen des Inneren Lebens zur Seite zu stehen. Daher musste Gabriele vieles selbst erleiden, erfahren, durchleiden und überwinden – über mehrere Erdenleben hinweg – damit sie die Menschen verstehen und ihnen den rechten Weg weisen kann.

Vorbereitung der Menschheit

Zur Vorbereitung der Menschheit auf das Gottesreich auf Erden gibt der Ewige nun zu allen Grundfragen des Menschen in dieser Zeit Aufklärung und Belehrungen. So offenbarte sich Christus durch sein Prophetisches Wort 1989 auch über sein Leben, Denken und Wirken als Jesus von Nazareth; zugleich erläuterte Er die Zusammenhänge und die Bedeutung seines Lebens auf Erden für diese und für die kommende Zeit. Die Erklärungen, Berichtigungen und Vertiefungen in dem hier vorliegenden Buch „Das ist mein Wort" sind das authentische Wort Christi. Die in dem schon vorliegendem Buch „Das Evangelium Jesu" gegebenen Darlegungen und das von Christus dazu Erklärte, Berichtigte und Vertiefte sind bedeutende Streiflichter über sein Leben, Denken und Wirken als Jesus von Nazareth – zum Verständnis und als Vorbild für die Menschen in dieser Zeit und auch für die Bewohner des Friedensreiches Christi auf Erden.

In dieser mächtigen Zeitenwende

In dieser mächtigen Zeitenwende führt uns Christus darüber hinaus in die ganze Wahrheit ein: Er offenbart – wie dargelegt – die Gesetze Gottes für alle Lebensbereiche auf dieser Erde und baut so das umfassende Reich Gottes auf dieser Erde auf.

ENDE DES ZITATES

* * *

KAPITEL 08

DIE KOMMUNIKATION MIT GOTT

MITTELS

MEDITATION UND GEBET

PROLOG
zum Kapitel 08

Lebe so mit den Menschen, als ob Gott es sähe;
sprich so mit Gott, als ob die Menschen es hörten.
Lucius Annaeus Seneca

Sobald der Mensch eins ist mit Gott, bittet er um nichts.
Dann sieht er, dass jedes Tun Gebet ist.
Ralph Waldo Emerson

Wer das Gebet übt, bleibt nicht lange in der Sünde.
Denn entweder wird er das Gebet oder die Sünde lassen,
weil Gebet und Sünde nicht nebeneinander bestehen können.
Theresa von Avila

Das Gebet ändert nicht Gott, sondern den Betenden.
Sören Kierkegaard

Bete nicht um leichtere Last, sondern um einen stärkeren Rücken.
Theresa von Avila

Sobald der Mensch eins ist mit Gott, bittet er um nichts.
Dann sieht er, dass jedes Tun Gebet ist.
Ralph Waldo Emerson

Millionen Menschen beten täglich zu Gott, ihnen ihren Willen zu erfüllen.
Aber nur wenige sind bereit, den Willen Gottes zu erfüllen
Willy Meurer

Die Kraft im Gebet

Die obige kleine Auswahl von Aphorismen zum Thema Beten zeigt, dass das Gebet ganz klar eine lebensnotwendige Rolle in unserem Leben spielt, denn es sind Zitate von Menschen, die für ihre tiefe Nachdenklichkeit bekannt sind. Wichtiger als alle Aphorismen aus Menschenmund ist jedoch die Erkenntnis, welche Kräfte dem Gebet innewohnen, was Meditation und Gebet in uns und in der Welt bewirken können. Der größte Irrtum heute ist die Ansicht, man könne ohne Kommunikation mit Gott leben.

Das Beten lernen

Der folgende Dialog möchte versuchen, mit dem Irrtum aufzuräumen, dass der Mensch ohne bewusste Kommunikation mit Gott leben kann. In der Meditation und im Gebet sind mächtige Energie-Potentiale enthalten, mit denen der Mensch in die Lage versetzt wird, alles Menschliche in sich und darüber hinaus in dieser maroden Welt zu überwinden. Die kleine Auswahl der obigen Aphorismen deutet bereits an, dass die Kommunikation mit Gott einiger Erkenntnisse und auch der Übung bedarf, damit die Kräfte des Gebetes sich entfalten können. Mehr dazu im folgenden Dialog.

DIALOG
zum Kapitel 08

Frage 01
Das Gebet ist wohl jedem Menschen irgendwie bekannt. Weitgehend unbekannt ist dagegen die Meditation, die viele Menschen für eine fernöstliche Gebets-Technik halten. Was ist der Unterschied zwischen Gebet und Meditation?

Ob der tiefe Sinn und die Wirkungen des Gebetes wirklich bekannt sind, darf in dieser gottfernen Zeit getrost angezweifelt werden. Meditation und Gebet sind keine zweckdienlichen Techniken. Zum Beispiel wird die Meditation häufig als eine Art Motivations-Technik für weltliche Zwecke missbraucht. Meditation und Gebet sind aber ein Dialog mit Gott in uns. In der Kommunikation mit Gott geht es um unsere innere Haltung und um unser Verhalten in allen Lebensfragen. Unser Verhalten ist von unserer Haltung, dem Ausdruck unseres Bewusstseins, bestimmt.

Frage 02
Das ist nicht ganz verständlich. Beten und Meditation sind zwei unterschiedliche Begriffe. Da stellt sich die Frage, ob es sich um zwei unterschiedliche Dinge handeln könnte, die nicht gleichbedeutend sind. Wie steht es damit?

Beide zusammen, die Meditation und das Gebet, können als zusammenwirkende Teile eines Transformationsprozesses betrachtet werden. Ein Beispiel aus der uns bekannten Technik könnte uns eine Vorstellung davon geben, dass Elemente oder Faktoren, die zusammenwirken, eine Funktionseinheit bilden. Bei einem Auto gibt es den Motor und das Getriebe. Sie sind eine Funktionseinheit. Beide führen Drehbewegungen aus. Beide Elemente sind sorgfältig aufeinander abgestimmt. Sie bilden eine Einheit in dem Transformationsprozess vom Stillstand in Bewegung.

Frage 03
Interessant, diese Analogie zwischen Gebet und Meditation und einem Motor und einem Getriebe. Wer in diesem Vergleich könnte denn der Motor sein und wer ist das Getriebe in der „Funktionseinheit" oder im Komplex Meditation und Gebet?

Aus meiner Sicht könnte man die Meditation als den Motor betrachten, der ja der Energieerzeuger ist und das Getriebe und dessen Übertragungselemente wären das Gebet, also das ausführende Organ. Hier wird es spannend, denn hier könnte dem aufmerksamen Leser ein erstes Licht aufgehen, warum die meisten Menschen noch ein unfertiges und sogar falsches Verständnis vom Gebet haben. Ich erinnere mich noch sehr genau an meine frühe Schulzeit, in der ich noch relativ fleißig betete, aber leider genau in einem falschen Verständnis, das in die Sackgasse führt.

Frage 04
Wann kann das Beten in die Sackgasse führen und was bedeutet das konkret, dass ein falsches Gebetsverständnis in die Sackgasse führt?

Diese zwei Fragen lassen sich am besten aus meiner eigenen Praxis als Kind beantworten. Als Kind betete ich, aber für was und warum betete ich? Ich war ein ausgesprochener Schulversager, ein schlechter Schüler in der Realschule, der in der Volksschule bereits durch negative „Kopfnoten" auffiel. In der Realschule, die übrigens sehr streng und katholisch beeinflusst war, gesellten sich sehr bald zu den negativen Kopfnoten auch noch immer schlechtere Leistungsnoten in mehreren Fächern hinzu. Da Schule und Elternhaus streng waren, entstand ein Dauerstress.

Frage 05
Wie äußerte sich der Stress in dieser disharmonischen Situation?

Meine Schulzeit war eine tatsächliche und gefühlte Angstveranstaltung, denn es hagelte harte, und zum Teil auch erniedrigende Strafen, teilweise sogar noch mit körperlichen Züchtigungen, die in meiner Kindheit noch nicht verpönt waren. Der Spruch: „Wenn Du „Senge" kriegst, dann hast Du sie auch verdient", war damals noch herrschende Meinung, wenn auch schon abklingend. Jedenfalls musste jede Klassenarbeit von den Eltern unterschrieben werden und oft kamen „Blaue Briefe" ins Haus mit der Mitteilung: „Versetzung gefährdet". So war ich immer in Angst.

Frage 06
Gab es denn einen Zusammenhang zwischen den Kopfnoten und den Noten in den Leistungsfächern und woher kam das Schulversagen?

Meine ungute Leistungsbilanz war selbstverschuldet, denn „dumm" war ich nicht. Dass das damalige und das heutige Schulsystem aus freichristlicher Sicht völlig daneben ist, kann nicht dafür herhalten, dass ich selbst die Hauptschuld für meine Not(en) trug. Das kapierte ich damals aber noch nicht. Ich war renitent, unartig, schulisch unmotiviert, kombiniert mit nicht wenig „krimineller Energie". Mein Schuldbewusstsein war noch nicht besonders hoch entwickelt und so begann ich, Gott anzubet(t)e(l)n, dass nicht erneut geschehen möge, was sich wieder androhte.

Frage 07
Hört sich fast so an wie: „Not lehrt beten". War dem so?

So war es und es hatte natürlich nicht den gewünschten Erfolg, denn: Für was betete ich? Warum hatte ich wann gebetet? Immer wenn wieder Klassenarbeiten anstanden, immer wenn wieder Elternsprechtag war, immer dann, wenn wieder Lehrerkonferenzen vor den Zeugnissen waren und dem Herbstzeugnis die Blauen Briefe vorausgingen, lag ich abends im Bett und konnte vor Angst nicht schlafen. Da wir in der Schule religiös abgerichtet wurden, war auch ich dementsprechend gottgläubig. Also bat ich Gott darum, dass nicht geschieht, was stets geschah.

Frage 08
Hast Du damals regelmäßig gebetet und wurde zu Hause auch gebetet?

Nein, beides nicht – zu Hause bekamen wir nur zu hören, wenn wir, meine beiden Brüder oder ich, mal wieder etwas ausgefressen hatten: „Weißt Du, dass da oben einer ist, der alles sieht???!!!" Das war der heimische religiöse Einfluss. Ich betete nur, wenn ich mich wieder einmal bedroht fühlte, sonst nicht. Allerdings mochte ich seltsamerweise den schulischen Religionsunterricht, den ein evangelischer Religionslehrer mit viel Empathie durchführte – aber es nützte nichts, denn in der frühen Jugend stellte ich das Beten ein, denn Gott erfüllte nicht, was ich wollte...

Frage 09
Wenn das Beten „nichts brachte", wie Du damals dachtest, hattest Du denn auch den Glauben an Gott verloren?

Nicht nur das, ich begann sogar damit, Gott bewusst in Zweifel zu ziehen, etwa so: Wir Menschen denken dreidimensional, das begriff ich damals schon. Wieso wird uns ein Gott beigebracht, der dreidimensional ist, womit ich die „Dreifaltigkeit Gottes" meinte. Ich fing also als Jugendlicher schon an, meine Abneigung gegen Gott vor mir selbst zu rechtfertigen. Wenn es Gott gibt, dann kann er doch nicht dreidimensional sein, dann muss er doch überdimensional sein. Uns wurde aber anderes eingebläut. Damit war für mich der Fall erledigt: Es gibt keinen Gott!

Frage 10
Was ist damals schief gelaufen, dass Du als Kind und Jugendlicher noch nicht erkanntest, dass jedes Verhalten die dementsprechenden Folgen nach sich zieht?

Ich selbst bin schief gelaufen, denn ich war damals in dem Sinne tatsächlich ein „fauler Strick", denn ich hatte überhaupt keinen Bock auf Schule. Ich hatte viele Interessen, habe mir z.B. selbst als Kind das Schachspiel beigebracht. Ich kannte kein Pflichtgefühl, sondern ich folgte nur meinen außerschulischen Interessen und das musste schiefgehen. Von Karma und Reinkarnation wusste damals niemand etwas. So entstand mein Kardinalfehler: Erst bettelte ich Gott in der Hoffnung an, jenes zu verhindern, was ich mir selbst eingebrockt hatte und dann verwarf ich Gott.

Frage 11
Gott hat Dir also nicht „gehorcht". Gott hat nicht getan, was Du wolltest und dann stellte sich bei Dir ein Groll gegen Gott ein – ist das richtig und kann man als Kind oder Jugendlicher überhaupt schon erkennen, dass diese Einstellung falsch ist?

Als Jugendlicher ist man ja kein „unbeflecktes" Kind mehr. Das Bewusstsein, was gut, ungut oder böse ist, ist ja schon in der Entfaltung, aber es fehlte uns allen damals generell eine ehrliche, nicht verlogene und eine freichristliche Erziehung. Der verlogene kirchliche Einfluss tut ja das Seinige. Er prägt uns bis heute. Die Kirchen verbiegen und demolieren ja unser Gewissen, was heute klar auf der Hand liegt. Dieser, bis heute verstetigte kirchliche Irr-Glaube, der Glaube allein genügt, ansonsten könne man folgenlos tun was man will, war Bestandteil der Erziehung.

Frage 12
Wieso ist die Haltung vieler Menschen, Gott wäre dazu da, uns Menschen unsere niederen menschlichen Wünsche zu erfüllen, den Kirchen vorzuwerfen? Sind Kirchen tatsächlich die Urheber solcher Fehlannahmen und warum?

Als Gott uns Seinen Sohn Christus in Gestalt des Jesus von Nazareth auf die Erde sandte, lehrte uns Gott durch Christus in Jesus die unumgänglichen Gesetze des Friedens, der Gerechtigkeit, der Freiheit, der Geschwisterlichkeit, der Gleichheit und der Einheit mit der ganzen Schöpfung. Diese Gesetze sind die Bedingungen, die der Mensch zu erfüllen hat, bzw. sind sie der Preis, den der Mensch zu zahlen hat, um Frieden und Gerechtigkeit auf Erden zu verwirklichen. Doch was tat und tut der Mensch? Mehrheitlich genau das Gegenteil, unter Führung der Kirchen!

Frage 13
Harter Tobak – aber wohl nicht zu bestreiten. Was hat diese Feststellung mit unserem Thema „Meditation und Gebet" zu tun?

Sehr viel und eigentlich sogar alles, denn es geschieht immer genau dasjenige und nichts anderes als das, was wir uns als Menschen wünschen. Wir neigen dazu, das zu erbitten und im Gebet in uns hineinzudenken, was unserem Egoismus gefällt. Vor diesem Irrweg warnte uns Jesus schon vor zweitausend Jahren und Er lehrte uns die Wahrheit, warum wir auf Erden sind, und warum wir die Gebote Gottes erfüllen sollen. Das alles hörte sich gut an, und viele riefen: „Hosianna!" Aber die Wahrheit störte beim Ausleben der Gelüste und darum rief man: „Kreuzigt IHN!"

Frage 14
Die Leute wollten also damals die Wahrheit, die sie zunächst bejubelten und befürworteten, plötzlich nicht mehr hören – gilt das auch heute noch?

Heute herrscht noch die gleiche Doppelmoral wie damals. Die meisten Menschen, die überhaupt noch an einen Gott glauben, meinen und wünschen sich einen Gott, der zu allem Ja und Amen sagt, was sich der Mensch für sich ausdenkt, z.B. im Namen Gottes Kriege führen zu dürfen. In den letzten 2000 Jahren hat sich im Bewusstsein der meisten Menschen nicht viel geändert. Entweder gibt es für viele keinen Gott oder wenn doch, dann bitte diesen Kirchengott, der das Streben nach Reichtum und Macht absegnet, und sich von weltlichen Priestern vertreten lässt.

Frage 15
Langsam kann klar werden, dass Meditation und Gebet nicht von unserem Gottesbewusstsein und auch nicht von unserem Gewissen zu trennen sind. Jetzt kann auch deutlich werden, was der sechste Sinn-Spruch von Emerson in dem Prolog bedeutet, wonach beten nicht betteln sein soll, sondern auf unser Tun, also auf unsere Haltung und auf unser Verhalten gerichtet sein soll. Ist Beten Tun?

Wir können das Wort „Gebet" auf zwei Arten aussprechen, entweder mit Betonung auf der zweiten Silbe: Ge**bet** – oder auf der ersten Silbe: **Geb**et. Sprechen wir die zweite Variante aus, dann haben wir die Befehlsform von Geben, nämlich **Geb**et! Das ist mehr als eine interessante Wortspielerei, denn als Menschen sind wir auf Erden, um göttlich zu werden. Was ist göttlich, was tut Gott unaufhörlich? Gott gibt ohne Ende, ein Blick in die Natur belegt das! Und was tut der Mensch? Der Mensch nimmt, er will immer nur haben, sich darstellen und sich dabei vergnügen.

Frage 16
Ein hartes aber doch realistisches Menschenbild, von dem nur wenige Menschen deutlich abweichen. Es ist nicht zu verkennen, dass der menschliche Vandalismus und das menschliche Egomanentum die Welt regieren. Nun fragt sich jedoch, ob Meditation und Gebet daran etwas ändern können. Was können Meditationen und Gebete zum Guten für die Welt verändern?

Der weltberühmte Philosoph Sören Kierkegaard stellte richtig fest, dass das Gebet nicht Gott ändert, sondern den Betenden. Meiner Ansicht nach steckt da ganz viel Wahrheit und Weisheit drin, denn genau das lehrt uns Christus heute auch durch Seine Prophetin Gabriele. Jeder Mensch, der sich zum Guten wandelt, der verändert und wandelt auch die Welt zum Guten. Warum? Die Welt ist so, wie sie ist, weil die Menschheit so ist, wie sie ist, bei allen Unterschiedlichkeiten. Jede Wandlung eines Teiles des Großen Ganzen, verändert das Ganze in seiner Gänze.

Frage 17
Was soll das Gebet also sein und was soll das Gebet nicht sein?

Hier lohnt es sich, noch einmal in den Prolog zu schauen. Dann kann klar werden, dass das Gebet ein Appell, oder sogar ein Befehl, des Menschen an sein Gewissen sein soll, was er jetzt hier und heute Gutes für den Nächsten und für das Wohl des Großen Ganzen tun kann, verbunden mit der Bitte um Gottes Hilfe dafür. Ob Theresa von Avila das meinte, wenn sie sagte, dass wir um einen starken Rücken bitten sollten, statt um die Minderung der Last? Wir sollen nicht um unser eigenes Wohl betteln, sondern um die Kraft zur Überwindung unserer egoistischen Triebe.

Frage 18
Wieso ist das Gebet ein Dialog mit Gott, wenn es im Gebet um unser eigenes praktisches Verhalten in der Welt geht?

Aus meinem jetzigen Bewusstseinsstand heraus kann es nur darum gehen, sein eigenes praktisches Verhalten auf der Erde mit dem Willen Gottes in Einklang zu bringen, und zwar in jeder Situation, die sich jeden Tag und jede Stunde anbietet, und die im Geiste Gottes gelebt werden soll und will. Die Kraft dazu kommt nach meinen Erfahrungen von innen, von Gott in uns. Diese göttliche Kraft in uns will angesprochen und mobilisiert werden. Auf diese Weise bitte ich persönlich Gott in jeder Situation um Hilfe und um Beistand, mich so zu verhalten, wie Gott es will.

Frage 19
Dann wäre das Gebet ja ein ständiges Abklopfen dessen, ob das, was wir gerade tun oder tun wollen, christlich ist. So gesehen wäre das Gebet ja eine Art tägliche Dauerveranstaltung. Ist dem so?

Im Idealfall wird das so sein. Wir überlegen in jeder Situation, wie wir was tun wollen und warum. Wahre Christen gleichen das eigene Verhalten zunehmend mit den Zehn Geboten und mit der Bergpredigt Jesu ab. Gleichzeitig danken wir Christus im Gebet dafür, wenn uns der gute Vorsatz gelungen ist und wir bitten um Vergebung, wenn wir uns wieder einmal selbst dabei erwischt haben, in gewohnte und ungute Verhaltensweisen zurückgefallen zu sein. Letzteres bedarf dann natürlich des Vorsatzes im Gebet die erkannten Sünden künftig nicht mehr zu tun.

Frage 20
Welche Bedeutung und welcher Stellenwert kommt der Meditation zu, wenn das Gebet im Idealfall der ständige Kontakt mit unserer inneren göttlichen Führung am ganzen Tage ist?

Gebete können sehr kurz sein, wie z.B. ein sogenanntes Stoßgebet, in dem wir Christus um Beistand bitten können, wenn wir vor einer großen Herausforderung stehen oder wenn wir uns wieder einmal in eine Versuchung hineinmanövriert haben. Wer ganztägig, in jedem Moment des Tages im regen Kontakt mit seinem Gewissen steht, der richtet alle seine Handlungen auf Christus aus, wenn er freichristlich tickt. Dabei reiht sich ein Gebet an das andere, wozu es einer hohen Motivation bedarf. Wahre christliche Motivation erlangen wir in der Meditation.

Frage 21
Was für eine geheimnisvolle Kraft verbirgt sich hinter der Motivation und hinter dem Motiv, welche in der Meditation erarbeitet werden soll?

Das Motiv ist der Beweggrund, der uns dazu bewegt dieses oder jenes zu tun oder zu unterlassen. Dieser Beweggrund kann emotionaler und/oder verstandesmäßiger Art sein. Ein Motiv generiert ein vorsätzliches, also ein bewusstes Verhalten, das aber auch ganz oder teilweise über einen charakterlichen Automatismus relativ unbewusst ablaufen kann. Die

Motivation ist ein Komplex mehrerer oder aller Motive, die uns dazu veranlassen, etwas zu tun oder etwas zu unterlassen. Ferner bestimmt die Motivation die Intensität und die Qualität unserer Verhaltensweisen.

Frage 22

Manchmal, vielleicht sogar öfter als wir denken, müssen wir uns eingestehen, dass wir gar nicht genau wissen, warum wir etwas getan oder etwas unterlassen haben. Meistens geht es dabei um Ungutes, was uns reut und was wir am liebsten wieder ungeschehen machen würden. Manchmal staunen wir aber auch über ein gutes Verhalten und dessen Resultat, für das wir uns eigentlich noch gar nicht für fähig hielten. Woher kommen solche unbewussten Motivationen?

Unsere bewussten und auch die unbewussten Verhaltensweisen entspringen stets unserem Gewissen, das bekanntlich höchst unterschiedlich strukturiert ist und aus der Sicht der Reinkarnationslehre auch unterschiedlich sein muss. Unser Gewissen kann als die innere geistige Verfassung gesehen werden, als die Gewissheit in der jeder in seinem Verhältnis zu Gott und zur Schöpfung lebt. Einen Teil unserer Verhaltensweisen haben wir sozusagen automatisiert. Diese Verhaltensautomatik ist Teil unseres Charakters, der sehr vielen Menschen meist noch nicht bewusst ist.

Frage 23

Liegt darin die Notwendigkeit zur Selbsterkenntnis begründet, die in der Formel: „Erkenne Dich selbst" zum Ausdruck kommt?

Wenn ich die Christus-Offenbarungen richtig verstehe, dann zielt der Prozess der Selbsterkenntnis genau auf die uns unbekannten Charaktermerkmale aus denen die heimlichen Motive sprießen. Unser charakterbedingtes Verhalten kann im heftigen Widerstreit mit unserem Gewissen liegen, je nachdem, wie wir ticken. Der tiefe Sinn der Selbsterkenntnis liegt dann darin, dass wir uns selbst bei unredlichen Taten erwischen und wir uns selbst bewusst unserem Inneren Richter vorführen. Es ist leider so: Wir haben von uns meist ein besseres Bild, als es in Wahrheit ist.

Frage 24

Viele Menschen schlagen mit einer Selbstverständlichkeit über die Stränge, dass man sich fragen könnte: „Merkt der noch was?" Bei genauer Beobachtung und in Gesprächen stellt sich dann heraus, dass viele tatsächlich nicht merken, was sie im Moment gerade anrichten. Wie kommt das?

Das kann nur daran liegen, dass der Mensch sein Gewissen fast auf Null reduziert haben muss, nämlich dann, wenn er sehr stark und überwiegend von dämonischen Energien geführt ist. Dann sind auch dessen Gedanken die Vorarbeiter des Unguten und das ohne Gewissensbisse. Unsere Empfindungen, Gefühle und Gedanken gehen unseren Verhaltensweisen voraus. Es sind Energien, die wir in unserer Seele abspeichern und die in der kosmischen Chronik quasi gegengebucht werden. Dort agieren unsere Gedanken so lange, bis sich die Möglichkeit der Realisation bietet.

Frage 25
Ist diese Ebene unserer Gedanken, also unsere Wunsch- und Gedankenwelt der Bereich, für den die Meditation zuständig ist?

Auf jeden Fall, denn in uns tobt im Wachzustand, also am Tage, an dem wir agieren und reagieren, ein ständiger Kampf zwischen dem, was wir denken und tun wollen und dem, was wir denken und tun sollen, wenn wir im Vorsatz leben, den Willen Gottes zu erfüllen, also nach den Zehn Geboten und nach den Regeln der Bergpredigt Jesu zu leben. Auch sogenannte „Nichtgläubige" kennen den berühmten „Inneren Schweinehund", den Satan der Sinne und der Gelüste, den es zu domestizieren gilt, ein ständiger Konflikt mit den sieben Grundkräften Gottes.

Frage 26
Was sind das für sieben Grundkräfte, mit denen wir stets im Hader liegen?

In uns toben folgende Kontraste: Der göttlichen Ordnung steht das menschliche Chaos entgegen - dem göttlichen Willen, der menschliche Eigenwille - der göttlichen Weisheit, der besserwisserische menschliche Intellekt - dem göttlichen Ernst, die menschliche Gleichgültigkeit und der Leichtsinn - der göttlichen Güte und Geduld, der menschliche Hass und die Hast - der göttlichen All-Liebe, also der Nächsten- und Feindesliebe, die menschliche Eigenliebe - und der göttlichen Barmherzigkeit und Sanftmut, die menschliche Unbarmherzigkeit und die Gewalt.

Frage 27
Sind diese Kontraste, unsere „Inneren Kontrahenten", die Domäne der Meditation und wie „funktioniert" die Meditation?

Wie Meditation „funktioniert" kann und muss jeder für sich selbst erkunden. In der Meditation geht es wesentlich darum, unser Gottesbewusstsein zu erweitern und unserem Innen-Gott näher zu kommen. Wir Menschlein sind vergesslich, vor allem, wenn es um unsere Pflichten geht. Der Pflicht-Vergessenheit kann nur durch Erinnerungsarbeit begegnet werden. In dem Wort „Erinnern" steckt bereits das „Innere" drin. Wir haben es also in unserer Erinnerungsarbeit mit dem Dialog mit unserem „Inneren" zu tun, mit unserem Gewissen, also mit Gott, der in uns ist.

Frage 28
Können wir an dieser Stelle noch einmal eine Klärung des „Innen-Gottes" versuchen? Wer oder was ist der „Innen-Gott"?

Unter Hinweis auf das Kapitel 03 dieses Buches CHRISTUSGEWISSEN sei hier noch einmal kurz in Erinnerung gerufen, wer oder was der Christus-Gott ist. Gott, unser aller Vater, der Gott, den Christus uns lehrte, deswegen auch „Christus-Gott" nennbar, ist der Ursprung allen Lebens und allen

Seins, also alles dessen, was ist. Dieser unser Schöpfer allen Seins ist allmächtig und allgegenwärtig, das heißt, dass Gott in allen Formen des Lebens als Lebensenergie innen drin ist, auch in uns Menschen also. Ohne Gott in uns gibt es kein Leben und in allem Leben ist Gott.

Frage 29
Was hat das urchristliche Gottesbewusstsein, die Gewissheit, dass Gott in allen Lebensformen des Universums als Lebensenergie innen drin ist, für eine Bedeutung in der Meditation ?

Wenn ich die Dinge richtig verstanden habe und auch aus eigener Erfahrung kann ich sagen, dass die Ausrichtung unseres Denkens und Tuns auf den Willen Gottes entscheidend dafür ist, dass wir bewusst leben und, dass wir nicht von satanischen Kräften gelebt und kommandiert werden, die sich die Menschen stets zu ihren Werkzeugen machen wollen. In der Meditation sehe ich persönlich eine tägliche Lagebesprechung mit meinem Bewusstsein und mit meinem Gewissen. Durch die tägliche Meditation fließen vermehrt kosmische Energien durch Seele und Körper.

Frage 30
Welche Inhalte kann man als Gegenstand der Meditation nennen?

Die Inhalte muss jeder für sich selbst bestimmen, denn Christus lehrt uns das freie Beten, was auch die freie Meditation einschließt. Als Empfehlung ist es hilfreich, wenn wir uns täglich daran erinnern, dass wir ursprünglich reine Geistwesen sind, die sich einst von Gott abgewandt hatten und nun wieder auf dem Heimweg in die ewige Heimat sind. Dazu gehört die Gewissheit der Reinkarnationen, des Karmas und des Gesetzes von Saat und Ernte. Wenn wir uns täglich das Ziel vor Augen führen, warum wir auf Erden sind, führt uns Christus auf den Weg in die Erlösung.

Frage 31
Was ist mit der freien Meditation und mit dem freien Gebet gemeint?

Wir sollen nicht vorformulierte Gebete oder vorformulierte Meditationen ohne innere Teilnahme nachplappern. Wir sollen auch nicht öffentlich meditieren und beten, damit wir uns öffentlich darstellen, was wir für fromme Gestalten sind. Wir sollten uns in der Meditation daran erinnern, woher wir kommen und wohin wir gehen und wir sollten Christus um Hilfe und Beistand bitten, damit wir den Weg der Gerechtigkeit gehen. Ich persönlich sehe mich als Mitarbeiter in der Baustelle für das Friedensreich Jesu Christi, als ein Licht-Arbeiter in dieser dunklen Welt.

Frage 32
Was könnte man denn als das wichtigste Ziel in der Meditation bezeichnen?

Durch die Meditation am frühen Morgen, beginnend schon im Liegen nach dem Erwachen, die anschließend direkt nach dem Aufstehen fortgesetzt werden sollte, verbinden wir uns in tiefer gedanklicher Versenkung mit

Christus in Gott und mit den urchristlichen Idealen, die unser Denken und Verhalten am Tage bestimmen sollen. Meditation ist ein tiefes Gebet, in dem wir uns motivieren, an diesem Tag alles Ungute zu lassen und nur Gutes für das Große Ganze zu tun. Besonders die erkannten Schwächen vom Vortag können uns heute auf das rechte Gleis führen.

Frage 33
Was ist mit unseren persönlichen Anliegen? Können und sollten wir auch diese in unsere Meditation und in unsere Gebete einfließen lassen?

Ich erinnere an das Beispiel aus meiner Schulzeit. Demnach kann es nicht gut sein, für weltliche und egoistische Belange zu beten, denn das ist betteln für das eigene körperliche Wohl und für das Vergnügen. Deswegen sind wir nicht auf Erden. Wir sind auf Erden, um wieder göttlich zu werden und aus dieser Sicht sollten wir uns auf unser Seelenheil konzentrieren. Je reiner und lichter unsere Seele wird, desto lichter wird das Weltgeschehen im Großen und im Kleinen. Nicht Gott sollen wir ändern wollen, sondern wir uns. Gott weiß, was wir brauchen, aber wissen wir es?

Frage 34
Da höre ich so manch einen Menschen sagen: „Ich weiß genau, was ich brauche und was ich will. Ich weiß auch, was mir guttut und was nicht. Ich weiß auch, was sich gehört und was nicht. Das alles weiß ich auch ohne Meditation und ohne Gebet!" Solche Gedanken sind ja nicht selten. Kann man so etwas gelten lassen?

Wenn so gedacht oder gesprochen wird, dann muss man es gelten lassen – warum? Weil Gott allen Geistwesen im Reich des Ewigen und allen Seelen in den Ebenen der Reinigung und auch allen Menschen uneingeschränkt den Freien Willen lässt. Die Freiheit ist ein göttliches Prinzip und nicht eine Erfindung des Menschen. Der freie Wille hat jedoch einen hohen Preis: Die Verantwortung für sich selbst vor Gott. Wanderer ohne Ziel irren nur umher und geraten oft unbemerkt in die Falle der Fremdbestimmung von blinden Blindenführern in Kirchen und Staat. So ist es.

Frage 35
Es ist öfter die Rede davon, dass der Meditation und dem Gebet eine große Kraft innewohnt, mit der man „Berge versetzen kann" und von der sogar Heilkräfte ausgehen können, um Kranke gesunden zu lassen oder um Gesunde bis ins hohe Alter frisch und gesund bleiben zu lassen. Wie erklärt sich das?

Heilgebete und Heilmeditationen können solche „Wunderwirkungen" tatsächlich entfalten, allerdings nur unter ganz bestimmten Bedingungen. Hier ist äußerste Vorsicht geboten, denn auf diesem Gebiet sind zunehmend gefährliche Scharlatane unterwegs, die sich „Geistheiler" nennen. Grundsätzlich bin ich aus eigenen Erfahrungen, in Verbindung mit den Christus-Offenbarungen durch die Prophetin Gabriele, zu dem Schluss gekommen, dass es zwar Geistheilung gibt, aber es gibt keine „Geistheiler", wie manche sich bezeichnen, obwohl sie nicht heilen können.

Frage 36
Sind denn alle Geistheiler Scharlatane, auch dann, wenn sie Heilmeditationen anbieten und wenn sie sagen, dass es Gott ist, der ihnen die Heilkräfte gibt?

Scharlatane sind Schwindler, die gewisse Fähigkeiten vortäuschen, die sie nicht haben oder die es nicht gibt, und damit windige Geschäfte machen, also betrügen. Meist sind bei solchen „Heilern" Geldforderungen mit im Spiel. Diesen Leuten sollte man das rechteckige Loch zeigen, das der Maurer in der Wand gelassen hat. Es mag ja Leute geben, die von sich tatsächlich glauben, Heilkräfte zu haben und damit keine windigen Geschäfte machen, jedenfalls nicht sichtbar. Auch diese Spezies ist im Irrtum, weil Krankheit und Gesundheit ganz anders funktionieren.

Frage 37
Was bedeutet „Geistheilung ohne Geistheiler" konkret?

Das Thema wird gesondert im Kapitel 10 behandelt werden. Da muss man sehr viel tiefer in die Fragen der Ursachen aller Krankheiten einsteigen, um die Heilkraft im Gebet zu verstehen. An dieser Stelle ist wichtig zu wissen, dass wir im Dialog mit unserem Schöpfer in uns göttlich-geistige Selbstheilungskräfte mobilisieren können, denn Gott ist nichts unmöglich. Diese alles durchdringenden Heilkräfte Gottes sind in uns drin und sie entfalten sich, wenn wir unsere Seele reinigen und durchlichten, indem wir Gottes Willen tun. Alles andere ist Humbug.

Frage 38
Menschen, die an Gott glauben, und die im Geiste Gottes leben, berichten, dass ihnen in der Meditation und im Gebet Kräfte erwuchsen, von denen sie selbst überrascht waren, weil sie das Gefühl hatten, aus sich selbst herauszuwachsen. Kann jeder ehrliche Mensch solche Erfahrungen machen?

Ja, das stimmt und ich selbst kann das aus eigener Erfahrung bestätigen. Ein wenig möchte ich dennoch vor zu hohen Erwartungen warnen, denn oft erwarten manche Menschen sensationelle innere Erlebnisse. Sie sind dann fürchterlich enttäuscht, weil sie falsche Erwartungen hegten. Wenn wir Christus in uns um die Kraft zur Erfüllung des Willens Gottes bitten, dann folgt dem auf keinen Fall eine mühelose Veranstaltung. Wir müssen mit unseren satanischen Trieben hart ringen. Nur dann, wenn wir ernst damit machen, entfaltet sich in uns die Christuskraft der Erlösung.

Frage 39
Es war davon die Rede, dass das Meditieren und das Beten geübt oder erlernt werden kann. Wie kann man das Beten und Meditieren erlernen und üben?

Auf jeden Fall geschieht das nicht, wie wir Techniken, Geschicklichkeiten oder Fähigkeiten erlernen und üben. Wir dürfen und müssen davon ausgehen, dass Gott weiß, was wir brauchen und auch, was wir uns wünschen. Er kennt auch unsere Wünsche, die wir für unser Seelenheil nicht brauchen. Im Dialog mit Gott geht es um einen Umdenkprozess, in dem wir uns täglich darin üben, den Christusweg der Erlösung zu gehen, um uns schrittweise von allen weltlichen Bindungen zu lösen. Beten heißt, Gottes Willen zu tun und in der Meditation motivieren wir uns dazu.

Frage 40
Abschließende Frage: Kann die Kommunikation mit Gott über das Gebet und über die Meditation zu einem Bedürfnis werden, das dafür sorgt, dass man sich nicht zum Beten und zur Meditation zwingen muss?

Die Christus-Offenbarungen in dieser Zeit lehren eindeutig und glasklar, dass Gott keinen inneren und äußeren Zwang kennt, denn Gott ist die absolute Freiheit. Wer sich zur Meditation und zum Gebet zwingen muss, dessen Christus-Bewusstsein ist noch nicht geklärt. Wer aufrichtig und konsequent alle seine Kräfte für Frieden, Freiheit, Gerechtigkeit, Gleichheit, Geschwisterlichkeit und Einheit einsetzt, der weiß, dass diese hohen Ziele ohne Christus nicht zu machen sind. Nur diese Klarheit sorgt dafür, dass das Beten und die Meditation ein tiefes Bedürfnis wird.

* * *

EPILOG
zum Kapitel 08

Empfehlung

Nicht alle Fragen konnten und können in einem kurzen Dialog geklärt werden. Was in kurzen Gesprächen nicht möglich ist, das kann nur erreicht werden, wenn man sich mit den unverfälschten Lehren Christi selbst befasst. Im Gabriele-Verlag kann jeder fündig werden, der die Christus-Offenbarungen selbst lesen möchte. Zum Thema Beten und Meditation gibt es dort viele Bücher und CDs. Die gründliche Befassung mit den Fragen des Lebens im Diesseits und im Jenseits führt dann zur Erweiterung unseres Bewusstseins, wenn wir anfangen zu tun, was wir tun sollen.

Inneres Beten

Eine kurze Leseprobe aus dem im Gabriele-Verlag erschienenen Hand-Büchlein mit dem Titel „Inneres Beten", kann ersichtlich machen, dass das unten folgende Zitat allein schon mehr sagt, als der obige Dialog. Die Prophetin Gabriele, durch die Christus zu uns in der heutigen Zeit spricht, schafft es immer wieder, mit wenigen Worten klar, prägnant und unmissverständlich geistiges Wissen für alle Gebiete des Lebens auf dieser Erde zu vermitteln. Besonders interessant und hilfreich sind die vier Stufen des Betens, die in enger Beziehung zum Grad unseres Bewusstseins stehen.

Die Kraft im Gebet

Wenn wir begreifen, dass das Gebet die gedankliche Vorarbeit zu einem ständigen Verhalten des Gebens und der Hingabe zum Wohle des Großen Ganzen im Alltag ist, dann spüren wir in uns die Entfaltung gewaltiger Kräfte, die wir Menschen „Motivation" nennen. Wer hat nicht schon selbst erfahren, welche enormen Kräfte das Maß des „Normalen" überflügeln, wenn wir einem in Not geratenen Menschen wirksam beistehen können. Diese Kräfte entspringen der göttlichen Liebe. Die göttliche Liebe gibt – das ist das „Geheimnis" wahrer Liebe. Gebet ist also Geben.

* * *

ZITAT

Ich darf wiederholen. Das Gesetz der Entsprechung lautet: Solange uns an unserem Nächsten etwas missfällt, prägt dies auch noch unser Wesen, ist es noch selbst in uns vorhanden.

Nur durch ein diszipliniertes Leben, indem wir uns konsequent auf die göttlichen Gebote und damit auf Gott, den Geist unseres Inneren, einstimmen, erlangen sowohl unsere Seele als auch jede Zelle unseres Leibes Frieden und Harmonie, die Festigung im Bewusstsein Gottes.

Ist es uns möglich, durch rechtes Beten und Meditation immer mehr nach innen zu dem Reich des Friedens zu finden, zu unserem Ursprungsland, dann werden wir von der ewigen Kraft in uns durchstrahlt, geführt und mit dem Lebensquell göttlichen Friedens gespeist und getränkt werden.

Schöpfen wir sodann immer mehr Vertrauen zum Urgrund unseres Seins, zu Gott, dann werden wir frei von unserer menschlichen Begrenzung durch intellektuelles Denken, Fühlen und Wollen. Dann werden wir friedvoll, harmonisch und glücklich von innen heraus.

Um zum Ursprung der Quelle zu finden, bedarf es des Kampfes mit uns selbst. Wir müssen ablegen, was uns hindert, dorthin zu finden, wo Frieden und Harmonie sind, wo Glück und Geborgenheit unser ganzes Wesen durchströmen.

Wenn wir den Frieden finden wollen, so sollten wir uns nicht in die Ruhelosigkeit und Geschäftigkeit dieser Welt hineinstürzen. So oft es uns möglich ist, sollten wir uns von allem Lauten, von allen Geräuschen dieser Welt, zurückziehen.

ENDE DES ZITATES

aus dem Handbuch:

INNERES BETEN
- Herzensgebet – Seelengebet – Äthergebet – Heilgebet -

ISBN 978-3-89201-325-9
Gabriele Verlag
Seiten 30 und 31, Abs. 1-3 a.a.O.

* * *

KAPITEL 09

DER AKTIVE GLAUBE BELEBT,

DER PASSIVE GLAUBE TÖTET

PROLOG
zum Kapitel 09

Kann der Glaube Berge versetzen?

Die Frage, ob der Glaube Berge versetzen kann, kann eine Provokation für jene Menschen sein, die jedem Glauben abgeneigt sind, und die von sich selbst glauben, an nichts zu glauben. Natürlich kann der Glaube keine Berge versetzen - oder etwa doch? Vielleicht ist das Versetzen von Bergen ein Bild für die Ermöglichung von etwas, was wir für unmöglich halten? Ist Unmögliches wirklich unmöglich oder ist Unmögliches nur deswegen unmöglich, weil das Unmögliche allgemein als unmöglich gilt? Wie kommt der Mensch dazu, etwas für unmöglich zu erklären?

Die Unmöglichkeit an Nichts zu glauben

Auch wenn wir etwas für unmöglich halten, kann niemand ausschließen, dass das Unmögliche nicht doch möglich sein kann. Wenn wir dagegen etwas für möglich halten, wissen wir nicht, ob das für möglich Gehaltene wirklich möglich ist, weil wir es nicht wissen. Das Wissen ist ein Faktor, der eine Vermutung realistisch oder auch unrealistisch erscheinen lässt. Was ist aber Vermutung? Ist eine Vermutung mehr oder weniger als der Glaube? Was könnte der Unterschied von Vermutung oder Glaube sein? Welche Rolle spielt in dem Kontext des Glaubens der Begriff „realistisch"?

Glaube und Wissen

Wenn es Wissbares gibt, muss es auch Unwissbares geben. Man könnte sich also auch fragen, ob es Gegebenheiten gibt, die nicht wissbar, also nicht beweisbar sind. Wenn häufig sogar Wissbares geglaubt werden muss, weil man etwas nicht weiß oder noch nicht wissen kann, um wieviel mehr muss der Glaube eine grundlegende und weitreichende Bedeutung haben, wenn es um Gegebenheiten geht, die es gibt, oder die es geben könnte, die jedoch nicht gewusst und bewiesen werden können?! Mehr dazu und zu dem schwierigen Thema des Glaubens an Gott im folgenden Dialog.

* * *

DIALOG
zum Kapitel 09

Frage 01
Was ist Glaube?

Allgemein und kurz gesagt, ist Glaube Nicht-Wissen oder etwas genauer: Glaube ist eine Annahme, dass eine Gegebenheit oder die Behauptung einer Gegebenheit, oder eine Lehre, oder eine These wahr bzw. wahrhaftig ist, obwohl der Gläubige das Geglaubte weder weiß noch wissen kann, oder wenn etwas nicht beweisbar ist. Was der Mensch für Beweis oder beweisbar hält, kann nur Wissbares sein. Was ist wissbar? Wissbar sind nur Dinge, die wir mit unseren fünf Sinnesorganen wahrnehmen können. Dinge, die wir wahrnehmen können, nennen wir „wahr".

Frage 02
Was ist im Gegensatz zum Glauben, der etwas nicht Wahrnehmbares oder etwas nicht Wahrgenommenes dennoch als Wahrheit annimmt, die Vermutung?

Die Vermutung könnte als Vorstufe des Glaubens gelten. Wer eine nicht wissbare oder nicht gewusste und unbewiesene oder unbeweisbare Gegebenheit für möglich hält, sie also nicht ausschließen kann oder will, der kann die Vermutung äußern, dass es sie geben könnte, dass sie also wahr sein könnte. Die Vermutung kann also der Vorbote des Glaubens sein, wenn etwas nicht wissbar ist oder nicht gewusst werden kann. Wer kategorisch etwas für unmöglich hält, kann also nicht glauben. Dabei fragt sich nun, ob jemand etwas nicht glauben <u>kann</u> oder nicht glauben <u>will</u>.

Frage 03
Warum ist die Frage, ob jemand etwas nicht glauben will oder etwas nicht glauben kann von Bedeutung? Kann es dem Ungläubigen nicht egal sein, warum er eine Glaubensangelegenheit nicht glaubt?

Das ist eine brennende Frage, denn der Glaube ist ein wesentlicher Faktor, weil er unser Verhalten entscheidend beeinflusst oder dieses sogar positiv oder negativ bestimmen kann. Da unser Verhalten immer mit positiven oder negativen Folgen verbunden ist, muss auch der Glaube entsprechend folgenschwer sein. Unser Verhalten hat bestimmte Gefühle und Gedanken zum Vorreiter und beide sind von unserem Glauben oder Unglauben beeinflusst. Von daher kann es für jeden von uns nicht egal sein, ob wir etwas nicht glauben <u>wollen</u> oder nicht <u>können</u>.

Frage 04

In diesem Dialog soll es ja nicht um irgendeinen Glauben gehen, sondern um den Glauben an den Gott, den Christus uns lehrte und lehrt und nicht um den Glauben an den Kirchengott oder an andere unglaubwürdige Götter. Welche Rolle spielt denn in diesem Zusammenhang die Frage des Willens oder des Könnens?

Etwas hart ausgedrückt, weigern sich Glaubensunwillige bewusst, fast vorsätzlich, den Christus-Gott anzunehmen. Sie könnten an Gott glauben, aber sie wollen es nicht, und zwar aus ganz persönlichen Gründen, die ich-bezogen sind. Dagegen gibt es auch Menschen, die den Glauben an den wahren Gott der absoluten Liebe, der Freiheit und der Gerechtigkeit deswegen noch nicht glauben können, weil ihnen einfach noch die geistige Reife fehlt. Wer noch nicht an Gott glauben kann, steht Gott näher, als der Unwillige, der sich in seinen Sünden noch zu wohl fühlt.

Frage 05

Spielt die Frage, ob jemand nicht glauben kann oder nicht glauben will, eine Rolle für einen freien Christen im Umgang mit unseren Nächsten?

Wenn ich die Christus-Offenbarungen richtig verstanden habe, kann und soll es für freie Christen mit einer urchristlich geprägten Gesinnung nicht darum gehen, ob ein Mitmensch glaubt oder nicht glaubt, oder ob jemand nicht glauben will oder nicht glauben kann. Ausschlaggebend ist nach meinem Verständnis ausschließlich die eigene geistige Verfassung, also der Reinheitsgrad der eigenen Seele. Erst ab einem höheren Grad der Vollkommenheit in der Lebensführung im Geiste Christi erkennen wir, ob und wie wir jemandem beistehen können, der die Wahrheit sucht.

Frage 06

Das könnte ja bedeuten, dass es unerheblich oder gar unwichtig für einen freien Christen ist, ob ein Mitmensch gläubig ist oder nicht, und vor allem auch, ob ein Ungläubiger nicht an den Christus-Gott glauben kann oder nicht glauben will?

Hier kommt der göttliche freie Wille ins Spiel und diesen müssen freie Christen immer sorgfältig beachten, wenn sie den Willen Gottes erfüllen wollen. Danach ist jeder darin frei, an den Christus-Gott zu glauben oder nicht, oder wenn jemand noch total materiell tickt. In der Praxis bedeutet das, niemanden missionieren zu wollen, aber stattdessen selbst ein leuchtendes Beispiel zu sein oder werden zu wollen, wenn es um die Erfüllung des Willen Gottes geht. Wer noch abgeneigt ist, soll darin frei sein, aber Suchenden sollen wir helfen, wenn sie uns darum bitten.

Frage 07
Heißt das mit anderen Worten: Menschen mit einer freichristlichen Gesinnung sollen ihre Mitmenschen in Glaubensfragen in Ruhe lassen? Wie können sich dann die Heilslehren Christi überhaupt verbreiten, durch die ja erst eine friedvolle und gerechte Welt möglich sein wird, wenn wir schweigend zusehen, wie alles durch das Verhalten der Menschheit immer schlimmer wird?

Christus lehrt ja nicht, dass wir schweigen sollen und Jesus hat in Seiner Zeit auch nie geschwiegen, ganz im Gegenteil: Jesus hat immer öffentlich alle Missstände Seiner Zeit, ohne Ansehen der Personen, angeprangert und den Willen des wahren Gottes gelehrt. Seine Worte haben damals viele mitgerissen und tief berührt, so sehr, dass die Mächtigen und die Priester um ihre Macht bangten. Warum war und ist Christus so gefährlich für die Herrschenden? Weil der Kern der Lehren Christi die Erfüllung der Gebote Gottes ist und eben nicht die leeren Lippenbekenntnisse.

Frage 08
In den Christus-Offenbarungen der Jetzt-Zeit durch die Prophetin Gabriele liest man vom „aktiven" Glauben und vom „passiven" Glauben. Warum ist die Unterscheidung so brisant und so wichtig?

Mit dieser Frage sind wir an dem Hauptübel der vergangenen zweitausend Jahre angelangt, dem passiven Glauben. Wir alle kennen die Verkehrsregeln und nun stelle man sich einmal vor, alle kennen sie und alle bejahen sie, aber niemand hält sich daran. Welch ein Chaos würde dann auf unseren Straßen herrschen! Warum werden scharfe Sanktionen gegen die Verkehrssünder erhoben, und warum haften Verkehrssünder bei Unfällen? Wenn schon weltliches Recht nur funktioniert, wenn es erfüllt wird, um wieviel dringlicher muss die Erfüllung der Naturgesetze sein?

Frage 09
Können die Gesetze Gottes auch „Naturgesetze" genannt werden und warum?

Die Natur ist die Schöpfung Gottes, die unabhängig vom Willen des Menschen, nach dem Gesetz der Liebe und der Harmonie, ohne Probleme funktioniert. Der Gegenspieler der Natur ist der Mensch und sein ungutes Werk, „Kultur" genannt. Funktioniert die Kultur problemlos? Nein, ganz im Gegenteil: Hier sind Kräfte der Zerstörungswut der dämonisch beeinflussten Menschheit am Werk. Die Ich-Sucht kennt keinen Pardon. Nun wundert sich der Mensch, wenn die Natur antwortet, denn der Mensch glaubt noch nicht an das Naturgesetz von Ursache und Wirkung.

Frage 10
Allgemein hält man ja die Gesetze der Physik und der Chemie für Naturgesetze. Gibt es denn außer ihnen noch unbekannte Naturgesetze, die Folgen haben, wenn man sie nicht erfüllt, obwohl sie nicht wissenschaftlich anerkannt sind?

Physik ist, wenn ich mit dem Motorrad zu schnell in eine Kurve rase und als Folge dessen im Krankenhaus lande. Das ist bekannt, sozusagen wissenschaftlich belegt. Die Wissenschaft leugnet und missachtet jedoch die göttlichen Kräfte in der Schöpfung, die auch der Materie innewohnen, also den Geist in allem Sein, in allen Lebensformen in der Natur, einschließlich in uns Menschen. Es sind Kräfte des Lebens, die nur in Harmonie und Liebe miteinander störungsfrei wirken und sich entfalten können. Hier glaubt der Mensch folgenlos ungläubig sein zu dürfen.

Frage 11
Diese Ungläubigkeit bezüglich der Folgen des Raubbaus der Menschheit an der Natur muss aber doch angesichts der dramatischen Lage in der Natur langsam ein Ende haben. Warum setzt sich nicht die bessere Einsicht durch, obwohl die brutalen Folgen in der Natur für jeden Menschen, der sehen kann, sichtbar sind?

Das Werk der Zerstörung der Mutter Erde und der Natur ist zwar sichtbar, aber die Schuldzuschreibung funktioniert nicht. Beispiel Klimakatastrophe: Allgemein werden die sich immer deutlicher ankündigenden Klimakatastrophen sogar von der Wissenschaft gesehen und anerkannt. Selbst die Klima-Leugner leugnen nicht die Klimaveränderungen. Sie leugnen jedoch, dass diese das Werk des Menschen sind. Was nützt uns das Aufzeigen von Missständen, wenn wir ihre Ursachen nicht erkennen? Es herrscht der Nichtglaube an das Gesetz von Ursache und Wirkung.

Frage 12
Damit sind wir wieder bei der Frage des Wissens und des Glaubens. Steht das Wissen über dem Glauben oder der Glaube über dem Wissen?

Zur Wiederholung: Wissen bezieht sich nur auf solche Erscheinungen, die wir mit unseren fünf Sinnesorganen wahrnehmen können. Im Wort „Erscheinung" steckt bereits das Wort „Schein". In jeder Erscheinung der Materie steckt das wahre Sein, das Göttliche, also der allmächtige und allgegenwärtige Gott, denn Gott ist das Leben. Was wissbar ist, ist also nur das Äußere, nicht das Innere, der Geist, der dem Äußeren seine derzeitige vergängliche Form verleiht. Das Wissen kümmert sich nur um das Äußere. Der Glaube steht über dem Wissen, er schaut das Ganze.

Frage 13
Bevor wir die Konflikte rund um den „aktiven" und „passiven" Glauben unter die Lupe nehmen, könnte man sich fragen, ob es etwas gibt, was über dem Glauben steht, zumal der Glaube ja eine ziemlich wackelige Angelegenheit zu sein scheint. Was könnte größer als der Glaube sein, und nicht so wackelig, wie der Glaube?

Zunächst halte ich den Glauben nicht grundsätzlich für wackelig. Wenn der Glaube wackelig ist, dann kann es sich nur um den passiven Glauben handeln, denn dem fehlt jede feste Grundlage. Der aktive Glaube ist nicht wackelig, ist jedoch im Guten veränderlich, weil er in sich selbstverstärkend ist. Eigene Erfahrungen mit Christus in uns zeigen aber auch immer wieder, dass der aktive Glaube in eine Art Gottes-Gewissheit hineinwächst. Deswegen sollte unser Haupt-Augenmerk dem aktiven Glauben gehören, durch den der Christus-Gott in uns zur Gewissheit wird.

Frage 14
Was ist die Gottes-Gewissheit, wie fühlt sie sich an oder wie äußerst sie sich?

Wer in der Gewissheit lebt, dass Gott das Leben generell ist und, dass Christus der Weg zur Erlösung von all unseren selbstgeschaffenen Leiden und Übeln ist, und dass alle Seelen und Menschen auf dem Weg in unsere ewige Heimat sind, kennt keinen Zweifel mehr. Wer in der Gewissheit lebt, dass Hunger und Elend in dieser vergammelten Welt ein Ende haben werden, dass Gerechtigkeit und der Frieden siegen werden, der kennt auch keine Angst mehr und das fühlt sich mehr als gut an: Das macht zuversichtlich und glücklich, aber: Das will hart errungen werden!

Frage 15
Wie lässt sich die Gottes- und Christus-Gewissheit erringen und warum ist das mit Härte verbunden?

Alle guten Ziele, die der Mensch verwirklichen möchte, bedürfen der Mühe, der oft harten Arbeit an sich selbst, der Disziplin und der ehrlichen Strebsamkeit. Das trifft schon im täglichen Klein-Klein zu, erst recht aber, wenn es darum geht, das zu verwirklichen, was allen Menschen aufgegeben ist, nämlich als Mensch hier auf Erden göttlich zu werden. Der Sinn unseres Daseins auf Erden ist es, den Geist der Erlösung in uns als Mensch auferstehen zu lassen, die berühmte Auferstehung des Geistes im Fleische. Der Friede auf Erden muss durch Opfer errungen werden.

Frage 16
Was unterscheidet den aktiven Glauben vom passiven Glauben?

Der passive Glaube ist ein Bekenntnis zu Gott und auch zu Christus, ohne sich in die Pflicht zu nehmen, die Christus-Ideale in seinem Leben in die Tat umzusetzen. Es ist ein leeres Bekenntnis, ein Lippenbekenntnis, das sogar betrügerisch ist, weil man auf solche Bekenner leicht hereinfallen kann. Der aktive Glaube ist der wahre Glaube, indem sich der Gläubige vor Gott und

Christus verpflichtet, alles zu tun, um den Willen Gottes zu entfalten. Auf aktiv Gläubige ist Verlass. Sie tun, was sie sagen. Sie sagen, was sie denken. Sie denken, was sie fühlen. Sie sind wahrhaftig.

Frage 17
Wieso kann der passive Glaube betrügerisch sein, so betrügerisch, dass man auf Leute mit einem passiven Glauben sogar hereinfallen kann?

Die Frage beantwortet sich eigentlich aus den letzten Sätzen der vorigen Frage. Der passive Glaube an Christus täuscht Christlichkeit vor, wenn sich jemand zu den Idealen Christi bekennt, aber sich im Leben anders verhält. Er lebt weder die Zehn Gebote Mose und noch weniger die Lehren der Bergpredigt Jesu. Solche Scheinheilige predigen Frieden und säen Hass und Feindschaft zu ihrem eigenen Vorteil. Sie lügen und betrügen, säen Zwietracht und sie danken öffentlich Gott, für ihren ergaunerten Reichtum. Sie sind gefährlicher, als ein bekennender Rambo.

Frage 18
Gibt es so etwas wie bekennende Rambos?

Es gibt sie, z.B. im Kleinen als Berufs-Boxer, die Geld dafür kassieren, indem sie ihren Gegner blutig schlagen oder ihn durch K.o. besiegen. Im Großen finden wir solche Krieger-Naturen in der Politik, in den Armeen dieser Welt und an oberster und gefährlichster Stelle in der katholischen Kirche und in ihren protestantischen Ablegern. Während man bei den Berufs-Killern aller Sorten weiß, wo man dran ist, müssen wir uns bei diesen Berufschristen im Priester-Gewand darauf gefasst machen, dass diese Brut im Namen Christi das Töten und das Morden veranlasst.

Frage 19
Das sind harte Worte, wenn Kirchenführer und Kirchenfunktionäre das Töten und das Morden veranlassen. Stimmt das tatsächlich und wie machen die das?

Von der Kanzel predigen diese Falschmünzer heutzutage nur noch zum Teil die Wahrheit, die Christus uns lehrte und lehrt. Inzwischen bekennen sich die Kirchen längst öffentlich dazu, dass sie keine Pazifisten sind. Das kann jeder selbst in den Publikationen dieser Gotteslästerer und Hassprediger nachlesen. Jesus der Christus ist aber ein absoluter Pazifist gewesen und die Christus-Offenbarungen heute sind vollständig pazifistisch. Diese scheinheiligen Christus-Mörder in den Kirchen sind sehr raffiniert: Sie lassen töten , und „waschen ihre eigenen Hände in Unschuld".

Frage 20
Was bedeutet: die Kirchen lassen töten?

Der Staat und dessen Organe verrichten die Drecksarbeit und das schon damals, als Christus in Gestalt des Jesus auf Erden den Frieden lehrte. Die Kirchen töten und töteten zwar selbst auch, aber heimlich, raffiniert getarnt, nach außen hin unsichtbar. Ihr Hauptwerkzeug bei ihren Raubzügen ist der

Staat. Sie verbünden sich mit den weltlichen Herrschern, die skrupellos einen Beute-Krieg nach dem anderen veranstalten. In Deutschland ist dies besonders deutlich zu sehen, wovon z.B. die hochbezahlten „Militär-Geistlichen" täglich ein beredtes Zeugnis liefern.

Frage 21
Lehren denn die katholischen und protestantischen Kirchen offiziell den „passiven Glauben"?

Auch auf dem Gebiet der offiziellen kirchlichen Glaubensvorschriften, die sie „Lehren" oder „Lehrverkündigungen" nennen, sind die Kirchenführer exzellente Betrüger und raffinierte Lügner, die sich allerdings immer deutlicher selbst hinter das Licht führen und denen ihre Schäfchen scharenweise davon laufen. Die Zehn Gebote werden zwar gelehrt, aber sie werden „relativiert" und die Bergpredigt Jesu wird zwar gelehrt, aber ihre absolute Gültigkeit wird in eine ferne Zukunft verlagert, weil sie heute angeblich noch nicht lebbar sein soll, was nicht stimmt.

Frage 22
Sind die Verfälschungen der Lehren Christi für jeden Interessierten einsehbar?

Unter dem Titel „Kathpedia" kann jeder die Glaubensvorschriften von Neuner und Roos finden und lesen, die es unter dem Titel: „ Der Glaube der Kirche in den Urkunden der Lehrverkündigungen" als Buch gibt. Die Protestanten haben sich an die Luther-Schriften gebunden, allerdings meist ohne sie zu kennen. Würden sie diese Hasstiraden kennen, müsste es ihnen eigentlich speiübel werden, wenn ihr Gewissen funktioniert. An dieser Stelle möchte ich allen Interessierten eine Website empfehlen, die ich selbst ständig nutze. Ihre Domain: www.theologe.de

Frage 23
Was liefert die Website www.theologe.de und wer ist ihr Betreiber?

Betreiber und Autor von www.theologe.de ist ein Team ehemaliger Theologen, die ihre Konsequenzen gezogen haben: Sie sind aus der Kirche ausgetreten, trotz oder auch wegen der Privilegien, die Theologen als bezahlte „Berufs-Scheinchristen" genießen. Federführend ist ein ehemaliger evangelisch-lutherischer Theologe. Die Beiträge entlarven die Irrlehren und die schmutzigen Praktiken der Macht- und Staatskirchenkonzerne mit belegten Fakten und mit viel Sachverstand. Dort kann jeder erfahren, was katholisch und evangelisch bedeutet.

Frage 24
Zurück zu der Frage nach dem passiven Glauben: Ist der passive Glaube nicht besser als gar kein Glaube?

Gegenfrage: was haben die Kirchen-Bekenntnisse denn in den vergangenen 2.000 Jahren geleistet? Haben sie auch nur einen Beitrag für den Frieden geleistet? Hat nicht in diesem Zeitraum ein Krieg den anderen hervorgebracht, von Krieg zu Krieg immer brutaler und bestialischer? Wo waren denn da die passiven Christen in Kirchen und Staat? Waren die nicht nur mittenmang dabei, sondern sogar mit einem Male hoch-aktiv, aber eben hoch-aktiv gegen den Geist Christi? Fast könnte man sagen, dass der passive Glaube der aktive Widerstand gegen den Willen Gottes ist.

Frage 25
Aber ist nicht doch der passive Glaube an den Christus-Gott die Vorstufe, sozusagen der Einstieg in den aktiven Glauben? Jeder Neuling im Glauben an Gott muss sich doch zunächst mit den Lehren Christi befassen, um sich dann für deren Umsetzung entscheiden zu können, oder etwa nicht?

Diese Überlegung kann ich nicht teilen, wobei jeder natürlich darin frei ist, so zu denken und so zu handeln. Auch ich habe mich natürlich intensiv mit den Lehren Christi befasst und tue es auch täglich heute noch. Aber niemand kann doch heute von sich sagen, das fünfte Gebot nicht zu kennen, dass übrigens von allen großen Religionen der Welt gelehrt und verkündet wird: Du sollst nicht töten! Damit fing es bei mir als Ex-Atheist an. Von Anfang an war sogar mir klar, dass der Friede nur verwirklicht werden kann, wenn wir die Gesetze des Friedens aktiv umsetzen.

Frage 26
Der passive Glaube kann also nicht als Vorstufe zum aktiven Glauben gelten?

Es ist natürlich möglich und wünschenswert, dass passiv Gläubige, die noch unter dem Einfluss der „Berufs-Scheinchristen" in den Kirchen stehen, aktiv im Geiste Christi werden, zumal sogar Atheisten so einen radikalen Gesinnungswandel schaffen. Ob die Kirchen-Ideologie des passiven Glaubens das Sprungbrett zum aktiven Glauben sein könnte, ist wenig stimmig. Das Gegenteil ist der Fall, denn der passive Glaube macht uns ja blind für die Gotteserfahrungen, die wir nur dann machen können, wenn wir den Willen Gottes aus Liebe zu Gott praktisch erfüllen.

Frage 27
Was sind das für Gotteserfahrungen, die man im aktiven Glauben erleben kann?

Wenn uns ein Gefühl der Stimmigkeit, der Plausibilität, der Zufriedenheit und des Glückes, der Freiheit von Angst und der Freiheit von Zweifeln an den kosmischen Kräften der hohen Christus-Ideale befällt, dann können solche Gefühle sich nur dann einstellen, wenn wir an uns selbst erfolgreich Charakterarbeit leisten, wenn wir zunehmend Herr über unsere niederen Triebe und ichbezogenen Gelüste in der Praxis werden. Nicht die großen Taten, die man an die große Glocke hängt, lassen uns eins mit Christus werden, sondern die tägliche Charakterarbeit an uns selbst.

Frage 28
Der Titel dieses Dialoges „Der aktive Glaube belebt, der passive Glaube tötet" ist eine ziemlich radikale Aussage. Wieso tötet der passive Glaube?

Der passive Glaube lässt einen ja passiv sein und bleiben. Wenn wir den brutalen Ungerechtigkeiten begegnen, und diesen nicht im Rahmen unserer Möglichkeiten entgegentreten, dann töten wir unser Gewissen. Wer passiv glaubt und mit dem Strom schwimmt und Gott, Gott sein lässt, der tötet sein Gewissen. Wer passiv dem Gebot „Du sollst nicht töten" gegenübersteht, es zwar befürwortet, aber selbst sich dem „Fleischgenuss" hingibt, der tötet sein Gewissen und das Tier, das er sich einverleibt. Wer sein Gewissen tötet, kann nicht mehr Gott und dem Leben dienen.

Frage 29
Ist es schwer, sich im aktiven Glauben zu üben, also tatsächlich die Zehn Gebote und die Lehren Christi zu erfüllen?

Am Anfang kann das zum Teil große Überwindung kosten, wenn wir anfangen, uns selbst zu beobachten und uns täglich und bei jeder sich bietenden Gelegenheit prüfen, ob wir das, was wir gerade denken oder tun wollen, der Wille Gottes ist. Gleichzeitig, oft auch schon am Anfang, gesellt sich jedoch zu der Überwindung eine Art Sieges-Gefühl hinzu, wenn wir uns erfolgreich gegen den sogenannten Inneren Schweinehund gewährt haben. Es trifft also beides zu: Einerseits lebt es sich tatsächlich mit Gott leichter, andererseits kostet ein Leben mit Christus Mühe.

Frage 30
Zum Schluss dieses Dialoges stellt sich noch die Frage, warum der aktive Glaube belebt und was darunter zu verstehen ist. Wie steht es damit?

Christus in Gott ist das Leben, die Wahrheit und der Weg in das ewige Leben, aus dem wir ursprünglich kommen. Gott ist das Leben in allen Lebensformen, also die allgegenwärtige kosmische Lebensenergie, die alles durchströmt, was ist und was lebt. Wenn wir uns aus Liebe zu Gott, also aus Liebe zum Leben innerlich für den Fluss der kosmischen Lebensenergie öffnen, dann verstärken sich in uns die Kräfte des Lebens und die Christuskräfte der Erlösung. Diese innere Öffnung verstärkt sich in dem Maße, wie wir die Gesetze des Lebens erfüllen. So beleben wir uns.

* * *

EPILOG
zum Kapitel 09

Der aktive Glaube beflügelt unser Denken, unsere Haltung und unser Verhalten.

Man könnte sagen, dass uns Menschen immer dann Flügel wachsen, wenn wir dauerhaft und täglich, in Wort und Tat, also aktiv, den Christusweg der Erlösung gehen. Alle Erfahrungen bestätigen, dass wir schrittweise neue Fähigkeiten in uns zur Entfaltung bringen, die vorher in der Sünde brachlagen. Kräftepotentiale und Ideenreichtum gesellen sich hinzu, die wir mit unseren Sünden und auch mit einem passiven Glauben ohne Verwirklichung der Gesetze des Lebens blockieren. Das ist es, wenn es heißt, dass uns Flügel wachsen. Nur gute Werke können uns beflügeln.

Es gibt nichts Gutes, außer man tut es!

Dieser Spruch mag eine „olle Kamelle" sein, aber er stimmt, kommt nie aus der Mode und ist deswegen stets hochaktuell. Es fragt sich jedoch heute, was denn das Gute sein soll, was zu tun ist. Worin besteht das Gute nicht nur im Allgemeinen, sondern auch im Detail in unserem Alltag? Stehen wir nicht so manches Mal wie ein Ochs vor dem Berg, weil wir nicht genau wissen, wie wir uns ganz konkret in dieser oder jener Situation verhalten sollen? Auch bei so manchen Grundsatzfragen ist uns nicht immer klar, ob unsere Haltung und ob unser Verhalten gesetzlich ist.

Lebensschule zur Lebensbemeisterung
Der Weg zum kosmischen Bewusstsein

Wer zu der Überzeugung gelangt, dass nur der Tatglaube, also der aktive Glaube an den Christus-Gott in uns, unsere innere geistige Verfassung beflügeln kann, dem sei die fünfteilige Buchreihe „Lebensschule zur Lebensbemeisterung" ans Herz gelegt. Der aktive Glaube zeigt sich im Äußeren als selbstlos motivierter und auf edle, sowie uneigennützige Ziele gerichteter kreativer Tatendrang zum Wohle des großen Ganzen. Die Buchreihe ist eine Hilfe darin, wie wir uns peu a peu im Alltag auf Christus ausrichten können. Die folgende kleine Leseprobe möchte dieses zeigen.

* * *

LESEPROBE

aus dem 1.Band, der Bücherreihe:

Lebensschule zur Lebensbemeisterung
ISBN 978-3-89201-293-1

Seiten 29-34, aus dem Kapitel:
Das kosmische Bewusstsein, unser göttliches Erbe, wieder entfalten -
der Weg dorthin ist bereits in uns angelegt.

(zur Methode des Zitierens:
Siehe Hinweis im Impressum der Website www.christusgewissen.de)

Die Goldene Regel

Auf dem Weg zu unserem wahren Erbe, das im Seelengrund pulsiert,
werden wir unabhängig. Zwistigkeit und Streit lösen sich in Freude und
Dankbarkeit, wenn wir den Geist Gottes in uns, Christus, unseren Erlöser,
um Beistand anrufen und Seine guten Lebensregeln – die der Bergpredigt –
im Alltag umsetzen. Dabei kann uns der Kernsatz Seiner Lehre eine
praktische Hilfe sein, der lautet: „Was du willst, dass dir andere tun sollen,
das tue du ihnen zuerst", anders gesprochen: „Was du nicht willst, dass man
dir tu`, das füg´ auch keinem anderen zu." Diese Gesetzmäßigkeit wird
traditionell auch als die „Goldene Regel" bezeichnet.

Wesen aus dem Reich Gottes

Um den Weg zu gehen, müssen wir lernen, uns nicht mit unserer niedrigen
Natur, dem Allzumenschlichen, dem Sündhaften, zu identifizieren und
dieses dadurch festzuhalten. Immer wieder aufs Neue – vor allem, wenn wir
in Missmut, in Mutlosigkeit oder in Trübsinn zu versinken drohen – sollten
wir uns bewusst werden, dass wir Wesen aus dem reinen Sein sind, Wesen
aus dem Reich Gottes. Wir sind nur eingekleidet in unsere Menschenkörper,
doch in der Tiefe unserer Seele sind wir kosmisches Bewusstsein, sind wir
Geistwesen aus Seinem Geiste.

… den Hebel umlegen …

Liebe Leser, es wird uns nicht immer leicht fallen, uns bewusst zu werden,
dass wir im Urgrund unserer Seele Geistwesen sind, vor allem dann, wenn
uns eine gewisse Lethargie, Gleichgültigkeit oder gar eine Depression
überfällt. Aus eigener Erfahrung kann ich sagen: Nicht nachgeben! Zwingen
Sie sich, immer wieder daran zu denken – zwingen Sie sich so lange, bis Sie
den Hebel umlegen und sich sagen: „Depressionen, Lethargie,
Gleichgültigkeit, Abhängigkeit und Gleiches und Ähnliches sind
allzumenschliche Komponenten, die mich nur in den nächsten sündhaften
Gedanken herabziehen und mich an äußere Dinge binden wollen, die mir
nur Schwierigkeiten und Sorgen bereiten." Richten Sie sich also auf!

Erheben Sie sich aus Ihrem Tiefgang. Treten Sie diesem Herabziehenden mutig entgegen, und entscheiden Sie: „Das gehört nicht zu mir! Ich akzeptiere es einfach nicht. Ich drehe es um ins Positive!"

Wir sind Menschen in der Bewegung des Für und Wider.

Lassen Sie nicht locker! Wir sind Menschen in der Bewegung des Für und Wider. Machen Sie sich, so oft es geht, bewusst, dass Sie im Urgrund Ihrer Seele ein Geistwesen sind und dass Ihr geistiger Leib unsterblich ist. Warum? Weil Gott, unser ewiger Vater, der Sie geschaut und geschaffen hat, nicht sterben kann. Also kann auch Ihr geistiger Leib, unser aller geistiger Leib, nicht sterben. Die Hülle, der physische Leib, fällt eines Tages von der Seele ab, und wir setzen als Seele den Weg ins Vaterhaus fort. Im Jenseits – oder in folgenden Inkarnationen – fallen von uns weitere allzumenschliche Prägungen und Hüllen ab, so dass aus der Seele ganz allmählich das Geistwesen hervorgeht – voller Licht, voller Kraft, Einheit und Einssein mit Gott, unserem Vater, mit allen reinen Wesen und mit allem reinen kosmischen Sein.

Es lohnt sich …

Es lohnt sich also, immer wieder zu sagen: Ich werde mich jetzt bezwingen und daran glauben, dass ich im Urgrund meiner Seele ein Geistwesen bin und dass alle meine Depressionen, Lethargien, Gleichgültigkeiten und Abhängigkeiten nur allzumenschliche Komponenten sind.

Umdenken

Vergessen Sie aber nicht: Um für dieses Umdenken freie Bahn zu schaffen, ist es unbedingt notwendig, zunächst die Ursachen unserer Misshelligkeiten zu erforschen: Wo kamen, wo kommen sie her?

Gedanken und Gefühle

Wir sollten lernen, uns zu hinterfragen – denn alle diese Komponenten haben Gedanken und Gefühle -, und in diesen Gefühlen, in diesen Gedanken liegt das sogenannte Sündhafte, woraus sich z.B. die Depression, die Abhängigkeit, die Gleichgültigkeit oder die Lethargie ergibt.

Die meisten Menschen erkennen sich nicht.

Sich zu hinterfragen, ist sehr interessant! Wissen Sie, warum? Weil wir uns dadurch selbst erkennen als Mensch, der wir derzeit noch sind. Die meisten Menschen erkennen sich nicht. Sie glauben, ihr Wort z.B. sei nun mal ihr Wort. Doch wenn wir wachsam sind und uns tatsächlich hinterfragen: „Ist mein Wort wirklich mein Gedanke?" - dann werden wir hin und wieder erschrecken, denn wir müssen feststellen: Wir denken vielfach anders, als wir reden, oder wir fühlen ganz anders, als wir denken oder wollen.

Das Hinterfragen

Deshalb ist das Hinterfragen so wichtig und heilsam für uns. Gerade das unerkannte, untergründige und verhohlene Negative ist sehr gefährlich für uns. Obwohl es uns oftmals nicht bewusst ist, wirkt es sich unheilvoll aus: Gerade das ist es, was wir speichern. Und, ob wir es wahrhaben wollen oder nicht, das sind wir tatsächlich.

Die schönen Worte

Nicht die schönen Worte sind wir, sondern das, was hinter den schönen Worten oder gar süßen Worten steht. Das sind wir, und das speichern wir, und daraus ergeben sich Depressionen, Abhängigkeiten, Gleichgültigkeiten und nicht zuletzt auch so manche Krankheit.

Wer möchte, schafft es

Wohlgemerkt: Wir müssen letztlich mit uns ringen – um nicht zu sagen, mit uns kämpfen –, um die Bewusstwerdung zu erlangen, dass wir im Urgrund unserer Seele Geistwesen sind. Versuchen Sie es! Sie schaffen es! Wer möchte, schafft es, denn er hat die Kraft Gottes, die Kraft unseres ewigen Vaters, in sich, die hilft, die ihm – die uns – beisteht.

Christus ist unser Erlöser. Gott ist Liebe.

Und wir wissen auch: Christus ist unser Erlöser. Die erlösende Kraft möchte uns an die Hand nehmen und uns den kosmischen Weg der Freiheit, der Einheit, der Gerechtigkeit führen, den Weg hin zur göttlichen Liebe. Denn Gott ist Liebe, und unser ewiger Vater erwartet uns, Seine Kinder, im Reich des ewigen Seins, im Reich Gottes, das unsere wahre, ewige Heimat ist.

ENDE DER LESEPROBE

* * *

Die innere Stimme muss schon vorlaut werden,

damit wir ihr folgen.

* * *

Hans Arndt

KAPITEL 10

DIE SPIRITUELLEN HINTERGRÜNDE

VON GESUNDHEIT UND KRANKHEIT

PROLOG
zum Kapitel 10

Steh auf, nimm dein Bett und wandle,
und sündige fortan nicht mehr!

Uns sind Heilungen überliefert, die Christus einst vollbrachte, als Er vor zweitausend Jahren in Gestalt des Jesus von Nazareth inkarniert, also verkörpert war. Die Berichte um die Heilgeschehnisse durch Jesus finden wir u.a. in den Schriften der bekannten Evangelisten Matthäus, Markus, Lukas und Johannes. Bis heute, aber auch zur Zeit Jesu, nennt und nannte man diese Heilungen „Wunderheilungen". Müsste es nicht auch „Wunder-Erkrankungen" geben, wenn es „Wunderheilungen" geben soll, oder haben wir es mit Naturgesetzen zu tun, die uns wundern, weil wir sie nicht kennen?

Der Mensch ist krank, weil er nie zur Ruhe kommt.

Diese Aussage stammt von Paracelsus, dem berühmten Arzt, der vor ca. 500 Jahren aus einer tiefen Christus- und Gottes-Verehrung heraus eine andere Heilkunde lehrte und praktizierte, als wir es heute tun. Aureolus Bombastus von Hohenheim, so war sein bürgerlicher Name, findet heute wieder zunehmend Interesse in der Heilkunde, denn er vertrat die Ansicht, dass Heilarbeit Charakterarbeit ist. Aus dieser Einsicht heraus nutzte Paracelsus u.a. auch die Astrologie, denn Astrologie hilft uns bei der Charakteranalyse. Was aber haben Gesundheit und Krankheit mit Charakter zu tun?

Die Ratlosigkeit der Schulmedizin wird immer offenbarer

Schon lange, eigentlich schon immer, liefert die Schulmedizin aller Epochen immer wieder Beweise, dass sie viel zu kurz greift. Zeigen die kuriosen und diffusen Erklärungen und Therapieansätze in der Corona-P(l)andemie nicht, dass die Vertrauensverluste, die die Schulmedizin sich selbst zufügt, dringend ein radikales Umdenken erfordert? Gibt es eine Kausalität zwischen Krankheit, Gesundheit und dem menschlichen Charakter, die allen Krankheiten zugrunde liegt? Gibt es eine hoffnungsvolle spirituelle Ebene in der Heilkunde? Mehr dazu im folgenden Dialog:

* * *

DIALOG
zum Kapitel 10

Frage 01
Was ist unter den „spirituellen Hintergründen" von Gesundheit und Krankheit zu verstehen, die diesem Kapitel ihre Überschrift geben?

Wahrscheinlich ist der Begriff „spirituell" der Auslöser dieser Frage und tatsächlich findet der Begriff „Spiritualität" zunehmend Beachtung bei immer mehr Menschen. Wenn die Nutzung von Wikipedia auch ein gehöriges Maß an Skepsis verdient, findet man dort doch teilweise brauchbare Begriffsdefinitionen, wie die folgende: „Spiritualität ist die Suche, die Hinwendung, die unmittelbare Anschauung oder das subjektive Erleben einer sinnlich nicht fassbaren und rational nicht erklärbaren transzendenten Wirklichkeit, die der materiellen Welt zugrunde liegt." - Ende Zitat

Frage 02
Könnte das Zitat bedeuten, dass es uns unbekannte oder uns nicht vertraute Kräfte gibt, die auf die Gesundheit und Krankheit einwirken, die aber wissenschaftlich als nicht relevant ignoriert werden, weil sie nicht beweisbar sind? Trifft das so zu?

Nicht ganz, wenn man Begriffe inhaltlich präzise deutet. Richtiger wäre hier die Frage, ob es unbekannte Kräfte gibt, die auf Gesundheit und Krankheit nicht nur einwirken, sondern die Gesundheit und Krankheit bewirken. Das „Bewirken" ist qualitativ mehr als das „Einwirken". Die Einwirkung einer Kraft ist nur die teilweise Beeinflussung einer Kraft unter anderen Kräften. Bei der Bewirkung geht es um die Kausalität, also um die Ursachen, die allen Krankheiten zugrunde liegen, um deren Erforschung und um deren Anwendung im Alltag. Die Zeit ist reif dafür.

Frage 03
In dem Titel dieses Kapitels ist von „spirituellen Hintergründen" die Rede. Die Kombination der Begriffe „spirituell" und „Hintergrund" suggeriert etwas Geheimnisvolles, das nicht so ohne weiteres fassbar ist, etwas Mystisches. Haben wir es bei diesem Thema mit Zauberei oder gar mit Magie zu tun?

Es geht hier um Geistheilung, um einen Begriff zu nutzen, der vielen Mitmenschen inzwischen bekannt ist. Die meisten Menschen vermuten hinter der Geistheilung eine dunkle und fragwürdige Magie, der man nicht trauen kann. Dieses Misstrauen wiederum hat berechtigte und unberechtigte Gründe. Das Ansehen der Geistheilung ist aus zwei Gründen stark ramponiert: Zum einen hat die Innung der Geistheiler-Szene nichts ausgelassen, das Phänomen der Geistheilung in Misskredit zu bringen, zum anderen haben diverse Irrlehren für komplett falsche Vorstellungen gesorgt.

Frage 04
Worin bestehen die falschen Vorstellungen bezüglich der Geistheilung?

Als wichtigstes Merkmal der Geistheilung nenne ich folgende Tatsache, auch auf die Gefahr hin, dass mich die Geistheiler-Szene verfluchen wird: Geistheilung ist eine Realität. Geistheilung gibt es also, aber es gibt keine Geistheiler! Geistheiler kann es nicht geben, weil kein Mensch einen anderen Menschen heilen kann, und zwar aus naturgesetzlichen Gründen nicht. Diese „geschäftsschädigende" Aussage gilt natürlich auch für Ärzte und Heilpraktiker, weil es sich um ein Naturgesetz handelt. Das bedeutet: Ausnahmslos allen Heilungen liegen Naturgesetze zugrunde.

Frage 05
Die These, dass kein Mensch einen anderen Menschen heilen kann, steht aber im Widerspruch zu den Heilungserfolgen, die die Ärzte für sich verbuchen. Auch Patienten, die Heilung nach einer ärztlichen Behandlung erfahren, würden dieser These widersprechen, also Aussage gegen Aussage – was ist denn nun richtig?

Wer sich gründlich mit den spirituellen Ursachen von Krankheit und Gesundheit befasst, und wer das Thema mit Erfahrungen an sich selbst verbinden kann, wird erkennen und bestätigen, dass kein Mensch einen anderen Menschen heilen kann. Vielleicht hilft vorerst die Gegenthese, die folgerichtig dann auch lauten muss, dass kein Mensch einen anderen Menschen krank machen kann. Von der Plausibilität her wird niemand diese zweite These als Gegenthese bestreiten können, denn der Weg von der Gesundheit in die Krankheit ist mit dem Weg der Heilung identisch.

Frage 06
Was bedeutet das konkret, wonach der Weg von der Gesundheit in die Krankheit mit dem Weg der Heilung identisch sein soll? Ist der Weg von der Gesundheit in die Krankheit gleich dem Weg von der Krankheit in die Gesundheit?

Jede Erkrankung ist ja ein Prozess, der sich über lange Zeiträume erstrecken kann. Auch die Genesung ist ein Prozess, der sich über lange Zeiträume erstrecken kann. Sowohl die Erkrankung als auch die Genesung haben etwas mit krankmachenden Faktoren oder mit gesundmachenden Faktoren zu tun, die sich entsprechen. Das bedeutet, dass heilende Faktoren die Kehrseite der krankmachenden Faktoren sein müssten. Bei dieser Überlegung stellt sich also die Frage nach den Ursachen von Gesundheit und Krankheit, denn es gibt in der Natur keine Wirkung ohne Ursache.

Frage 07
Das Naturprinzip von Ursache und Wirkung ist zwar einleuchtend, dennoch lässt sich beobachten, dass es nicht immer zu stimmen scheint. Im Gesundheitswesen kann man oft beobachten, dass Menschen nicht erkranken, obwohl sie den gleichen krankmachenden Faktoren, in ungefähr dem gleichem Ausmaß, ausgesetzt sind, wie daran Erkrankte. Wie erklärt sich das?

Hier kommen mindestens drei Probleme zusammen, die dem Gesetz von Ursache und Wirkung zu widersprechen scheinen. Das erste Problem ist, dass wir Menschlein grundsätzlich Wahrnehmungsdefizite haben, d.h. dass es Ursachen und Wirkungen gibt, die sich unseren sinnlichen Beobachtungen entziehen. Das zweite Problem ist, dass wir gleiche Gegebenheiten unterschiedlich deuten. Das dritte Problem ist, dass die Ursachen aller Krankheiten weitgehend unbekannt sind. Diese drei Probleme zusammen fördern die Fehlannahme, dass es kein Kausalgesetz gibt.

Frage 08
Tritt die oben genannte Problem-Triade „Wahrnehmungsdefizit" plus „Fehldeutung bzw. unterschiedliche Deutung" plus „Unkenntnis der Ursachen aller Krankheiten" immer gemeinsam auf und wie zeigt sich das in der Praxis?

Die Wahrnehmung des Menschen ist abhängig von dessen Bewusstsein. Jeder Mensch nimmt individuell verschieden wahr, weil jeder anders tickt. Was der eine z.B. sieht, das sehen andere nicht. Im Alltag deuten wir gleiche Gegebenheiten sehr unterschiedlich, was sich darin zeigt, dass manche sich über Dinge aufregen, die andere überhaupt nicht stören, was die Folge unterschiedlicher Bedeutungen, also unterschiedlicher Deutungen und Bewertungen ist. Das Schlimmste in dieser Problem-Triade ist die folgenschwere Unkenntnis der Ursachen aller Krankheiten.

Frage 09
Vielleicht können wir, daran anknüpfend, noch einmal auf die These eingehen, wonach der Prozess einer Erkrankung und der Prozess der Genesung von einer Krankheit auf dem gleichen Weg erfolgen muss. Setzt das nicht voraus, dass der Weg in die Krankheit erforschbar und erkennbar sein müsste?

Genauso ist es! Krankheit ist kein Schicksal, das einen unschuldigen Menschen quasi über Nacht befällt. Krankheit kommt auch nicht von außen und Gesundheit auch nicht. Das erklärt, warum Menschen nicht erkranken, obwohl sie den gleichen, offiziell als krankmachend geltenden Faktoren in dem gleichen Umfang ausgesetzt sind, wie ein scheinbar an den deklarierten Faktoren Erkrankter. So gab und gibt es bei Seuchen und Epidemien immer Menschen und Helfer, die nicht an der Seuche erkranken, auch zu Zeiten nicht, als es noch gar keine Impfungen gab.

Frage 10
Liegt die Schulmedizin falsch, wenn sie äußere krankmachende Faktoren listet und und diese zur Vorbeugung veröffentlicht, und dient die Meidung der Faktoren, die als krankmachend gelten, nicht der Vermeidung von Krankheiten?

Die Antwort dazu kann leider vorerst nur ein unbefriedigendes „JEIN" sein, um im weiteren Verlauf dieses Dialoges klarer zu antworten. Viele haben in ihrer Familie den berühmten alten und betagten Opa, der sein Leben lang raucht und immer noch raucht und nicht an Lungenkrebs leidet. Rauchen gilt aber als pathogen, also als ein Faktor, der krank macht. Umgekehrt bekommen Menschen Lungenkrebs, die noch nie eine Zigarette angefasst haben. Was sagt uns das? Das muss de facto bedeuten, dass die Ursachenzuschreibung nicht stimmen kann, obwohl Rauchen pathogen ist.

Frage 11
Der Prolog beginnt mit der bekannten Christus-Formel, die Jesus vor zweitausend Jahren nach Heilungen sagte: „Steh´auf, nimm dein Bett und wandle und sündige fortan nicht mehr!" Daraus lässt sich schließen, dass Krankheiten mit Sünde oder mit sündigen Verhaltensweisen zu tun haben könnten. Ist dem so?

Dem ist tatsächlich so, und zwar ohne eine Einschränkung! Jesus sagte übrigens oft auch anlässlich anderer Heilungen: „Dein Glaube hat dir geholfen, sündige fortan nicht mehr!" Unsere Haltung und unser Verhalten als Mensch ist der unbestreitbare Dreh- und Angelpunkt aller Geschehnisse, die sich um das Thema Gesundheit und Krankheit, bzw. um Erkrankung und um Genesung ranken. Wenn wir diesen Fakt anerkennen, stellt sich unweigerlich die Frage, wer oder was bestimmt eigentlich unsere Haltung und unser Verhalten und welche Folgen entwickeln sich daraus?

Frage 12
Es gibt viele Krankheiten, die als unheilbar gelten, wie Parkinson, MS oder die meisten Arten von Krebs. Dennoch gibt es Berichte, dass unerwartete Heilungen von solchen „unheilbaren" Krankheiten geschehen, die der Schulmedizin Rätsel aufgeben. Es handelt sich dabei um Patienten, die als unheilbar aufgegeben waren, aber „unerlaubterweise" gesund wurden.Was ist von solchen Berichten zu halten?

Solche „rätselhaften" Heilungen nennt die Schulmedizin „Spontanheilung". Damit sind Heilungen ohne Therapie gemeint. Was allgemein sowohl von Ärzten als auch von Patienten verkannt und verschwiegen wird, ist, dass viele Therapien ohne Erfolg sind, dass es auch Genesungen trotz Therapie gibt, also Fälle, bei denen eine Therapie gewirkt haben soll und in anderen gleichgelagerten Fällen eben nicht. Die „Erfolge" werden der Therapie zugeschrieben, aber nicht die Misserfolge. Aktuell erleben wir ja solch ein schulmedizinisches Desaster: Der globale Corona-Skandal.

Frage 13

Wieso kann man von einem „Corona-Skandal" reden? Ein Skandal ist doch ein menschengemachtes Phänomen, also Handlungen mit schwerwiegenden Folgen, die vorsätzlich in böser Absicht erfolgt sind.Was ist an Corona skandalös?

An der Corona-Pandemie als solches ist natürlich gar nichts skandalös, aber an der Corona-Politik und an den medizinisch begründeten Gegenmaßnahmen ist sehr viel skandalös, wenn nicht sogar alles. Dieses Kapitel soll nicht diesen medizinischen Spezialfall Corona analysieren, aber was allgemein auffällt, ist die Ratlosigkeit der Medizin-Wissenschaft, die uns in allen Krankheiten und Therapien begegnet, gepaart mit einer unglaublich dümmlichen Überheblichkeit und Ignoranz in Bezug auf die Ursachen aller Krankheiten und Seuchen, die heute für jeden wissbar sind.

Frage 14

Um welche Ursachen geht es dabei, die heutzutage allgemein wissbar sein könnten, und die den Akteuren und Verantwortlichen dennoch unbekannt zu sein scheinen?

Es geht nicht um unbekannte Faktoren, sondern um ignorierte Faktoren, die schon sehr lange bekannt sind, die aber nicht wahr sein dürfen, weil sie das Geschäft mit der Krankheit vermasseln würden, wenn diese segensreiche Heilkräfte erforscht und entfaltet werden dürften. Das übelste Dilemma in dieser Sache ist die Frage der Verantwortlichkeit des Patienten. Dieses Dilemma wäre jedoch sofort überwindbar. Jeder Patient könnte sofort die Verantwortung für seine Gesundheit unter seine Eigenregie stellen, statt sich dem Riesen-Geschäft mit der Krankheit auszuliefern.

Frage 15

Was steckt hinter dem Vorwurf an die Schulmedizin, dass sie Faktoren der Heilung ignoriert, frei nach dem Motto: „dass nicht sein kann, was nicht sein darf"?

Die Schulmedizin kennt die Ursachen aller Krankheiten nicht. Der Mediziner heute lernt zwar die Symptome bestimmter definierter Krankheiten, aber nicht, dass alle Krankheiten ihren Ursprung im Charakter des Patienten haben. Deswegen setzen alle Therapiemodelle fast immer an den Symptomen der Krankheit an. Die Folge ist Symptombekämpfung. Es wird so lange, meist mit chemischen Arzneimitteln, an den Symptomen herumlaboriert bis die Symptome verschwinden. Dann gilt der Patient als geheilt. Ob er nun wirklich gesund ist, steht auf einem anderen Blatt.

Frage 16
Bevor wir auf den Zusammenhang von Charakter und Krankheit näher eingehen, wäre vielleicht noch ein Beispiel hilfreich, woraus ersichtlich werden kann, dass Symptombehandlung nicht der Gesundung dienen kann. Wie zeigt sich das?

Heute haben sehr viele Menschen chronische Kopfschmerzen, oder Rheuma, oder auch ständige schmerzhafte Muskelverspannungen und weitere chronische Leiden. Da nicht an den Ursachen der chronischen Leiden angesetzt wird, und noch nicht einmal nach ihnen geforscht wird, begnügen sich Ärzte und Patienten meistens mit medikamentösen Therapien, also Pharmatherapie pur. Mit akuten Beschwerden verfährt man i.d.R. ähnlich, bis auch sie irgendwann chronifizieren. Das ist der Teufelskreis der Chronifizierung, weil die Ursachen meisten unbehandelt bleiben.

Frage 17
Was allgemein verwundern sollte, ist die Tatsache, dass die Menschen gerade in den „Noch-Wohlstandsländern" immer „kränker" werden. Seit Jahrzehnten ist von den „Zivilisationskrankheiten" die Rede, die auch in Deutschland explosionsartig ansteigen, trotz ausreichender Ernährungslage, trotz „vorbildlicher" medizinischer Zwangsversorgung durch den Staat. Was ist da faul im Staate, wenn das staatliche Gesundheitssystem immer teurer und gleichzeitig immer erfolgloser wird?

Hier könnte und müsste man sich fragen, ob der desolate gesundheitliche Zustand der Bevölkerung in Deutschland nicht trotz, sondern wegen der „hervorragenden" kassenärztlichen Versorgung zustande kommt, einschließlich des „medizinischen Fortschritts". Jeder ist natürlich darin frei, die Dinge so zu sehen, wie er sie sehen möchte, aber die harten Fakten sprechen eindeutig dafür, dass es höchste Eisenbahn ist, dass wir uns von der staatlichen und entmündigenden Krankenversorgung abnabeln. Das ist jedem möglich, denn die Gesundheit kann jeder selbst besorgen.

Frage 18
Die Behauptung, dass jeder Mensch seine eigene Gesundheit selbst besorgen kann, klingt einerseits wie eine Art Befreiung, andererseits werden die meisten Menschen nicht daran glauben, dass wir uns derart emanzipieren können.Wie soll das gehen?

Jedes Umdenken und jede Umstellung funktioniert nur schrittweise. Menschen mit einem höheren geistigen Bewusstsein sind heute schon die Vorreiter und auch die Wegbereiter für die Erkenntnis, dass Gesundheit und Krankheit grundsätzlich ihren Ursprung im Charakter haben. An dieser Stelle möchte ich erneut betonen, dass alle Ausführungen hier nicht auf meinem „eigenen Mist" gewachsen sind. Ich gebe hier nur weiter, was ich aus den neuzeitlichen Christus-Offenbarungen gelernt habe, wobei ich die urchristliche Heilslehre an mir selbst erfolgreich ausprobieren durfte.

Frage 19
Wieso ist der menschliche Charakter der Ursprung für Gesundheit und Krankheit?

Bevor wir uns mit dieser wichtigen Frage befassen, muss an dieser Stelle zuerst darauf verwiesen werden, dass auch und gerade die Fragen rund um das Thema Gesundheit und Krankheit im Zusammenhang mit den Reinkarnationsgesetzen und den mit ihnen verbundenen Kausalgesetzen, also den Gesetzen von Saat und Ernte, gesehen werden müssen. Wer noch nicht dazu bereit ist, die Sünde als generelle Ursache aller Krankheiten anzuerkennen, wozu niemand gezwungen werden kann und soll, wird weiterhin an sich selbst leiden, denn die Naturgesetze wirken immer.

Frage 20
Niemand streitet ab, dass unser Charakter unser Verhalten bestimmt und es kann auch nicht bestritten werden, dass unser Verhalten krank machen kann. Wo kommt aber unser Charakter her? Haben wir ihn nicht „geerbt"?

Wenn wir unseren befristeten Aufenthalt auf Erden in dem Bewusstsein leben, dass wir gefallene Engel, also ehemalige reine Geistwesen sind, die im Erdenkleid sind, um als Mensch die geistige Reife zu entwickeln, damit wir wieder über stets höhere Lebensformen in unsere himmlische Heimat zurückkehren können, dann kann uns klar werden, welche Rolle unser derzeitiger Charakter dabei spielt. Der Charakter ist eine veränderbare Verhaltens-Automatik, die wir uns selbst über mehrere Leben auf Erden angeeignet haben. Jeder hat also seinen Charakter von sich selbst geerbt.

Frage 21
Wieso kann unser Charakter als eine Verhaltens-Automatik bezeichnet werden?

Wir Menschen leben in einem inneren Spannungsfeld zwischen Verhaltensweisen, wie sie nach dem Willen unseres Schöpfers sein sollen, und dem, was wir im Alltag wirklich tun. Wir selbst verursachen in uns täglich diese Spannung zwischen einer göttlichen Soll-Vorgabe, die sich tief in unserer Seele befindet und unser Gewissen nährt, und von einem gottfernen Ist-Zustand. Unbewusst, aus Gewohnheit, tun wir oft Dinge, die sündhaft sind. Die meisten unserer Sünden tun wir also unbewusst. Wir sind sozusagen charakterlich programmiert, und zwar einzig durch uns selbst.

Frage 22
Ist dasjenige, was wir tun, wirklich ein automatisiertes Verhalten auf Basis charakterlicher Programme? Handeln wir als Menschen nicht meistens bewusst?

Vielleicht ist es besser, von einem teilautomatisierten Verhalten zu reden, weil wir ja wirklich auch vieles bewusst, also gewollt tun. Allerdings wäre meiner Ansicht nach klarzustellen, und dies tue ich aus Erfahrungen mit mir selbst, dass unsere bewussten Handlungen, von ihrem Motiv her, dennoch größtenteils unbewusst sind. Oft sind wir unbewusst fehlgeleitet. Hieraus entsteht die Notwendigkeit zur Selbsterkenntnis, weil uns die Motive unseres Verhaltens meist nicht bewusst sind. Wir kennen uns selbst nicht. Wir wissen oft nicht, dass das, was wir tun, Sünde ist.

Frage 23
Was steckt hinter der Feststellung, dass unsere bewussten Handlungen, die wir also selbst frei entscheiden, vom Motiv her unbewusst sind oder sein können? Ist das nicht ein Widerspruch, der sich selbst ad absurdum führt?

Die Sache ist theoretisch einfacher als wir denken, in der Praxis aber schwieriger zu erkennen. Das Motiv hinter jeder Verhaltensweise ist immer ein Gut-oder-Böse-Konflikt. In dieser Abwägung, ob eine Verhaltensweise von uns gut oder böse ist, können wir uns in einem tiefen Irrtum befinden. Das heißt, es kann sein, dass wir etwas tun, das wir für gut halten, das aber in Wirklichkeit ungut ist, wenn wir Gottes Willen als Maßstab nehmen. Ich selbst habe viele Sünden unbewusst getan und das tun fast alle Menschen. Die Frage nach dem <u>Warum</u> ist also unumgänglich.

Frage 24
Lässt sich das praktisch darstellen, dass unser Charakter eigentlich ein inneres Programm ist, dass uns unbewusst Verhaltensweisen tun lässt, die automatisch ablaufen, ohne dass wir uns im Klaren darüber sind, dass wir sündigen und damit vielleicht sogar unsere Gesundheit gefährden?

Wir könnten hier jetzt alle pathogenen Süchte, also krankmachende Suchtverhalten, benennen, die uns aber meist bewusst sind. Weitaus gefährlicher sind jedoch solche Verhaltensweisen, von denen wir nicht wissen, dass sie uns krank machen, obwohl sie es tun. Ein Beispiel ist der Fleischkonsum, der von vielen als normal und nicht als Sünde erkannt wird. Aber auch und gerade im immateriellen Bereich sind es die Wut, der Hass, der Geiz, der Neid, die Jagd nach Reichtum, die Geltungssucht, der Ehrgeiz, die Vergnügungssucht usw., mit denen wir Seele und Leib verunreinigen.

Frage 25
Wieso können immaterielle Faktoren auf unseren materiellen Körper einwirken?

Diese Frage führt uns direkt in die spirituelle Ebene hinter allen Geschehnissen der Natur. Alle Lebewesen auf Erden und im Kosmos sind verdichtete, formgewordene kosmische Energie. Auch wir Menschen sind energetische Naturkörper, die Teile eines großen Ganzen sind, Schöpfung genannt. Wir leben und handeln, weil wir von einer allgegenwärtigen Energie von innen nach außen hin durchströmt werden und im Gegenzug wieder kosmische Energien empfangen. Wir sind also Sender und Empfänger in einem unendlichen und ewig lebenden kosmischen Universum.

Frage 26
Was haben diese immateriellen und kosmischen Energien mit Gesundheit und Krankheit unseres materiellen Körpers zu tun?

In diesem Dialog können die Fragen der geistigen Hintergründe von Gesundheit und Krankheit nur grob angedeutet werden, weil das Zusammenspiel der göttlichen Kräfte sehr komplex ist, worüber sich jeder über die Bücher des Gabriele-Verlags in aller Ruhe selbst informieren kann. Alles Leben beruht auf mächtigen göttlichen Schöpferenergien, die ewig, synergetisch und harmonisch zusammenwirken und im Füreinander nur Gutes und Gesundes hervorbringen. Wird die göttliche Harmonie durch disharmonische Gegenkräfte gestört, treten Turbulenzen und Blockaden auf.

Frage 27
Sind denn alle Krankheiten auf energetische Turbulenzen und auf energetische Blockaden zurückzuführen?

Richtiger wäre die Formulierung „energetische Umpolungen", die mit der Zeit zu totalen Blockaden führen können. Wenn wir unseren Organismus als ein Orchester begreifen, in dem alle „Orchesterglieder", also die Zellen, Gewebe und Organe sorgfältig aufeinander abgestimmt sind, wird deutlich, dass sich disharmonische Gegenkräfte negativ auf das Ganze auswirken müssen. So kann eine Angstsituation derart störend wirken, dass nicht nur mulmige Gefühle auftreten, sondern, dass unser Denkvermögen und die Organe teilweise oder sogar völlig versagen können.

Frage 28
Die Schulmedizin beschreibt ja auch psychosomatische Störungen, also körperliche Beeinträchtigungen, die ihren Ursprung in psychischen Störungen haben und dabei organische Funktionsstörungen auslösen können. Könnte es sein, dass letztlich alle Krankheiten einen psychischen Ursprung haben?

Prinzipiell kann dem zugestimmt werden, wobei hier dennoch Vorsicht geboten ist. Die Psychiatrie und die Neurologie sind, genauso wie die Schulmedizin insgesamt, rein materiell orientiert, denn auch hier regiert überwiegend die Pharmatherapie, so als wäre der Mensch ein chemischer Apparat. Die Medizin hat keine Vorstellung vom Wesen unserer Seele, die ein geistig-energetischer Naturkörper ist, unsterblich und immateriell, und der unser göttliches Bewusstsein in sich trägt, in dem also Gott selbst wohnt, denn Gott ist allgegenwärtig, Gott ist in allen Geschöpfen drin.

Frage 29

Welche Konsequenzen müssen aus dem Seelenbewusstsein in Bezug auf unsere Gesundheit gezogen werden, wenn es stimmt, dass Gott wirklich in unserer Seele wohnt, und wenn es stimmt, dass in unserem sterblichen Körper aus Fleisch und Blut vorübergehend eine unsterbliche Seele, unser eigentliches „Ich Bin" wohnt?

Am wichtigsten ist die Erkenntnis, dass Gott keine Krankheit kennt, und dass für Gott nichts unmöglich ist, dass es also aus göttlicher Sicht auch keine unheilbaren Krankheiten gibt. Praktisch bedeutet das, dass keine einzige Krankheit von Gott kommt, denn Gott ist Liebe und göttliche Liebe gibt unaufhörlich nur Leben in Form von reiner und gesunder Lebensenergie. Aus dieser absoluten Wahrheit kann nur ein Schluss gezogen werden: Egal welche Krankheit uns befällt, sie kommt nicht von Gott, denn Gott ist Geist, ist Leben, Vollkommenheit und Gesundheit.

Frage 30

Viele Menschen glauben ja überhaupt nicht mehr an einen Gott und viele andere Menschen glauben an einen strafenden Gott, der Seine Kinder züchtigt, um sie sich gefügig zu machen, ähnlich wie viele Eltern es auch tun. Die elterliche Züchtigung wird oft sogar als „Züchtigung aus Liebe" deklariert. In der Tat steht das alles im totalen Widerspruch zu dem Gott der Liebe, der weder züchtigt, noch straft und der auch keinerlei Zwang kennt. Auch wenn man sich diesem Gott der absoluten Liebe, also dem Christus-Gott, zuwendet, könnte doch im Stillen die Frage auftauchen, wieso Gott die vielen leidvollen Krankheiten, und auch die Kriege, den Hunger und das ganze Elend zulässt. Gott ist doch allmächtig und Er könnte doch alle Krankheiten und alle Leiden von uns nehmen. Warum tut Gott das nicht?

Wer so denkt und fragt, der zweifelt noch, und hat noch nicht begriffen, warum wir auf Erden sind. Warum waren wir schon öfter auf Erden? Warum sind wir schon wieder hier unten? Warum leben wir als Mensch auf Erden im Gesetz von Saat und Ernte, also im Kausalgesetz? Hat nicht der Mensch selbst all das Leid verursacht, das er beklagt und bejammert? Muss es nicht auch der Mensch selbst sein, der sich und die Welt wandeln kann und soll? Könnte sich der Mensch bessern, wenn er ohne Folgen sündigen könnte? Haben wir nicht selbst gesät, was wir nun ernten?

Frage 31

Züchtigt sich der Mensch demnach selbst, wenn er sündigt und was verbirgt sich eigentlich alles hinter dem Begriff Sünde?

Wenn ich die Christus-Offenbarungen richtig verstehe, dann fällt unter Sünde jeder Gedanke, jedes Wort und jede Tat, die sich gegen die Gesetze des Lebens und der göttlichen Liebe, des Friedens, der Freiheit, der Gerechtigkeit, der Gleichheit, der Geschwisterlichkeit, der Einheit und gegen alle Formen des Lebens richtet. Diese kleine Aufzählung göttlicher Eigenschaften dürfte schon reichen, zu begreifen, dass diese Welt so übel ist, wie sie ist, weil wir Menschen so sind, wie wir sind: durch und durch sündig. Somit züchtigen wir uns selbst, wenn auch oft noch unbewusst.

Frage 32
Damit wären wir wieder bei der Frage, wonach die Ursachen aller Krankheiten das sündhafte Verhalten des Menschen ist. Nun könnte man sich auch fragen, was dann die Ursache der Ursache ist. Wenn unser Charakter der Hort der Sünde ist, wer oder was hat denn unseren mehr oder weniger sündigen Charakter verursacht?

Logische Frage, die tiefer graben will und auf die Frage hinausläuft, was eigentlich unser Charakter ist. Er ist nämlich der Ausdruck unserer seelischen Verfassung und unsere Seele ist der Ort, in dem alle Sünden aller unserer Leben auf Erden und das Fallgeschehen gespeichert sind. In der Seele ist aber auch der reine und unbefleckte Kern unseres wahren Wesens, das Göttliche in uns, mehrfach umhüllt, umnebelt und verdunkelt durch Energien der Sünde. Es ist der Grad der Verschattung unserer Seele der unseren Charakter formt, der wandelbar ist, weil die Sünde wandelbar ist.

Frage 33
Die Medizin kennt die Begriffe „Pathogenese" und „Ätiopathogenese". Dahinter steht das wissenschaftliche Bemühen, die Ursachen, die Entstehung und den Verlauf von Krankheiten zu erkunden und zu erklären. In der medizinischen Fachliteratur steht aber nichts von der Sünde als pathogener Faktor, auch nichts über die Seele als Speicher unseres Denkens und Tuns. Warum nicht? Kann die Sünde als Ursache aller Krankheiten nicht wissenschaftlich belegt werden?

Wissenschaft kann und will nur Wissbares anerkennen, weil eben nur materielle Gegebenheiten wissbar sind. Die Medizin könnte theoretisch zwar Wege suchen und finden, die Geistheilung in ihre Therapiekonzepte einfließen zu lassen, also eine Kooperation zuzulassen und zu pflegen. Das tut sie aber nicht, zumindest nicht offiziell, von einigen wenigen Ärzten mal abgesehen, weil sie sich dann selbst das Geschäft mit der Krankheit verdirbt. Die Ursachenforschung der Medizin benennt nur Auslöser von Krankheiten, aber den wahren Ursachen geht sie aus dem Wege.

Frage 34
Wie können Kranke, die spüren, dass sie selbst ihre Krankheit verursacht haben, oder die sich für die Aufklärung in Fragen der Geistheilung öffnen möchten, Hilfe, Beistand oder Unterstützung finden, ohne an windige Geschäftemacher aus der Geistheiler-Szene zu geraten?

Als wichtigste Empfehlung lässt sich als erster Schritt die gewissenhafte Befassung mit den einschlägigen Christus-Offenbarungen ans Herz legen. Dieser Dialog soll und kann lediglich dazu anregen, ohne selbst in diesem kleinen Fragen-Katalog alle Details darstellen zu können. Wer in sich ein tiefes Verlangen spürt, sich auf den Christusweg der Erlösung zu begeben, dem wird auch geholfen werden. Wir haben es hier nicht mit einer intellektuellen Lehrveranstaltung zu tun, sondern mit Fragen des Herzens und des Gewissens und mit der Gewissheit, dass nur Christus uns hilft.

Frage 35
Geht es etwas genauer, und noch einmal gefragt: Wo können Menschen Hilfe bekommen, wenn sie Tat oder Beistand wünschen?

Die geistigen Hintergründe von Gesundheit und Krankheit kann und soll sich jeder selbst, in verantwortungsvoller Eigenregie, erarbeiten, indem er die einschlägige Literatur des Gabriele-Verlags liest und gleichzeitig und umgehend damit beginnt, sich selbst, seine eigene Gesinnung und Lebensführung und sein eigenes Verhältnis zu Gott und zu Christus zu überprüfen und schrittweise zu ändern. Wer diesen eigenverantwortlichen Weg einschlägt, der wird von innen heraus, durch Christus selbst, Führung und Hilfen erhalten und u.U. auch entsprechende Kontakte finden.

Frage 36
Gibt es Kontakte für Heilungssuchende, die sich zwar nicht Geistheiler nennen, die aber Ratsuchenden Orientierungshilfe geben können, oder ist jeder Heilungssuchende letztlich ganz auf sich allein gestellt?

Diese Frage war zu erwarten und sie ist auch berechtigt und aus menschlicher Sicht auch sehr, sehr verständlich. Wir dürfen uns auch nicht an der Beantwortung dieser Frage vorbeimogeln und das werde ich persönlich auch nicht tun. Bevor wir diese verständliche Frage klären, sollten wir vorher versuchen, eine andere wesentliche Frage zu klären, die für jede Heilung von allergrößter Wichtigkeit und Bedeutung ist. Es geht um die Klärung der Frage, ob hinter jeder Krankheit ein Sinn steckt, der erkannt werden muss. Erst daraus entwickeln sich alle Möglichkeiten von Hilfen.

Frage 37
Auf die Idee, dass hinter Krankheiten oder sogar hinter noch relativ harmlosen Beschwerden ein tiefer Sinn stecken könnte, muss man erst kommen. Welcher Sinn könnte denn hinter Krankheiten stecken, der für die Heilung relevant sein kann?

Wenn wir den Sinn einer Krankheit oder einer gesundheitlichen Beschwerde nicht erkunden, laufen wir Gefahr, die gesundheitliche Störung bekämpfen zu wollen, so wie es die Schulmedizin tut. Damit bleiben wir im Teufelskreis der Behandlung und Beseitigung der Symptome, womit die eigentliche Krankheit wieder in die Seele zurückgepeitscht wird, aus der sie zur Reinigung der Seele ausfließen wollte. Jede gesundheitliche Störung erfüllt zwei Funktionen: Sie reinigt die Seele und sie ist ein Indikator für eine sündhafte oder fehlerhafte Gesinnung und Lebensführung.

Frage 38

Gilt das wirklich immer und grundsätzlich für alle gesundheitlichen Störungen und Krankheiten, vielleicht sogar auch für Verletzungen, dass sie Indikatoren für eine ungute, also gottferne Gesinnung und für eine sündhafte Lebensführung sind?

Sogar noch mehr: es gilt auch für Schicksalsschläge aller Art. Immer wieder taucht die Frage auf: „Warum trifft mich das jetzt?" Manche fragen sogar: „Was habe ich nur verbrochen, dass mich diese Krankheit oder ein anderes Schicksal ereilt und mich mein gewünschtes Leben nicht mehr leben lässt?" Wer so fragt, ahnt bereits, dass er etwas verbrochen haben muss. Viele denken aber leider noch, dass Gott nun derjenige ist, der sie straft. Dem ist aber nicht so. Wer bewusst in dem Gesetz von Ursache und Wirkung lebt, der weiß oder ahnt, dass eine innere Reinigung ansteht.

Frage 39

Wenn man diese Hinweis-Funktionen von Krankheiten und von gesundheitlichen Störungen zu Ende denkt, müsste man eigentlich sogar dankbar dafür sein, wenn man bedenkt, dass noch Schlimmeres kommen könnte, wenn man so weitermacht wie bisher, was aber durch eine Erkrankung eingeschränkt oder sogar verhindert wird. Lässt sich das so sagen?

Genau, sogar im Fachjargon der Alternativmedizin heißt es, dass man Krankheiten annehmen und nicht bekämpfen soll und damit liegt man richtig. Die Krankheit ist ein Teil von mir, denn sie kommt aus meiner Seele und es kann nicht Gottes Wille sein, dass ich meine Seele bekämpfe. Die urchristliche Geistheilung nennt sich aus diesem Grunde auch Ganzheitsheilung. Sie nutzt den Begriff Geistheilung nur sehr ungerne, was ich persönlich auch tue. In diesem Dialog spreche ich selbst auch nur ausnahmsweise von Geistheilung, als Zugeständnis an das allgemeine Verständnis.

Frage 40

Welche Schlussfolgerung ist aus der oben genannten Indikator-Funktion von Krankheiten zu ziehen?

Wenn wir den tiefen Sinn einer Krankheit oder anderer sogenannter Schicksale mit ihrer Indikator-Funktion ernst nehmen, dann hat das für den Heilungsprozess eine essenzielle Bedeutung und die ist auf den ersten Blick nicht leicht zu verstehen. Wir neigen als Egoisten dazu, uns möglichst rasch die Genesung zu wünschen, damit wir wieder so weiterleben können, wie gewohnt. Das heißt: Wir wollen uns wieder vergnügen und unseren geliebten Leidenschaften nachgehen. Deswegen will man gesund werden, aber solche Absichten verschlimmern unsere Verfassung.

Frage 41
Das ist allerdings nicht leicht zu verstehen. Was ist denn die richtige Voraussetzung für eine Ganzheitsheilung, vor allem wenn die Ärzte nicht mehr weiter wissen?

An allererster Stelle sollten sowohl Ärzte und Heilpraktiker als auch der Patient selbst nicht eine Heilung um ihrer selbst willen anstreben, oder noch deutlicher: Es kann und darf nicht darum gehen, den Körper heilen zu wollen, denn erstens kann kein Mensch Heilung bewirken und zweitens kann und sollte alle Aufmerksamkeit primär auf die seelische Verfassung des Patienten gerichtet sein. Warum? Wenn der Patient nicht von sich aus bereit ist, seine Gesinnung und seinen Lebenswandel zu wandeln, ist eine Ganzheitsheilung unmöglich, weil die Ursachen bestehen bleiben.

Frage 42
Auf den ersten Blick hört sich das sehr hart an, wenn es nicht darum gehen soll, den Körper heilen zu wollen. Dann könnte man auf die Idee kommen, dass Ärzte, Heilpraktiker und Therapeuten aller Art entbehrlich sein könnten. Ist dem so?

Nein, oder richtiger formuliert: Die Gesinnungen und die Einstellungen aller Heilberufe bedürfen einer gründlichen Revision, weg von den rein materialistischen Dogmen der Schulmedizin und hin zu einer geistigen Orientierung mit freichristlichen Inhalten, die im Idealfall mit den urchristlichen Lehren verknüpft werden sollten, wenn der freie Wille aller Akteure dieses zulässt. Die primäre Aufmerksamkeit aller Beteiligten sollte auf den Zustand der Seele des Heilungssuchenden gerichtet sein, weil sich nur so die inneren göttlichen Selbstheilungskräfte entfalten können.

Frage 43
Was ist aber, wenn ein Heilungssuchender weit und breit keinen Arzt oder keinen Heilpraktiker in erreichbarer Nähe wohnen hat, dem er sich anvertrauen könnte, und der bewusst Ganzheitsheilung betreibt, die an Seele und Charakter ansetzt?

Gute Frage, weil sie direkt auf das Prinzip der Eigenverantwortung jedes Menschen für seine Gesundheit zielt. Es kommt also in erster Linie auf jeden selbst an, sich den spirituellen Hintergründen von Gesundheit und Krankheit zu öffnen, und zwar auch und gerade bevor sich das Gesetz von Ursache und Wirkung aus der Seele in den Körper ergießen will. Wer sich wirklich ernsthaft bemüht, ein gottgewolltes Leben zu führen, wird erleben dürfen, dass ein reines Gewissen einen gesunden Körper hervorbringt. Allerdings sei betont: Das kann nicht erzwungen werden!

Frage 44

Das klingt ja fast wie eine Art Garantie, was die meisten Menschen wohl auch gerne hören möchten, vor allem dann, wenn sie mit einer sehr leidvollen Krankheit zu tun haben. Ist eine geistige Umorientierung des Heilungssuchenden immer mit Gesundung oder wenigstens mit einer teilweisen Genesung verbunden, wenn man sich von sich aus auf den Christusweg der Erlösung begibt?

Das Gesetz von Saat und Ernte zeigt immer den Erfolg aller ehrlichen und ernsten Bemühungen, aber der Erfolg korrespondiert mit dem Grad der seelischen Lasten, die wir ja aus unseren Vorleben mit in diese Inkarnation bringen. Von daher kann es sein, dass wir zwar eine Linderung erfahren werden, aber in diesem Leben noch keine vollständige Genesung. In diesem Sinne kann es keine Garantien geben, vor allem deswegen auch nicht, wenn der Wunsch der Genesung noch von unerkannten egoistischen Wünschen getragen ist. Die Motive sind letztlich immer entscheidend.

Frage 45

Was sind in diesem ganzen Komplex die berühmten und oft angesprochenen Selbstheilungskräfte und welche Rolle spielen diese bei der Genesung?

Wenn ich die Dinge richtig verstanden habe, ist es grundsätzlich Gott in uns, bzw. das Göttliche in uns selbst, was sich als Selbstheilungskraft manifestiert. Weil Gott in uns selbst wohnt, in jeder Seele, egal wie sündig wir noch sein mögen, können wir von Selbstheilungskräften sprechen, allerdings ohne in den Irrtum zu verfallen, der Mensch könne sich aus sich selbst heraus, auch ohne Gott, heilen. Das habe ich selbst auch am eigenen Leibe erfahren dürfen und somit ist mir auch klar, dass wir u. U. eine längere Leidenszeit ertragen müssen, länger als es uns persönlich lieb ist.

Frage 46

Kann es auch sein, dass es überhaupt nicht zu einer Genesung einer sehr schweren Krankheit kommen kann, obwohl der Erkrankte sich vollständig oder zumindest so gut, wie es ihm möglich ist, für den Geist Christi geöffnet hat?

Zu einer aufrichtigen und ehrlichen freichristlichen Gesinnung, die letztlich ja auch auf die unverfälschten urchristlichen Lehren in Wort und Tat orientiert, gehört u.a. auch das uneingeschränkte Gottvertrauen. Das bedeutet konkret dieses berühmte „Dein Wille geschehe", das uns vor zweitausend Jahren von Jesus dem Christus gelehrt und vorgelebt wurde. Das bedeutet ferner, das wir darauf vertrauen dürfen, dass Gott allein weiß, was gut für unser Seelenheil ist, und zwar auch dann, wenn wir es anders wünschen, denn es gilt: Selig sind die, die ihr Leid tragen … … !

Frage 47

Die zweite Seligpreisung, nach der diejenigen, die ihr Leid geduldig ertragen , selig sein werden, ist für viele Menschen und vielleicht auch gerade für Schwerkranke nicht leicht zu verstehen. Vor allem eine Diagnose, die uns mit einem möglichen baldigen Hinscheiden aus diesem Leben konfrontiert, könnte uns alle Hoffnungen rauben. Kann ein vorzeitiges Sterben gut für unsere Seele sein?

Alle Menschen sterben und alle Menschen sterben nicht, wenn sie sterben. Diesen Satz habe ich mir selbst, aus einem inzwischen voll erschlossenen Gottvertrauen zur Gewissheit werden lassen. Ich empfehle jedem Mitmenschen erneut, sich den Heilslehren Christi zu öffnen, die das Reinkarnationsgesetz und das Kausalgesetz, also das Gesetz von Saat und Ernte beinhalten. Dann schwindet nach und nach jede Todesangst, weil wir gewiss sein können, dass wir in einem anderen Aggregatzustand weiterleben. Es ist sogar so, dass der Tod selbst eine Erlösung sein kann.

Frage 48

Dennoch ist es auch nach diesem recht umfangreichen Dialog für viele Menschen höchst erstaunlich, wenn man heutzutage erleben kann, dass sehr schwerkranke Menschen, denen sogar das baldige Ende hier auf Erden prognostiziert ist, plötzlich und unerwartet genesen und sogar wieder arbeitsfähig werden.

Ich selbst durfte so einen Fall erleben, ein Freund, der „unheilbar" an Krebs litt und ein vollständiger Pflegefall war. Es gilt immer, dass wir darauf vertrauen dürfen, dass jeder Krankheitsverlauf gut für die Seele des Kranken ist, oder auch, dass es für das Gottesbewusstsein von Freunden oder von Angehörigen gut sein kann, dass ein Sterbenskranker wieder gesund wird. Vor allem, wenn so ein Genesener sein künftiges Leben vollständig in den Dienst Christi stellt, kann es Gottes Wille sein, dass Gesundung eintritt. Das Seelenheil hat immer den Vorrang vor allem anderen.

Frage 49

Ist der Autor dieses Buches mit dem Titel „Christusgewissen" bereit oder in der Lage dazu, Ratsuchenden und Heilungssuchenden Beistand zu leisten und wenn ja, wie und auf welche Weise kann das erfolgen?

Wer mich diesbezüglich kontaktieren möchte, dem werde ich gerne mit Rat und Tat im Rahmen meiner Möglichkeiten beistehen. Meine gültigen Kontaktdaten stehen im Impressum. Für seelischen Beistand fordere ich keinerlei Gegenleistungen, ob in Geld oder in Form anderer Gegenleistungen. Nur wenn eine unentgeltliche Hilfe mit finanziell höheren Reiseaufwendungen außerhalb Flensburgs erbeten wird, die gar mit Übernachtungen verbunden ist, muss ich um Aufwandsentschädigung bitten, da ich nur ein geringes Renteneinkommen und auch kein Vermögen habe.

Frage 50
Welche Hilfsleistungen oder Beistandshilfen können erbeten werden?

Als ehemaliger gerichtlich bestellter Betreuer habe ich nicht wenige Erfahrungen im Umgang mit schwerkranken Mitmenschen und ich verfüge auch über diverse Kenntnisse und auch über einen Abschluss auf dem Gebiet der Psychologie, von der ich jedoch nicht viel halte. In der Heilarbeit mittels Charakterarbeit kann ich Hilfe und Assistenz mittels der Astrologie und der Astrosophie anbieten. Astrologie und Astrosophie sind dann Hilfsmittel zur Selbsterkenntnis, wenn sie nicht, wie leider überwiegend, mit unseriösen und gottfernen Inhalten befrachtet werden.

* * *

EPILOG
zum Kapitel 10

Fazit

Kein Mensch kommt an den Naturgesetzen vorbei und die Naturgesetze sind nichts anderes, als der Heilige Wille unseres Schöpfers, dessen Schöpfung grundsätzlich auf Liebe aufbaut, auf das Gute in allem, dem alles Böse fremd ist. Ergo sind wir alle Geschöpfe der Liebe, auch dann, wenn wir uns nicht so verhalten, wie wir uns verhalten sollen. Wir sind auf Erden, um wieder göttlich zu werden und in allen Menschen sind die göttlichen Anlagen vorhanden. Wer in diesem Bewusstsein seine Erdentage gestaltet, akzeptiert, dass wir jenes ernten, was wir einst gesät haben.

Gott warnt, aber Gott straft nicht!

Wenn wir Krankheit als Warnung dahingehend erkennen, dass unsere Seele sich reinigen möchte, dass unsere Seele quasi in den „Körper kotzt", weil etwas absolut nicht mehr erträglich ist, weil das „Fass voll" ist, dann sind wir dazu in der Lage, Gott für diesen Hinweis zu danken und unsere Krankheit zu akzeptieren, sie also dankbar anzunehmen. Der aufrichtige Dank für die schmerzhaften Reaktionen unseres erkrankten Körpers, ist nur dann aufrichtig, ehrlich und echt, wenn wir mit Christus unser Gewissen, unsere Gesinnung und unsere Lebensführung wandeln.

Wir sollten den Himmel auf die Erde holen wollen

Das edelste Motiv, warum wir das Werkzeug unserer Seele auf Erden, also unseren Körper, gesund erhalten wollen oder ihn wieder dienstfähig machen wollen, ist der ernsthafte Wille, sich vollkommen in den Dienst des großen Ganzen zu stellen, auf die Schaffung des Friedensreiches Christi auf Erden. Wenn das Werkzeug unserer Seele, unser menschliche Körper, seinen Dienst verweigert, dann deswegen, weil wir anhaltend etwas denken und tun, was nicht Gottes Wille ist. Die Heilung des Körpers um jeden Preis kann also nicht unser Ziel sein. Das Motiv entscheidet.

Die Ganzheitsheilung in den Dienst der Gerechtigkeit stellen

Das Motiv entscheidet, welche Kräfte aus unserer Seele in den Körper fließen und darüber, was der Körper tun und lassen soll. Gott ist Gerechtigkeit und nur, wenn wir in der Krankheit erkennen, dass wir uns vergaloppiert haben, dass wir uns also ungerecht verhalten haben müssen, wenn wir erkranken, kann es nur den Weg der Reue und der inneren Reinigung geben. Dieser „Innen-Heil-und-Reinigungsarbeit" wird dann die Gesundung folgen können, wenn wir uns wieder in den Dienst der Gerechtigkeit stellen. Der heilige und heilende Wille Gottes ist keine Unbekannte.

Du selbst bist Deine Krankheit und Deine Gesundheit, doch Gott ist mit Dir!

An mehreren Stellen in diesem Dialog war darauf hingewiesen worden, dass es für die Gesunderhaltung oder Gesundung des Werkzeuges unserer Seele, also unseres Körpers notwendig ist, sich mit den einschlägigen Christus-Offenbarungen zu befassen. Dazu gibt es mehrere Bücher im Gabriele-Verlag, die uns zu hilfreichen und weitreichenden Einsichten verhelfen, weil es in ihnen um die wahren Ursachen von Gesundheit und Krankheit geht. Die folgende kleine Leseprobe möchte dazu einladen, sich mit den Fragen der Entfaltung der Selbstheilungskräfte zu befassen.

* * *

LESEPROBE

aus dem Buch:

**Du selbst bist Deine Krankheit und Deine Gesundheit.
Doch Gott ist mit Dir**

ISBN 978-3-89201-267-2
Gabriele-Verlag
oder im Buchhandel

Seiten 11-13 und 15-17

(zur Methode des Zitierens:
Siehe Hinweis im Impressum der Website www.christusgewissen.de)

Vorwort

Seiten 11-13 a.a.O.

Disharmonie

Jede Krankheit ist die Folge einer Disharmonie. Der Mensch hat sich vom Gesetz der Liebe entfernt und pflegt die Eigenliebe. Das Gesetz der Liebe ist die Allharmonie – Gott. Der Mensch kann daher nur gesund werden, wenn er in die Harmonie mit seinem Schöpfer, mit Gott, zurückkehrt.

Mahnungen

In der Krankheit fließt Disharmonie aus der belasteten Seele in den Körper. So ist für den willigen Menschen die Krankheit ein Schritt zur Heilung seiner Seele. Bevor es jedoch zum Ausbruch der Krankheit kommt, gibt es für den Menschen viele Impulse und Mahnungen, die Belastungen seiner Seele, die Programme der Lieblosigkeit, zu bereinigen.

Ursachen

Das vorliegende Buch zeigt die Ursachen der Krankheit auf und den Weg zur wahren Heilung. Viele praktische Lebensregeln werden gegeben; sie betreffen die Bereinigung seelischer Belastung vor dem Ausbruch einer Krankheit; sie geben Rat und Hilfe auch für den Fall, dass eine Krankheit ausgebrochen ist.

Erkenntnis

In jeder Krankheit jedoch ist auch das Positive. Es ist die Erkenntnis und der Weg zum Wieder-Heil-werden der Seele und auch des Körpers. Es sind die Gotteskräfte im Menschen; es ist Christus, der Innere Arzt und Heiler. Die Grundlage der Heilung ist also die Hinwendung an Gott, der in jedem

Menschen wohnt. Im Glauben und im Vertrauen auf Ihn und in der Verwirklichung der ewigen Gesetze finden wir zurück zur Harmonie. Denn Heilung von Seele und Leib ist Rückkehr zu Gott.

Fundamentale geistige Zusammenhänge

In diesem Buch sind die fundamentalen geistigen Zusammenhänge und Gesetzmäßigkeiten dargelegt, die uns Antwort geben auf die Frage: „Warum trifft mich dieses Leid, jene Sorge oder Krankheit, jener Schicksalsschlag?" sowie auf die weitere Frage: „Was kann ich tun, dass mir solches nicht wieder geschieht?" Diese Fragen nach diesen Gesetzmäßigkeiten sind zugleich der Schlüssel, um aus der Schicksalsunterlegenheit herauszufinden in ein bewusstes und erfülltes Leben.

Umsetzung

Die Erfahrung zeigt, dass der Schritt vom Annehmen und Bejahen der geistigen Gesetze hin zum Umsetzen häufig erst nach mehreren Anstößen gelingt. Doch ohne Umsetzung, das heißt ohne Verwirklichung dieser Gesetze bleibt auch die beste Erkenntnis wirkungslos. Daher werden in diesem Buch wesentliche Sachverhalte und Gesetzmäßigkeiten jeweils aus einer anderen Perspektive wiederholt dargelegt. Sie vermitteln dem Leser das grundlegende Rüstzeug, um nicht nur Krankheit und Not in rechter Weise begegnen zu können, sondern auch das eigene Leben auf eine neue, stabile Basis zu stellen. So findet der Heilungsuchende schrittweise Halt und Geborgenheit in seinem Inneren, bei Gott.

Eigene Erfahrung

Nützen wir die Zeit, indem wir das noch in uns liegende Negative erkennen und unserer Erkenntnis die entsprechende Tat folgen zu lassen, so werden wir unser Leben in gesetzmäßiger Weise meistern; darüber hinaus werden wir fähig, auch anderen aus der eigenen Erfahrung heraus Rat und Hilfe zu geben.

...

Krankheit als Zeit der Besinnung und Umkehr
Seiten 14+15 a.a.O

Leben ohne Ziel

Viele Menschen haben vergessen, dass sie ihr Leben sich selbst verdanken, denn so, wie sie fühlen, denken, sprechen und handeln, so verläuft ihr Leben. Viele leben in den Tag hinein. Sie leben, ohne nach ihrem Ursprung und nach ihrem Ziel zu fragen. Plötzlich kommt die Krankheit – und schon ist der Wunsch da, schnell wieder gesund zu werden. Was aber, wenn der Krankheitsverlauf länger dauert? Die alten Ablenkungen sind weniger geworden, man hat jetzt Zeit zur Besinnung – und so mancher fragt nach dem Warum. Die Suche nach Antworten führt den Kranken eventuell auch zu diesem Buch – und er liest die provozierende Aussage: „Deine Krankheit bist du selbst; sie ist die Ernte deiner eigenen Saat. Was du an Negativem gedacht, gesprochen und getan und nicht geändert hast, das ist die Ursache deiner jetzigen Erkrankung."

Anleitung und Hilfen

Wer diese Wahrheit annimmt, der findet auf den nachfolgenden Seiten viele Gesetzmäßigkeiten, die unserem irdischen Leben zugrunde liegen, so zum Beispiel das Gesetz von Saat und Ernte. Das Buch bietet Anleitung und Hilfen, wie wir unsere Empfindungen und Gedanken erkennen können, die zu unserer Krankheit führten. Es zeigt Schritte auf dem Weg zur Heilung. Zunächst erfahren wir einiges über die Kraft und die Wirkung unserer Gedanken. Denn in unserer Gedankenwelt finden wir den Schlüssel für unser Wohl und Wehe, für Krankheit und Gesundheit.

...

Der Glaube an Gott und das Vertrauen auf Ihn sind die Grundlage der Heilung
Seiten 15-17 a.a.O.

Der Glaube an Gott

Der Glaube an Gott und das Vertrauen auf Gott aktivieren die positiven Kräfte unserer Seele und unseres Leibes. Positive Kräfte sind Heilkräfte. Sie lassen uns gesund werden. Der tiefe Glaube an Gott und das innige Vertrauen auf Gott sind machtvolle Kräfte. Sie helfen, Krankheit, Not und Leid zu überwinden, und tragen wesentlich dazu bei, gesund zu werden. Die Voraussetzung dafür jedoch ist, dass wir nicht zweifeln, sondern in jeder Situation – auch dann, wenn das Krankheitsbild nicht günstig für uns ist – das innige Vertrauen und den tiefen Glauben an Gott und an Seine Heil- und Lebenskraft nicht verlieren.

Gottvertrauen

Vertrauen wir uns in jeder Situation Gott an, dann machen wir die Erfahrung, dass Gott verlässlich ist, dass wir ihm vertrauen können. Wir trauen ihm zu, dass Er uns zu helfen und zu heilen vermag. Daraus ergibt sich das Vertrauen. Vertrauen wir Gott, so wissen wir uns in Seiner Hand geborgen, was auch geschieht. Diese innere Sicherheit macht uns ruhig und gelassen. So erwachsen wahre Stärke und Schicksalsüberlegenheit. Durch das Gottvertrauen können die Energien in uns frei fließen; wir sind in Harmonie. Das wirkt sich, körperlich gesehen, zunächst auf das Gehirn und auf das Nervensystem aus – anschließend auf den ganzen Körper.

Wer ist Gott?

Um Gott vertrauen, uns ihm anvertrauen zu können, sollten wir wissen, wer Gott ist. Für viele Menschen ist Gott noch fern. Er ist für sie kaum mehr als ein Wort, mit dem sie unklare, vage Vorstellungen verbinden. Weil sie nicht wissen, dass jeder Mensch in seinem Innersten, in der Tiefe seiner Seele, das Kind Gottes ist, wissen sie auch nicht, dass Gott, unser Vater uns liebt. Er möchte uns in jedem Augenblick aus Seiner Kraft das zuströmen lassen, was uns hilft, was uns frei und gesund macht und uns ihm näher kommen lässt. Die Kraft, der Geist Gottes, ist allgegenwärtig. So ist also Gott, das Leben, die Lebenskraft, das Licht, in allem gegenwärtig, in allen Reichen der Natur – auch in uns, in jedem Menschen, in jeder Seele. Gott ist das Leben, ist Hilfe und Heilung.

ENDE DER ZITATE

* * *

Das Gewissen ist fähig,

Unrecht für Recht zu halten,

Inquisition für Gott wohlgefällig

und Mord für politisch wertvoll.

Das Gewissen ist um 180 Grad drehbar.

* * *

Erich Kästner

KAPITEL 11

DIE VERHEERENDEN FOLGEN

DES TIERKANNIBALISMUS

FÜR MENSCH UND NATUR

PROLOG
zum Kapitel 11

Solange es Schlachthöfe gibt, wird es auch Schlachtfelder geben
(Leo Tolstoi)

Als ich vor einigen Jahren diesen weisen Hinweis von Leo Tolstoi las, war ich selbst noch ein Konsument von Fleisch und Fisch und auch von Tierprodukten aller Art, wie Käse, Eier, Quark, Joghurt usw.. Vegetarier in meiner Verwandtschaft hatten zwar schon eine gewisse Nachdenklichkeit zu Fragen einer richtigen Ernährung in mir aufkeimen lassen, aber für mich war die Idee einer vegetarischen Lebensweise damals noch keine Frage des Gewissens. Vegetarische Ernährung schien mir damals noch ein modischer Gesundheits-Trend zu sein, wenig attraktiv aber doch interessant.

Erst kommt das Fressen, dann kommt die Moral
(Bertolt Brecht)

Wer oder was mag Bertolt Brecht dazu getrieben haben, diesen berühmten Spruch in die Welt zu setzen und was hat dieser Gedanke für eine Bedeutung? Oder wurde hier wieder einmal ein Satz aus seinem Kontext herausgerissen, aus den oft unbekannten Inhalten der Dreigroschenoper, wo er etwas anderes anmahnt als er es tut, wenn er solo steht? Wie dem auch sei – jenseits aller Interpretationsmöglichkeiten hat Bertolt Brecht, das „Fressen" und die „Moral" in einer unübersehbaren Deutlichkeit kombiniert, was die Frage aufwirft, ob das Essen eine moralische Angelegenheit ist.

Wir sind nicht nur verantwortlich für das, was wir tun,
sondern auch für das, was wir nicht tun.
(Molière)

Als poetischer „Allrounder" mit zunächst hohem Ansehen in Adelskreisen, bis hinauf ins Königshaus seiner Zeit, thematisierte Molière im 17. Jahrhundert die damals weit verbreitete Heuchelei und moralische Verkommenheit und machte sich damit Feinde von Rang und Namen. Das obige Zitat passt sehr gut zu unserem Thema, denn es wird um eine lebensentscheidende Frage gehen, um die brisante Frage, ob es ein Segen für die ganze Natur und für die Menschheit wäre, wenn wir etwas nicht mehr tun, nämlich: Fleisch und Tierprodukte verzehren. Mehr dazu im folgenden Dialog.

* * *

DIALOG
zum Kapitel 11

Frage 01
Was hat unsere Ernährung mit Moral zu tun?

Das Wort „Moral" enthält bei genauem Hinsehen das Wort „oral", das aus dem Lateinischen übersetzt „Mund" bedeutet. Ob diese verspielte Wort-Analyse an den Haaren herbeigezogen ist oder nicht, mag dahingestellt sein, aber die altbekannte Volksweisheit: „Die Liebe geht durch den Magen" erlaubt oder erzwingt sogar die Frage, ob unsere Ernährungsgewohnheiten aus einer moralischen Perspektive neu bewertet werden sollten. Mögen Fragen nach Sitte und Moral bei nicht wenigen ein süffisantes Grinsen hervorrufen - dieses Grinsen könnte ihnen bald vergehen.

Frage 02
Die Moral und die Sitten sind für viele ein zweischneidiges Schwert. Moralisten sind nicht gerade beliebt und noch weniger der erhobene Zeigefinger der Moralisten. Was ist eigentlich Moral und gehören Sitte und Moral zusammen?

Die Abneigung gegen die Moral ist verständlich und dann verzeihlich, wenn sie als gesellschaftliche Verhaltensnorm definiert wird, als Verhaltensvorschrift, die in der Praxis wenig Gutes hervorbringt, oder sogar moralisch Fragwürdiges erlaubt. Moralvorschriften mit denen sich Menschen über Menschen erheben, um sie zu drangsalieren, um sie zu beherrschen, lehne auch ich aus meiner freichristlichen Gesinnung heraus ab. Die Sitten sehe ich als einen Ist-Zustand, der dem Wandel unterliegt, im Gegensatz zur göttlichen Moral. Sie steht unwandelbar über allem.

Frage 03
Worin unterscheidet sich die göttliche Moral von Verhaltensnormen bzw. von den Moralvorschriften, die menschengemacht sind?

Aus ehrlicher und urchristlicher Perspektive, wie sie uns von Christus in Gestalt des Jesus von Nazareth vor zweitausend Jahren gelehrt wurde und die Jesus uns auch vorgelebt hatte, geht es ausschließlich um die göttlichen Gesetze des Lebens und des Friedens, denn Gott ist das Leben und der Friede. Alle Naturgesetze sind deswegen absolut, ewig und damit unveränderlich und auch nicht „verhandelbar", weil das Leben selbst ewig ist. Der Einfachheit halber kann gesagt werden, dass alles, was dem Leben dient, gut ist und was gegen das Leben ist, muss böse sein.

Frage 04

Ist göttliche Moral immer das absolut Gute und was nicht gut ist, wäre dann immer und grundsätzlich das Böse? Unterscheidet eine göttliche Moral so streng zwischen gut und böse, dass es nichts dazwischen gibt und ist diese Sicht nicht sehr rigoros, nahezu unmenschlich streng?

So ist es. Mag das Absolute uns Menschlein auch nicht gefallen, so werden eines Tages doch alle letztlich einsehen müssen, dass das Gute, also das Leben, und das Böse, das gegen das Leben arbeitet, nicht miteinander vereinbar sein können. Jesus lehrte uns auch dieses mit dem eindeutigen Satz: „Wer nicht für Mich ist, der ist gegen Mich". Das bedeutet: Wer für das Leben ist, kann doch nicht gegen das Leben agieren und wer für den Frieden ist, kann absolut nicht gegen den Frieden agieren und wer für Gerechtigkeit ist, kann sich unmöglich ungerecht verhalten.

Frage 05

Bedeutet das, dass unsere Speisekarte von unserem Gewissen geschrieben werden sollte und sind moralische Entscheidungen mit Gewissensentscheidungen gleichzusetzen?

Ja, denn wer in der Gewissheit lebt, dass Gott das Leben ist und, dass wir selbst Kinder Gottes sind (...wir haben uns ja nicht selbst geschaffen und kein Mensch kann Leben schaffen!), der anerkennt ohne Vorbehalt die Gesetze des Lebens. Hinter einer ehrlichen moralischen Einstellung verbirgt sich die Anerkennung und die Annahme der Auszüge aus den göttlichen Gesetzen für das Leben auf dieser Erde. Diese Gesetze sind die Zehn Gebote Mose und die Lehren der Bergpredigt Jesu. Wessen Gewissen urchristlich durchtränkt ist, der tut nur noch Gottes Willen.

Frage 06

Nicht jeder Mensch verfügt über ein Gewissen, das auf den Willen des Christus-Gottes ausgerichtet ist, eher ist das Gegenteil der Fall. Ist das die Ursache dafür, dass der Fleischverzehr nicht als Tierkannibalismus erkannt und verworfen wird?

Die hochgelobte staatliche Glaubens- und Gewissensfreiheit ist ja inzwischen, für jeden erkennbar, zu einer puren Makulatur verkommen. Aber ungeachtet dessen existiert nach wie vor die göttliche Gewissensfreiheit, inklusive der Folgen im Rahmen des Naturgesetzes von Saat und Ernte, das für jeden unausweichlich ist. Alle Menschen und Seelen unterliegen dem Kausalgesetz und zwar auch dann, wenn es verkannt wird. Da unser Gewissen veränderbar ist, die göttlichen Gesetze aber nicht, muss sich jeder irgendwann für oder gegen das Leben entscheiden.

Frage 07
Dieses bewusste Eintreten für das Leben kann ja in seiner Umkehrung bedeuten, dass es auch ein bewusstes Eintreten gegen das Leben geben könnte, zumindest teilweise. Gibt es so etwas, wie ein bewusstes Eintreten gegen das Leben?

Die Frage lässt den Eindruck entstehen, als das Eintreten für das Leben normal ist und das Eintreten gegen das Leben wäre eine Ausnahme. Eine ungeschönte und ehrliche Bestandsaufnahme führt zu der Erkenntnis, dass es eher umgekehrt sein muss. Die Zerstörung der Natur und der natürlichen Lebensformen ist in Wahrheit die Normalität, ob bewusst oder unbewusst, sei dahingestellt. Wenn Gott uns vor ca. 3.300 Jahren durch Moses mitteilen musste, dass das Töten nicht Sein Wille ist, besagt doch, dass das Töten für den Menschen normal war und immer noch ist.

Frage 08
Wenn nur ca. 10% der Weltbevölkerung sich vegetarisch oder vegan ernährt, dann kann das riesige und unvorstellbare Maß von täglichen Tierermordungen nicht mehr geleugnet werden. Kann man sagen, dass die Menschheit im Blut badet?

Wenn man versucht sich vorzustellen, was es im Weltmaßstab bedeuten muss, dass allein im Hauptwerk der Schlachtfabrik Tönnies in Rheda-Wiedenbrück täglich(!!!) 20.000 (zwanzigtausend) Schweine brutal umgebracht werden, dann kann verständlich werden, wie tief die Menschheit gesunken ist, denn das Gros der Deutschen scheint das normal zu finden. Wer glaubt, dass diese brutale Normalität keine Folgen haben wird, der irrt genauso gewaltig, wie das gewaltige Ausmaß der Gleichgültigkeit des Massenmörders Mensch. Anders kann es nicht gesagt werden.

Frage 09
Gibt es Erhebungen darüber, wieviele Tiere für die Gaumenlust des Menschen dahingemetzelt werden?

In Deutschland werden täglich über 2 Millionen Tiere geschlachtet, weltweit sind es 150 Milliarden Tiere im Jahr, das sind 4756 Tiere pro Sekunde im Weltmaßstab. Von daher wird erklärlich, dass 70% aller landwirtschaftlich genutzten Flächen für Tierfutter genutzt werden müssen, woraus sich wiederum erklärt, dass es so immens viele hungernde Menschen auf der Erde gibt. 24.000 Menschen sterben täglich an Hunger, davon 18.000 Kinder unter 5 Jahren. Wem das alles bekannt ist, und den das alles kalt lässt, der muss in sich total abgebrüht, kalt und brutal sein.

Frage 10

Vor diesem Hintergrund kann der Satz von Leo Tolstoi erst so richtig verständlich werden, wonach es so lange Schlachtfelder geben wird, wie es Schlachthöfe gibt. Menschen, denen das Töten von Tieren egal ist, und das auch noch in dem heute üblichen Ausmaß, denen wird es auch egal sein, wenn massenweise Menschen von Menschen umgebracht werden. Wir sind also wirklich total tief gesunken. Wie kommen wir nur aus dieser global festgefahrenen Nummer heraus?

Das ist eine höchst verständliche Frage, deren richtige und ehrliche Beantwortung leider für viele noch wenig verständlich oder sogar ganz unverständlich sein wird. Weil wir es wieder einmal mit einer Gewissensfrage zu tun haben, ist zu erwarten, dass der menschliche Verstand und die menschliche Vernunft aus sich heraus nicht dazu in der Lage sind, das Töten von Mensch und Tier einzustellen. Der Brutalo Mensch will offensichtlich nicht hören. Wer nicht hören will, der muss fühlen und das werden alle Uneinsichtigen erleben müssen, die ihr Gewissen getötet haben.

Frage 11

Was erwartet die Uneinsichtigen, die nicht hören wollen konkret, und was erwartet sie, wenn sie doch noch begreifen, was sie anrichten, wenn sie Fleisch verzehren?

Wie ein roter Faden sind alle vorherigen Kapitel von dem Naturgesetz von Saat und Ernte durchzogen und auch in diesem Thema findet das Naturgesetz von Aktion und Reaktion statt. Das bedeutet: Was der Mensch sät, das wird er ernten. Das gilt auch umgekehrt: Wer Ungutes erntet, muss davon ausgehen, dass er selbst die Ursache von schmerzhaften Folgen wie Krankheit und Not ist. Erneut muss darauf hingewiesen werden, dass niemand an den Naturgesetzen vorbeikommt. Wir richten uns also immer selbst: Wer Grausamkeit sät, wird Grausamkeit ernten.

Frage 12

Das ist zu allgemein. Geht es etwas konkreter und noch einmal gefragt: Was ist mit denen, die einsichtig werden?

Jeder kann gemäß der Christus-Lehren seine Gesinnung wandeln und somit auch seinen Lebenswandel. Wer das aus Reue tut und um Vergebung bittet, wird dann Vergebung erfahren, wenn er die erkannten Sünden nicht mehr tut. Wer jedoch in den Sünden wissentlich und willentlich verharrt und sich bewusst gegen die Gesetze der Natur und des Lebens stellt, der darf sich nicht wundern, wenn sein Leib von schweren und leidvollen Krankheiten befallen wird, und/oder wenn ihn andere leidvolle Erfahrungen in Not bringen, was man dann „Schicksal" nennt.

Frage 13

Die oben erwähnte Massentierhaltung und das stündliche und tägliche brutale Töten und Quälen der Tiere wird von Staat und Kirchen nicht nur geduldet, sondern es wird ja sogar erlaubt und von den Kirchen wurden und werden Vegetarier sogar verfolgt und verteufelt. Müsste man nicht fordern, dass allen Nutztierhaltungen, allen Schlachtbetrieben, sowie allen fleischverarbeitenden Betrieben die Betriebserlaubnis entzogen wird? Die Fleischproduzenten müssen doch eine staatliche Betriebserlaubnis haben, sonst gäbe es sie ja erst gar nicht.

Hinter dieser Überlegung verbirgt sich eine gefährliche Doppel-Moral, die zwar das Gute bezwecken will, die aber das Böse unbeschadet bestehen lässt. Warum? Wer nach staatlichen Verboten ruft, verschiebt die Verantwortung für die brutalen Tiermassaker von den wahren Verursachern auf die Ebene der Gewissenlosigkeit. Wer erteilt in Wahrheit die Genehmigung für alle Betriebe der Fleisch- und Blut-Branchen? Ist es nicht der Verbraucher? Wird die Betriebserlaubnis nicht von der Kundschaft erteilt? Das Gewissen pocht in jedem Menschen und niemals im Staat.

Frage 14

Verschiebt man nicht den Schutz der Tiere auf den Sankt-Nimmerleins-Tag, wenn man sich nur darauf verlässt, dass die Masse der Fleischkonsumenten vernünftig und einsichtig wird und wenn man nicht gleichzeitig versucht, auf der politischen Ebene einen Wandel herbeizuführen?

Wir müssen erkennen, dass der Fleischkonsum keine völlig neue und moderne Zeiterscheinung ist. Das Problem, dass der Mensch bereits seit tausenden Jahren gegen den Willen Gottes handelt, obwohl das Gebot „Du sollst nicht töten" immer schon bekannt war, zeigt, dass wir schon lange im Sankt-Nimmerleins-Tag der Sünde leben. Es kann nicht darum gehen, alle Möglichkeiten des Schutzes der Tiere gegeneinander auszuspielen, sondern alle Wege zu nutzen, aber zuoberst muss doch jeder zuerst bei sich selbst beginnen, mindestens Vegetarier zu werden.

Frage 15

Trotzdem fragt sich doch, warum die Masse der Verbraucher nicht dazu bereit ist, sich vegetarisch zu ernähren, obwohl selbst im Fernsehen oft schreckliche Bilder und Filme darüber zu sehen waren, welches Leid den Tieren in den Mastbetrieben, auf den Tiertransporten und in den Schlachthöfen zugefügt wird. Was muss denn noch passieren, dass hier ein allgemeiner Wandel eintreten kann?

Information und Aufklärung ist sehr wichtig und mehr kann und soll man auch nicht tun, denn nur der freie Wille soll die Weichenstellungen zum Guten ändern. Gottes Wille ist es nicht, dass Menschen zum Guten gezwungen werden. Jeder soll sich aus eigenen freien Entscheidungen heraus so verhalten, wie es Gott uns, Seinen Kindern, geboten hat. Zur Aufklärung gehört allerdings auch, dass die unumgänglichen Folgen des

Fleischkonsums schonungslos aufgezeigt werden müssen, damit jeder die immense Tragweite seines Verhaltens erkennen kann.

Frage 16
In der Überschrift dieses Kapitels ist ja schon von den verheerenden Folgen des Fleischkonsums die Rede, und zwar für Mensch und Natur. Welche verheerenden Folgen sind denn zu erwarten, wenn nicht langsam aber sicher ein allgemeines Umdenken zu einem anderen Konsumverhalten führt?

Die verheerenden Folgen des Tierkannibalismus sind schon lange nicht mehr in einer Warteschleife, sind also nicht mehr zu erwarten, sondern sie sind bereits in voller Aktion. Die meisten chronischen Erkrankungen, woran sehr viele Senioren heutzutage leiden, also nicht nur die körperlichen Gebrechen, sondern besonders die explosionsartig wachsende Zahl der frühzeitigen Demenzen sind als Folge des Tierkannibalismus zu sehen. Die „Volksgesundheit" schwindet zusehends, fast explosionsartig, wobei der heimliche Faktor Angst viele in den Wahnsinn treibt.

Frage 17
Ist der desolate Gesundheitszustand in der heutigen Zeit, der offensichtlich längst sogar den psychischen Zustand von immer mehr Menschen so sehr belastet, dass man Wochen und Monate auf einen Termin beim Psychiater warten muss, wirklich auf den Fleischkonsum zurückzuführen?

Natürlich sind mehrere Faktoren an der rasanten und weltweiten Zunahme von physischen und psychischen Krankheiten beteiligt. Das Corona-Geschehen ist ein klarer Hinweis, dass wir es längst nicht mehr mit Gesundheits-Problemen auf der „privaten Ebene" zu tun haben. Wenn wir uns die herrschende Wirtschaftsordnung insgesamt unter die Lupe nehmen, kann und muss man zu dem Ergebnis kommen, dass die ganze Weltwirtschaft eine tödliche und total destruktive Veranstaltung ist. Die Zerstörung und die Selbstzerstörung ist das Grundgesetz dieser Wirtschafterei.

Frage 18
In der Formulierung „Die verheerenden Folgen des Fleischkonsums", speziell in dem Wort „verheerend", ist ja auch das Wort „Heer" enthalten. Vom Sinn her könnte das bedeuten, dass wir mit Folgen rechnen müssen, die riesig sein müssen, von dem das „ganze Heer", also fast alle betroffen sein könnten. Das scheint vielen noch übertrieben zu sein oder ist es die bittere Realität?

Unter „Heer" versteht man ja die Landstreitkräfte. Dieses Bild wählte ich bewusst, denn es ist unverkennbar, dass sich die absolute Mehrheit der Menschheit im Krieg gegen die Natur und gegen die Schöpfung Gottes befindet, ein Krieg, den das kriegführende Heer und dessen beteiligten Menschen teuer bezahlen werden. Anders ausgedrückt: Das auf Zerstörung ausgerichtete Heer wird bei seinem Raubzug gegen die Natur vollständig durch sich selbst vernichtet werden. Nur wer aufhört, sich an diesem Krieg zu beteiligen, wird Gottes Gerechtigkeit erfahren.

Frage 19
Der Zug scheint abgefahren zu sein, so hört sich das jedenfalls in den obigen Ausführungen an. Ist dem wirklich so und wenn ja, was bedeutet das für den einzelnen Menschen? Welche Konsequenzen sollten daraus gezogen werden?

Ich persönlich bin vollkommen von der Gerechtigkeit Gottes überzeugt und auch davon, dass es nicht Gottes Wille ist, dass auch nur ein einziger Mensch, egal wer, leiden soll. Früher konnte ich das nicht glauben, weil ich das Gesetz von Saat und Ernte im Kontext mit der Reinkarnation sündiger Seelen noch nicht kannte. Seit tausenden von Jahren hat die Menschheit immer durch Propheten die Mahnungen Gottes erhalten, damit sie umkehren und dann nicht das Leid erfahren müssen, das uns jetzt bevorsteht. Immer noch kann jeder einsichtig werden, aber die Zeit rennt.

Frage 20
Zur Zeit soll erneut ein Prophet auf Erden wirken, eine Prophetin namens Gabriele. Wie ist das Prophetische Wort in dieser Zeit einzuordnen, und zwar vielleicht auch und gerade in Bezug auf das aktuelle Corona-Geschehen?

Ich denke, jeder muss für sich selbst entscheiden, wie die Christus-Botschaften in dieser Zeit durch die Prophetin Gabriele einzuordnen sind. Leider lassen sich viele durch die kirchlichen und staatlichen Dauer-Hetz-Kampagnen noch dazu verleiten, die hoffnungsvollen und freudigen Christus-Botschaften zu verwerfen, ohne sie überhaupt gelesen zu haben. Außerdem sind die meisten noch zu sehr mit sich selbst und mit der Mammon-Kultur verstrickt, um den Worten Christi durch Seine Prophetin Gabriele zu glauben, obwohl Christus uns die reine Wahrheit verkündet.

Frage 21
Wie ist in diesem Zusammenhang das Corona-Geschehen zu bewerten, denn es ist ja jedem Informierten bekannt, dass die Prophetin Gabriele ganz besonders das Verhältnis zwischen Mensch und Natur als eine Spiegelung für das Verhältnis des Menschen zu Gott sieht. Die Tiermassaker gelten als ein Zeichen einer eklatanten Gottferne und hier wird ganz besonders eindringlich zur Umkehr gemahnt. Ist Corona vielleicht eine Strafe Gottes?

Auf gar keinen Fall erleben wir gerade eine Strafe Gottes, denn Gott straft absolut nicht! Wir leben aber im Gesetz von Aktion und Reaktion und damit haben wir in dieser Zeit allerdings sehr viel zu tun. Man streitet sich ja heftig, ob wir es mit einer Corona-Pandemie oder mit einer P(l)andemie zu tun haben, möglicherweise mit einer Inszenierung aus Kreisen der Plutokratie. Es besteht der Verdacht, dass wir es mit einem relativ harmlosen viralen Geschehen zu tun haben, das stets jahreszeitlich bedingt grassiert, das für unlautere Zwecke instrumentalisiert wird.

Frage 22
Und? Ist dem so, oder kann das ausgeschlossen werden und haben wir es doch mit einer echten Pandemie eines „Killer-Virus" zu tun?

Mit einem „Killer-Virus" scheinen wir es bei meinem Kenntnisstand aktuell nicht zu tun zu haben. Womit wir es aber ganz offensichtlich zu tun haben, das ist eine Panik, eine Massenpsychose der Angst vor einem möglichen Killervirus, den die Masse der Menschheit mittlerweile für möglich oder gar für wahrscheinlich hält. Es ist bekannt, dass die Angst vor einem Geschehen, magnetisch dasjenige Geschehen anzieht, wovor man sich fürchtet. Dieser Fakt wird sogar von einigen Ärzten bestätigt. Die Angst vor Krebs kann z.B. tatsächlich einen Krebs erzeugen.

Frage 23
Wenn im Kontext mit Corona von einer Massenpsychose der Angst die Rede ist, dann hätten wir es ja mit einer Massenerkrankung zu tun, die indirekt viral bedingt ist. Eine Psychose gilt bekanntlich als Krankheit, ergo ist da doch etwas im Gange, was weltweit nahezu alle Völker so sehr lahmlegt, dass sogar die Wirtschaft ins Wanken gerät. Ist der Wirtschaftsfaktor Fleischproduktion der heimliche Auslöser?

Besser wäre die Formulierung „unerkannter, bzw. verkannter Auslöser" statt der Formulierung „heimlicher Auslöser" und noch etwas ist richtiger: Der Auslöser ist nicht mit der Ursache zu verwechseln. Wir sollten lieber nach der Ursache fragen und wenn wir das tun, dann stoßen wir auf eine riesige Kausalkette in der ganzen Landwirtschaft weltweit. Die Weltwirtschaft ist total selbstzerstörerisch, wobei die Fleischproduktion, inklusive der Produktion aller tierischen Nahrungsprodukte, eindeutig das Zentrum aller jetzigen und künftigen Pestilenzen ist und sein wird.

Frage 24
Man könnte den Eindruck gewinnen, dass sowohl die Corona-Skeptiker, als auch die „Corona-Befürchter" jeweils teilweise berechtigte Argumente für ihre Position vorbringen können. Warum kommt es zu solchen harten Konfrontationen innerhalb der Bevölkerung, die sich fast feindlich gegenüberstehen?

Die Ursache für diese Spaltung, die ja quer durch die Familien verläuft, liegt nach meiner jetzigen Erkenntnis darin, dass beide Seiten nicht der Wahrheit auf der Spur sind und, ganz wichtig: Vor der Wahrheit direkt fliehen. Wer jetzt öffentlich die These aussprechen würde, dass die Einstellung der Fleischproduktion und die Beendigung der Massen- und Nutztierhaltung ein sicherer Ausweg wäre, künftig alle viralen Pandemien erfolgreich zu verhindern, der würde vermutlich von beiden Seiten „vermöbelt" und mit allen Mitteln zum Schweigen gebracht werden.

Frage 25
Was ist denn dran, an dieser oben ausgesprochenen These?

Der wichtigste Sektor der Wirtschaft ist die Landwirtschaft. Alles, was der Mensch für seine physische Existenz braucht, schenkt ihm die Mutter Erde. Gott gebot uns zu allen Zeiten, die Früchte der Erde zu essen und sorgsam mit der Mutter Erde umzugehen. Was tun wir überwiegend? Wir hegen und pflegen einen Konsum, der nicht nur weit über unseren Bedarf hinausgeht, sondern wir hegen und pflegen zudem einen brutalen Tier-Kannibalismus. Der Frevel in der Landwirtschaft hat inzwischen alle Sektoren der Wirtschaft erfasst. Wir führen Krieg gegen die Natur.

Frage 26
Weiter oben gab es einen hoffnungsvollen Hinweis, wonach Menschen, die jetzt bereit sind, ihre Lebensgewohnheiten zu hinterfragen und dahingehend zu ändern, dass sie ihre Lebensführung schrittweise auf den Willen Gottes ausrichten, mit der Gnade Gottes rechnen können. Wie ist das zu verstehen und welchen Einfluss kann der Einzelne auf das Massenverhalten ausüben?

Nach meiner Überzeugung, die sich mit den Prophezeiungen aller Propheten aller Zeiten deckt, auch mit den Christusbotschaften durch Seine Prophetin Gabriele, ist wirklich mit verheerenden Massenerkrankungen zu rechnen, weil die Mahnungen Gottes immer wieder, auch heutzutage, in den Wind geschlagen werden. Jeder kann die Erfahrung machen, eine Immunität durch geistige Hygiene zu erwerben. Es ist aktuell immer nur von körperlichen Hygiene-Zwangsmaßnahmen die Rede. Dabei wird total verkannt, dass uns nur die geistige Hygiene immunisieren kann.

Frage 27
Was ist unter „geistiger Hygiene" zu verstehen und nochmal nachgefragt: Wie äußert sich die Gnade Gottes für Menschen, die der besseren Einsicht auch die entsprechenden Änderungen in ihren Verhaltensweisen folgen lassen?

Geistige Hygiene ist im Grunde genommen ein reines Gewissen, aber eben nicht irgendeines Gewissens, sondern eines Gewissens, das sich auf die Christus-Ideale ausrichtet, also auf die Verwirklichung der Zehn Gebote und der Naturgesetze des Friedens und des Lebens, die wir durch Christus in der Bergpredigt kennen, und das schon seit zweitausend Jahren. Wer sich bewusst darin übt, göttlich zu werden, der kann sich darauf verlassen, dass sich der reine Geist in der Seele auch in den Körper ergießt, ihn stark, gesund und immun macht. Das Göttliche in uns heilt.

Frage 28

Gilt das auch, wenn der Rest der Welt weiterhin den Krieg gegen die Natur fortsetzt und die brutalen Tiermassaker, sowie den landwirtschaftlichen Frevel und die Mammon-Industrie betreibt? Woher weiß denn die Natur, wer sich nicht daran beteiligt, wenn uns wirklich neue und gefährliche Seuchen heimsuchen?

Wir können uns hundertprozentig auf das Gesetz von Saat und Ernte verlassen, denn es gibt eine unbestechliche kosmische Registratur, in der sich jede Regung einträgt, nachdem sie sich vorher in unserer Seele eingetragen hat. Darüber gibt es auch ein Buch, das den Titel „SEIN AUGE - die Buchhaltung Gottes" trägt. Da alles Energie ist, ob positiv oder negativ, ob harmonisch oder disharmonisch, ob für Gott oder gegen Gott – alles wird in kosmischen Speichern registriert, um bei Zeiten auf die Täter, also auf jene Menschen abzuregnen, die nicht hören wollen.

Frage 29

Das hört sich einerseits ziemlich gruselig an, andererseits fühlt sich das aber auch gerecht an, wenn nur die Übeltäter Übles erfahren und wenn die Gerechten sich darauf verlassen können, Gerechtigkeit zu erfahren. Gruselig fühlt sich das dennoch an, weil das ja bedeuten würde, dass auf die Menschheit furchtbare Katastrophen zukommen werden, denn ein Wandel ist ja nicht erkennbar. Ist dem wirklich so und was geschieht dann mit den Leidenden nach ihrem Erdenleben?

Christus erklärt und verkündet heute, wie vor zweitausend Jahren schon, dass alle Seelen gerettet werden, dass keine einzige Seele verlorengehen wird, mag sie auch noch so stark belastet sein. Wir sind aber auch auf die Bedingungen hingewiesen, auf den Preis, den jeder zu entrichten hat, damit das ganze Elend ein Ende finden kann. Nur die Reue, die Bitte um Vergebung und die Vergebung und die künftige Unterlassung der erkannten Sünden, können uns das ganze Leid ersparen. Wer das nicht will, der muss im Jenseits und/oder im Diesseits seine Sünden 1:1 abtragen.

Frage 30

Da fragt sich natürlich der besorgte Erdenbürger, der sich selbst schon darin übt, den Christusweg der Erlösung zu gehen und darin auch nicht mehr nachzulassen, wie er seine Mitmenschen, die ihm nahestehen, wie die eigenen Kinder oder die eigenen Eltern oder die eigenen Geschwister vor dem Unheil bewahrt werden können, wenn man erleben muss, dass sie noch nicht bereit sind, die Lage zu erkennen und die Konsequenzen daraus zu ziehen. Was kann man gegen die Beratungs-Resistenz unserer Lieben tun, damit sie nicht leiden müssen?

Wir können ihnen nur helfen, wenn wir selbst unsere Seele konsequent reinigen und zwar täglich, stündlich und minütlich. Nur wenn wir das tun, sind wir in der Lage, die in uns selbst freigelegten positiven Christus-Erlöser-Energien auf jene zu übertragen, die dafür empfänglich sind. Übrigens: Es darf dabei nicht nur um die uns „Nahestehenden" gehen, denn alle Menschen sind unsere Geschwister, d.h. wir sollten lernen, keine

Unterschiede in Nahestehende und Fernstehende mehr zu machen, um nicht gegen das Prinzip der Nächsten- und Feindesliebe zu sündigen.

Frage 31
Das bedeutet aber in der Praxis, dass uns dann die Hände gebunden sind, wenn wir zusehen müssen, dass trotz aller gutgemeinten Ratschläge, weiterhin Fleisch und andere Tierprodukte verzehrt werden. Wie vehement darf denn die persönliche Aufklärungsarbeit sein, wenn wir nicht auf sanfte Weise einen Gesinnungswandel bei unseren Mitmenschen bewirken können?

Mag es auch noch so weh tun, wir müssen immer das göttliche Gebot des freien Willens beachten. Wir wissen ja nicht, was in unseren Mitmenschen vorgeht und es kann sogar sein, dass wir das Gegenteil, also eine Trotzreaktion erzeugen, wenn wir unsere Mitmenschen „in die Zange" nehmen. Wir selbst sind ja auch nur dann in unserer eigenen Charakterarbeit erfolgreich, wenn wir ausschließlich aus eigenem Antrieb heraus Gutes tun. Freie Christen lieben keinen Zwang. Was wir selbst nicht wünschen, das sollen wir auch anderen nicht antun. Geduld ist gefragt.

Frage 32
Was sehr verwundert ist, dass die Verantwortlichen in Politik, Kirchen, Wirtschaft und Wissenschaft offensichtlich kaum oder fast keinen Zusammenhang zwischen der Corona-Pandemie und der Massentierhaltung und dem Konsum von Fleischprodukten sehen und auch nicht dazu bereit zu sein scheinen, entsprechend lenkend einzugreifen. Stattdessen wird eine Art Hygiene-Faschismus errichtet, der auch noch von der Mehrheit der Bevölkerung mitgetragen wird. Wie kommt das?

Das aktuelle und mehrheitliche Verhalten von „oben bis unten", angefangen bei den „Verantwortlichen" bis hin zur Masse, ist von einer puren materialistischen Gesinnung getragen, der die meisten Menschen noch unterliegen. Nebenbei ist es nicht richtig, die Verantwortlichen mit „denen-da-oben" gleichzusetzen, denn die Masse und jeder einzelne Mensch ist verantwortlich für das, was abläuft, weil die jetzige Lage das gemeinsame Produkt aller Menschen ist. Fast alle Menschen haben kein Gottes-Bewusstsein mehr. Man agiert und reagiert auf der 3-D-Ebene.

Frage 33
Was bedeutet: „sie agieren und reagieren auf der 3-D-Ebene"?

Die 3-D-Ebene steht für eine pure materialistische Denke, die dreidimensionale Weltsicht, die vollkommen verkennt, dass wir alle kosmische Wesen sind, Kinder einer allmächtigen, allgegenwärtigen und höchsten Intelligenz, die wir in unseren Breitengraden „GOTT" nennen. Die Menschheit sitzt noch auf dem hohen Ross, weil sie denkt, sie ist der Welt ihr Boss. Auf dieser niederen Ebene, die nicht ein höheres Leben nach dem Leibestod im Visier hat, bleibt den Obrigkeitshörigen und ihren Obrigkeiten nichts anderes übrig, als sich selbst ins Unglück zu stürzen.

Frage 34
Kann oder muss man sagen, dass wir, die Menschheit als Ganzes, mitsamt ihrer Zivilisation und Errungenschaften an dem „Point-of-no-return" angelangt sind?

Ich glaube nicht, dass es einen „Point-of-no-return" gibt, ganz im Gegenteil: Alle Menschen und Seelen in den Seelenreichen, also wir alle hüben und drüben, befinden uns in der Gnadenstrahlung des Christus-Gottes, vergleichbar mit der Sonne, die ihre Lebensenergie allen Geschöpfen auf Erden schenkt, den Guten und den Bösen. Wie alle Geschöpfe auf Erden sich letzlich der Sonne zuwenden, um überhaupt leben zu können, werden alle Seelen und alle Menschen sich Gott, dem Ewigen zuwenden. Wir sind alle auf dem Heimweg, auf dem Weg des Return.

Frage 35
Das wäre zu schön, um wahr zu sein! Wie verträgt sich das aber mit dem, was uns bezüglich unserer Zivilisation vorausgesagt ist, nämlich mit dem Untergang dieser Welt, wenn die Menschheit sich keines Besseren besinnt?

Wenn wir als Lichtwesen, die wir alle ja sind, auch diejenigen, die es noch nicht wahrhaben wollen, uns naturgesetzlich wieder dem Lichte zuwenden werden, wie die Blumen sich mit der Sonne drehen, dann heißt es ja nicht, dass wir alle den gleichen Weg gehen. Wir sind alle auf dem Heimweg zurück in unsere geistige Heimat, aber die Pfade sind verschlungen. Viele Irrtümer zwingen uns oft dazu, leidvolle Umwege zu gehen, bis wir alle wieder dort sind, was unsere Bestimmung ist. Es sind unsere Irrtümer, die in uns die Sehnsucht nach der Wahrheit entfachen.

Frage 36
Dann wäre das Unausweichliche ja eigentlich nichts, wovor wir uns fürchten müssen, wenn dem so wäre. Die große Mehrheit ist aber fürchterlich angstbesetzt, so sehr, dass Vernunft und rationales Handeln auf der Strecke bleiben. Gibt es überhaupt noch Menschen die keine Angst haben?

Ganz bestimmt und es könnte noch viel mehr davon geben, wenn wir begreifen würden, was dahintersteckt, wenn Christus uns empfiehlt und uns wärmstens ans Herz legt: „Fürchtet euch nicht, denn Ich Bin bei euch alle Tage". Die Angst, die viele Menschen peinigt, ist eine unbewusste Vorahnung auf die schmerzhaften Folgen, die wir uns sündigend selbst zufügen. Im Stillen wissen wir oft, dass wir sündigen. Viele ahnen sehr wohl, dass das, was wir der Mutter Erde antun, nicht gutgehen kann und genau das erzeugt massenweise Angstneurosen und Psychosen.

Frage 37

Dann gehören zu den verheerenden Folgen des Tierkannibalismus nicht nur die möglichen Massenerkrankungen durch virale Pandemien, sondern ebenso schlimm scheinen gewisse psychische Störungen zu sein, die sich ebenfalls epidemisch ausbreiten können. Was ist davon der schlimmere Part, der kommen könnte?

Vermutlich wird beides Hand in Hand gehen. Wenn der Körper erkrankt, dann ist auch die Seele krank und wenn die Seele krank ist, dann wird auch früher oder später der Körper erkranken. Es sind ja nicht nur die Demenzen, die Menschen zu Pflegebedürftigen machen, sondern die Menschheit hat schon sehr oft bewiesen, dass sie einem kollektiven Massenwahn erliegen kann, wie es vor 1945 im Hitler-Faschismus der Fall war, und von dem wir bis heute noch nicht kuriert zu sein scheinen. Der Fleischkonsum führt langfristig zwangsläufig in einen Massenwahn.

Frage 38

Das wäre ja wirklich dramatischer als alle körperlichen Erkrankungen zusammen. Wieso führt der langfristige Fleischkonsum zwangsläufig in den Massenwahn?

Wir Menschen sind gelenkte Wesen. Wir lenken uns über das Gewissen und unser Gewissen ist ursprünglich der Seismograph unserer Seele, über die Gott uns immer wieder zur Ordnung ruft, wenn wir Böses denken oder tun. Das Gewissen kann aber geschwächt sein, oder sogar ganz ausgeschaltet, wenn wir uns nicht mehr von Gott führen lassen wollen, sondern von den satanischen Kräften, die nur gegen Gott agieren wollen. Diese Tatsache kann jeden Menschen in den Größenwahn treiben und Einzelerscheinungen sind auch massenweise möglich.

Frage 39

Jetzt kann klar werden, wieso Fleischkonsum und der Krieg gegen die Natur den Menschen auf der Gewissensebene verändert und zwar in Richtung Herzenskälte und Brutalität. Das geschieht aber doch nicht von heute auf morgen, sondern wohl eher schleichend und viele merken es noch nicht einmal. Es ist sogar so, dass viele Mitmenschen gar nicht brutal erscheinen, obwohl sie Fleisch- und Tierprodukte verzehren. Kann es sein, dass das Ganze vielleicht doch nicht so tragisch ist, wie es in diesem Dialog geschildert worden ist?

Aktuell kann jeder Mensch, der sein Licht noch nicht völlig abgedunkelt hat, an dem Massenverhalten erkennen, wohin die Reise geht, nämlich in den Krieg und in das Verderben. Wenn wir bei unseren Mitmenschen nicht ihre wahre seelische Verfassung wahrnehmen, dann liegt das daran, dass der Mensch sich anders gibt, als er in Wirklichkeit ist, und zwar auch sich selbst gegenüber. Wir lügen uns oft ins eigene Hemd, weil wir uns unsere Charakterschwächen ungerne eingestehen wollen. Der Volksmund beschreibt das so: „Nach außen Hui, – nach innen Pfui".

Frage 40
Was kann dem Leser dieses Dialoges mit dem Titel: „Die verheerenden Folgen des Tierkannibalismus für Mensch und Natur" als hoffnungsvolle Perspektive mit auf seinen künftigen Weg gegeben werden?

Wir haben den freien Willen. Jeder kann frei entscheiden, ob er so weiter machen will, wie bisher, und zwar unabhängig von dem Willen der Masse und deren Obrigkeiten. Es ist nicht leicht und teilweise sogar sehr, sehr schwer, sich von seinen alten Gewohnheiten im Denken und Tun zu lösen, um sich bewusst auf den Christusweg der Erlösung zu begeben. Wer das konsequent tut und nicht nachlässt, dem wachsen innere Hilfen zu, denn der Geist Christi ist in uns. Die Idee der Erlösung durch Christus hilft uns dabei, uns schrittweise vom Unguten zu lösen.

* * *

EPILOG
zum Kapitel 11

Für eine Pandemie des Guten

Wenn der obige Dialog so viel Problembewusstsein erzeugt hat, dass die nächste Currywurst vielleicht schon mehr Gewissensbisse auslöst, als die Anzahl der Bisse, die ihr Verzehr erfordert, wenn der Anblick der Fleischtheke im Supermarkt schon erste Reuegefühle vor dem Kauf von Fleisch und Wurst uns zögern lässt, wenn wir beginnen, die Kühe auf der Weide zu grüßen und uns ein Verlangen beschleicht, diese gefangenen Nutztiere am liebsten freizulassen, wenn wir beginnen, das Leid der Tiere in unsere Gebete einzuschließen, dann entsteht eine Pandemie des Guten.

Nicht verzagen – Dein Gewissen befragen!

Unser Körper ist das Instrument der Seele für die Zeit dieses befristeten Daseins auf Erden. Die Macht der Gewohnheit hat in vielen Fragen, auch in der Frage einer gottgefälligen Ernährung eine Art Verhaltens-Automatik entstehen lassen, die dafür sorgt, dass unser Gewissen erlahmt. Es meldet sich nicht mehr automatisch, wenn wir unseren tradierten Verhaltensweisen freien Lauf lassen. Wir haben es mit einem Kontrollverlust zu tun, wenn wir unser Denken und Tun nicht mehr hinterfragen und uns nicht mehr kontrollieren. Da hilft nur eines: Der innere Gewissens-Dialog.

Gott hat rechtzeitig gewarnt

Manchmal lässt unsere gute Motivation allzu gerne nach und dann fangen auch unsere guten Vorsätze an zu schleifen, mit der katastrophalen Folge, dass der Satan der Sinne alte Gelüste wiedererweckt. Dagegen helfen regelmäßige Gebetskontakte mit Christus in uns, verbunden mit der Bitte um Beistand und Kraft zum inneren Widerstand. Hilfreich ist aber auch immer wieder, sein Problembewusstsein mit einem Buch zu verstärken, das uns hilft, uns daran zu erinnern, warum wir keine Fleisch- und Tierprodukte mehr essen wollen. Diesbezüglich kann das folgende Buch behilflich sein:

Katastrophen - Erdumwälzungen – Sterben
Gott hat rechtzeitig gewarnt
ISBN 978-3-89201-275-7
im Gabriele Verlag oder im Buchhandel erhältlich

* * *

LESEPROBE

aus der Buchbeschreibung des Gabriele-Verlags zu dem Buch:
Katastrophen - Erdumwälzungen – Sterben
Gott hat rechtzeitig gewarnt

Seit über 40 Jahren spricht der Freie Geist, Gott, der Ewige, zu uns Menschen durch Seine Prophetin und Botschafterin Gabriele und klärt über die Katastrophen auf, die der Mensch heraufbeschwört durch sein brutales Verhalten gegen die Tiere, gegen die Natur und gegen die ganze Mutter Erde.

Um Seine Menschenkinder davor zu bewahren, mahnte Er, der liebende Vater, der Schöpfergeist, der die Natur, die Tiere und die gesamte Mutter Erde beatmet, die Menschen immer wieder, umzukehren.

Er warnte vor den schwerwiegenden Folgen, die auf die Menschen nach dem Gesetz von Saat und Ernte, von Ursache und Wirkung, zukommen werden, wenn sie weiterhin Tiere töten und quälen, die Natur zerstören und Land und Wasser vergiften.

Die Mahnungen des Freien Geistes, des redenden All-Einen Gottes, wurden von den Menschen nicht nur ignoriert, sondern Sein Wort und Seine Gottesprophetin wurden von der herrschenden Priesterkaste und den Mächtigen systematisch verfolgt, unterdrückt und lächerlich gemacht, um eine Umkehr der Menschen zu verhindern.

Seit der letzten Auflage dieses Buches zeigt sich immer mehr, dass jetzt eintritt, wovor Gott, der Ewige, rechtzeitig gewarnt hat.

Dass es nicht hätte sein müssen und warum es soweit kam, kann jeder anhand der in diesem Buch dargestellten Fakten selbst nachlesen.

Offenbarungen aus dem Reich Gottes der vergangenen Jahrzehnte werden dem aktuellen Weltgeschehen gegenübergestellt anhand wissenschaftlicher Fakten und ausgewählter Zeitungsberichte.

So erhält jeder die Möglichkeit, sich selbst ein Bild zu machen und – so er möchte – daraus Schlüsse für sein Leben zu ziehen.

* * *

EINIGE PROPHETISCHE ZITATE
zum Willen Gottes bezüglich des Tierkannibalismus

Du sollst nicht töten!

Moses, Prophet Gottes

* * *

Wer ein Tier schlachtet, gleicht dem, der einen Mann erschlägt; wer ein Schaf opfert, gleicht dem, der einem Hund das Genick bricht; wer Speiseopfer bringt, gleicht dem, der Schweineblut spendet; wer Weihrauch anzündet, gleicht dem, der Götzen verehrt!

Jesaja, Prophet Gottes

* * *

Wahrlich, Ich sage euch, darum Bin Ich in die Welt gekommen, dass Ich abschaffe alle Blutopfer und das Essen des Fleisches der Tiere und Vögel, die von Menschen geschlachtet werden.

**Jesus von Nazareth
der Christus Gottes**

* * *

Ich aber sage euch: Vergießet kein unschuldiges Blut, noch esset Fleisch. Seid aufrichtig, liebet die Barmherzigkeit, und tut recht, und eure Tage werden lange währen im Lande.

**Jesus von Nazareth
der Christus Gottes**

* * *

Stehet nicht geschrieben, dass Gott am Anfange die Früchte der Bäume und die Samen und Kräuter zur Nahrung bestimmte für alles Fleisch?

**Jesus von Nazareth
der Christus Gottes**

* * *

Am Anfang gab Gott allen die Früchte der Bäume und die Saaten und die Kräuter zur Nahrung; doch die, welche sich selbst mehr liebten als Gott oder ihre Nächsten. verdarben ihre Sitten und brachten Krankheiten in ihre Körper und erfüllten die Erde mit Begierden und Grausamkeit.

**Jesus von Nazareth
der Christus Gottes**

* * *

197

Nicht durch das Vergießen von unschuldigem Blut, sondern durch ein rechtschaffenes Leben werdet ihr den Frieden Gottes finden.

**Jesus von Nazareth
der Christus Gottes**

* * *

Ihr nennt Mich den Christus Gottes, und ihr sprecht wahr; denn Ich Bin der Weg, die Wahrheit und das Leben. Gehet diesen Weg, und ihr werdet Gott finden. Suchet die Wahrheit, und die Wahrheit wird euch frei machen.

**Jesus von Nazareth
der Christus Gottes**

* * *

… UND ZU GUTER LETZT NOCH EINIGE ZITATE ZUM NACHDENKEN UND ZUM UMDENKEN:

Ein Tierschützer, der Fleisch isst,
ist wie ein Feuerwehrmann, der Feuer legt.

Quelle: unbekannt

* * *

Die Menschen wären in etwa sieben Tagen ausgestorben,
wenn sie einander mit der gleichen Schlagzahl töteten,
wie sie Tiere töten.

Quelle: unbekannt

* * *

Der Tag wird kommen,
bei dem das Töten eines Tieres genauso als ein Verbrechen betrachtet
werden wird, wie das Töten eines Menschen.

Leonardo da Vinci

* * *

Gefährlich ist's den Wolf zu wecken, verderblich ist des Tigers Zahn,
jedoch das Schrecklichste der Schrecken,
das ist der Mensch in seinem Wahn.

Friedrich Schiller

* * *

KAPITEL 12

DIE CORONA-LEKTION

UND DAS GESETZ VON SAAT UND ERNTE

PROLOG
zum Kapitel 12

Der Ursache auf den Grund gehen

Was zu Beginn für den oft noch blauäugigen Otto-Normalverbraucher schwer zu durchschauen war, wird nun immer offensichtlicher: Wir werden verschaukelt und systematisch angelogen. Was jedoch noch schwerer zu verstehen ist: warum fällt die große Mehrheit der Menschen immer noch auf die „Experten" und auf die Politiker herein, denn die Lüge gehört ja schon immer zum Waffen-Arsenal der Herrschenden des Staatsapparates, deren hörigen Journaille und der Wissenschaften.

Die Illusion und der Selbstbetrug

Die folgenden Fragen und deren Antworten sollen ein wenig Licht in die verworrene Corona-Lektion bringen. Das Hauptproblem ist der Fakt, dass nicht nach den Ursachen gefragt wird oder, dass Ursachen genannt werden, die nicht die wahren Ursachen der Pandemie sind. Auch der Verdacht, eines kaschierten „Corona-Faschismus" ist leider nicht ganz auszuschließen, denn uns scheint eine Wirtschafts-Implusion mit einem Zivilisations-Kollaps ins Haus zu stehen.

Wohin geht die Reise?

Jeder wird das, was jetzt unweigerlich auf uns zukommt und, was auch schon lange vorhersehbar war, anders erleben. Wer sich mit der Frage, warum wir Menschen eigentlich auf der Erde sind, ausführlich befasst hat, der wird das Kommende als Teil der Evolution erkennen und weniger leiden, als jene, die jeder Aufklärung über den Sinn unseres Erdendaseins aus dem Weg gehen. Die Mammon-Zivilisation geht zu Ende und jeder muss dazu eine Haltung entwickeln. Darum geht es im folgenden Dialog.

* * *

DIALOG
zum Kapitel 12

Frage 01
Irgendwie kommt der Titel „Die Corona-Lektion" so merkwürdig abgebrüht daher, so, als soll im Folgenden die Dynamik und die Dramatik der Corona-Krise verkannt oder gar heruntergespielt werden. Gab es bei der Auswahl des Titels dieses Kapitels so etwas wie ein Wahrnehmungsdefizit?

Nein, auf keinen Fall. Genau das Gegenteil einer Verharmlosung oder gar einer Verkennung der Lage wird in dem folgenden Dialog und Gedankengang geschehen. Wir haben es ganz offensichtlich mit einem epochalen Geschehen zu tun, das leider noch von den meisten Menschen verkannt wird. Vor allem von unseren blinden Blindenführern dieses modernen Kirchenstaates und von den „Eliten" in Wissenschaft, Wirtschaft und Politik wird der Ernst der Lage vollständig verkannt.

Frage 02
Was bedeutet es, wenn von einem epochalen Geschehen die Rede ist?

Epochale Entwicklungen tragen in sich dramatische Veränderungen. Wir können, müssen und dürfen davon ausgehen, dass die Corona-Krise nur der vergängliche Vorläufer eines für die meisten Menschen noch unvorstellbaren Zivilisations- und Kulturschocks ist. Jedoch ahnen viele bereits, dass hernach nichts mehr so sein wird, wie es einmal war und da stellt sich die Frage, ob das gut oder ob das schlecht ist. Wir können uns gerne über Corona unterhalten, entscheidend aber ist das „Danach".

Frage 03
Was ist mit dem „Danach" gemeint?

Es wird ein Ende der Corona-Krise geben, denn jede Massenerkrankung ist vergänglich, wie alles auf Erden vergänglich ist. Das „Danach" befasst sich mit der Frage, was nach der Pandemie kommt, denn Corona ist ein Teil dessen, was danach kommt, sozusagen die Vorstufe. In der ersten Frage war von Verkennung seitens der Eliten die Rede. Es kommt jetzt darauf an, dass wir in dieser epochalen Lage die richtigen Fragen stellen, statt uns mit niederen, vergänglichen Nichtigkeiten zu befassen.

Frage 04
Was ist damit gemeint, dass wir uns die richtigen Fragen vorlegen sollten?

Generell finden wir ja nur Antworten auf jene Fragen, die wir stellen. Fragen, die wir nicht stellen, können uns auch keine Antworten liefern. Die richtigen Fragen berühren unser Gewissen. Es sind Fragen, die auf die Erkenntnis unserer Verantwortung zielen. Jeder hat seinen Anteil an dem

Gesamtgeschehen und somit sollte sich jeder fragen, was er fühlt, denkt, sagt und tut und vor allem: Warum? Fragen, die auf Gewinn an Selbsterkenntnis und auf Eigenverantwortung zielen, sind gute Fragen.

Frage 05
Können wir denn überhaupt das „Warum" in der Coronaproblematik ergründen, wo wir offensichtlich doch nicht einmal dazu in der Lage sind, diese weltweite Pandemie mit adäquaten Mitteln zu bekämpfen, um sie in den Griff zu bekommen?

Diese Frage geht genau in die falsche Richtung, und zwar aus spiritueller Sicht, aus der geistigen Perspektive heraus. Wer überlegt und fragt, wie wir das Virus bekämpfen können, um es in den Griff zu bekommen, der fragt auch indirekt danach, wie wir möglichst bald wieder zu unserem gewohnten Lebensablauf zurückkehren können. Das Virus gilt als Feind und wir sind es gewohnt, unsere Feinde zu bekämpfen und zu besiegen. Das ist eine niedere Denke, typisch menschliche Froschperspektive.

Frage 06
Mit Verlaub: Das ist schwer verständlich! Was ist die Corona-Pandemie denn anderes als eine Krankheit – eine Massenerkrankung, die auch noch hochinfektiös sein soll und nach Expertenmeinung sogar die ganze Menschheit bedroht. Müssen oder dürfen wir solche Gefahren nicht abwehren und bekämpfen?

Aus materieller Sicht mag diese Denke, der ja das Gros der Menschheit leider noch verfallen ist, durchaus logisch erscheinen, wonach Krankheiten als Feind zu betrachten sind, die es zu bekämpfen und zu besiegen gilt. Aber nicht alles, was logisch daherkommt, ist wirklich logisch, vor allem nicht die Logik von interessengeleiteten Experten aus Wissenschaft und Technik. Logik ist nämlich eine Denke, die sich über die Folgen jedes Verhaltens im Klaren ist. Das gilt auch umgekehrt!

Frage 07
Was bedeutet das genauer, wenn Logik als folgerichtiges Denken gelten soll, in Verbindung mit den Folgen des Verhaltens, oder umgekehrt: Mit dem Verhalten und dessen Folgen in Sachen Corona?

Das bedeutet, dass wir sowohl die Corona-Pandemie, als auch alle Krankheiten, und sogar alle Schicksale des Lebens auf Erden ursächlich betrachten sollten. Dann kommen wir nämlich auf die Frage nach dem „Warum": Warum wird aktuell der ganze Globus von einem Virus lahmgelegt? Was sind die Ursachen einer jeden Krankheit und eines jeden Schicksals? Wenn wir diese Fragen zulassen und sie an unserer inneren Zensurbehörde vorbeischleusen, dann beginnt die Ehrlichkeit.

Frage 08
Heißt das, dass alle Fragen nach den richtigen Maßnahmen, wie die Fragen nach der Verhältnismäßigkeit der Maßnahmen aus der Politik, oder die Fragen, ob Corona wirklich so gefährlich ist, wie sie dargestellt wird, und letztlich auch die Frage eventueller Zwangsimpfungen usw. unwichtig und nicht relevant sind?

Fragen, die aus der Ebene der Machtstrategen in Politik, Wissenschaft und Kirchen lanciert werden, mit denen sich auch viele Dissidenten und Journalisten der Alternativ-Medien befassen, basieren auf einer tradierten „Feindschafts-Denke". So wird die Natur traditionell als Feind betrachtet und alle natürlichen Gesetze des Lebens in allen Lebensformen der Natur gelten als feindlich. Hier sollten wir die Fragen hinterfragen. Kann die Schöpfung, deren Teil wir sind, unser Feind sein?

Frage 09
Nun wird es aber spannend. Sind Viren, Pestilenzen aller Art – sind nicht auch die Krankheiten und andere Katastrophen und Schicksale aller Art etwa nicht gegen den Menschen gerichtet und ist es nicht berechtigt, wenn der Mensch sich diesen lebensbedrohlichen Gegebenheiten entgegenstellt, mit allem, was sein Intellekt hervorbringen kann?

Nach den ersten acht Fragen, ist es nun an der Zeit aufzuhören, wie die Katze um den heißen Brei herumzuschleichen. Jetzt ist es an der Zeit, unser Christusgewissen einzuschalten, um zu ergründen, wer vorliegend eigentlich wessen „Feind" ist oder konkreter gefragt: Wer ist es in Wahrheit über Jahrtausende, der sich feindlich verhält – der Mensch oder die Natur? Wahres Wissen und die geistige Gewissheit reichen sich über unser Gewissen die Hände. Das Gewissen fragt nach der Verantwortung.

Frage 10
Soll das heißen, dass Corona eine Gewissensfrage ist, eine Frage, die für Urchristen eine Frage des Christusgewissens ist und, dass die ganze Angelegenheit völlig anders bewertet werden muss?

Niemand muss etwas müssen. Gott gab uns die Freiheit des Denkens und die Freiheit der Entscheidung. Ein Muss gibt es erst dann, wenn wir uns bewusst den Gesetzen des Lebens unterwerfen. Wir leben im Gefängnis von Raum und Zeit und im Gesetz von Saat und Ernte. Auf Erden gibt es nichts ohne Bedingung. Wir haben uns ja einst selbst als ehemalige Geistwesen „dinglich" gemacht. Das heißt: Alles, aber auch alles läuft unter der „Wenn-Dann-Formel" ab, ähnlich wie beim Programmieren.

Frage 11
Geht das mit dem „Muss" etwas genauer, denn das steht doch irgendwie im Widerspruch zur Freiheit Gottes? Wo Freiheit ist, kann es doch kein Muss geben, oder?

Ganz einfach: Wenn ich mit dem Auto irgendwohin fahren will, dann muss ich tanken, sonst will das Auto nicht - eine materielle Bedingung pur! Die Entscheidung allerdings, ob ich mit dem Auto irgendwohin fahren will, das ist eine freie Entscheidung. Das will gut verstanden werden: Wir haben auf Erden nur eine relative Freiheit. Die absolute Freiheit ist Gott. Wir Menschen sind noch vielfach gebunden, also noch unfrei. Wir sind aber frei darin, uns für oder gegen Gott zu entscheiden.

Frage 12
Diese „Wenn-Dann-Bedingungen", unter denen wir in der Materie auf Erden leben – gehören die zu den Naturgesetzen, die vom Menschen nicht umschifft werden können?

Die Medizin beweist uns jeden Tag, dass menschliches Handeln immer nur in engen Grenzen stattfinden kann. Die Wenn-Dann-Bedingung ist im Grunde eine andere Bezeichnung für das Kausalgesetz, das Christus uns schon vor zweitausend Jahren als das Gesetz von Saat und Ernte lehrte. Das bedeutet unwiderlegbar: Was der Mensch sät, das wird der Mensch ernten. Das wiederum bedeutet aber auch die Umkehr dessen: Was der Mensch erntet = erlebt, muss er selbst gesät = verursacht haben.

Frage 13
In der Tat, wenn das Kausalgesetz wirklich ein unumschiffbares Naturgesetz ist, das auch dann wirkt, wenn viele Menschen es noch nicht realisieren oder noch nicht wahrhaben wollen, dann könnte die Corona-Krise tatsächlich in einem ganz anderen Licht erscheinen. Stellt sich dann die Frage, ob die Corona-Krise menschengemacht ist, demnach also die ungute Ernte einer unguten Saat?

Es sieht ganz so aus. Ich selbst bin absolut nicht allwissend, aber ich neige wirklich dazu, die Corona-Krise eher als eine menschengemachte Affäre einzuordnen. Wenn diese Sicht richtig ist, dann ist die Pandemie auch nichts Ungutes, sondern etwas Gutes. Es gefällt uns natürlich nicht, aber es stellt sich die Grundsatzfrage ob das, was der Mensch will, gut ist, weil es ihm gefällt, und dann natürlich auch, ob das, was der Mensch nicht gut findet, auch wirklich ungut ist. Wir sollten neu wägen lernen.

Frage 14
Dann lass uns doch mal eine neue Wägung versuchen. Was ist denn an einer Krankheit gut und lässt sich das auch auf eine Massenerkrankung anwenden, wenn wir zu einer völlig neuen Bewertung kommen?

Was macht eine Krankheit? Sie setzt uns entweder außer Gefecht oder sie behindert uns zumindest in dem, was wir tagtäglich tun, ohne es zu hinterfragen, was wir da eigentlich tun. Ich vermute, dass Corona eine natürlich Abwehrreaktion der Mutter Erde ist. Die Mutter Erde ist ein lebender Organismus, so wie wir Menschlein auch. Wir sind ein Mikrokosmos in vielen Makrokosmen. Die Erde ist unser nächster Makrokosmos, der selbst ein Mikrokosmos weiterer Makrokosmen ist.

Frage 15
Was hat das mit der Erkrankung und mit Epidemien, Pandemien und Schicksalen zu tun?

Wohl sehr viel, denn alle lebenden Organismen, alle Mikrokosmen und alle Makrokosmen agieren und reagieren immer gleich. Alle Gesetze des Lebens in allen Lebensformen, die Gott schuf, gelten ausnahmslos für alle Organismen, also auch für Mensch, Tier, Pflanze und Mineral – also auch für das Leben auf Erden. Und hier gilt unausweichlich: Alle Kräfte, die sich gegen das Leben stellen, werden grundsätzlich von der Energie unseres Schöpfers in Liebeskräfte umgewandelt, die für das Leben sind.

Frage 16
Sind die Kräfte der Krankheiten Kräfte gegen das Leben, egal von welcher Schwere oder von welcher Intensität die Krankheiten sind?

Die uns bekannten und beschriebenen Krankheiten sind ja nur die eine Seite der Medaille, die materielle Seite. Wir wissen, dass der materielle Organismus Kräfte der Immunisierung entfalten kann, wenn die Ursache der Krankheit dieses zulässt. Die Immunisierung auf der materiellen Ebene „funktioniert" aber nicht, wenn in dem erkrankten Organismus noch nicht die Ursache der Krankheit behoben ist. Hinter jeder Krankheit stehen lebensfeindliche Gesinnungen, die sich in den Körper ergießen.

Frage 17
Jetzt könnte bei dem einen oder anderen Leser das Gefühl aufkommen, in einem Schleudersitz zu sitzen. Gibt es wirklich eine krankmachende „lebensfeindliche Gesinnung"?

Das ist relativ einfach beantwortet, wenn wir fragen: „Sind unsere Gefühle, unser Gewissen, unsere Gedanken, unsere Worte und unsere Taten und Verhaltensweisen im Einklang mit den Schöpfungsgesetzen Gottes, also positiv und konstruktiv, oder steht unsere Gesinnung in Opposition zu Gott, ist sie also negativ und destruktiv, also zerstörend für das Leben?" So gesehen, könnte Corona die Folge eines pathogenen Massenverhaltens sein, die Antwort auf den Krieg gegen die Natur.

Frage 18
Wie kann das angehen? Wann und wie verhalten wir uns pathogen oder noch weiter gefragt: „Warum verhalten wir uns pathogen?"

Die meisten Menschen verhalten sich unbewusst pathogen. Sie sind sich nicht darüber im Klaren, dass unsere Regungen, also unsere Gefühle, unsere Gedanken, unsere Worte und unsere Verhaltensweisen Kräfte sind, die, wie ein Ton schwingen. Diese energetischen Schwingungen verändern die Materie und die sich verändernde Materie wirkt auf den Organismus zurück, von dem die Schwingung ausgegangen ist. Es findet also eine ständige Kommunikation zwischen allen Lebensformen statt.

Frage 19
Kann man das vergleichen, mit der Musik oder auch mit Bildern und Texten, die auf eine CD eingebrannt werden können?

Genau, wir hatten ja schon einmal einen Vergleich mit dem Computer bemüht. Heute ist uns bekannt, dass alles miteinander kommuniziert. Dort, wo Kommunikation ist, dort wird auch gespeichert. Wir Menschen speichern jede Regung in unserer Seele, dann erfolgt eine Gegenbuchung in der Erde und weitere Buchungen in der atmosphärischen Chronik. Destruktive Speicherungen, die sich gegen das Leben richten, werden naturgesetzlich immer in Energien für das Leben zurückverwandelt.

Frage 20
Findet auf immaterieller Ebene, also auf geistiger Ebene, im Grunde das gleiche statt, wie in unserem menschlichen Organismus, der ja speziell Abwehrzellen bildet und dorthin schickt, wo eine Infektion die Gesundheit angreifen will?

Ja, aber hier findet eine Interaktion zwischen Geist und Körper statt. Der Infektion im Körper ist vorher eine disharmonische „geistige Infektion" vorausgegangen, die sich dann bei passender Gelegenheit in den Körper aus Materie überträgt. Anders herum: hat vorher keine Verunreinigung des Geistes stattgefunden, kann auch keine Infektion im Körper stattfinden. Das sollen wir erkennen und wir sind durch Christus darin so belehrt worden: Die eigentliche Immunisierung sind reine Gedanken.

Frage 21
Was bedeutet das alles in Bezug auf die aktuelle Corona-Krise? Kann das bedeuten, dass bestimmte Menschen gar nicht gefährdet sind?

Im Grunde genommen ja, aber hier sollte das Corona-Geschehen noch etwas genauer betrachtet werden. Auffallend sind zwei Dinge: Das Corona-Virus ist extrem aggressiv und es hat sich rund um den Globus ausgebreitet und das mit einer atemberaubenden Geschwindigkeit. Es ist vollkommen überflüssig und müßig, jetzt darüber zu spekulieren, ob die staatlichen Maßnahmen überzogen sind oder nicht und ob man Corona per Impfungen besiegen kann. Wir müssen nach den Ursachen fragen.

Frage 22

Klar, wenn wir wüssten, wie und wodurch diese Pandemie entstanden ist, die die ganze Weltwirtschaft lahmgelegt hat, dann könnten wir vermutlich direkt an den Ursachen ansetzen. Bislang hört man aber nichts über mögliche Ursachen, bestenfalls über mögliche Auslöser, die ja nicht mit den Ursachen verwechselt werden dürfen. Was sind denn die möglichen Ursachen? Wo und wie finden wir sie?

Die Ursachen sind uns bekannt, schon seit langer Zeit, schon seit vielen Jahrzehnten. Vor allem die Christus-Offenbarungen durch die Prophetin Gabriele haben katastrophale Folgen angekündigt, wenn wir nicht damit aufhören, diesen aggressiven Vernichtungskrieg gegen die Natur zu führen, also gegen die Schöpfung Gottes, gegen alle Lebensformen auf der Erde, einschließlich der Lebensform des Menschen selbst. Diese unsere Aggressivität ist die Ursache der Aggressivität des Corona-Virus.

Frage 23

Da hört man so gut wie gar nichts davon und irgendwie ist das auch nur sehr schwer vorstellbar, dass diese zufällig erscheinende virale Pandemie eine Reaktion auf das menschliche Verhalten sein soll. Wenn dem so wäre, warum kommen solche Verlautbarungen nicht aus den Reihen der Wissenschaft?

Zum Teil warnen auch einige Wissenschaftler schon lange vor den Folgen der nahezu alles umfassenden Umweltzerstörung, vor allem jene aus der Disziplin der Quantenphysik. Doch wir ignorieren fast alle diese Warnungen und machen Business as usual, sowohl die „Eliten" in Staat, Kirchen und Wirtschaft, als auch der „kleine Mann", denn nur das Verhalten der Masse kann letztlich dieses Ausmaß der Zerstörung der Natur bewirken. Einige Wenige könnten die Erde niemals so zurichten.

Frage 24

Ist es denn nun zu spät? Kann die Entwicklung bei dem jetzigen Grad der Zerstörung der Natur überhaupt noch aufgehalten werden, zumal es ja ganz so aussieht, dass sich nach Corona eine Weltwirtschaftskrise einstellen könnte, wie die Welt sie noch nie gesehen hat?

Für jeden einzelnen Menschen ist alles, was jetzt auf ihn zukommt, eine Gewissensfrage. Schon immer war es in der Geschichte der Menschheit so, dass alle Krisen, alle Pestilenzen, alle Kriege von jedem Menschen unterschiedlich erlebt werden. Jeder Mensch wird von dem, was aktuell abläuft und von dem, was noch auf uns zukommt, in unterschiedlicher Weise betroffen sein, gemäß des Gesetzes von Saat und Ernte und des Reinkarnationsgesetzes, was ja ebenfalls meist noch ignoriert wird.

Frage 25
Schwer verständlich das Ganze, vor allem, wieso alles Kommende für jeden Menschen eine Gewissensfrage sein soll. Was kann man denn über sein eigenes Gewissen überhaupt noch bewirken, wenn man sich das riesige Ausmaß der Naturzerstörung ansieht und was lässt sich überhaupt noch bewirken, wenn man sieht, wie einige Mächtige offensichtlich sogar daran arbeiten, einen erneuten Weltkrieg vom Zaun zu brechen?

Nach dem Kausalgesetz, dem Gesetz der ausgleichenden Gerechtigkeit, erntet jeder nur dasjenige, was er zum einen über mehrere Leben gesät hat und, was jeder in diesem Leben noch draufgesattelt hat. Die Gnade des Christus-Gottes besteht ja nun gerade darin, dass jeder Mensch zu jeder Zeit seine Gesinnung über sein Gewissen schrittweise umstellen kann. Jeder kann sich reuevoll, und um Vergebung bittend, sofort auf den Christusweg der Erlösung begeben und sein Leben neu ausrichten.

Frage 26
Welche Rollte spielt denn dabei das Gewissen ganz konkret?

Das lässt sich im Kapitel 1 dieses Buches „Christusgewissen" genauer nachlesen. Hier nur soviel: Hinter unserem Gewissen steckt immer eine stille Gewissheit, dass Gott und unser Erlöser Christus eine Realität sind. Diese Gewissheit gilt es wiederzubeleben, denn Gott ist in uns drin, wie Er in allen Lebensformen drin ist. Von dieser Gewissheit ausgehend, ist es jedem Menschen gegeben, sich sofort zu ändern, die Zehn Gebote zur Hand zu nehmen, mit dem festen Vorsatz, diese auch schrittweise zu erfüllen.

Frage 27
Das soll helfen und das soll sich auf die Corona-Krise positiv auswirken?

Die Annahme und Befürwortung der Zehn Gebote sind nur der Anfang einer vollkommenen Neuorientierung, die ja eine Abwendung von dem verhängnisvollen Materialismus unserer heutigen Zeit wäre, die vom Techno-Größenwahn und von einer Art kirchlichen Beton-Heidentum geprägt ist. Die geistige Neuorientierung setzt sich über die Befassung mit der Bergpredigt Jesu und deren Umsetzung fort und idealerweise mit der Befassung der Christus-Offenbarungen durch die Prophetin Gabriele.

Frage 28
Noch einmal nachgefragt: was nützt es, wenn der Einzelne anfangen würde, sich urchristlich zu orientieren und die anderen machen so weiter wie bisher? Der Sinn und die Tragweite und auch die Reichweite der Umorientierung des Einzelnen will nicht so ganz einleuchten.

Es gibt immer mehr Menschen, die sich aktuell nach Gott sehnen, aber nicht nach diesem Strafgott und dem Kirchen-Gott der Verdammnis. Wir sollten unseren Blick aus der Froschperspektive erheben und lernen, über mehrere

Leben auf Erden zu denken. Die Reinkarnationslehre befreit uns auch von den dunklen abendländischen Totenvorstellungen der Kirchen. Wir sterben nicht, wenn wir sterben und alle werden die Corona-Krise überleben, auch diejenigen die mit oder an Corona sterben. Das ist Fakt.

Frage 29
Was soll das denn bedeuten: „Alle werden die Corona-Krise überleben, auch die, die an oder mit Corona sterben"? Ist das ein schlechter und makabrer Witz?

Nein, denn alle Menschen leben nach dem Leibestod auf einem anderen feinstofflichen Planeten und in einem anderen Aggregatzustand weiter, als Seele. Dort entwickeln wir uns entweder weiter für immer höhere Lebensformen, oder wir gehen erneut als Mensch für ein paar Jahrzehnte auf die Erde, nämlich dann, wenn wir noch überwiegend egoistisch und materialistisch ticken. Was wir jetzt hier und heute tun, das entscheidet darüber, ob und wie oft wir uns erneut auf Erden einverleiben werden.

Frage 30
Das ist aber allgemein nicht bekannt. Woher kommt denn das geistige Wissen und kann sich jeder diesbezüglich orientieren und wo und wie?

In der Tat – seit ca. 1.700 Jahren gibt es diese scheinchristlichen Macht- und Staatskirchenkonzerne. Die hatten und haben nichts anderes zu tun, als die Christus-Lehren vollständig zu verbiegen und das Wesentlichste regelrecht mit Gewalt zu verbieten, nämlich: Die Reinkarnationslehre in Verbindung mit dem Gesetz von Saat und Ernte. Daraus sind die heutige Perspektivlosigkeit und die Hoffnungslosigkeit entstanden, es sei denn wir lesen die Christus-Offenbarungen, die es im Gabriele-Verlag gibt.

Frage 31
Kann denn jeder an die Christus-Offenbarungen herankommen?

Ja, natürlich, jeder kann die vielen Bücher dazu bestellen und lesen und dann selbst entscheiden, wie er sich künftig verhalten möchte. Der Gabriele-Verlag stellt im Internet ausführliche Beschreibungen, und zum Teil auch Leseproben, zur Verfügung. Man kann dort auch telefonisch ein Buchverzeichnis bestellen und ich kann nur sagen: es lohnt sich, weil jede Form der Hoffnungslosigkeit und Verzweiflung in dem Maße schwindet, wie wir uns auf den Christusweg der Erlösung begeben.

Frage 32
Mit Sicherheit können wir in diesem Kapitel: „Die Corona-Lektion" nicht alle Fragen klären. Wer bis hier die Fragen und einige mögliche Antworten gelesen hat, ist ja frei darin, sich wenigstens probeweise mal jene Christus-Offenbarungen durch die Prophetin Gabriele an sich heranzulassen. Vielleicht können wir zum Schluss noch einen Ausblick wagen, was nach Corona auf uns zukommen könnte?

Keiner kann in die Zukunft schauen, aber viele Indizien sprechen dafür, dass wir eine harte Rezession der Weltwirtschaft vor uns haben, die von vielen Fachleuten übrigens schon lange erwartet wird. Jeder kann sich selbst ausmalen, dass bürgerkriegsähnliche Zustände, sogar Faschismus und Krieg nicht mehr ausgeschlossen werden können. Diese Mammon-Kultur und gottferne Zivilisation geht zu Ende. Das Leben geht weiter, aber mit absoluter Sicherheit nicht mehr so, wie viele es sich noch wünschen.

Frage 33
Kommt jetzt die Apokalypse, wie sie in der Offenbarung des Johannes von Patmos und wie sie auch in den Werken des Sehers Nostradamus vorhergesehen wurden? Stehen wir vor dem Weltuntergang?

Christus selbst hat uns den Untergang dieser Welt vorausgesagt und zwar dieser selbstzerstörerischen und kriegerischen Zivilisation, die sich nicht zum Guten wenden kann, weil fast alle Menschen nicht die Gebote Gottes des Friedens, der Freiheit, der Gerechtigkeit, der Gleichheit und der Geschwisterlichkeit annehmen wollten und auch heute noch nicht wollen. Weltuntergang meint den Untergang dieser unseligen Mammon-Kultur, um hernach das Friedensreich Christi auf Erden zu errichten.

Frage 34
Ist das jetzt der Anfang vom Ende der Mammon-Kultur?

Es gab schon Schlimmeres, wenn wir uns das vergangene Jahrhundert ansehen. Aber wir haben nichts daraus gelernt. Deswegen leben wir jetzt am Ingress einer Zeitenwende. Corona und die Weltwirtschaftskrise könnten durchaus der Auftakt sein, aber uns ist noch viel Schlimmeres vorausgesagt, weil die kosmische Chronik randvoll ist und nun, dem Gesetz von Saat und Ernte folgend, alles auf die Menschheit und auf jeden Menschen im Grade seiner Verschattung zurückfallen wird.

Frage 35
Das ist ja furchtbar und das macht ja richtig Angst. Gibt es da wirklich keinen Ausweg mehr?

Die Gnade Gottes ist mit jedem, der sich eines Besseren besinnt und sich dazu entschließt, sich auf den Christusweg der Erlösung zu begeben. Gott will weder, dass wir ständig inkarnieren und uns auf Erden immer wieder neu belasten und Gott will auf keinen Fall, dass wir leiden. Alle, die einsichtig werden und sich ernsthaft vom Satan der Sinne abwenden, in

Wort und Tat und nicht nur verbal, werden auf unterschiedliche Weise die Gnade der Vergebung erfahren. Auch das ist uns mehrfach offenbart.

Frage 36
Was kann man sich denn unter der „Mammon-Kultur" vorstellen, von der sich jeder loslösen soll, damit eine neue Welt des Friedens entstehen kann?

Mammon bedeutet: Jeder gegen jeden - alles nur für mich – ich bin mir selbst der Nächste – Streben nach Reichtum und Macht – Streben nach Wohlstand, koste es, was es wolle – Geltungssucht – Luststreben und Vergnügen, so als lebe man nur einmal – saufen, prassen, Pornokultur und Hurerei quer durch die ganze Gesellschaft, bis in die angeblich höchste moralische Instanz, den dunklen Priester-Kirchen. Mammon heißt auch: Gottferne, Christus-Verleugnung und Materialismus pur.

Frage 37
Was verbirgt sich hinter der Formulierung „Christusweg der Erlösung"?

Eigentlich ganz einfach: Wir sollen uns von all dem lösen, was wir oben unter der Mammon-Kultur aufgezählt haben. Wir sollen uns von diesem unseligen Egomanentum lösen, von dem wir fast alle noch mehr oder weniger, wenn auch in unterschiedlichen Maßen, beherrscht werden. Wenn wir uns von den materiellen Ideologien und den weltlichen Religionen lösen, dann durchbrechen wir das Rad der Reinkarnationen. Das ist der Weg der Erlösung von all unseren Übeln, der Christusweg der Erlösung.

Frage 38
Kann das nicht jeder für sich alleine machen, aus eigener Entschlusskraft und ohne Christus, wenn man nicht an Christus und an Gott glaubt?

Jeder kann es versuchen und er wird scheitern. Das beweist ja glasklar die Geschichte der Menschheit: Der Mensch kann sich aus sich heraus deswegen nicht alleine erlösen, weil er noch unglaublich viele Altlasten aus früheren Leben mit sich herumschleppt, die sich seit dem Engelsturz aufgetürmt haben. Diese Altlasten kriegen wir als Menschen nicht alleine abgetragen. Ohne Hinwendung zu Gott, unserem Schöpfer, und zu Christus, unserem Erlöser, kann der Mensch nichts Gutes hervorbringen.

Frage 39
Was ist denn mit den vielen Menschen, die von Christus noch nie gehört haben oder mit denen, die von der Reinkarnation und von den heutigen Christus-Botschaften durch die Prophetin Gabriele noch nie gehört haben? Die können sich doch vor lauter Unwissen gar nicht wandeln?

Mal ganz abgesehen davon, dass jeder Mensch die Zehn Gebote Gottes durch Moses zumindest teilweise kennt, die immerhin ca. 3.300 Jahre auf

Erden kursieren, hat jeder Mensch ein Gewissen. In jedem Menschen pocht das Gewissen, die innere Verbindung zu Gott, der ja in jedem Menschen wohnt. Wer sein Gewissen nicht vollständig abgeschaltet hat, der wird viele Chancen und Möglichkeiten erhalten, mit der Wahrheit des Christus in Kontakt zu kommen. Niemand wird ausgelassen werden.

Frage 40
Gibt es zum Thema „Corona-Lektion" abschließend ein paar tröstende und mutmachende Gedanken, die dazu geeignet sind, dass wir mit dem, was aktuell geschieht, und was noch auf uns zukommen kann, besser zurechtkommen können?

Vielleicht helfen die folgenden sieben Thesen im Epilog, die das bisher Gesagte zu einer Art „geistigen Medizin" werden lassen können, und den Inneren Arzt und Heiler in uns zur Entfaltung bringen können. Der Volksmund sagt: „Wo Not ist, dort ist auch Rettung". Was der Volksmund aber in dieser Kürze nicht sagt, ist, dass die Rettung und der Retter in uns selbst drin sind. Vielleicht helfen die folgenden Thesen oder Merksätze und die Literaturempfehlung danach, den Inneren Retter zu mobilisieren.

* * *

EPILOG
zum Kapitel 12

These 01
Verzweifle nicht!

Verzweiflung ist Gift für die Seele. Verzweiflung kommt von „Zweifel". Im Wort „Zweifel" steckt das Wort „Zwei" und die Zwei steht für Zwiespalt und für Gegensätzlichkeit. Such die Einheit mit Gott und der Natur, die in uns und um uns ist. Dann findest Du den Inneren Frieden und die Innere Freiheit und auch die Gewissheit, dass nicht nur alles gut wird, sondern, dass schon alles gut ist. Auch die Corona-Krise ist gut, denn sie ist unser Lehrer. Sie lehrt uns eine göttliche Lebensführung.

These 02
Fürchte Dich nicht!

Jeder kennt den Satz: „Angst ist ein schlechter Ratgeber". Warum? Angst zerfrisst unsere Nerven und das macht uns krank. Angst lähmt uns bishin zur Schockstarre. Angst nimmt uns die Freiheit des Denkens und des Handelns und zerstört so unsere Souveränität. Wer fürchtet sich vor was? Wir fürchten uns vor der Ungewissheit und meist unbewusst vor den Folgen unserer Sünden. Wer den Christusweg der Erlösung geht, wer die Gnade Gottes und die Vergebung kennt, verliert jede Angst.

These 03
Vertraue der Heilkraft der geistigen Hygiene!

Wir wissen, dass die Hygiene schon auf der körperlichen Ebene wichtig für unsere körperliche Gesundheit ist. Sei gewiss darin, dass das alles Entscheidende aber die geistige Hygiene ist, die sich in den Körper und in die körperliche Verfassung überträgt. Mit reinen und guten Gedanken der Liebe, des Wohlwollens für alle Mitmenschen und alle Kreaturen der Erde, Verantwortung für das Gemeinwohl, kannst Du eine Immunität aus dem Geiste heraus entwickeln. Liebe ist der Grundbaustein des Lebens.

These 04
Mache die Zehn Gebote Gottes zu Deinem Gesetz!

Falls Du die Zehn Gebote vergessen hast, hole sie hervor und lies sie langsam durch und dann frage Dich: „Hätten Krieg, Faschismus, Hunger, Elend, Hass, Ungerechtigkeit, Zerstörungswut und die Gleichgültigkeit gegenüber dem Leid unserer Nächsten überhaupt noch eine Chance, wenn wir uns an die Zehn Gebote halten würden?" Wenn Du diese Frage verneinst, dann fang an, die Zehn Gebote zu Deinem Gesetz zu machen und lebe danach. Fang mit dem 5. Gebot an und dann wird alles gut!

These 05
Erkenne den Sinn unseres Erdendaseins!

Lebe nicht sinnlos in den Tag hinein, so als hättest Du nur dieses eine Leben, dass man auf Teufel komm raus genießen muss, weil man ja nur dieses eine Leben hat. Befasse Dich mit dem Reinkarnationsgesetz und mit dem Gesetz von Saat und Ernte und Du wirst erkennen, dass kein Mensch stirbt, wenn er stirbt. Jeder, das heißt jede unsterbliche Seele, wechselt nur in eine andere Ebene des Lebens, in jene Ebene, die wir uns auf Erden erschließen. Keine Seele geht verloren. Es gibt keine Hölle.

These 06
Lass Deinen Glauben zur Gewissheit werden!

Der Glaube für sich allein nützt überhaupt nichts. Der Glaube ist nur der Anfang eines Lebens in Harmonie mit den göttlichen Naturgesetzen, aber auch nur, wenn wir leben, wie wir nach Gottes Willen leben sollen. Der Glaube ist nur das Entree für ein Leben nach dem Motto: „Es gibt nichts Gutes, außer man tut es!" Wer in der Gewissheit lebt, dass Gott Realität ist, der findet auch wieder den Zugang zu seinem Ur-Gewissen. Unser Ur-Gewissen ist der unsterbliche Teil des vernebelten Gewissens.

These 07
Begib Dich auf den Christusweg der Erlösung!

Der Christusweg der Erlösung ist der Weg des Sich-Von-Allem-Lösens, was uns noch von innen her bedrängt, also unsere niederen Gelüste, die tradierten Gewohnheiten und von allem, was menschlich und somit nicht göttlich ist. Wer den Christusweg der Erlösung geht, wird die Erlösung von allen früher selbstgeschaffenen Übeln erfahren, Schritt für Schritt, immer im Grade der Verwirklichung der höchsten Ideale, die die Welt je gesehen hat: Die Christus-Ideale für Frieden, Freiheit und Gerechtigkeit.

… und abschließend noch eine Literaturempfehlung mit einer kleinen Leseprobe aus dem Buch:

Glaubensheilung die Ganzheitsheilung
Seiten 109 und 110 a.a.O.

LESEPROBE
aus dem Buch:

Glaubensheilung die Ganzheitsheilung
ISBN 978-3-89201-246-1
Gabriele Verlag

Seiten 109 und 110

Mit jeder Gegensätzlichkeit, gleich welcher Art, laufen wir Gefahr, ein Schicksal oder eine Krankheit heraufzubeschwören, denn wenn die Speicherfähigkeit eines Zellverbandes ausgeschöpft ist, dann kann von heute auf morgen das erfolgen, was wir gesät haben. Die Ursachen, die wir säen, erkennen wir nur dann, wenn wir uns beobachten. Die Wirkungen spüren wir am eigen Leib oder in unserer unmittelbaren Umgebung.

Sprechen wir von unserer Gesundheit und unserem Wohlergehen, dann sollten wir dennoch nicht vergessen, uns zu fragen, ob unsere Worte oder Gedanken inhaltsmäßig in Ordnung sind und ob unsere Seele ebenfalls von Gegensätzlichem frei ist. Nur wir selbst wissen, wie es um uns steht. So mancher meint, in und um ihn wäre eitler Sonnenschein, und merkt gar nicht, dass schon Gewitterwolken über seiner sogenannten Gesundheit hängen, die sich nur noch nicht entladen haben.

ENDE DER LESEPROBE

* * *

Uns allen ward ein Kompass eingedrückt,

noch keiner hat ihn aus der Brust gerissen:

Die Ehre nennt ihn, wer zur Erde blickt,

und wer zum Himmel, nennt ihn das Gewissen.

* * *

Annette von Droste-Hülshoff

KAPITEL 13

DER CHRISTUS-VERRAT

DURCH KIRCHEN UND STAAT

PROLOG
zum Kapitel 13

**Der Himmel ist mein Stuhl und die Erde meine Fußbank;
was ist's denn für ein Haus, dass ihr mir bauen wollt , (...)?**
(Jesaja, Prophet Gottes)

Mancheiner mag sich fragen, wer wohl zuerst da war, die Kirche oder der Staat. Die Frage ähnelt der fruchtlosen Grübelei, ob das Huhn vor dem Ei oder ob das Ei vor dem Huhn da war. Wer gerne spekuliert, könnte erweiternd fragen, ob die Kirche den Staat erfunden hat, oder der Staat die Kirche. Analytiker, die Christus und die Wahrheit lieben, fragen anders. Sie folgen dem Rat Jesu, der uns empfahl, nicht auf das Gesagte zu achten, sondern auf die Taten zu achten. Fragen wir also: Stimmen die Taten der Kirchen und des Kirchenstaates BRD mit dem Willen Gottes überein?

**Gebt dem Kaiser, was des Kaisers ist,
und Gott, was Gottes ist ...**
(Jesus, der Nazarener)

Eine ehrliche und ungeschönte Verhaltensanalyse, also eine Gut-oder-Böse-Analyse, gemessen am Willen Gottes, führt bei Kirchen und Staat sehr bald zu dem Ergebnis, dass Kirchen und Staat zwei Seiten ein und derselben Medaille sind, die mit dem heiligen Willen des Christus-Gottes nicht viel am Hut haben können. Das Jahr 2020, das Jahr der Verhängung eines absurden Maskenzwanges, bei gleichzeitiger Demaskierung von Kirchen und Staat und deren verlogenen, verdorbenen und inzwischen verstorbenen Menschenrechts-Rhetorik, treibt immer mehr Menschen in einen Loyalitätskonflikt.

Haben sie Mich verfolgt, so werden sie auch euch verfolgen ...
(Jesus, der Nazarener)

Alle Organisationen, auch Staaten und Kirchen, sind menschliche Konstrukte. Sie haben auch einen Charakter mit den gleichen Charaktermerkmalen, die jeder einzelne Mensch auch haben kann. So, wie charakterschwache Menschen ins kriminelle Milieu abdriften können, können dieses auch Organisationen tun, also auch Staaten und Kirchen. Sowohl einzelne Menschen als auch Organisationen können ihre Mitmenschen bekriegen, ausbeuten, unterdrücken, verfolgen und töten. Können Staaten und Kirchen das auch? Mehr zu diesem heißen Thema im folgenden Dialog.

* * *

DIALOG
zum Kapitel 13

Frage 01
Der Titel dieses Kapitels: „Der Christus-Verrat durch Kirchen und Staat" könnte nicht wenige Zeitgenossen erschrecken. Ebenso könnte der Hinweis im Prolog auf die charakterlich bedingte Möglichkeit eines kriminellen Verhaltens von Kirchen und Staat viele Bürger erschrecken. Ist der Titel dieses Kapitels und ist die Frage, ob unser Staat und die Kirchen auch kriminell werden können, berechtigt?

Es gibt einen Spruch, der lautet: „Schöne Worte sind nicht wahr, wahre Worte sind nicht schön." Sicher könnte man harte Realitäten so geschickt und diplomatisch in Seide hüllen, bis am Ende niemand mehr erkennt, worum es geht. Als Bürger eines Staates kommt man nicht umhin, sein Verhältnis zu dem Staat zu klären, in den man hineingeboren wurde. Auch das Verhältnis zu den Kirchen bedarf einer gründlichen Klärung. Wer nicht Mitglied einer der Kirchen ist, sollte dennoch sein Verhältnis zu ihnen klären, denn sie sind nahezu omnipräsent, einer Krake ähnlich.

Frage 02
Was bedeutet: „Die Kirchen sind nahezu omnipräsent?"

Omnipräsenz bedeutet Allgegenwärtigkeit. Der deutsche Kirchenstaat tut zwar so, als sei er ein säkularer Staat, aber das ist nicht der Fall. Säkularität bedeutet so viel wie religiöse Neutralität. Es handelt sich dabei um eine Idee und um einen Traum, dass der Staat sich in religiösen Angelegenheiten neutral oder gar abstinent verhält damit die Bürger auf diesem Gebiet keiner „hoheitlichen" Normierung ausgesetzt werden. Die Idee der Säkularisierung stammt nach meinem Kenntnisstand aus neuzeitlichen bürgerlich-freiheitlichen Emanzipations- und Friedensbewegungen.

Frage 03
Warum ist es notwendig, sich als Staatsbürger mit der Frage seines Verhältnisses zu den Kirchen und zum Staat zu befassen?

Sowohl der Staat als auch die etablierten Kirchen sind Machtapparate, die im Rahmen einer legitimen oder nicht legitimen Rechtsordnung in den freien Willen ihrer Mitglieder eingreifen können. In unserem Staat Deutschland sind die beiden Konfessionen katholisch und evangelisch die etablierten Kirchen. In anderen Staaten sind es andere Religionen und deren kirchliche Organisationen, die mehr oder weniger etabliert sind, also mehr oder weniger stark an der staatlichen Macht beteiligt sind. Alle Machtapparate sind grundsätzlich Herrschaftsinstrumente.

Frage 04
Ist die Möglichkeit des Eingriffs in den freien Willen des Menschen durch Staat und Kirchen nur eine theoretische Möglichkeit oder finden diese Eingriffe in den Freien Willen des Menschen in der Praxis immer statt?

Die Frage nach dem freien Willen des Menschen und nach dessen Unantastbarkeit ist eine Kardinalfrage, die wegen ihrer grundlegenden Bedeutung heute erneut alle Gemüter erhitzt. Die aktuellen Geschehnisse um die Corona-Pandemie, die nicht wenige Bürger auch für eine inszenierte „P(l)andemie" halten, die nicht im Dienste der Volksgesundheit steht, sondern die anderen unlauteren Interessen dienen könnte, setzt ja genau diese Kardinalfrage der Unantastbarkeit des freien Willens des Menschen in Gestalt des Staatsbürgers weltweit auf die Tagesordnung.

Frage 05
Es kann ja nicht bestritten werden, dass die Staaten aktuell weltweit in die sogenannten Freiheitsrechte ihrer Bürger mit der Begründung eingreifen, dass die Gesundheit aller Bürger durch einzelne Bürger gefährdet sein soll, wenn der Staat nicht eingreift. Ist diese Begründung nicht legitim?

Diese Begründung könnte nur dann einen legitimen Anschein erwecken, wenn tatsächlich eine hochgradige Gefahr für alle Menschen bestünde, dieses aber auch nur dann, wenn gleichzeitig die Ursachen der vermeintlichen Gefahr bekannt sind oder erforscht werden und die Gefahrenbeseitigung an den Ursachen ansetzt. Aber selbst dann liegt immer nur der Anschein einer Legitimität des Eingriffs in den freien Willen des Menschen vor. Es steht immer noch die Kardinalfrage im Raum, ob der Staat per Zwang seine Bürger knebeln darf und ob Zwang Gottes Wille ist.

Frage 06
Da fällt einem der Spruch in Goethes Ballade „Der Erlkönig" ein, in dem es heißt:„… und bist du nicht willig, so brauch ich Gewalt". Wenn von der Legitimität staatlicher Eingriffe die Rede ist und dann auch noch die Frage aufgeworfen ist, ob das alles Gottes Wille ist, dann fragt sich: Was ist in diesem Zusammenhang Legitimität und was ist in diesem Zusammenhang der Wille Gottes?

Legitimität stammt aus dem Lateinischen „legitimus" und übersetzt bedeutet das „gesetzmäßig". Als legitim lässt man allgemein alles gelten, was gesetzlich ist oder wenigstens, was gesetzlich sein könnte, was also von seiner Gewichtigkeit her von gesetzlichem Rang ist. Genau hier aber scheiden sich die Geister, denn es herrscht hier eine ganz üble Begriffsverwirrung, die dringend geklärt werden sollte und, die sich hervorragend als Spaltpilz eignet, wenn die Klärung was Gesetz ist, nicht erfolgt. Damit sind wir beim Willen Gottes und beim Thema dieses Kapitels.

Frage 07

Wie sieht denn eine klare und unstreitige Definition von dem Begriff „Gesetz" aus und was hat das mit dem Willens Gottes zu tun?

Aus wahrer christlicher Perspektive ist nur der Wille Gottes Gesetz. Es handelt sich dabei um Naturgesetze der Schöpfung durch eine höchste Intelligenz, die wir in unseren Breitengraden Gott nennen. Ein Auszug aus den göttlichen Gesetzen, unter die generell auch die Naturgesetze fallen, sind die Zehn Gebote Gottes durch Moses und die Regeln des Friedens und des ewigen Lebens durch Jesus, die Er uns in der Bergpredigt lehrte und auch vorlebte. Danach kann der Mensch keine Gesetze erlassen, sondern nur Rechtsvorschriften,. Diese sind aber keine Gesetze!

Frage 08

Die Rechtsordnung der BRD besteht aber aus Gesetzen und das Recht ist in Gesetzesbücher gefasst. Wieso kann man den deutschen Gesetzen oder auch den Gesetzen in anderen Ländern den Gesetzes-Charakter absprechen?

Worte und Begriffe sind und waren schon immer Instrumente, um Gegebenheiten entweder zu beschreiben und zu erklären, aber auch oft, um Fakten zu verschleiern und Menschen hinter das Licht zu führen. Beispiel: Farblich sieht Cola ja genau wie Kaffee aus, aber niemand würde zu Cola Kaffee sagen, denn sie sind nicht das Gleiche. Ähnlich ist es mit den Begriffen „Rechtsvorschrift" und „Gesetz". Beide sind grundverschieden. Aus Cola wird ja auch dann kein Kaffee, wenn man Cola tausendmal hintereinander Kaffee nennt. Recht ist Recht, aber Gesetz ist Gesetz.

Frage 09

Wenn Gesetze peinlich genau von Rechtsvorschriften unterschieden werden sollten, dann fragt sich, welche faktischen Unterschiede substanziell so gewichtig sind, dass zwischen Recht und Gesetz unterschieden werden muss. Welche Fakten lassen sich hierfür benennen?

Der wichtigste Faktor ist, dass Gesetze von Gott kommen und Rechtsvorschriften kommen von Menschen. Die Gesetze Gottes sind unumgänglich, unveränderlich, allgültig, frei von Zwang, basierend auf hingebender Liebe, auf das ewige Leben gerichtet. Sie sind absolut und immer gut, nie böse, immer für das Leben, nie gegen das Leben. Diese Aufzählung ist nicht komplett, aber schon diese wenigen Hauptkriterien kann das menschengemachte Recht mit absoluter Sicherheit nicht annähernd für sich beanspruchen. Hier geht es also um Klarheit und um Wahrheit.

Frage 10

Ist das nicht eine fruchtlose und kleinkarierte Wortklauberei auf der Rechts- bzw. Gesetzes-Ebene oder anders gefragt: Ist es nicht egal, ob man das geschriebene Recht, das kodifizierte staatliche Recht, Rechtsvorschriften oder Gesetze nennt?

Jeder ist darin frei, die Dinge so zu nennen, wie er sie nennen möchte und wer zu einer Katze Hund sagen möchte, soll und darf das gerne tun, wenn er sich dabei wohlfühlt. Wir haben es aber nicht mit einer lapidaren Nebensächlichkeit zu tun, wenn wir untersuchen wollen, wie staatliches Recht und Kirchenrecht in Bezug auf die Lehren Christi einzuordnen sind. Wenn staatliches Recht und das mit ihm kooperierende Kirchenrecht gegen das Gesetz Gottes gerichtet sind, dann hat das für alle Betroffene höchst schwerwiegende und generell weitreichende Folgen.

Frage 11

Welche schwerwiegenden und weitreichenden Folgen sind es, mit denen wir Menschen und Bürger rechnen müssen, wenn wir nicht bewusst und gezielt hinterfragen, ob die kirchlichen und staatlichen Vorgaben und deren Verhaltensweisen mit dem Willen Gottes vereinbar sind?

Haben wir Deutsche nicht genügend Erfahrungen mit unglaublich brutalen Folgen durch staatlich-kirchliches Handeln? Konnten die Verbrechen des NS-Faschismus nicht nur deswegen geschehen, weil Staat, Kirchen und das deutsche Volk den heiligen Willen Gottes, also die Naturgesetze des Lebens, des Friedens, der Freiheit und der Gerechtigkeit missachteten? Beugte man sich nicht lieber dem Willen dämonisch geführter Obrigkeiten in Kirchen und Staat und befolgte ihre Befehle? Wieviele Lektionen braucht die Menschheit noch, um Gott zu lieben?

Frage 12

Dass Krieg und Faschismus rechtlich abgesichert waren und sogar von den Kirchen beider Konfessionen abgesegnet worden sind, ist bestimmt vielen Menschen heute nicht bewusst. Man denkt heute, dass solcherlei in einem Rechtsstaat nicht passieren kann. Ist der Rechtsstaat eine Illusion?

Der Rechtsstaat ist meiner Ansicht nach keine Illusion sondern eine Realität, die mit der Illusion befrachtet ist, dass alles, was vom Staat kommt, befolgt werden muss. Aus meiner persönlichen Sicht war das Hitler-Regime ein Rechtsstaat, sogar dann, wenn man die folgende Wikipedia-Definition gelten lässt: *„Ein Rechtsstaat ist ein Staat, der einerseits allgemein verbindliches Recht schafft und andererseits seine eigenen Organe zur Ausübung der staatlichen Gewalt an das Recht bindet.“* Der göttliche Wille spielte und spielt bei Kirchen und Staat bis heute keine Rolle.

Frage 13

Lassen sich Kriterien benennen und beschreiben, die belegen, dass das derzeitige staatliche Recht und das staatliche Handeln in Verbindung mit dem Kirchenrecht und den Staatskirchenverträgen (katholisch „Konkordate" genannt) im Widerspruch oder gar im Gegensatz zum heiligen Willen Gottes stehen?

Eigentlich ist das gar nicht so schwer, wenn man die Zehn Gebote Gottes durch Moses und die Lehren und Gesetze des ewigen Lebens und des Friedens durch Christus, die uns in ihren Grundzügen seit zweitausend Jahren bekannt sind, als Maßstab an staatliches und kirchliches Handeln und deren Verlautbarungen anlegt. Wir brauchen nicht ein allumfassendes quasi-gesetzliches Gutachten auf die Beine stellen, um zu erkennen, dass Staat und Kirchen im vollkommenen Widerspruch zum Willen Gottes stehen. Schon beim Gebot „Du sollst nicht töten" wird das klar.

Frage 14

Das kann allerdings ein „Blinder mit dem Krückstock" sehen, dass das heilige Gebot „Du sollst nicht töten" offensichtlich seit Menschen Gedenken bis in die heutige Zeit hinein nicht machbar zu sein scheint. Könnte man dem Gebot Gottes: „Du sollst nicht töten" eine kardinale Rolle zusprechen, dessen Missachtung seitens Kirchen und Staat, auch alle anderen Gebote fast automatisch in den Strudel der Missachtung des Willens Gottes zieht?

Mir scheint, dass dem fünften Gebot tatsächlich diese alles umfassende kardinale Rolle zukommt, denn nur wer das Leben nicht ehrt, der tötet und wer tötet, kann das Leben nicht ehren. Wer aber das Leben nicht ehrt, der kann den Schöpfer des Lebens auch nicht ehren, denn Gott ist das Leben und Gott ist der Schöpfer aller Lebensformen auf Erden und im Kosmos. Wer keine Achtung vor dem Leben hat, der kann auch nichts achten, was so alles zum Leben gehört. Gott ist das Leben und wer das Leben mit Füßen tritt, der tritt den Christus-Gott mit Füßen.

Frage 15

Harter Tobak, diese Formulierung: „… der tritt den Christus-Gott mit Füßen". Diese Formulierung erscheint deswegen so hart, weil darin fast so etwas wie ein vorsätzliches böses Handeln mitschwingt. Im weltlichen Strafrecht gilt ja eine vorsätzlich begangene Straftat hinsichtlich der Bemessung des Strafmaßes als besonders schwerwiegend. Haben wir es auf der staatlich-kirchlichen Ebene mit einem vorsätzlichem Verstoß gegen das göttliche Gesetz, also gegen den Willen Gottes zu tun, wenn Staat und Kirchen das Töten erlauben oder billigen, wie z.B. in der Notwehr, oder im Krieg, oder in der Kriminalitätsbekämpfung, oder in der Verhängung und Vollstreckung der Todesstrafe, oder bei den Ermordungen und Schlachtungen der Tiere oder gar bei der Verfolgung Andersdenkender?

Vorweg sei klargestellt, dass hier ein weiterer Unterschied zwischen Gesetz und weltlichem Recht angesprochen ist: nämlich die Strafe. Weltliches

Recht bestraft und erzwingt damit ein bestimmtes Verhalten. Gott kennt keine Strafe, absolut nicht. Gott lässt uns Menschen stets den freien Willen und zwar straffrei, weil Gott nichts erzwingen will. Der Mensch ist darüber aufgeklärt, was gut und was böse ist und wer wissentlich böse denkt und handelt, der bestraft sich selbst über das unbestechliche kosmische Kausalgesetz. Gott kennt weder Strafen noch Zwänge.

Frage 16
Sicherlich kann und darf man davon ausgehen, dass alle, die sich christlich nennen oder die sich christlich wähnen, die Gebote Gottes und auch die Bergpredigt Jesu kennen. Ist es aber nicht nachvollziehbar, dass man in bestimmten Situationen, vor allem in lebensgefährlichen Situationen zur Selbstverteidigung auch Gewalt mit eventuell tödlichem Ausgang anwenden darf, wie es das weltliche Recht vorsieht? Ist die Absolutheit des 5. Gebotes in solchen Fällen nicht weltfremd?

Gegenfrage: Was bedeutet weltfremd? Ist der Weltzugewandte nicht deswegen in Verlegenheit und lehnt er sich nicht deswegen gegen das göttliche Gebot „Du sollst nicht töten" auf, weil er „sein Leben" falsch definiert und nicht erkennt, was „sein Leben" in Wirklichkeit ist? Wir kommen darauf gleich noch einmal zurück, aber was hier ganz deutlich wird, ist, dass die oben genannten weitreichenden Folgen unseres sündhaften Verhaltens, also die gewollten Verstöße gegen den heiligen Willen Gottes und des Lebens über dieses Leben auf Erden hinausgehen.

Frage 17
Wie ist das zu verstehen? Wieso können die Folgen sündigen Verhaltens auf Erden über dieses Leben auf Erden hinaus gehen?

Hier verweise ich auf die vorigen Kapitel 4-6, in denen das Reinkarnationsgesetz, das Gesetz von Saat und Ernte und die Zehn Gebote Gottes ausführlich behandelt werden. Wer sein jetziges Leben auf Erden nicht mit seinen Vorleben auf dieser Erde, nicht mit dem Gesetz von Saat und Ernte und den Geboten Gottes verbindet, der kann nicht anders, als nach legitimen Gründen zu suchen, doch töten zu dürfen obwohl alle Gebote Gottes absolut gelten. Zur Erinnerung: Was wir heute ernten, egal was es ist, das haben wir einst selbst gesät, haben wir also selbst verursacht.

Frage 18
Trifft das auch für lebensgefährliche Situationen zu und auch für Gewalt, die uns widerfährt, die sogar tödlich enden kann, wo man also faktisch getötet wird?

Genau so ist es und so ist es auch dann, wenn man das nicht sehen möchte, weil es hier knallhart und unumwunden um die Eigenverantwortung geht, und zwar für alles, was uns scheinbar „zufällig zufällt" oder geschieht und was uns überhaupt nicht gefallen will. Im Lichte des Reinkarnationsgeschehens müssen wir die Täter-Opfer-Rolle völlig neu betrachten lernen. Das Opfer von heute ist der Täter von gestern und der heutige Täter wird morgen ernten, was er gesät hat. Gerechtigkeit kann nur absolut sein, niemals relativ, wie es im ungerechten weltlichen Recht ist.

Frage 19

Unter der Prämisse der Gerechtigkeit fühlt sich das Gesetz von Saat und Ernte in Verbindung mit dem Reinkarnationsgesetz tatsächlich gerecht an, ist plausibel, ja sogar logisch nachvollziehbar. Nicht ganz so plausibel scheint es aber auf der kollektiven Ebene zu sein, wenn es darum geht, Angriffskriege und Terrorakte abzuwehren, was ja auf staatlicher Ebene zur Rechtfertigung dient, bezüglich der Ausgaben für Rüstung und der Unterhaltung von Streitkräften und auch deren Einsatz in Verteidigungsfällen nach innen und nach außen. Hier sind sich ja Staat und Kirchen einig darin, dass Pazifismus ebenfalls weltfremd ist.

Das Schlimme daran ist, dass die Masse auf diese Gewalt- und Kriegs-Rhetorik im Großen und Ganzen noch hereinfällt. Gewalt und das Töten findet bei den meisten Menschen leider Zustimmung, wenn es um die sogenannte Verteidigung geht, was inzwischen sogar auf die ominöse „Vorwärts-Verteidigung" ausgedehnt wurde, die nichts anderes ist, als die Legitimierung von „Präventions-Angriffskriegen", eine raffinierte Kaschierung von Krieg generell. Aber auch hier gilt genau das Gleiche, wie bei Einzelpersonen. Das Kausalgesetz gilt auch kollektiv als Gruppenkarma.

Frage 20

Bedeutet das, dass auch die Kriegsopfer von heute, kriegerische Täter aus vergangenen Kriegen in vergangenen Vorleben gewesen sind?

Wer sich heute an Kriegen beteiligt, wer heute den Krieg befürwortet oder in den sogenannten „Friedenszeiten" seinen Lebensunterhalt in Kriegsarmeen, z.B. in der Bundeswehr verdient, der kann sicher sein, dass er in diesem Leben, oder in den Reinigungsebenen der Seelen nach dem Leibestod, oder aber als Mensch in einer weiteren Einverleibung das erntet wird, was er heute sät. Das bedeutet auch, dass alle heutigen Kriegsopfer nicht unschuldig sein können, denn sie waren einst Mittäter in kollektiven Verbänden. In diesem Sinne gibt es sogar ein Welt-Karma.

Frage 21

Was ist unter „Welt-Karma" zu verstehen?

Da die ganze Menschheit sich über Jahrtausende gegen Gott versündigt hat, jeder Einzelne natürlich im unterschiedlichen Maße, muss es irgendwann zu gewaltigen kosmischen Entladungen und Reinigungsprozessen auf Erden kommen, denn der Zustand der Mutter Erde ist so weit durch den Menschen zerstört, dass sie kaum noch Leben tragen kann. Diese sündhafte Zivilisation wird untergehen, mitsamt all ihren sogenannten technisch-wissenschaftlichen „Errungenschaften". Dies werden dann jene Unverbesserlichen erleben, die ohne Reue weiter töten und sündigen.

Frage 22
Was ist dann mit jenen, die sich dieser Fakten bewusst werden und sich zur Umkehr entschließen, indem sie sich auf den Christusweg der Erlösung begeben?

Ob individuell oder kollektiv – es gilt immer die Gnade Gottes, denn Gott will auf keinen Fall, dass auch nur ein Mensch oder auch nur eine Seele leidet. Deswegen sprechen Gott und Sein Sohn Christus, der Mitregent der Himmel, heute erneut durch eine Prophetin zu uns, nämlich um uns zu lehren, was wahres Christsein ist. Wer jetzt oder in naher Zukunft Reue zeigt und sich in Wort und Tat (!!!) in die Gefolgschaft Christi begibt, dem wird jenes Maß an Vergebung zuteil, in welchem Maße und mit welcher Ernsthaftigkeit die Gesetze Gottes erfüllt werden. So ist es.

Frage 23
Das Gebot „Du sollst nicht töten" scheint wirklich so weitreichend zu sein, dass die Folgen der Missachtung dieses heiligen Gebotes Reaktionen von kosmischen Dimensionen auslösen müssen. Wir sind dabei aber ein wenig von dem Thema: „Der Christus-Verrat durch Kirchen und Staat" abgekommen. Gibt es noch weitere kirchlich-staatliche Gegebenheiten, die ähnlich weitreichende Folgen haben, die über den Leibestod hinaus gehen, bis ins Jenseits hinein, wenn wir bewusst sündigen, indem wir sündige staatliche oder kirchliche Anordnungen und Befehle befolgen? Gibt es für wahre Christen eine staatliche Gehorsamspflicht?

Diese Frage zielt genau in das Problem, dessen sich viele Mitmenschen noch nicht bewusst genug sind. Wer anderen Menschen Befehle erteilt, ist schon ein Sünder, egal, was er befiehlt, denn Gott hat allen Menschen den freien Willen gegeben, der durch Befehle eingeschränkt oder vernichtet wird. Wer Befehle bewusst befolgt, ist ebenfalls ein Sünder, egal welche Befehle er ausführt. Wenn sich die Inhalte von Befehlen auch noch offen und bewusst gegen den Willen Gottes stellen, dann registriert das der kosmische Kausalcomputer bei beiden als Sünde und Ursache.

Frage 24
Was ist der kosmische Kausal-Computer und wie funktioniert diese Registratur?

Alle menschlichen Äußerungen, ob gut oder böse, werden laufend naturgesetzlich registriert, und zwar in unserer Seele und in den „zuständigen" Gestirnen der jeweiligen Kosmen im Jenseits. Das funktioniert deswegen, weil alles Energie ist, jeder Gedanke, jedes Gefühl, jedes Wort und jede Tat. Jede Energie erzeugt eine Wirkung, entweder sofort oder später. Spätere Wirkungen bedürfen der Registratur um eben später ihre Wirkung entfalten zu können. „Unsere Computertechnik" ist also nur ein „Abklatsch" einer mächtigen, naturgesetzlich-kosmischen Registratur.

Frage 25
Welche weiteren Fakten lassen sich noch benennen, die für freie Christen mit einer urchristlichen Gesinnung Konfliktpotentiale im Verhältnis zu Kirchen und Staat in sich bergen?

Legt man die Lehren Christi zugrunde, die Er uns schon vor zweitausend Jahren in Gestalt des Jesus aus Nazareth lehrte, können weder die Kirchen noch Staaten der Wille Gottes sein. Warum? Staat und Kirchen sind reine Machtinstrumente, in denen sich Menschen über Menschen erheben, um über sie, unter dem Einsatz von Gewalt, verfügen zu können. Gottes Wille ist Freiheit, denn Gott ist Freiheit. Die göttlichen Prinzipien der Gleichheit und des Friedens erlauben keine Ausübung von Macht des Menschen über den Menschen, die immer Fremdbestimmung ist.

Frage 26
Da könnte man ja auf die Idee kommen, dass nahezu alle Rechtsvorschriften im Widerspruch zum Geiste Christi stehen, auch das „Grundgesetz" der BRD. Dem „Grundgesetz" verpassen ja viele noch einen Heiligenschein und viele trauern dem aktuell noch nach, nachdem das „Grundgesetz" schon vor langer Zeit sukzessive ausgehöhlt und nun aktuell offensichtlich außer Kraft gesetzt worden ist. Können freie Christen Befürworter des „Grundgesetzes" der BRD oder der Rechtsordnung der BRD generell sein?

Das deutsche Rechtsgestrüpp mit seinen ca. 2.100 Gesetzen und seinen ca. 46.000 Einzelvorschriften und seinen ca. 3.140 Rechtsverordnungen mit weiteren ca. 41.000 Rechtsvorschriften ist für niemanden mehr durchschaubar. Dieser Wusel kann nicht Gottes Wille sein. Ich frage mich ernsthaft: „Warum haben wir 1945, als Deutschland selbstverschuldet zerbombt und blutend am Boden lag, nicht wenigstens die Zehn Gebote Gottes zum Grundgesetz erklärt, geschweige denn die Lehren Jesu in der Bergpredigt? Wo standen vor und nach dem Krieg die Kirchen?

Frage 27
Die Frage ist irgendwie logisch, zumal ja in der Präambel des Grundgesetzes immerhin die Formulierung steht (bzw. stand?): „... in Verantwortung vor Gott und den Menschen ...). Sind die Zehn Gebote und die Bergpredigt überhaupt mit dem sogenannten Grundgesetz kompatibel, also mit dem „Grundgesetz" konform, wie man es nennt?

Da fehlt nur noch die Idee, ob die Zehn Gebote und die Lehren Christi durch den Verfassungsschutz hinsichtlich ihrer Verfassungskonformität einer Überprüfung bedürfen. Wird nicht umgekehrt ein Schuh draus? Müsste nicht anders herum gefragt werden, nämlich, ob das „Grundgesetz" und die Rechtsordnung mit dem heiligen Willen Gottes vereinbar sind? Sie sind es offensichtlich ganz und gar nicht. Das Recht ist vom Menschen, aber das Gesetz ist von Gott und jeder müsste erkennen können, wessen Wille wirklich heilig ist - des Menschen Wille etwa?

Frage 28
Damit kommen wir zu einem Fragenkomplex, den sich bestimmt viele Menschen vorlegen, die durch die aktuellen Geschehnisse einen Loyalitätskonflikt in sich spüren, weil auf der Ebene des Kirchen-Staates aktuell Dinge geschehen, die mit dem Begriff Faschisierung beschreibbar sind. Wie stehen freie und wahre Christen zu der Frage des Widerstandes gegen Faschisierung und gegen die Kriegsgefahr?

Um niemanden zu bevormunden, üben sich Freie Christen grundsätzlich darin, jedem seine freie Entscheidung zu lassen, welche Konsequenzen er aus dem Verrat an den urchristlichen Idealen seitens der Kirchen und des Staates zu ziehen gedenkt. Dass eine Kirchenmitgliedschaft für Freie Christen mit einer wahren christlichen Gesinnung nicht vereinbar ist, dürfte jedem klar sein. Aber wie steht es mit dem Verhalten gegenüber dem Staat, dessen Macht und Willkür? Auch für wahre Christen stellt sich die Frage des Widerstandes, aber ganz anders als üblich.

Frage 29
Wie stellt sich die Widerstandsfrage für wahre Christen und worin liegen die Unterschiede zu den Abwägungen, der sich Dissidenten stellen, wenn sie sich für Maßnahmen des Widerstandes entscheiden?

Da ich selbst einst ein glühender Widerstandskämpfer war, der sich in jüngeren Jahren als roter Revolutionär sah und, der schon in den 70iger Jahren mit anderen zusammen erkannte, wohin dieses Land sich entwickeln wird, habe ich natürlich ein volles Verständnis dafür, dass viele Bürger jetzt handeln möchten, und zwar in der Hoffnung (und in der Illusion) einer möglichen Restauration der BRD. Als ein freichristlicher Revolutionär, der ich heute sein möchte, muss ich mir zunächst selbst alle Fragen vorlegen, wie ich sie dem Kirchen-Staat Deutschland vorlege.

Frage 30
Was sind das für Fragen?

Es sind Fragen die der Nazarener Jesus, der ja auch ein Revolutionär war, aber ein geistiger Revolutionär, schon vor zweitausend Jahren aufgeworfen und geklärt hat: Die Frage der Macht, die Frage der Gewalt, die Frage des Reichtums und des Strebens nach Reichtum, die Frage der Anbetung des Mammon, die Frage der Freiheit, der Vergebung und der Toleranz, die Frage der Geschwisterlichkeit und Gerechtigkeit, die Frage von Krieg und Frieden, die Frage der Spaltung oder der Einheit in Gott, und vor allem die Frage der Gottes-, Nächsten- und Feindesliebe.

Frage 31

Warum müssen diese Fragen an sich selbst adressiert werden und was ist, wenn man zu dem Ergebnis kommt, dass sowohl die Kirchen, als auch der Staat in diesen Fragen tatsächlich vorsätzlich unchristlich handeln? Gibt es nicht doch eine Pflicht zum Widerstand, nämlich dann, wenn der Staat erneut , und wie unter Hitler, im Verbund mit den Kirchen das Unrecht zum Recht erhebt und erneut Menschen mit einer gerechten und friedlichen Gesinnung mit Gewalt unterdrückt und verfolgt?

Wer die obige kleine und unvollständige Aufzählung mit der Realität in unserem Land vergleicht, und zwar nicht nur jetzt aktuell, sondern schon seit 1945, der kann zu keinem anderen Schluss kommen, dass sowohl die Kirchen, als auch dieser Staat systematisch und vorsätzlich die hohen Christus-Ideale nicht nur mit Füßen treten, sondern sogar im Namen Christi die scheußlichsten Verbrechen und Schandtaten begehen. Staat und Kirchen decken und schützen sich dabei gegenseitig. Das ist Christus-Verrat pur. Aber wer sind der Staat und die Kirchen?

Frage 32

Peinliche Frage: Wer ist der Staat und wer sind die Kirchen? Die Frage ist deswegen peinlich, weil sich hier nicht nur eine völlig andere Adresse für alle möglichen Widerstandsformen stellt. Die Frage nach dem Personal, das den Staat und die Kirchen bildet, stiftet nämlich dann Verwirrung, wenn man vor der Frage steht, an wen die Widerständler eigentlich ihre Forderungen richten sollen. Adressieren die heutigen Widerständler ihre Forderungen an die falsche Adresse?

Wenn ich die Dinge nicht total falsch sehe, dann adressieren die Dissidenten nicht nur ihre Forderungen falsch, sondern die Forderungen selbst können unmöglich kompatibel zu den Zielen und Vorstellungen sein, die man vorgibt. Da ist von Freiheit die Rede, von Gerechtigkeit, von Frieden und Sozialität, teilweise auch von Wohlstand für alle und vieles mehr, wie z.B. ziemlich seltsame Vorstellungen bezüglich einer prosperierenden Wirtschaft, von der alle diese Wünsche abhängen sollen. Wer ist das Personal und wo ist das Personal, das dieses alles liefern soll?

Frage 33

Da macht sich allerdings Ratlosigkeit breit, wenn sowohl die Forderungen nicht zielführend sein sollen, sondern wenn auch deren Adressierung falsch sein soll. Wenn dann auch noch behauptet wird, dass eine „blühende Wirtschaft", also die gewohnte Art des Wirtschaftens und das BRD-Grundgesetz, die Voraussetzungen für Frieden, Freiheit und Gerechtigkeit sein sollen, dann sollten sich die Protestler tatsächlich selbst befragen, wohin denn die Reise gehen soll. Gilt der Wille Gottes auch für die Widerstandsbewegung und deren Ziele?

Manchmal können solche Grundfragen am besten mit Gegenfragen beantwortet werden. Wo waren denn all die Dissidenten, Querdenker und

Rädelsführer, die sich heute als die neuen Eliten profilieren möchten, als der Staat immer militanter wurde, die Rüstungsindustrie eine Dauer-Hochzeit feierte, die Natur systematisch per prosperierender Wirtschaft zerstört wurde, als Tötungsmittel statt Lebensmittel in Massen produziert wurden und man dabei massenweise über Tierleichen ging? Wo waren da die Bürger, die heute jammern und die Demonstranten von heute?

Frage 34

Das klingt anklagend und hart. Fast klingt es so, als hätte sich das Volk selbst das zuzurechnen, worunter es nun zunehmend zu leiden hat. Ist dem so und tut man den Demonstranten und den Dissidenten nicht unrecht, wenn sie sich offen gegen staatliche Willkür und gegen staatliche Repressalien wehren wollen?

Für den Unmut der Dissidenten und Demonstranten habe ich persönlich einerseits ein volles Verständnis, denn ich war selbst einst ein Teil von ihnen. Aber: Müssen wir nicht langsam lernen, nach den Ursachen aller Übel zu fragen und wäre es nicht an der Zeit, genau an den Ursachen anzusetzen, um eine Welt des Friedens entstehen lassen zu können? Wer weiterhin diesen fruchtlosen Weg der Proteste gehen möchte, der soll das tun. Besser und gut wäre es aber, wenn wir uns selbst endlich als die Ursache aller Übel erkennen würden. Dann ließe sich alles ändern.

Frage 35

Das würde aber doch bedeuten, dass die Mächtigen und deren Polizeikräfte, deren Justiz und deren Militär und auch deren Journaille weiterhin ungehindert das Volk knechten, ausbeuten und verblöden können, weil sich kein offener Widerstand regt. Steht die staatliche Willkür nicht gegen den Willen Gottes und ist somit der Widerstand gegen die staatliche Willkür nicht automatisch legitim?

Sein wir doch ehrlich: Die große Mehrheit des Volkes ist noch unmündig. Es ist der Mensch im Einzelnen, der die Masse und das Volk bildet und da ist es nun mal die Mehrheit, die ihr eigenes Konsumverhalten, einschließlich ihre Arbeit und ihre Wünsche und ihre Gelüste nicht hinterfragt. Es herrscht in Bezug auf die Gebote Gottes und die Lehren Christi eine fast totale Gewissenlosigkeit, weil die Masse immer noch denkt, man habe ja nur dieses eine Leben. Von Reinkarnation, vom Kausalgesetz will die Masse nichts wissen, auch nicht, warum wir auf Erden sind.

Frage 36

Das sind ja düstere Aussichten ohne Aussicht auf ein Licht in diesem dunklen Tunnel einer nicht enden wollenden Entwicklung. Sind wir dann nicht zu einer Haltung verdammt, die man Fatalismus nennt, wenn man den Massen-Trend sich selbst überlässt und auf Proteste und Demonstrationen verzichten würde?

Fatalismus ist, wenn man sich in Schicksale fügt, für die man keine Verantwortung zu haben glaubt, die scheinbar von außen über uns hereinbrechen, an denen wir scheinbar nichts ändern können, außer sie geschehen zu lassen. In dieser Lage sind wir aber nicht, denn wir leben in Wirklichkeit in einer glorreichen Zeitenwende, in der alles Frevelhafte und Verderbliche nach und nach zusammenbrechen wird, was wir Menschlein in unserem Techno-Größenwahn selbst verursacht und verbrochen haben. Ist es nicht an der Zeit, unsere „Werte" und Gesinnungen zu hinterfragen?

Frage 37
Was bedeutet das konkret für die nahe oder ferne Zukunft?

Dramatische Veränderungen stehen uns bevor, an denen auch ich persönlich leiden werde, denn auch ich persönlich bin über mehrere Leben an diesen Entwicklungen der Zerstörungen beteiligt. Das erkenne ich daran, dass ich schon wieder auf der Erde einverleibt bin, und zwar deswegen, weil ich es in meiner letzten Inkarnation nicht geschafft habe, mich bewusst auf die höheren Lebensformen im Jenseits vorzubereiten, indem ich mich von meinen Sünden abwende. Ich danke Gott dafür, dass ich wenigstens jetzt meine Sünden erkenne, was einst alle tun werden.

Frage 38
Ist es aber nicht verständlich, wenn Menschen jetzt, hier und heute schon nach Möglichkeiten suchen, für eine humane und friedliche Gesellschaft zu kämpfen?

Natürlich ist das verständlich, aber es ändert nichts daran, dass wir das, was wir auf Erden realisieren möchten, zuallererst in uns selbst realisieren müssen. Jeder Mensch ist der Träger des Guten aber auch der Träger des Bösen. Wenn wir nicht auch Träger des Bösen wären, dann wären wir nicht als Menschen auf Erden, oder wir wären eventuell als Gottmenschen auf einer gereinigten Erde, die der Träger des Friedensreiches Christi sein wird. Wem das noch nicht klar ist, wer dem noch misstraut, der kann nun mal nicht anders, als unheilvollen Illusionen nachzujagen.

Frage 39
Also bleibt uns nichts anderes übrig, als den Dämonen das Feld zu überlassen und die dunklen Kräfte schalten und walten zu lassen, wie sie wollen und die Hölle auf Erden entstehen zu lassen? Wie soll daraus die Erlösung von allem Übel entstehen, um die wahre Christen ja sogar im Vaterunser beten?

Es mag vielen Menschen noch nicht gefallen, dennoch ist es naturgesetzlich so, dass das Leid alle jene Menschen aufwachen lassen wird, die sich jetzt lieber noch in ihren Illusionen kuscheln. Alle Menschen können heute wissen und erfahren, dass wir auf Erden sind, um wieder göttlich zu werden. Wer den Christusweg der Erlösung geht, der wird nicht oder weniger leiden, je nachdem wie ernsthaft er an sich arbeitet. Wer noch nicht hören will, den werden die schmerzhaften Folgen seiner niederen Gesinnung zu denken geben und ihn zur Selbsterkenntnis führen.

Frage 40
Trifft dieser Werdegang zur Selbsterkenntnis über die selbstverschuldeten und sehr leidvollen Erfahrungen für alle Menschen und Seelen zu?

Ich bin davon fest überzeugt, dass die satanischen Kräfte auf Erden immer mehr „Personalmangel" verzeichnen werden, denn alle Menschen und alle Seelen sind doch von ihrer Abstammung her Lichtwesen. Alle Lichtwesen streben letztlich dem Lichte zu. Diese Gewissheit erfordert ein hohes Maß an göttlicher Geduld, aber die Frohe Botschaft Christi lautet: Keine einzige Seele geht verloren. Alle Menschen und alle Seelen, auch die Dämonen, werden erlöst werden. Aber: Zuvor hat jeder freiwillig seinen Preis zu zahlen und seine Abkehr von Gott zu beenden.

Frage 41
Es spricht sich immer mehr herum, dass die ganze Welt, die ganze Menschheit also, in einer Zeitenwende lebt, wie es sie noch nie gegeben hat. Man spricht ja auch vom Wassermann-Zeitalter. Was ist da gerade in Bezug zum Christus-Verrat durch Kirchen und Staat zu erwarten?

Schon in den Johannes-Offenbarungen ist diese Zeit angekündigt und auch der Seher Nostradamus, dessen verschlüsselten Überlieferungen weitgehend enträtselt zu sein scheinen, hat den Weltuntergang angekündigt. Die Christus-Offenbarungen in der Jetzt-Zeit durch Seine Prophetin Gabriele verkünden den Untergang dieser Welt ebenfalls, und zwar als eine schmerzhafte und vergängliche Episode, der aber das Lichtzeitalter auf Erden folgen wird. Wir befinden uns am Anfang vom Ende, denn der Zerfall von Macht, Religionen, Kirchen und Staaten findet schon statt.

Frage 42
Trifft das Gesetz von Saat und Ernte auch für die Staaten und die Kirchen zu?

Vermutlich eher indirekt, denn wir sagten ja schon, dass Religionen, Kirchen und Staaten menschliche Konstrukte sind. Sie werden zerfallen. Wahrscheinlich wird es kleinere Phasen der Restauration geben, aber ihr dämonischer Geist wird sie in die Kapitulation treiben. Wenn ich die Christus-Botschaften zur Reinkarnation und zum Gesetz von Saat und Ernte richtig verstanden habe, unterliegen nur Menschen dem Kausalgesetz. Wer dem Mammon, den Kirchen und dem Staat dient und sich damit aktiv am Christus-Verrat beteiligt, der wird anteilig jenes ernten, was er sät.

Frage 43

Wenn man sich das alles durch den Kopf gehen lässt, könnte man auf die Idee kommen, die da heißt: „Abwarten und Tee trinken", weil es so scheint, als ob alles irgendwie doch vorherbestimmt ist und man den Lauf der Zeit nicht ändern kann. Ist das nicht unbefriedigend, wenn man alles nur noch über sich ergehen lassen muss, statt in das gesellschaftliche Geschehen einzugreifen?

Wir haben ja nicht nur den Kopf, der ja nur im 3-D-Rahmen denken und erfassen kann. In uns Menschen tobt ein mächtiger Machtkampf. Er tobt in der Seele jedes Menschen, gerade jetzt, in dieser Zeit des Umbruchs von der alten Welt in die Friedenszeit Christi. Es ist das tägliche Ringen unseres Gewissens zwischen gut und böse, zwischen dem Göttlichen in uns und dem Satanischen in uns, zwischen Gottes-Ferne und Christusliebe. Hier, und nur hier, können, dürfen und sollen wir sogar in das Weltgeschehen eingreifen. Der Wandel zum Guten kommt von Innen.

Frage 44

Das ist nicht ganz leicht zu verstehen, dass das Geschehen in mir, in meiner Seele, das gesellschaftliche Geschehen so sehr beeinflussen können soll, dass sich alles zum Guten wenden kann. Ist der Einzelne nicht eine minimale Größe, die man in Bezug auf das sogenannte Große Ganze sogar als marginal bezeichnen könnte?

Das könnte zutreffen, wenn der Einzelne ein isoliertes Monster, also ein allein auf sich gestelltes Mini-Ungeheuer wäre. Genauso hätten es die Dämonen gerne und es scheint so zu sein, dass die Herrschenden die Corona-P(l)andemie dahingehend nutzen wollen, die Menschen voneinander zu isolieren, zu atomisieren. Sie werden scheitern, denn alle Menschen und alle Lebewesen sind miteinander vernetzt. Die naturgesetzliche Schwarm-Intelligenz ist mächtiger als die Dämonen. Sie werden an sich selbst scheitern, denn die Liebe Gottes ist allmächtig und hochansteckend!

Frage 45

Was bedeutet „Schwarm-Intelligenz" im Zusammenhang mit dem Weltgeschehen. Findet diese Erscheinung nicht nur im Tierreich, sondern auch in der Menschheit statt?

Wenn ich die Dinge richtig sehe, dann findet Schwarm-Intelligenz auch beim Menschen statt, und wenn ich nicht irre, findet sie in alle Richtungen statt, sowohl nach oben, als auch nach unten. So ist der desolate Zustand der Erde, den man als weltweites Sodom und Gomorrha bezeichnen könnte, ein kollektives Werk der Zerstörung und der Selbstzerstörung. Als ehemalige Engel haben wir uns massenweise zu Sündern umpolen lassen. Genauso wird es eine massenweise Rückpolung geben. Die göttliche Schwarm-Intelligenz wird die Massen erfassen.

Frage 46
Kann aus der Christus-Perspektive heraus plausibel werden, warum die äußeren Widerstands-Kämpfe sinnlos sind, und warum nur der innere Widerstand gegen unsere charakterlichen Fehlhaltungen uns von allen Übeln erlösen können?

Genau das hatte Christus uns vorgelebt, als Er als Mensch, als Jesus von Nazareth, unter uns weilte, um uns die absoluten Gesetze zu lehren und vorzuleben. Wir sind auf Erden, um wieder göttlich zu werden. Wir sollen den Himmel auf die Erde holen. Wir sollen uns auf das ewige Leben im Jenseits vorbereiten. Christus in Jesus führte uns konsequent vor, wie Frieden funktioniert. Kein Kampf zwischen Menschen, auch kein Meinungskampf, schafft Frieden. Nur die inneren Kämpfe gegen das Satanische in uns, lassen Frieden im Inneren und im Äußeren entstehen.

Frage 47
Es stimmt: Christus hat nie gekämpft. Er hat das Gesetz der Nächstenliebe und der Feindesliebe gelehrt und praktiziert – aber wohin hat das geführt? Waren nicht Verfolgungen, Erniedrigungen, Folterqualen und letztlich der Kreuzestod die Folge und der fragwürdige Lohn dafür, dass Jesus sich jeglichen Kampf versagte, jeden Widerstand, sogar jede Verteidigung? Ist das nicht eher abschreckend und führt das nicht eher dazu, dass uns doch der Kamm schwillt, wie beim Hahn vor dem Hahnenkampf, wenn wir uns der Willkür und den üblen Machenschaften des Kirchenstaates ausgeliefert sehen?

Solches Denken entspringt der 3-D-Perspektive, wie man die Froschperspektive des dreidimensionalen, materialistischen und geistlosen Denkens und Wünschens nennen kann. Das niedere 3-D-Bewusstsein verkennt und vergisst total, dass wir Lichtwesen sind, Geistwesen mit einer verschatteten Seele. Die Erde ist kein Ort des Vergnügens, sondern ein Ort der Bewährung und der Abtragung. Unsere Seele soll sich auf Erden reinigen, damit sie nach dem Leibestod in höhere Sphären des ewigen Lebens aufsteigen kann. Jesus hat uns den Weg der Erlösung vorgelebt.

Frage 48
Übersteigt diese totale Hingabe und diese unbedingte Opfer-Bereitschaft in Treue zu Gott, die Jesus tatsächlich vollbrachte, nicht vollständig unser menschliches Vorstellungsvermögen?

Mag sein, aber ohne festen Glauben, ohne Gottvertrauen, das nur dann entsteht, wenn wir den Willen Gottes tun, sind wir tatsächlich überfordert. Je mehr wir die Gesetze des Friedens erfüllen, desto stärker wird unser Gottvertrauen und um so entbehrlicher wird der Glaube. Dann wandelt sich der Glaube in Gewissheit. Äußere Kämpfe münden immer in ein Gegeneinander, mögen sie noch so gerecht erscheinen. Christus lehrte uns den absoluten Pazifismus, denn Feindesliebe, und dazu gehört die Vergebung, sind die absoluten Voraussetzungen für den Frieden.

Frage 49

Das ist vermutlich das schwierigste Kapitel, das wir Menschen wohl nur sehr schwer akzeptieren können, sogar, wenn wir wahrhaftig christlich sein oder werden wollen. Welcher hohe Sinn mag wohl hinter dem absoluten Pazifismus stecken, denn auf Erden scheint sich der Pazifismus ja „nicht zu lohnen"?

Man kann es sich nicht oft genug selbst klarmachen, am besten täglich, am besten sogar stündlich: Wir sind auf Erden, um wieder göttlich zu werden. Unser Aufenthalt auf Erden ist eine Schule für unsere verkorkste Seele, um unsere Kriegslust wieder in den Geist des Friedens umzuwandeln. Friede heißt, im Diesseits und im Jenseits, das Miteinander und das Füreinander im Geiste Christi. Die satanischen Gegensatzkräfte predigen uns dagegen seit eh und je genau das Gegenteil, das Gegeneinander, das Für-Mich. Frage: Wo sind wir damit gelandet?

Frage 50

Abschließende Frage dieses Dialoges: Wann und wie endet der Christus-Verrat durch Kirchen und Staat?

Wann? Dann, wenn wir das Satanische in uns, den Egoismus in uns, erfolgreich niedergerungen haben werden und uns auf den Christusweg der Erlösung begeben. Wie? Dadurch, dass jeder Einzelne sich nach und nach darum erfolgreich bemüht, den Willen des Christus-Gottes über alles andere zu stellen und nur noch den Willen Gottes zu tun. Dann erst kollabieren alle Religionen, alle Kirchen und alle Staaten. Vorher, jetzt schon sichtbar, haben Kirchen und Staaten selbst ihre eigene Verwesung am lebendigen Leibe eingeleitet. Recht und Unrecht werden vergehen.

* * *

EPILOG
zum Kapitel 13

Plädoyer für eine friedliche Revolution

Die Ausführungen in dem obigen Dialog lassen den Schluss zu, dass der Kirchenstaat BRD und die Kirchen im diametralen Gegensatz zum heiligen Willen Gottes agieren und reagieren. Wer die aktuell bösen Entwicklungen in diesem Kirchenstaat dahingehend interpretiert, dass das Führungspersonal der BRD dabei ist, dieses Land in eine offene Diktatur oder gar in einen Faschismus zu treiben, um evtl. sogar einen dritten Weltkrieg vom Zaun zu brechen, könnte sich fragen, ob angesichts dessen, Widerstand zur Pflicht werden könnte, welcher Art auch immer.

Jeder ist darin frei, die Lage unseres Landes so einzuschätzen, wie sein Gewissen und sein derzeitiges Bewusstsein es ermöglichen. Jeder muss auch für sich selbst, vor seinem eigenen Gewissen, die Widerstandsfrage klären. Ich, der Autor dieses Dialogs sehe mich schon seit Jahrzehnten in der Pflicht zum Widerstand, weil ich schon in den 70iger Jahren zu denen gehörte, die damals schon erkannt haben, dass dieses Land und das deutsche Volk mitsamt dessen Obrigkeiten, nichts, aber auch gar nichts aus dem vergangenen Krieg und dem Hitler-Faschismus gelernt haben.

In jungen Jahren schloss ich mich begeistert jenen an, die eine rote Revolution auf ihre Fahnen geschrieben hatten. Ich befürwortete damals auch die revolutionäre und scheinbar „gerechte" Gewalt, weil ich den gewaltfreien Widerstand für illusorisch hielt. Schon als Schüler war ich davon überzeugt, dass der Hitler-Faschismus, sowie alle Gewalt-Regime, nur mit Gewalt verhindert oder beendet werden können. Das Leben hat mich gelehrt: Friede, Freiheit und Gerechtigkeit können nicht mit Gewalt erzwungen werden, weil die Basis des Friedens Liebe ist.

Für den friedlichen Widerstand im Geiste Christi

Als Christus, der auserkorene Sohn Gottes, in den Nazarener Jesus einverleibt war, um der Menschheit als Mensch, als Prophet im Auftrag Gottes in Menschengestalt, das Evangelium des Friedens zu verkünden und uns dieses auch vorzuleben, hatte Er damals immer das Wort ergriffen, ohne Ansehen der Person, wenn Menschen sich gegen den göttlichen Willen verhielten. Gleichzeitig hat Er jedem immer, und ohne eine Ausnahme, den Freien Willen gelassen, den Willen Gottes zu tun oder es zu lassen. Jesus lehrte uns die freie Entscheidung, weil Gott keinen Zwang kennt.

Jesus war also ein radikaler Pazifist durch und durch, nicht nur in Worten, sondern Er verhielt sich selbst genau so, wie Er es uns lehrte. Der Weg Jesu war ein Weg des Leidens, allein schon deshalb, weil er mit ansehen und ertragen musste, was die Menschen sich, den Tieren und der Natur an Bösem antaten. Von Beginn Seiner Lehrtätigkeit als Prophet an, musste

Jesus den Hohn und den Spott der Priester der damaligen Zeit ertragen, die keine Möglichkeit ausließen, Seine Lehre des Friedens zu verteufeln, Ihn seiner Lehre wegen zu verfolgen und Sein Leben zu beenden.

Nach Seiner Verhaftung und schon während Seiner Verhaftung lebte Jesus uns vor, keine Gewalt zuzulassen oder anzuwenden. Die Verhöre, die Erniedrigungen und selbst die brutalen und äußerst schmerzhaften Folterqualen ließ Jesus klaglos über sich ergehen. In den Verhören verteidigte Er sich noch nicht einmal, obwohl Er es hätte tun können, denn Er hatte nie Unrechtes getan und keine Sünde begangen. Sogar kurz vor seinem qualvollen Leibestod am Kreuz betete Christus in Jesus zum Vater für seine Peiniger: „Herr, vergib ihnen, denn sie wissen nicht, was sie tun!"

Funktionen und der tiefe Sinn des friedlichen und gewaltfreien Widerstandes

Der heutige, überwiegend weltlich-materiell gepolte Massen-Mensch, den man auch „3-D-Mensch" nennen könnte, weil er nur dreidimensional, also nur in den Grenzen des Gefängnisses von Raum und Zeit denken kann, wird das Verhalten des Christus in Gestalt des Jesus nicht verstehen können. Auch ich, der Autor dieses Dialoges hatte in meinen jungen Jahren, als ich selbst noch ein 3-D-Mensch war, den Pazifismus vom Sinn her nicht begreifen können. Warum war mir das damals noch nicht möglich? Ich glaubte noch nicht an ein Leben nach dem Leibestod.

Hätte ich damals gewusst und in dem klaren Bewusstsein gelebt, dass wir Menschen inkarnierte Seelen sind, ehemals reine Geistwesen, die so lange und so oft auf die Lebensschule Erde herniederkommen, bis wir die geistige Reife in unserem Inneren entfaltet haben, die notwendig ist, um nach dem Leibestod in höhere Lebensformen aufzusteigen, dann hätte ich verstehen können, warum Jesus sich so „irrational" verhielt, wie es 3-D-Menschen empfinden. Jesus verhielt sich rational, denn Er wusste, dass wir im Diesseits unser Leben im Jenseits gestalten.

Da Gott weder Zwang, noch Strafen, noch Gewalt kennt, müssen wir auf und in der Lebensschule Erde die absolute Zwanglosigkeit, die absolute Freiheit und auch die absolute Gewaltlosigkeit erlernen. Gott ist das absolut Gute in allem und in allen Lebensformen. Um wieder göttlich zu werden, müssen wir diese göttlichen Eigenschaften in uns entfalten, also neu entdecken, denn sie sind in uns drin. Ergo kann die friedliche Revolution und der friedliche Widerstand nur ein Kampf gegen unsere inneren Unvollkommenheiten sein. Äußere Kämpfe sind nie Gottes Wille!

* * *

Eine Buchempfehlung

die zu dem Thema des Kapitels 13:
„Der Christus-Verrat durch Kirchen und Staat"
passt:

Die kirchliche und staatliche Gewalt und die Gerechtigkeit GOTTES

ISBN 3-89201-200-8
im Gabriele Verlag oder im Buchhandel erhältlich

Der Klappentext:

Lassen Sie sich von Gabrieles Worten anregen, das eigene analytische Denken an einigen kritischen Schwachpunkten unserer Gesellschaft anzuwenden, damit einiges in unserer Welt besser werden und Gottes Gerechtigkeit, die alles zum Guten führt, auf dieser Erde mehr und mehr Gestalt annehmen kann.

Blicken Sie tiefer!

Finden Sie besonders angesichts jener scheinbaren „Gegebenheiten" – die oftmals nicht mehr hinterfragt werden, weil „es schon immer so war" – zur Klarheit in sich selbst, und ziehen Sie daraus ihre Schlüsse
.
Innere Freiheit und Eigenständigkeit führen zu Geradlinigkeit, Wahrhaftigkeit und Integrität; der Mensch kann sein Leben selbstverantwortlich in die Hand nehmen, zu einer höheren Lebensqualität und letztlich zur Gottes- und Nächstenliebe gelangen, die das Leben innerlich reich, friedvoll und glücklich macht.

* * *

KAPITEL 14

DIE IRRTÜMER UND ILLUSIONEN

RUND UM DIE DEMOKRATIE

PROLOG
zum Kapitel 14

Wie die Alten gesungen, so zwitschern die Jungen

Die obige Volksweisheit beschreibt in klarer Einfachheit das Wesen der Tradition. Die Tradition ist eine sehr streitige Angelegenheit unter den Menschen. Die einen plädieren dafür, die Traditionen zu hegen und zu pflegen, andere sehen in ihnen eher ein Hindernis in Bezug auf die Entfaltung fortschrittlicher Ideen. Traditionen sind überlieferte Verhaltensmuster, die auf ein tradiertes Denken aufbauen. Was aber ist tradiertes Denken? Ist tradiertes Denken nicht eine unbewusste Gedankenlosigkeit in Form einer unkritischen Übernahme alter Gedanken, die sich längst überlebt haben?

Die Kehrseite des Bekehrens
ist die Abkehr von alten Traditionen.
(Monika Kühn-Görg)

Diese bemerkenswerte Aussage der Schriftstellerin Monika Kühn-Görg ist nahezu eine Einladung zum generellen Traditionsbruch, vor allem, wenn man sich vor die Frage einer freichristlichen Bekehrung gestellt sieht. Jede Revolution im Kontext der geistigen Evolution, also die geistige Höherentwicklung der Menschheit, wirft die Frage auf, ob der Traditionsbruch die einzige Tradition sein könnte, die es wert ist, gepflegt zu werden. Die Lehren Christi sind durch und durch revolutionär im Dienste der Evolution. Ist die Realisierung der Bergpredigt ohne Traditionsbruch machbar?

Demokratie – Tradition – Traditionsbruch

Demokratie als Idee kann, historisch gesehen, als eine „olle Kamelle" gelten, als ein tradiertes Denken, als eine Denk-Tradition oder als tradierte Idee, an der schon die alten Griechen feilten. Sind die unverfälschten, urchristlichen Ideale auf dem Wege der Demokratie realisierbar? Zählt die Demokratie nicht auch zu den Traditionen, die gebrochen werden müssen, damit die Christus-Ideale verwirklichbar sind? Ist die Demokratie nicht die raffinierteste Herrschaftsform aller Zeiten, eine Illusion? Ist die Demokratie eventuell der Antagonist zur Freiheit? Mehr dazu im folgenden Dialog:

* * *

DIALOG
zum Kapitel 14

Frage 01
Warum taucht ausgerechnet in dieser Zeit, in der finstere Mächte die Demokratie und die Bürger- und Freiheitsrechte aushebeln, der Verdacht auf, die Demokratie selbst könnte zu den Ursachen der Faschisierung der Gesellschaft gehören?

Der Verdacht, dass die Demokratie selbst der Totengräber der Freiheit sein könnte, ist nicht neu. Er ist im Grunde genauso alt, wie die Idee der Demokratie selbst. Es gibt Zeiten, in denen die Ursachen aller Übel nicht so stark hinterfragt werden, im Gegensatz zu Zeiten des Umbruchs. Als die „Wohlstands-Ökonomie" und mit ihr die „Wohlstands-Gesellschaft" noch zu funktionieren schien, waren nur wenige Menschen bereit, diese Wirtschaft und die von ihr abgeleitete politische Ordnung ethisch-moralisch zu hinterfragen. Nun läuft sie ab, diese Zeit des „Weiter-So".

Frage 02
Warum soll es ausgerechnet jetzt hilfreich sein, die Demokratie von ihrem Wesen her zu hinterfragen, während von Seiten der Regierung diktatorische Verhältnisse installiert werden? Muss nicht jetzt die Demokratie verteidigt werden, damit wir nicht bald von den Falken der Plutokratie regiert werden?

Diese Frage kann sehr unterschiedlich beantwortet werden. Wer glaubt, dass eine drohende diktatorische Herrschaft der „Falken" mittels der Demokratie verhindert werden kann, wird die Demokratie verteidigen wollen. Wer jedoch davon ausgeht, dass die Demokratie der natürliche Gegner der Freiheit ist und somit grundsätzlich mit Diktatur, Faschismus und Krieg schwanger geht, der wird die Demokratie als Hort des Bösen nicht verteidigen wollen. Nur eine fundierte Analyse auf Basis des heiligen und heilsamen Willen des Christus-Gottes kann Licht ins Dunkle bringen.

Frage 03
Was hat der Wille Gottes mit Demokratie und Politik zu tun?

Nicht nur sehr viel, sondern alles, denn Gott ist die Allmacht in allem, was ist. Somit ist Gott auch im Bösen. Das Böse ist umgepolte und heruntertransformierte göttliche Energie. Alle Bosheiten gehen nur vom Menschen aus – warum? Der Mensch ist ein Produkt des Fallgeschehens. Wir alle waren einst reine Geistwesen. Seit dem Abfall von Gott trachtet der Mensch teils bewusst, teils auch unbewusst stets danach, seinen Eigenwillen gegen den Willen Gottes zu stellen. Politik steht gegen Gott. Sie ist ein schmutziges Geschäft. Das will und wird erkannt werden.

Frage 04
Kann Politik wirklich generell als schmutziges Geschäft gelten?

Wenn man vom heiligen und heilsamen Willen Gottes ausgeht, der uns durch Moses und vor allem durch Christus bekannt ist oder bekannt sein kann, und wenn man den Christus-Rat anwendet, der da lautet: „... an Ihren Taten sollt ihr sie erkennen", kann man zu keinem anderen Schluss kommen. Hat Christus nicht gelehrt, dass sich kein Mensch über andere Menschen stellen soll? Hat Christus nicht die Nächsten- und Feindesliebe gelehrt, einschließlich der Achtung und Liebe zur Schöpfung? Was tut dagegen die Politik? Was sind ihre wahren Ziele?

Frage 05
Manchmal können Gegenfragen die besten Antworten sein. Dennoch: Selbst wenn man zu dem Schluss kommt, Politik sei ein schmutziges Geschäft, könnte man auf die Idee kommen, dass die Demokratie ein Korrektiv sein könnte, um Gutes in die Politik zu tragen. Was ist aus wahrer christlicher Perspektive an der Demokratie so sehr fragwürdig? Warum können Freie Christen ein Problem mit ihr haben?

Wahre Christen bemühen sich bekanntlich ernsthaft darum, alle Fragen des Lebens vollständig auf Christus auszurichten. Sie wollen die Gebote und die Regeln des Friedens und des ewigen Lebens im Leben erfüllen. Sie wollen also nicht mehr sündigen. Das setzt voraus, dass man sich selbst ständig beobachtet und sich selbst ständig korrigiert, um seinen Eigenwillen dem Willen Gottes zu opfern. Anders können wir nicht den Himmel auf die Erde holen, was wir ja tun sollen. Mir hat sich der Verdacht aufgedrängt, dass die Demokratie eine Verführung zur Sünde ist.

Frage 06
Was ist eigentlich Sünde und was ist eine Verführung zur Sünde?

Sünde ist schlicht und einfach jede ungute Empfindung, wie Hass oder Neid, jeder Gedanke, jedes Wort und jede Tat, also jede Haltung und jedes Verhalten, das sich gegen die Gesetze des Lebens, also gegen Gott und gegen den Geist der Erlösung durch Christus richtet. Streit und Feindschaft, das bewusste Gegeneinander und das bewusst Feindliche ist immer Sünde pur. Verführung zur Sünde ist jede dämonische Idee, sich zu versündigen. Es fragt sich, was die Demokratie konkret tut, was ihre Funktionen sind und ob der Wille Gottes auf ihren Fahnen steht.

Frage 07
Was tut die Demokratie und was sind ihre Funktionen?

Ganz grob ausgedrückt ist die Demokratie ein Prozedere, mit dem Menschen im gemeinschaftlichen Rahmen für alle Gemeinschaftsmitglieder zwingend festlegen, was zu tun und was zu lassen ist. Demokratie ist also ein Werkzeug zur Bildung des Willens einer Gemeinschaft und damit des Verhaltens der Gemeinschaft und deren Mitglieder. Hier wird also etwas erzwungen. Demokratie findet in Vereinen und Gesellschaften nach unterschiedlichen Satzungen statt. Auf staatlicher Ebene produziert die Demokratie Rechtsnormen, fälschlicherweise „Gesetze" genannt.

Frage 08
Was kann daran so problematisch oder sogar sündig sein, wenn Menschen sich in Organisationen und Gemeinschaften bezüglich des Verhaltens der Organisation abstimmen und so den Willen der Mehrheit feststellen und zur Geltung bringen?

In Vereinen, Organisationen und in allen Gemeinschaften, denen man freiwillig und ohne Zwang angehören kann oder nicht, sehe ich weniger ein Problem. Wenn ich einer Organisation freiwillig beitrete, kann ich ja auch jederzeit freiwillig wieder aus ihr austreten, wenn ihre Beschlüsse, Entscheidungen und ihr Gehabe nicht mit den urchristlichen Prinzipien vereinbar sind. Auf staatlicher Ebene, sieht diese Frage ganz anders aus, denn hier kann man nur sehr schwer „austreten" und selbst wenn man es tut, unterliegt man den Rechtsnormen des zwingenden Rechts.

Frage 09
Ist die Willensbildung als solche also nicht das Problem, sondern nur der Zwang auf staatlicher Ebene?

Beides scheint mir aus der Christus-Perspektive hochproblematisch zu sein. Der Zwang, der dem zwingenden Recht innewohnt, und die Gewaltmaßnahmen in der bekannten Form von Sanktionen und Strafen können nicht christlich sein. Bei der Willensbildung geht es darum, wessen Wille demokratisch entfaltet werden soll. Der Wille Gottes kann es nicht sein, denn der steht fest, ist bekannt und er ist ewig und daher unveränderbar. Also kann die Demokratie nur gegen Gott abstimmen lassen, wobei die Willensbildung selbst unter der Kuratel des Zwanges erfolgt.

Frage 10
Das dürfte vielen ein Novum sein, dass jeder Zwang gegen Gottes Willen und gegen die Lehren Christi ist. Woran macht sich das fest?

Schon die Zehn Gebote Mose, die ca. 3.300 Jahre alt sind, sind im „Du sollst" formuliert. Wenn ich etwas tun oder unterlassen soll, dann muss ich es nicht tun. Das zeigt ganz klar: Gott ist Freiheit, Gott zwingt nicht. In der Bergpredigt und in den Lehren Jesu wird immer wieder darauf verwiesen, niemanden zu etwas zu zwingen. Jeder Mensch soll sich gemäß seines Bewusstseins und seines Gewissens verhalten dürfen. Nur dann lernen wir, zwischen Gut und Böse zu unterscheiden. Nach Jesus sollen wir uns sogar selbst zu nichts zwingen, uns also nicht kasteien.

Frage 11
Was ist denn an der Demokratie auf staatlicher Ebene unfrei und somit gegen den Willen Gottes?

Bevor wir dieser Frage auf den Grund gehen, sollten wir uns ansehen, was auf staatlicher Ebene genau abläuft, wenn Demokratie ausgeübt wird.

Folgende drei Arten der Demokratie lassen sich auf der staatlichen Ebene unterscheiden: die repräsentative Demokratie, die direkte Demokratie und die nicht klar definierte aber dennoch stattfindende Verhaltens-Demokratie. Allen drei Varianten und deren mögliche Mischformen ist eines gemeinsam und da liegt für wahre und aufrichtige Christen das Hauptproblem: Es geht immer und nur um den Willen des Menschen.

Frage 12
Was ist daran so tragisch, wenn im Staate der Wille des Menschen demokratisch festgestellt wird und darüber votiert wird, was im Land und im Volk geschehen oder nicht geschehen soll?

Es sind zwei wesentliche Fakten, die von Weltlingen und Materialisten natürlich nicht anerkannt sind: Erstens ist der menschliche Wille immer gegen den Willen Gottes gerichtet. Zweitens ist der Wille Gottes nicht verhandelbar und er kann von daher niemals Gegenstand eines Votums sein, dessen Ergebnis für alle bindend ist. Ist das 5. Gebot „du sollst nicht töten" für wahre Christen etwa verhandelbar und ist wahren Christen das Töten erlaubt, wenn eine demokratische Mehrheit das Töten erlaubt oder gar verlangt? Ist der Wille Gottes eine weltliche Rechtsfrage?

Frage 13
Wieso kann behauptet werden, dass der menschliche Wille grundsätzlich gegen den Willen Gottes steht? Es gibt doch Menschen, die sehr gewissenhaft den Willen Gottes erfüllen. Deren Wille steht doch nicht gegen Gott, oder?

Der Mensch ist ja ein Produkt des Fallgeschehens. Das Fallgeschehen ist uns als Abkehr von Gott offenbart. Ein Engel, uns als Luzifer bekannt, wollte Gott als Allmacht nicht anerkennen, wollte Gott ebenbürtig sein. Viele weitere Geistwesen ließen sich ebenfalls auf diese Gegensätzlichkeit in Bezug auf Gott ein. Im Polit-Jargon könnte man sagen: „Eine oppositionelle Fraktion spaltete sich von Gott ab". Wir Fallwesen verdichteten uns energetisch immer mehr. Allmählich wurden wir zu eigenwilligen und gottfernen Menschen im Gefängnis von Raum und Zeit.

Frage 14
Darf man fragen, warum Gott dieses Unglück des Fallgeschehens nicht in seiner Allmacht verhindert hat, denn Allmacht bedeutet doch, dass der Allmächtige das Ungute hätte verhindern können?

Genau das wird ja auch geschehen. Besser und klarer ausgedrückt: Das Licht des universellen Lebens wird alle Fallwesen wieder anziehen, denn wir Menschen und alle Seelen in den Seelenreichen und in den kosmischen Reinigungsebenen sind letztlich Lichtwesen. Das Erlöserwerk Christi ist ein energetischer Vorgang, der bewirkt, dass der Götterfunke in uns allen nicht erlöschen kann. Gott ist Freiheit, d.h. Gott erzwingt nichts und so ließ Er den Abtrünnigen ihren freien Willen, wohl wissend, dass alle Fallwesen ihren Hochmut und ihre Irrtümer bereuen werden.

Frage 15
Was bedeutet dieses kosmisch-geistige Wissen über das Fallgeschehen für unsere Untersuchung, ob die Demokratie aus urchristlicher Perspektive problematisch sein kann?

Hier kann ich nur meine eigenen Erfahrungen mit der Politik und deren Folgen publik machen, die natürlich jeder für sich auch anders sehen kann. Es kann meiner Ansicht nach nicht Gottes Wille sein, dass Menschen über Menschen herrschen und, dass diese regierenden Herren-Menschen ihre Rechtsvorschriften, ihre religiösen und ideologischen Denk- und Verhaltensvorschriften über die Zehn Gebote Gottes und über das Christus-Evangelium stellen. Zwar sind auch sie darin frei, sich gegen Gott zu versündigen, aber jeder ist auch darin frei, es nicht zu tun.

Frage 16
Bedeutet das, dass wir eigentlich gar nicht diese komplexe Rechtsordnung mit ihren ca. 2.100 Gesetzen, plus ca. 46.000 Einzelvorschriften, plus der ca. 3.140 Rechtsverordnungen mit weiteren 41.000 Einzelvorschriften bräuchten, wenn die Zehn Gebote und die Bergpredigt Jesu praktisch umgesetzt würden?

Dieser unglaubliche Gesetzes-Klüngel ist bei genauer Betrachtung das Resultat eines demokratisch verfassten Größenwahns, veranstaltet und vom Stapel gelassen von ebenso größenwahnsinnigen und scheinbar gewählten Profiteuren, die auf die Befehle von meist unbekannten Plutokraten hören. Das ist die Demokratie der Stellvertreter, die selbst aus dem Volke kommen, um das blauäugige und das selbst eigensüchtige Volk legal per Rechtsordnung auszuplündern und wenn die Kuh sich nicht mehr melken lassen will, gilt: „Bis du nicht willig, so brauch′ ich Gewalt."

Frage 17
Die Volksvertreter in den Parlamenten sind doch frei und geheim per Urnenwahl gewählt. Können diese geheimen Wahlen aus wahrer christlicher Perspektive schon bedenklich sein?

Abgesehen davon, dass Parlamentswahlen keine wirklich freien Wahlen sind, bin ich mir darin sicher, dass es nicht Gottes Wille sein kann, dass ich meine Verantwortung vor Gott, vor der Natur, vor allen Lebensformen auf der Erde und vor mir selbst an andere delegieren kann, zumal diese von Anfang an eindeutig Positionen vertreten, die gegen das Leben und gegen den Christus-Gott sind. Ist das Abtreten der eigenen Verantwortung und Souveränität, das Anhimmeln und Ermächtigen der Mächtigen per Wahlen nicht unter Götzendienst abzubuchen?

Frage 18
Soll das eine Empfehlung sein, sich nicht an den Wahlen im Staate zu beteiligen?

Hier ist nur meine persönliche Überzeugung dargelegt. Ich selbst habe mich dafür entschieden, täglich zu wählen, und zwar Christus, den Friedensführer für uns alle. Daraus folgt: Ich brauche niemanden, der mir vorschreibt, was ich zu tun und zu lassen habe. Ich brauche auch niemanden, der mich vertritt, zumal ich mich dazu berufen fühle, aktiv an der Entstehung und an dem Aufbau des Friedensreiches Christi auf Erden mitzuwirken. Die jetzige Zivilisation scheitert ja gerade an sich selbst. Das Leid wird uns lehren, das Göttliche zu wählen, statt das Menschliche.

Frage 19

Inzwischen üben ja viele Dissidenten und Widerständler heftige Kritik an der Parteien-Demokratie und am bestehenden Wahlsystem. Auch kann der permanente Rückgang der Wahlbeteiligung als Indiz dafür gelten, dass viele Menschen wohl nicht mehr daran zu glauben scheinen, dass die Politik der Ort der Gerechtigkeit ist. Was ist von den Modellen der direkten Demokratie zu halten, die man auch „Basis-Demokratie" nennt?

Auch diese Frage muss jeder für sich selbst klären, weil die Haltung dazu von der Haltung zu Gott und zum Willen Gottes bestimmt ist. Aus meiner Sicht und nach meinen Erfahrungen übersehen die Protagonisten der direkten Demokratie, dass auch Volksabstimmungen diktatorisch sind und dieses auch sein müssen, denn der Wille der Mehrheit herrscht dann über die Minderheit. Auch hier gilt: „....und bist du nicht willig, so brauch´ ich Gewalt." Die Direkte Demokratie halte ich für eine Fata-Morgana, eine Illusion, eine Milchmädchen-Rechnung ohne den Wirt.

Frage 20

Was will das besagen, dass die Demokratie eine Illusion sein soll, die die Rechnung ohne den Wirt macht und wer ist der Wirt, der bekanntlich anders rechnet als das Milchmädchen?

Auch Illusionen sind Realität. Realität ist, dass die Masse und die Mehrheit aller Menschen erstens überwiegend egoistisch gestrickt sind, und zweitens dazu noch als unmündig weil obrigkeitshörig erkannt werden müssen. Der Wirt, ohne den wir keine Rechnung machen sollten, ist der noch gottferne Herren-Mensch. Man könnte sich ja mal testweise fragen, was dabei wohl heraus käme, wenn das Volk über die Abschaffung der Bundeswehr, über die Schließung aller Rüstungsbetriebe und über die Schließung aller Mastbetriebe und Schlachthöfe abstimmen dürfte.

Frage 21

Wahrscheinlich käme dabei nicht das Ergebnis heraus, was sich die Protagonisten der direkten Demokratie wünschen, jedenfalls die, die sich zum Frieden bekennen. Bedeutet das, dass die direkte Demokratie alles andere als ein Königsweg ist?

Nach meinem Dafürhalten sind auch demokratisch-politische Sach-Entscheide mehr als überflüssig. Wir wissen genau, was wir tun und was wir lassen sollen und die sogenannten Eliten und selbsternannten Polit-Strategen wissen es auch. Auch bei kollektiven Sach-Entscheidungen gilt, wie bei der Wahl von Delegierten auch: Gottes Gesetze sind nicht verhandelbar. Sie bedürfen keiner Abstimmung. Einen kollektiven Willensbildungsprozess halte ich für unchristlich, vor allem auch der heroisierte Meinungskampf. Willensbildung ist ein innerer individueller Prozess.

Frage 22
Ist der Meinungskampf nicht eine gute Sache, weil der Meinungskampf doch immerhin die Befassung mit streitigen Fragen fördert?

Christus hat uns anderes gelehrt und vorgelebt. Christus hat uns den unstreitigen und absoluten Willen Gottes ans Herz gelegt und hat uns gleichzeitig gelehrt und bis zur bitteren Neige am Kreuze vorgelebt, dass wir nicht streiten sollen und auch nicht gegeneinander kämpfen sollen. Meinungskampf ist immer Manipulation von Gesinnung und Meinung, ist immer unvollkommene menschliche Ansicht und nie die Wahrheit. Die Wahrheit ist das ewige Leben aller Menschen und Seelen nach dem Erdendasein und, dass wir im Diesseits unser Leben im Jenseits gestalten.

Frage 23
Was steckt hinter der Formulierung, dass Gottes Gesetze nicht verhandelbar sind und was bedeutet das für Wahlentscheidungen aller Art?

Vor allen Wahlen und übrigens auch vor allen persönlichen Entscheidungen steht immer ein innerer Willensbildungsprozess. Der Mensch muss immer abwägen und sich entscheiden, ob er seine eigenen Wünsche favorisiert, seinen eigenen Willen realisieren will, oder ob er den Willen des Höchsten, den ewigen Willen Gottes obenan stellt, wenn der eigene Wille dem entgegensteht. So entstehen in uns „innere Wahlkämpfe", die einzigen Kämpfe, die Christus auch stets empfiehlt. Anders sieht es mit äußeren Wahlkämpfen aus. Diese sind immer Manipulationen.

Frage 24
Bedeutet das, dass Meinungskämpfe generell unchristlich sind?

So, wie ich die unverfälschten Lehren verstanden habe, kann es nicht anders sein. Der freie Wille bedeutet, dass jeder entsprechend des derzeitigen Standes seines Bewusstseins frei denken, reden und handeln soll. Alles andere ist Einflussnahme und Manipulation. Erst wenn ein Mensch freiwillig, also von sich aus beginnt, sein Verhalten zu hinterfragen, darf ihm Orientierungshilfe gegeben werden, aber nur, wenn er darum bittet. Ungebetene Kritiken und Einflüsse von Meinungsmachern stören die freie Entfaltung des Gewissens. Für wahre Christen ist solches tabu.

Frage 25
Weiter oben in diesem Dialog war in der Frage 11 von drei Arten der Demokratie die Rede: Von der repräsentativen Demokratie, von der direkten Demokratie und von der Verhaltensdemokratie. Was ist mit dieser ominösen Verhaltensdemokratie gemeint?

Die von mir so genannte Verhaltensdemokratie ist ein Pendant zum konkludenten Verhalten eines Individuums. Konkludentes Verhalten ist eine Verhaltensweise, die auf den Willen des Handelnden schließen lässt, ohne dass dieser seinen Willen verbal zum Ausdruck bringt. Jedes individuelle Verhalten kann auch in der Masse auftreten, wie z.B. die berühmte Abstimmung mit Füßen, oder wie das sogenannte Nichtwähler-Verhalten. Die Mächtigen studieren ständig, offen und versteckt, sehr genau das Verhalten der Masse um zu checken, wie sie die Masse lenken können.

Frage 26
Kann man die Verhaltensdemokratie als eine Art Votum bewerten, auf dessen Basis die Parlamentarier ihre Rechtsnormen stricken und die ihrerseits als Fundament für die Regierungsgeschäfte dienen?

Ich kenne keinen Staat und ich kann mir auch keinen Staat vorstellen, der seine Aufgabe darin sieht, die Gerechtigkeit Gottes zu verwirklichen. Jede klarsichtige Beobachtung lehrt das Gegenteil: Alle Staaten sind nichts anderes als Instrumente der Mächtigen. Sie haben nur eines im Sinn: Legale, rechtlich abgesicherte und notfalls mit Gewalt durchsetzbare Privilegien und Profite für die Reichen auf Kosten der Armen zu schaffen. Der vielbeschworene Rechtsstaat ist also nichts anderes als ein Vollstreckungsorgan zur Befriedigung menschlicher Machtgelüste.

Frage 27
Wenn man die oben beschriebene Definition des Wesens des Staates gelten lässt, müsste es dennoch mittels Demokratie möglich sein, den Einfluss der Mächtigen, die oft auch „Plutokraten" oder „Kapitalisten" genannt werden, zu mindern. Kann eine Basis-Demokratie aus dieser Sicht nicht doch ein Instrument des Ausgleichs von gegenläufigen Interessen sein und die Macht der Plutokraten minimieren und sukzessive eliminieren?

Das hat noch nie funktioniert und das wird auch nie funktionieren – warum nicht? Lehren nicht schon alle Erfahrungen, dass diese „Interessen-Gegensätze" in dieser grundlegenden Form gar nicht existieren? Sind die Reichen die Egomanen und sind die Menschen des Volkes unschuldige Altruisten der urchristlichen Art? Ist es nicht in Wirklichkeit so, dass das Egomanentum alle Menschen beherrscht, wenn auch verschieden stark? Herrscht nicht eine versteckte und stillschweigende Übereinkunft im Volke auf Basis einer „natürlichen" Hab- und Geltungssucht?

Frage 28
Was ist mit der stillen Übereinkunft auf Basis einer „natürlichen" Hab- und Geltungssucht gemeint?

Gegenläufige Interessen gibt es deswegen unter den Menschen, weil fast alle nicht genug kriegen können: menschliche Habsucht! Da fast alle Menschen nach Wohlstand und Reichtum streben, sind sich die Herrschenden und Beherrschten stillschweigend darin einig, dass uns Menschen eine „natürliche" Habsucht, ein „natürlicher" Egoismus innewohnt, auch „Selbsterhaltungstrieb" genannt. Diese irrige Annahme ist die gemeinsame Basis aller Kontrahenten in der Gegnerschaft zu Christus. Es ist dieser stille Konsens, der die Demokratie „funktionieren" lässt.

Frage 29
Bedeutet das, dass die stille Übereinkunft in der Frage des „natürlichen Egoismus" der Hauptmotor ist, der die Demokratie stets in den Bahnen des menschlichen und allzumenschlichen Willens hält, der, wie ein Zug auf Schienen, niemals die Richtung wechseln kann?

Guter Vergleich, wenn man den Fahrplan für die Züge auf Schienen auch noch mit Ideologie und Religion vergleicht. Demokratie kann man auch als Teufelskreis sehen. Es kann nur über Menschliches und Allzumenschliches abgestimmt werden und nie ist der Wille Gottes dabei. Gleichzeitig kann über den Willen Gottes nicht abgestimmt werden, ihn kann man nur erfüllen oder nicht erfüllen. Diese Wahl ist nur individuell möglich, also können demokratische Entscheidungen stets nur unchristlich sein. Hinzu kommt noch die üble Spaltpilz-Funktion der Demokratie.

Frage 30
Was ist mit der Spaltpilz-Funktion der Demokratie gemeint?

Spaltpilze sind Mikroorganismen, die sich durch Spaltung vermehren. Übertragen auf des Alltagsleben, bezeichnet man mit Spaltpilz die Zerstörung der Einheit und genau das ist unter vielen anderen kritikwürdigen Eigenschaften der Demokratie wohl der zweitwichtigste Punkt, der für wahre Christen problematisch sein kann. Gott ist Einheit im Geiste des Guten. Die Einheit des Guten lässt dem Bösen keinen Spielraum mehr. Deswegen geht es den Dämonen primär immer um die Zerstörung der göttlichen Einheit und das stets bewusst auf Kosten des Friedens.

Frage 31
Gibt es einen Unterschied zwischen Einheit und Einigkeit, wie sie in der deutschen Nationalhymne postuliert wird?

Einigung findet eigentlich nur unter Menschen statt. Sie kann, aber sie muss nicht auf dem Willen Gottes beruhen. Als wahrer Christ kommt man am Willen Gottes nicht vorbei und Gott ist in allen Fragen Einheit und Harmonie. Gott kennt kein Gegeneinander, keine Disharmonie. Alle göttlichen Kräfte sind miteinander und füreinander im Dienste der ganzen Schöpfung, also des Lebens. Man kann nur für oder gegen das Leben sein. Für das Leben einzutreten ist immer Einheit. Einigkeit kann es auch im Bösen geben, auch im Recht und auch im Unrecht, Einheit nicht.

Frage 32
Wie macht sich die Spaltpilz-Funktion in der Demokratie bemerkbar?

Ist das nicht total offensichtlich? Sind nicht alle demokratischen Prozesse die Wahl zwischen streitigen Positionen oder zwischen Personen und Parteien, die alles wollen, nur nicht die Einheit? Man will zwar die

Einigkeit, die Einigung, die aber nur auf Basis der Mehrheit, oder einer vermeintlichen Mehrheit entstehen kann. Es kann somit immer nur der Zwist, immer nur das Gegeneinander regieren, letztlich das verrechtlichte Böse oder Ungute, das nur eines schafft: Privilegien und Streit. Aber gegen Gott und die Zehn Gebote und die Bergpredigt, da ist man sich einig.

Frage 33
Offensichtlich kannten schon die alten Römer das Prinzip „Divide et impera", was bedeutet: „Teile (=Spalte) und Herrsche". Gibt es auf Erden überhaupt andere Möglichkeiten, vielleicht auch andere Demokratie-Modelle, die noch nicht entwickelt sind, mit denen sich auf gesellschaftlicher Ebene so hohe Ideale wie Frieden, Freiheit und Gerechtigkeit verwirklichen lassen?

Die gibt es und wahre Christen wenden sie schon seit über zweitausend Jahren an. Es gab immer wieder urchristliche Gemeinden und sehr starke Bewegungen in der Zeit nach der Ermordung Jesu, die freie Gemeinschaften bildeten. Auch heute gibt es eine Gemeinschaft von Urchristen im Süden Deutschlands und auch in anderen Regionen der Erde. Freie Christen mit einer urchristlichen Gesinnung können an jedem Ort und zu jeder Zeit Lebens-, Wohn- und Arbeitsgemeinschaften oder auch Kommunen bilden, die vollkommen anders funktionieren als die Machtstrukturen.

Frage 34
Was sind die wesentlichen Unterschiede zwischen urchristlich orientierte Gemeinschaften und solchen Gemeinschaften, wie wir sie kennen?

Freie Gemeinschaften auf urchristlicher Basis entstehen schon zu Beginn auf Basis der Freiheit. Das bedeutet: Schon die Vereinigung ist freiwillig und das finden wir eigentlich sogar schon im irdischen Vertragsrecht angelegt. Dort gibt es die Vertragsfreiheit und auf Basis der Vertragsfreiheit gibt es sogar schon in unserer Rechtsordnung die GbR, die Gesellschaft bürgerlichen Rechts. Die Basis einer GbR ist der Gesellschaftsvertrag. Ich kann mir gut vorstellen, dass alle freien Gesellschaften sich auf Vertragsbasis bilden, im Gegensatz zu Vereinsbildungen.

Frage 35
Können der Vertrag und damit auch der Gesellschaftsvertrag als Alternative zur Demokratie angesehen werden?

Nach meinen Vorstellungen und Erfahrungen können nur Vertragsgemeinschaften die Freiheit des Einzelnen auf der formalen Ebene garantieren. Vereine nach dem Vereinsrecht sind grundsätzlich hierarchisch aufgebaut. Genau betrachtet, sind der Staat und alle seine Untergliederungen wie ein Verein aufgebaut, hierarchisch strukturiert, eine Publikums-Gesellschaft mit Zwangs-Mechanismen auf Basis von unterschiedlichen Demokratiestrukturen. Freie Gemeinschaften dagegen sind auf der formalen Ebene vertraglich vereint. Man verträgt sich auf freiwilliger Basis.

Frage 36
Interessant ist das Wort „Vertrag". Kann man sagen, dass der Vertrag ein Instrument des Friedens ist, weil sich die Vertragspartner vertragen, wenn sie einen Vertrag schließen? Könnte der Begriff „Vertrag" von „sich-vertragen" abgeleitet sein?

Der Vertrag, auch der Gesellschaftsvertrag, ist als Formalie natürlich kein Garant für den Frieden, als Instrument also kein automatischer „Alles-Könner". Wir sehen ja heute, wie man auch mit Verträgen Schindluder treiben kann. Menschen sind zu allem fähig. Man kann auch per Vertrag betrügen, z.B. mit raffinierten Zwangsverträgen gutgläubige Menschen über den Tisch ziehen. Dennoch: Der Vertrag, auch der Gesellschaftsvertrag, ist eine Basis für Entscheidungsfreiheit. Der Geist, der die Vertragspartner zusammenführt, bestimmt die Vertrags-Inhalte.

Frage 37
Was bedeutet: „Der Geist, der die Vertragspartner zusammenführt, bestimmt die Vertrags-Inhalte"?

Die GbR ist eine „Allzweck-Gemeinschaft". Jederzeit können sich Menschen mit einer freien Gesinnung auch zu Wohn- oder Produktionsgemeinschaften vereinen. Freie Christen mit einer urchristlichen Gesinnung sind sich von vornherein darin einig, dass sie sich in erster Linie zusammentun, um den Willen Gottes auf Erden zu verwirklichen und das Gesetz der Liebe und des Friedens zu verbreiten. Ihre Ziele sind nicht persönlich motiviert. Sie sehen sich als Teil des Friedensreiches Christi auf Erden, denn das ist uns offenbart. Nur der Geist Christi wird regieren.

Frage 38
Wie geschieht denn in urchristlichen Gemeinschaften die Willensbildung? Werden dort gemeinschaftliche Entscheidungen ohne Demokratie getroffen und wie funktioniert das?

Wer nicht bereit und willens ist, sein Leben in solch einer Gemeinschaft, so weit wie es ihm möglich ist, auf die Zehn Gebote und die Bergpredigt auszurichten und diese im Rahmen der Gemeinschaft zu verwirklichen, der wird von sich aus nicht einer „Christus-GbR" beitreten. Eine Willensbildung ist unter wahren Christen nicht notwendig, denn der Wille des Christus-Gottes ist bekannt, anerkannt und er ist von allen gewollt. Fragen des Alltags werden in diesem Geiste erörtert, auch Projekte usw. und dann gilt, was sogar in der GbR gilt, der einstimmige Beschluss.

Frage 39
Ist der einstimmige Beschluss nicht doch eine demokratische Entscheidung?

Einstimmige Entscheidungen zwischen Vertragspartnern sind keine konträren Entscheidungen wie in Vereinen und Beschluss-Gremien. Sie sind eine Vertrags-Ergänzung und von daher gelten sie nur bei Einstimmigkeit. In freichristlichen Gemeinschaften wird niemand zu etwas gezwungen. Wahre Christen streben stets zur Einheit, aber nie unter Zwang. Es geht auch nie um streitige egoistische Ziele, die durchgeboxt werden müssen. Alle Entscheidungen und deren gemeinsame Abwägungen im Vorfeld der Entscheidungen dienen nur guten und edlen Zielen.

Frage 40
Wie verhalten sich freichristliche Gemeinschaften nach außen im allgemeinen Geschäftsverkehr und im Verhältnis zum Staat und zu dessen Behörden und auch zur staatlichen Rechtsordnung?

Grundsätzlich loyal in dem Sinne, dass staatliche Rechtsvorschriften vollständig eingehalten werden, auch, wenn es sich um kritische Willkürmaßnahmen handelt. Anweisungen, Verordnungen und Befehle, die gegen die Gesetze Gottes verstoßen sind aus meiner Sicht nicht zu befolgen. Man kann dabei als Einzelner in heftige Gewissenskonflikte geraten. Dann ist jeder auf sich gestellt. Jeder darf und sollte sein eigenes Gewissen zur Geltung bringen. Wahre Christen fragen sich, wie sich Jesus verhalten würde. Ein innerer und ehrlicher Christus-Dialog führt zum Guten.

Frage 41
Gegen Ende dieses Dialoges fragt sich im Angesichte der aktuellen Entwicklungen in der Welt und in unserem Land, die in Richtung Diktatur und Faschismus auf globaler Ebene zu gehen scheinen, wie man sich zu Fragen des Widerstandes verhalten soll, wenn man urchristlich tickt. Können Christen Widerständler sein?

Auch hier muss jeder sein eigenes Gewissen befragen. Es kann nicht Gottes Wille sein, dass ein Mensch einem anderen Menschen, auch in der Widerstandsfrage, seine derzeitige Sichtweise aufzudrücken versucht. Unser Bewusstsein ist nun mal sehr unterschiedlich ausgeprägt und jeder kann, soll und muss entsprechend seines Bewusstseins und Gewissens handeln. Aufrichtige und ehrliche Christen werden aber stets die Zehn Gebote und die Regeln des Friedens der Bergpredigt zu ihrer Maxime machen. Für mich ist das Verhalten Jesu auf Seinem Kreuzweg Vorbild.

Frage 42
Geht das etwas genauer und praxisbezogener? Sollen Christen staatliche Willkür-Maßnahmen in Richtung Faschismus und Krieg kampflos hinnehmen, statt sich am Widerstand zu beteiligen, um Faschismus und Krieg zu verhindern?

Als ehemaliger 68er-Revolutionär stand ich die meiste Zeit meines Erdendaseins immer auf Seiten des Widerstandes. Ich befürwortete sogar die „gerechte Gewalt". Schon als Schüler verehrte ich Graf Schenk von Stauffenberg als Held. Ungefähr im Alter von 50 Jahren stellte sich mir die Frage der Gewalt, obwohl ich da noch ein bekennender Vollblut-Atheist war, jedenfalls dachte ich es. Es kam in mir zu einer grundsätzlichen Revision in der Gewaltfrage, aber in einem sehr langen und schmerzhaften Umdenk-Prozess. Am Ende siegte vorbehaltlos der Pazifist in mir.

Frage 43
Die derzeitigen Dissidenten in unserem Land bekennen sich zu einem absolut gewaltfreien Widerstand gegen die offensichtlich geplante Installation einer Plutokratie-Diktatur. Ist das aus urchristlicher Sicht nicht unterstützenswert?

Jeder muss für sich die Gewissensfrage klären, ob es überhaupt einen gewaltfreien Widerstand geben kann. Im Kapitel 15 zum Thema der Ursachen von Faschismus und Krieg werde ich etwas ausführlicher auf diesen Gewissenskonflikt eingehen. Für mich sind die Ziele der Dissidenten-Bewegung, aus der sich inzwischen auch mehrere Parteien gebildet haben, u.a. eine Basis-Demokratie-Partei, mehr als fraglich. Diese Bewegung ist zutiefst konservativ. Ihr ist in ihrem Streben nach einem Minimal-Konsens wohl nicht klar, wie hoch und teuer der Preis dafür ist.

Frage 44
Was sind die Zeichen der Zeit, die von vielen Dissidenten nicht gesehen oder vielleicht sogar bewusst verkannt werden?

Auch ich vermute, dass die Corona-Pandemie eine instrumentalisierte Plandemie sein könnte. Ein vermeintlicher „Killer-Virus" versetzt viele Menschen in Angst und Schrecken. Das ermöglicht solche Zwangs-Maßnahmen, die sonst niemals durchgehen würden. Möglicherweise sind dämonische Kräfte aktiv, mit Absichten, die mehr als böse sind. Unabhängig davon muss aber auch gesagt und erkannt werden, dass jetzt eine Wirtschaftsordnung zerbröselt, die selbst schon mehr als böse war und ist, aber: Aktuell zerfällt, was sich im Geiste Gottes nicht gehört.

Frage 45
Welche Schlussfolgerungen lassen sich daraus ziehen?

Für mich ist klar, dass eine basisdemokratische Willensbildung, wie es die meisten Dissidenten anstreben, lediglich dazu geeignet wäre, die alte Wirtschaftsordnung zu restaurieren. Aus wahrer christlicher Sicht ist diese alte Wirtschaftsordnung, die nach 1945 installiert wurde, hoch unanständig, eine Krieger-Wirtschaft, in der sich nur die wohlfühlen, die nicht genug kriegen können, wodurch auch eine Wirtschaft des Krieges gegen Menschen und Natur entstand. Die jetzt zerfallende Wirtschaft ist nicht Gottes Wille. Ihre Restauration kann ich als Freier Christ nicht mittragen.

Frage 46
Was wahrscheinlich vielen ehrlichen Demonstranten und Widerständlern nicht begreiflich sein könnte, ist die These, dass es keinen wirklich gewaltfreien Widerstand gibt. Wie begründet sich das, wenn dem so ist?

Wenn ich die Christus-Lehren und das Verhalten Jesu bei Seiner Festnahme richtig verstehe, dann macht sich auch derjenige schuldig vor Gott, der einen Gegner zur Anwendung von Gewalt veranlasst. Heute sehe ich in Demonstrationen, auch jene in friedlicher Absicht, eine Provokation nicht nur für die staatlichen Gewaltorgane, sondern auch gegenüber den Bürgern, die sich nicht gegen den Staat wehren wollen, aus welchen Gründen auch immer. So schränken z.B. Demonstrationen zwangsweise das Nutzungsrecht öffentlicher Räume für andere Mitbürger ein.

Frage 47
Das ist nicht ganz leicht zu verstehen, vor allem die Frage der Provokation nicht. Friedliche Demonstranten provozieren doch keine Gewalt.

Bei genauer Betrachtung tun sie es doch, denn sie rufen die Staatsgewalt auf jeden Fall auf den Plan, indem die Polizei und die Ordnungsämter ihre Gewalt quasi als Gegendemonstration aufbieten. Unter Gewalt verbuche ich persönlich aber auch die Einschränkung der Freiheit anderer Mitbürger, die durch Demonstrationen in ihrer Bewegungsfreiheit und in ihren Nutzungsrechten öffentlicher Räume für die Zeit der Demos stark eingeschränkt werden. Gleichzeitig müssen Bürger, die nicht die Ansichten der Demonstranten teilen, deren Forderungen und Parolen ertragen.

Frage 48
Da ist einiges dran, aber kann man friedlichen Demonstrationen deswegen schon den Stempel der Gewalt aufdrücken, nur weil vorübergehend andere Bürger sich belästigt oder gar beeinträchtigt fühlen können?

Wer die Rechte anderer ernst nimmt, und wer die Willensfreiheit und die Freiheit des Denkens und Handelns seiner Mitmenschen ernst nimmt, der muss zugeben, dass Gewalt schon dann beginnt, wenn Menschen ein Wille aufgezwungen wird, den sie selbst nicht teilen. Gewalt ist nicht nur körperlich zu sehen. Jeder Zwang ist Gewalt. Wenn der Staat Gewalt anwendet, heißt das aus meinem christlichen Verständnis nicht, dass Gewalt mit Gewalt begegnet werden soll. Krieg kann man ja auch nicht mit Krieg abschaffen und Freiheit erlangt man nicht mit Unfreiheit.

Frage 49
Muss Pazifismus wirklich so radikal und konsequent verstanden werden? Damit ist ja praktisch fast jeder Widerstand unmöglich. Welcher Sinn steckt dahinter?

In dieser Frage ist man kurzsichtig, wenn man erstens die Reinkarnation und das Gesetz von Saat und Ernte außer Acht lässt und zweitens, wenn man das Gebot der Nächstenliebe und der Feindesliebe noch nicht verstanden und angenommen hat. Dazu kann man auch niemanden zwingen. Jeder ist darin frei, den Christusweg der Erlösung zu gehen oder nicht. Das aktuelle Dilemma erhält ein anderes Gesicht, wenn wir begreifen, dass wir zur Zeit jenes ernten, was wir in diesem Leben oder in Vorleben ausgesät haben. Der heutige „Feind" kann das Opfer von gestern sein.

Frage 50
Wahre Christlichkeit scheint in der Praxis des Lebens ungleich schwerer und viel komplexer zu sein, als wenn man die Gebote und die Bergpredigt nur mal so durchliest. Sind solche harten Überlegungen, mit denen dieser Dialog schließt, wirklich unausweichlich und müssen sie wirklich so konsequent gesehen werden?

Noch einmal: Niemand ist gezwungen, sich so zu verhalten, wie es ihm noch nicht einsichtig oder logisch ist. Der Wille ist das Entscheidende. Wer seinen eigenen Willen dem heiligen Willen des Christus-Gottes unterordnen will, wem Frieden, Freiheit, Gerechtigkeit, Geschwisterlichkeit, Gleichheit und Einheit wirklich ein echtes Herzensanliegen sind, dem fällt es auf lange Sicht nicht schwer, konsequent den Christusweg der Erlösung zu gehen. Am Anfang kostet das Überwindung. Das soll nicht geleugnet werden, aber jeder innere Erfolg fördert die Standhaftigkeit.

* * *

EPILOG
zum Kapitel 14

Haltung und Verhalten

Je verworrener das Zeitgeschehen ist, desto öfter sind wir damit konfrontiert, zu Fragen des Zeitgeschehens eine eigene Haltung zu erarbeiten. Jede eigene Haltung korrespondiert mit dem Gewissen, das der Ausdruck des derzeitigen Bewusstseins ist. Auch und gerade in turbulenten Zeiten, in denen es drunter und drüber geht, ist jeder gefordert und jeder muss sich in jeder Frage des Lebens irgendwie verhalten. Ein Nichtverhalten gibt es nicht. Ob man sich bewusst oder unbewusst so verhält, wie man sich verhält, das hängt von der bewussten oder unbewussten Haltung ab.

Das Demokratie-Desaster

Der obige Demokratie-Dialog, der die Frage erörtert, ob die Demokratie mit der Freiheit identisch sein kann oder ob Demokratie der Antagonist zur Freiheit sein könnte, ist aus einem Jahrzehnte langen politisch-gesellschaftlichen Engagement heraus entstanden. Die Tatsache, dass Demokratie weder Frieden, noch Freiheit, Gerechtigkeit, Geschwisterlichkeit, Gleichheit und Einheit hervorgebracht hat, gibt Anlass darüber nachzudenken, ob die jetzige Schräglage in der Gesellschaft, trotz oder wegen der Demokratie entstanden ist. Wer nicht fragt, erhält keine Antwort.

Die Messlatte

Wer christlich tickt oder wer christlich werden möchte, wird alle Lebensfragen mit den Zehn Geboten Mose und den Lehren Christi abgleichen. Wer das nicht tut, ist eben kein Christ, wodurch er andere Messlatten benutzen muss. Wer sich dagegen vollständig auf Christus verlässt, hat einen absolut verlässlichen Kompass für alle sittlich-moralischen Angelegenheiten zur Hand. Dennoch kann es sein, dass auch ernste und wahre Christen in einigen Fragen zu verschiedenen Schlüssen kommen können, weil auch aufrichtige Christen sehr unterschiedliche Erfahrungen haben.

Der „Christus-Baukasten"

Viele persönliche und gesellschaftliche Konflikte müssen erst analysiert werden, bevor man eine Haltung einnehmen kann, um sich echt christlich verhalten zu können. Manchmal muss man mehrere Elemente der Lehren Christi kombinieren, um hinter eine komplexe Frage steigen zu können. Das Phänomen Demokratie ist so ein Ding, das sorgfältig und gewissenhaft durchleuchtet werden will. Der obige Dialog ist ein Versuch, der, wie jeder

Versuch, auch Aspekte übersehen haben kann. Das bedeutet: Das vorliegende Resultat kann auch unvollständig und unrichtig sein.

Bereitschaft zur Selbstkritik

Wenn ich als Autor der Demokratie-Analyse auch davon überzeugt bin, mit dem Resultat richtig zu liegen, dann heißt das nicht, dass meine Analyse richtig sein muss. Ich bin mir darüber vollständig bewusst, dass mein Christusbewusstsein und mein Christusgewissen noch lange nicht vollständig entfaltet sind. Von daher können alle meine Publikationen stets kritisch hinterfragt werden, entweder von Mitmenschen, und auf jeden Fall auch von mir selbst. In diesem Sinne möchte ich alle Kapitel dieses Buches als Anregung und nicht als Vorgabe verstanden wissen.

* * *

FREIGEISTER
DENKEN ANDERS ALS ANDERE

Was sagte einst der Freiheitsdichter und Denker
Friedrich Schiller über die
Demokratie?

Mehrheit ist der Unsinn...

Was ist die Mehrheit?

Mehrheit ist der Unsinn.

Verstand ist stets bei wenigen nur gewesen.

Bekümmert sich ums Ganze, wer nichts hat?

Hat der Bettler eine Freiheit, eine Wahl?

Er muss dem Mächtigen, der ihn bezahlt,
um Brot und Stiefel seine Stimm' verkaufen.

Man soll die Stimmen wägen und nicht zählen.

Der Staat muss untergehn, früh oder spät,
wo Mehrheit siegt und Unverstand entscheidet.

aus: Demetrius I. (Sapieha)

Friedrich von Schiller

Arzt, Philosoph, Poet, Schriftsteller, Dichter und Freigeist

* 10.11.1759, † 09.05.1805

* * *

KAPITEL 15

WESEN UND URSACHEN

VON

FASCHISMUS UND KRIEG

PROLOG
zum Kapitel 15

Der Schoß ist fruchtbar noch, aus dem es kroch.
(Bertolt Brecht)

1941 schrieb Bertolt Brecht im finnischen Exil das Theaterstück „ Der unaufhaltsame Aufstieg des Arturo Ui". Diese verkappte US-Gangster-Komödie war eine Persiflage auf Hitler und Konsorten, also eine komödiante Verspottung der Nazi- Schergen. Der glühende Anti-Faschismus Brechts ließ jedoch in Bezug auf den Roten Faschismus eine deutliche moderatere Haltung erkennen. Die blutige Niederschlagung der Arbeiter-Aufstände am17. Juni 1953 durch eine rote Fascho-Bonzokratie hätte Brecht erneut laut sagen lassen können: „Der Schoß ist fruchtbar noch, aus dem es kroch".

Der neue Faschismus wird nicht sagen: „Ich bin der Faschismus".
Er wird sagen: „Ich bin der Antifaschismus".
(Ignazio Selone)

Deutlicher, weitsichtiger und realistischer schien der engagierte Polit-Schriftsteller und Freidenker Ignazio Selone die gesellschaftlichen Entwicklungen einzuschätzen, denn das aktuelle Fiasko zeichnete sich bereits sehr früh nach 1945 ab, sowohl in Italien, dem Heimatland Selones, als auch in Deutschland. Was ist mit dem „aktuellen Fiasko" gemeint? Aktuell stecken wir in einer Faschisierungswelle, die nahezu alle Völker der Erde erfasst zu haben scheint. War dieses Fiasko nicht schon lange vorhersehbar und wenn ja – wo waren und sind unsere Immun-Reaktionen?

Nie wieder Faschismus, nie wieder Krieg! (?) - ...

... ein ehrlicher, aufrichtiger Wunsch oder eine scheinheilige Frömmelei? Jedenfalls kann diese Losung nicht zum Repertoire unserer Alltags-Denke gehören, denn dann sähe die Welt vollkommen anders aus. Selbst wenn alle Menschen sich verbal hinter diese Losung versammeln würden, fragt sich dennoch, ob auch alle bereit sind, den Preis dafür zu zahlen, der zu entrichten wäre, wenn es darum ginge, Faschismus und Krieg für immer auszuschließen. Das aktuelle Zeitgeschehen lässt Faschismus und Krieg immer wahrscheinlicher werden. Warum? Mehr dazu im folgenden Dialog.

* * *

DIALOG
zum Kapitel 15

Frage 01
Was versteht man genau unter dem Begriff „Faschismus"?

Die Etymologie befasst sich mit der Herkunft, Ableitung und mit der Bedeutung von Worten und Begriffen. Der Begriff „Faschismus" wird etymologisch meist dem lateinischen „fascio" bzw. „fasces" zugeschrieben. Fasces sind Rutenbündel, in die eine Art Axt aus Metall eingeflochten ist. Das römische Fascis war nicht nur ein Symbol der Macht. Es symbolisiert unverblümt die blutige Gewalt-Herrschaft. Das Rutenbündel diente der Enthauptung von ungehorsamen Untertanen. Wenn wir von Faschismus reden, handelt es sich also um eine blutige Gewalt-Herrschaft.

Frage 02
Worin unterscheiden sich Diktatur und Faschismus?

Man könnte sagen, dass Faschismus immer auch eine Diktatur ist. Eine Diktatur muss dagegen nicht immer ein Faschismus sein. Unter Diktatur wird allgemein die Herrschaft eines einzelnen Despoten oder einer regierenden Gruppe verstanden, die mit sehr weitreichenden oder sogar mit uneingeschränkten Machtbefugnissen ausgestattet ist. Demnach kann man auch die Demokratie unter den Begriff Diktatur verbuchen, als eine der mildesten und „humansten" Form der Diktatur. Demokratie als „Herrschaft des Volkes" ist eine Illusion. (Siehe auch Kapitel 14)

Frage 03
In dem Prolog ist von „Faschisierungswelle" die Rede. Was versteht man unter dem Begriff „Faschisierung"?

Im weitläufigen Sinne wird unter Faschisierung der Gesellschaft die Zunahme von Elementen der Gewalt-Herrschaft verstanden. Auch die Konzentration von Macht kann als Faschisierung gelten, denn jede Form der Faschisierung wohnt immer auch eine Tendenz zur totalen Machtkonzentration inne. Aus dieser Perspektive lässt sich auch die Erkenntnis ableiten, dass Demokratie als die „mildeste" Form der Herrschaft des Menschen über Menschen grundsätzlich mit dem Faschismus schwanger geht, denn sie ist selbst eine Diktatur mit einer zentralistischen Organisationsstruktur.

Frage 04
Was versteht man unter dem Begriff „faschistoid"?

Merkmale und Gegebenheiten, die mit faschistischen Ideologien kompatibel sind, oder auch Eigenschaften, die zum Faschismus führen können oder Bestandteil von faschistischen Regimen sind, werden faschistoid genannt. Als Beispiel kann die zentralistische Organisationsstruktur von Staaten, wie die der BRD, als faschistoid bezeichnet werden, vor allem, wenn rigoros von oben nach unten durchregiert wird, wie es in der BRD geschieht. Das ist zwar noch nicht faschistisch, aber man kann das Befehlen von oben nach unten zumindest als faschistoid bezeichnen.

Frage 05
Warum wird der Faschismus häufig in einem Atemzug mit Krieg verwendet?

Kriege funktionieren nur auf Basis von Befehl und totalem Gehorsam. Herrscher oder Machtgruppierungen, die Krieg führen wollen, brauchen für ihre feindlichen Pläne immer ein kriegswilliges und kriegsbereites Volk, dass sich dem totalitären Willen seiner Obrigkeit vollständig unterwirft. Die Faschisierung der Gesellschaft geht immer einher mit der Militarisierung der Gesellschaft, was wir seit langem in der Entwicklung der BRD eindeutig beobachten können. Kleinere kriegerische „Scharmützel" lassen sich evtl. noch demokratisch machen, aber nicht allzu lange.

Frage 06
Bedeutet Faschismus immer Krieg und bedeutet Krieg immer Faschismus?

Der preußische Generalmajor von Clausewitz (1780 bis 1831), der den Krieg „ethisch modernisierte" und verwissenschaftlichte, vertrat die Ansicht, dass der Krieg die Fortsetzung der Politik mit anderen Mitteln ist. Diese These stützt die Ansicht derer, die Politik generell als ein schmutziges Geschäft ansehen. Ohne zwingenden Grund streben die Herrschenden weder den Faschismus noch den Krieg an. Doch alle kriegerischen Wirtschaftsformen tragen Faschismus und Krieg stets in sich. Ist die Plutokratie gefährdet, werden Menschen zur brutalen Bestie.

Frage 07
Was kann unter „kriegerische Wirtschaftsform" verstanden werden?

Diese Frage wird im Kapitel 17 genauer behandelt werden. Einige wesentliche Merkmale von kriegerischen Wirtschaftsformen sind: Es regiert der Mammon, also das Streben nach Reichtum und Macht. Es regiert die Konkurrenz-Ideologie, also das Gegeneinander statt des Miteinander. Es regiert der Krieg gegen die Natur. Es regiert die Gewalt, offen oder als Gewaltenteilung getarnt. Es regiert die Rüstungsindustrie und der Handel mit Kriegstechnologien. Es regiert letztlich der Egoismus, wodurch die Menschen nie genug kriegen können. (kriegen ≈ Krieg!).

Frage 08
Wie kann die Wahrscheinlichkeit eingeschätzt oder erkundet werden, wie groß die Gefahr oder das Risiko eines erneuten Faschismus in Deutschland ist?

Ähnlich wie Ärzte Krankheiten oder schleichende Prozesse der Anbahnung von chronischen Erkrankungen über bestimmte Symptome diagnostizieren, so ähnlich kann man auch den „gesundheitlichen" Zustand eines Staates untersuchen und diagnostizieren. Wie die Symptome und die Erkundung von Krankheitsursachen und Krankheitserregern in der Medizin eine Diagnose ermöglichen, so gibt es auch im gesellschaftlichen Leben unverkennbare Merkmale und Indikatoren, die ähnlich wie Symptome, Prognosen für sich anbahnende Entwicklungen erlauben.

Frage 09
Welche Indikatoren oder Symptomatiken in Gesellschaft und Staat können als Hinweise für eine konkrete Faschismus-Gefahr gewertet werden?

Um diese zutiefst substanzielle Frage zu klären, sind Vergleiche und Analogien aus der Medizin bestens geeignet, allerdings nur, wenn man sich nicht nur auf die rein materiell-wissenschaftliche Ebene begibt. Was ist damit gemeint? Hinter jeder Krankheit und hinter jeder gesundheitlichen Störung stecken geistig-charakterliche Disharmonien, also antigöttliche, charakterliche Fehlentwicklungen. Irgendwann fließen die disharmonischen Kräfte aus der Seele in den Körper. Sie somatisieren und man wird krank. Nach dem gleichen Prinzip erkranken auch Gesellschaften.

Frage 10
Wie lässt sich dieser geistige und charakterliche Hintergrund auf der seelischen Ebene als Ursache für alle Erkrankungen auf die Faschismus-Gefahr in einer Gesellschaft übertragen?

Staaten und Völker oder Bevölkerungen können wir als Patienten betrachten. Wie ein menschlicher Patient aus einem Riesenheer von Zellen besteht, so bestehen Staaten und Völker aus einem Riesenheer von Bürgern. Solange alle Zellen eines Körpers energetisch gut versorgt sind, ist auch der ganze Organismus gesund. Ausschließlich die kosmisch-göttlichen Energien sind Quelle und Träger von Leben und Gesundheit. Werden die göttlichen Energien heruntertransformiert und umgepolt oder gar blockiert, erkranken Zellen und somit auch der Organismus.

Frage 11
Der Patienten-Vergleich hört sich plausibel an. Worin besteht die oben geschilderte energetische Unterversorgung der Zellen und des Organismus bei erkrankten Patienten, und wieso lässt sich das energetische Phänomen auf die Bürger eines Staates übertragen?

Die pathogenen (= krankmachenden) negativen Energien entstehen bei Menschen durch Gedanken, Worte und Taten, denn alles ist Energie. Sind die Energien des Denkens, Redens und Tuns von ungöttlichen Eigenschaften wie z.B. Hass, Neid, Gier, Habsucht, Geltungs- und Herrschsucht und ähnlichem geprägt, haben wir es mit mehr oder weniger üblen oder brutalen Charakteren zu tun, die irgendwann an sich selbst erkranken. Genauso erkranken auch Gesellschaften und Staaten, denn alle individuellen Charaktermerkmale kumulieren stets auf der kollektiven Ebene.

Frage 12
Gibt es Beispiele für die Übertragung von individuellen Charaktereigenschaften auf Kollektive, die das verdeutlichen können, wenn dem wirklich so ist?

Dafür gibt es so viele Beispiele, dass man damit ganze Bibliotheken füllen könnte. Einige Beispiele für negative und krankmachende Energien sind: Wut, Hass, Hysterie, Egoismus, Panik, Angst, Neid und Missgunst, Genusssucht, Gier und Habsucht, sowie Geltungssucht und Machtstreben. Sie können sowohl einzelne Menschen dirigieren und genauso können diese satanischen Gegensatz-Energien ganze Völker befallen und beherrschen. Genau das ist in Deutschland in der Zeit nach 1933 geschehen. Kranke Menschen lassen auch die Gesellschaft erkranken.

Frage 13
Wenn die Analogie zwischen der Entstehung von körperlichen und seelischen Erkrankungen beim Menschen und den „Erkrankungen von Staaten" mit der Folge von Faschismus und Krieg stimmt, dann müssten die bisherigen Theorien über die Entstehung von Faschismus und Krieg völlig neu überdacht werden. Ist dem so?

Das trifft vor allem auf der Ebene der Ursachen zu. Das soziale Verhalten der Menschen, deren Abläufe und Folgen, sowie deren Ursachen sind Themen der Soziologie. Soziologie kann als der verlängerte Arm der Psychologie gelten. Der Psychotherapeut Wilhelm Reich hat sich sowohl für „Die Massenpsychologie des Faschismus", als auch für die „Charakteranalyse" interessiert. In seinen Büchern erkannte er zwar noch nicht die wahren Fakten, die zum Faschismus führen, aber er erkannte, dass der Faschismus von unten und von innen, vom Charakter kommt.

Frage 14
Warum ist die Erkenntnis, dass der Faschismus von unten und von innen, also vom Charakter her kommt, so wichtig?

Wenn wir nicht erkennen, woher die immens unsoziale Vermögensverteilung und alle anderen gesellschaftlichen Übel kommen, und was deren Ursachen sind, ist es nicht möglich, diese zu verhindern oder die bestehenden Missstände und Gefahren in eine positive Richtung zu lenken. Die Herrschenden wissen sehr genau, dass der Faschismus und auch der Krieg von unten kommen, aber das Volk weiß es nicht. Wir haben hier ein Riesen-Erkenntnisproblem. Nicht ohne Grund wurde uns nach 1945 die Lügen-Formel eingetrichtert, dass es keine Kollektivschuld geben soll.

Frage 15
Was bedeutet „Kollektivschuld" und warum sind die Herrschenden daran interessiert, eine Kollektivschuld in Abrede zu stellen?

Eine Gesellschaft, ob Staat oder auch private Gemeinschaften, können niemals in faschistische oder terroristische Bahnen geraten, wenn deren Mitglieder eine untadelige Gesinnung im Geiste Christi tragen und praktizieren. Umgekehrt heißt das, dass jedes Terror-Regime und auch jede terroristische Privatvereinigung sich nur dann terroristisch entfalten kann, wenn deren Mitglieder terroristisch ticken oder so sehr gleichgültig sind, dass sie jedem Rattenfänger folgen. Die Leugnung der Kollektivschuld fördert erkennbar eine obrigkeitshörige Gleichgültigkeit.

Frage 16
Schwer zu verstehen: Warum fördert die Leugnung der Kollektivschuld eine obrigkeitshörige Gleichgültigkeit und was hat das mit Faschismus zu tun?

Dem Faschismus geht immer eine Phase der Faschisierung voraus. Jeder Mensch hat einen Charakter mit diversen Charaktermängeln, die sich in der Gesellschaft in einen gesellschaftlichen Charakter vereinen. Das gesellschaftliche Verhalten kann als „aggregiertes Verhalten" bezeichnet werden, als eine Verbindung von positiven und negativen Energien mit entsprechenden Synergie-Effekten. „Gemeinsam sind wir stark" – diese Formel besagt: Energien potenzieren sich in Gesellschaften. Es fragt sich nun, wer diese negativen Energien überwacht, kontrolliert und reguliert!

Frage 17
Die Frage der Überwachung, Kontrolle und Regulierung der negativen Energien in menschlichen Gesellschaften, vor allem im Staat, scheint mehr als heikel zu sein. Sie ist eher höchst brisant. Führt dieser Fragenkomplex direkt in die Struktur des gesellschaftlichen Kommandowesens bis hin in die „Kommandozentralen"?

Vielleicht ist es besser, die Frage nach der Beobachtung, der Kontrolle und der Regulierung als „Kardinalfrage" zu bezeichnen, denn je nach Beantwortung der Frage, sind Kommandostrukturen überflüssig. Aus urchristlicher Perspektive steht jede Herrschaft des Menschen über den Menschen gegen den Willen Gottes. Sie ist die Quelle jeder Unfreiheit. Freiheit entsteht, wo Menschen gleichgestellt sind. Kardinalfragen sind Grundsatzfragen. Jede ungute Gegebenheit kann in Gutes umgewandelt werden, aber nur, wenn die Lehren Christi zum Maßstab werden.

Frage 18
Wer beobachtet, kontrolliert und reguliert wen und wer sollte wen beobachten, kontrollieren und regulieren, um jedem Faschismus und Krieg vorzubeugen?

Es gibt einen Idealzustand, der auf dem Bewusstsein aufbaut, dass jeder Mensch ein Kind Gottes ist, das einst göttlich war und jetzt auf Erden einverleibt ist, um wieder göttlich zu werden. Das ist nur möglich, wenn sich jeder einzelne Mensch freiwillig dafür entscheidet, den Christusweg der Erlösung zu gehen. Das bedeutet im praktischen Leben, dass nur jeder einzelne Mensch sich selbst beobachten, kontrollieren, regulieren und korrigieren soll und kann, wenn man vom Geiste Christi ausgeht. Alles andere ist unchristlich, nicht Gottes Wille und daher ungut.

Frage 19
Was bedeutet, dass alles andere unchristlich ist und somit nicht der Wille Gottes ist, und daher ungut sein soll?

Wenn man weiß, was gut und richtig ist, aber Dinge tut, die nicht gut und richtig sind, womöglich trotz der Kenntnis des Gesetzes von Saat und Ernte, dann ist man vorsätzlich böse. Wer nicht weiß, was gut und richtig ist, ist unwissend und/oder dumm. Heutzutage braucht jedoch niemand unwissend sein. Heute steht doch eher die Frage, ob man den Willen Gottes überhaupt wissen will. Ein hohes Maß an Ehrlichkeit vor uns selbst ist die Voraussetzung, um den heimlichen Faschismus in uns zu erkunden und zu wandeln. Wer anderen Leid antut, steht klar gegen Gott.

Frage 20
Soll oder kann das bedeuten, dass der Faschismus, ein ganzes Volk und dessen Staat nur erfassen kann, weil die überwiegende Anzahl der Bürger eines Landes faschistoide Tendenzen in ihrem Charakter zu verzeichnen haben?

Nur so und nicht anders sind alle Gewaltregime und alle Kriege erklärbar. Meiner Ansicht nach, ist es ein Ammenmärchen und Volksverdummung pur, zu behaupten oder zu suggerieren, ein böser Hitler-Clan hat mit Gewalt die Macht ergriffen und das unschuldige und arme deutsche Volk unter seine Knute gebracht. So ist es noch nie und nirgendwo in dieser Welt gelaufen. Alle gestrigen und heutigen Faschismen und Gewaltregime haben ihren Ursprung in den Seelen der Mehrheit derer, die sich hernach „Opfer" nennen. Wer anderes sagt, betrügt sich nur selbst.

Frage 21
Welche charakterlichen Fehlhaltungen sind es denn in uns Menschen der Jetzt-Zeit, die als Nährboden für Faschismus und Krieg gelten könnten, wenn diese These stimmt?

Ohne nähere Erläuterung können folgende Charaktermerkmale als Nährboden für gesellschaftliche Missbildungen erkannt und in selbstkritischer Eigenregie in gute Eigenschaften umgewandelt werden: Gottferne und Christus-Aversion an erster Stelle, Egoismus und Egomanentum, Habsucht, Geltungssucht, Vergnügungssucht, Herrschsucht, Rechthaberei, Gewaltbereitschaft, Kriegermentalität, Trägheit und Gleichgültigkeit, Lieblosigkeit, Unbarmherzigkeit, Rachsucht, Größenwahn und Obrigkeitsdenken. Diese menschlichen Untugenden eskalieren seit Jahrzehnten.

Frage 22
Was bedeutet: „Diese menschlichen Untugenden eskalieren seit Jahrzehnten"?

Unsere neuzeitlichen menschlich-charakterlichen Mängel sind unterschiedlich verteilt und in jedem Menschen steckt das Göttliche, das auf Entfaltung wartet, indem wir unsere oben genannten Mängel in Tugenden umwandeln. Alle unguten Charaktermerkmale ergänzen und bedingen einander. Sie treten stets gemeinsam auf und verstärken einander. Sie korrespondieren mit den Gegebenheiten in der Gesellschaft, verstärken sich dort und wirken erneut wieder auf das Individuum zurück. So entsteht seit Jahrzehnten eine eskalierende charakterliche Verrohung.

Frage 23
Der Sichtweise, wonach Faschismus und Krieg von unten und von innen auf der charakterlichen Ebene entstehen sollen, steht entgegen, dass die faschistischen Führungskräfte doch allerhand unternehmen müssen, um die Mehrheit des Volkes für sich zu gewinnen. Selbst wenn es ihnen gelingt, gibt es immer noch Menschen, die sich dem entgegenstellen.Spricht das nicht doch eher für die Annahme, dass Faschismus nur mit Gewalt und Lüge ein Volk unterjochen kann?

Hier hilft wieder der medizinische Vergleich. Alle Menschen sind potentiell für virale Infekte anfällig, aber nicht alle Menschen infizieren sich. Die Anlage für Infektionen ist also in uns allen latent gegeben. Eine Infektion entsteht aber erst im Kontext mit dem Kausalgesetz, muss also charakterlich „induziert" werden. Wer nicht sündigt, induziert und provoziert seine Veranlagung auch nicht. Die Anlage bleibt latent, denn tugendhafte Menschen sind immun. In uns allen liegen ungute Anlagen latent, die induziert und provoziert werden müssen, um aktiv zu werden.

Frage 24
Lässt sich das an einem praktischen Beispiel verdeutlichen?

Der Rassismus, der Rassenwahn und die antijüdischen Pogrome und die brutalen Judenvernichtungen in den KZs waren lange Zeit nicht sichtbar. Sie äußerten sich hier und dort, wurden auch immer wieder gepflegt, vor allem vom Hassprediger und Schein-Reformator Luther. Der Rassismus entwickelte sich über Jahrhunderte aus den Kirchen heraus, woraus die Kreuzzüge und die Inquisition entstanden. Rassismus und Antisemitismus konnte und kann niemals über Propaganda allein geweckt werden, wenn er nicht in den Seelen der Menschen angelegt war und ist.

Frage 25
Das spricht aber doch trotzdem dafür, dass die dunklen Kräfte, die erneut einen Faschismus und eventuell sogar einen Krieg vom Zaun brechen wollen, viel Energie aufwenden müssen, um das Volk reif für ihre schmutzigen Ziele zu machen. Kommen nicht doch die Hauptmotive von oben?

Mag es auch tausendmal so aussehen, als ob Faschismus und Krieg überwiegend von „Denen-da-oben" ausgeht, es stimmt nicht, zumal konstatiert werden sollte, dass alle Führer in Wirtschaft, Politik und Wissenschaft Teil des Volkes sind. Nicht zu übersehen ist, dass Kriege, Faschismen und Diktaturen sich schon im Ansatz in der „noch friedlichen" Gesellschaft peu a peu entwickelten. Wer aufrichtig die Entwicklung der BRD und der Welt nach 1945 kritisch analysiert, dem kann eine schleichende Faschisierung und Militarisierung von Beginn an kaum entgehen.

Frage 26
Warum ist es so wichtig und von so schwerwiegender Bedeutung, die wahren Gründe und Ursachen der aktuellen Geschehnisse unter dem Banner einer möglichen Gefahr von Faschismus und Krieg zu analysieren?

Wenn man Fehlentwicklungen in der Gesellschaft nicht von ihrer wahren Ursache her analysiert, kommt man zwangsläufig zu falschen Schlussfolgerungen, die dann zu falschen Haltungen und Verhaltensweisen führen. Wenn ein Nichtschwimmer in ein Bassin springt, von dem er glaubt, es sei nur ein Meter tief, dann kann ihn das sein Leben kosten, wenn das Wasser in Wirklichkeit drei Meter tief ist. Hätte er das gewusst, wäre er wohl nicht in das Becken gesprungen. Zugegeben: Ein simpler Vergleich, aber er verdeutlicht, wie gut und notwendig Informiertheit ist.

Frage 27
Würde man eine Umfrage in der BRD starten, wie die Bürger konkret eine Gefahr von Faschismus in Deutschland und die Gefahr eines Weltkrieges mit deutscher Beteiligung einschätzen – was würde wohl dabei herauskommen?

Es darf vermutet werden, dass die große Mehrheit weder Faschismus noch eine Kriegsgefahr für Deutschland sieht, dass aber eine wachsende und beachtliche Minderheit sehr wohl Krieg und Faschismus befürchtet. Konkretere Umfragen würden wahrscheinlich sogar ergeben, dass eine knappe Mehrheit auch restriktive Maßnahmen gegen Kritiker und Sanktionen gegen Ungehorsame befürwortet. Die Abschaffung der bürgerlichen Freiheitsrechte finden viele in Ordnung, auch wenn sie gegen geltendes Recht verstößt, trotz einer offensichtlichen Lügenpropaganda.

Frage 28
Wenn die Stimmung und die Massengesinnung tatsächlich so negativ und blauäugig sein sollte, wie könnte und wie sollte diesem Manko aus urchristlicher Perspektive begegnet werden?

Christus hat uns zu Seiner Zeit auf Erden, in Gestalt des Jesus von Nazareth, klar und unmissverständlich gezeigt und vorgelebt, wie die Paradoxien und gottfernen Haltungen und Verhaltensweisen behandelt werden sollen. Christus in Gestalt des Jesus klärte immer auf, legte immer den Finger in die Wunde, lehrte stets, was der Wille Gottes ist, aber immer ohne Sünder offen bloßzustellen und immer unter der Wahrung des freien Willens selbst der Sünder. Jesus bekämpfte niemanden, auch Seine Feinde nicht, denn Er kannte und lehrte das Gesetz von Saat und Ernte.

Frage 29
Aktuell entstehen im Internet alternative Medien. Es entstehen Protestbewegungen mit einem Zulauf, der so umfänglich nicht erwartet wurde. Es entstehen neue Parteien, die einen freieren Geist in die Parlamente tragen wollen. Ist nicht der Widerstand auch für Christen eine Pflicht, wenn das Unrecht zu Recht wird?

Diese Frage muss offen gelassen werden, weil sich jeder Mensch selbst frei positionieren soll und zwar vollkommen frei von äußeren Einflussnahmen anderer Menschen. Wir haben es hier mit Gewissensfragen zu tun und unser Gewissen kann nur von Gott geführt werden. Die heutigen Dissidenten ticken verschieden, je nachdem von welchem Bewusstsein ihre Ideen geprägt sind. Sie sollen, dürfen und müssen so handeln, wie sie es mit ihrem Gewissen vereinbaren können. Als Christ sehe ich eine Pflicht zur Aufklärung, aber frei von jeder Form der Konfrontation.

Frage 30
Dennoch stellt sich die Frage, ob man sich nicht an den Meinungskämpfen beteiligen sollte und dort mitmischen sollte, um den Geist Christi in diese doch eigentlich fortschrittlich erscheinende Protest-Bewegung zu tragen, zumal große Teile der Protestbewegung deutlich antifaschistische Züge aufweisen.

Man könnte sich fragen, wie Christus sich heute verhalten würde, wenn Christus heute in Gestalt des Jesus in der BRD inkarniert wäre. Ich persönlich habe mich dafür entschieden, genau das zu tun, was Jesus heute auch tun würde. Dieses kann aus dem damaligen Verhalten Jesu und aus den heutigen Christus-Offenbarungen durch Seine Prophetin Gabriele glasklar erkannt werden. Mit dem Geist Christi ist wohl folgendes vereinbar: Alle Sünden, gemessen am Willen Gottes, öffentlich und dabei unpersönlich publizieren und dabei niemanden persönlich bekämpfen.

Frage 31
Warum soll man Politiker und Verantwortungsträger nicht persönlich bekämpfen, die sich ganz offensichtlich in den Dienst von Faschismus und Krieg stellen?

Auch diese Frage ist eine Gewissensfrage, die jeder anders beantworten wird, je nachdem, wie hoch das eigene geistige Bewusstsein entwickelt ist. Anders gesagt: Wer glaubt Gutes zu tun, wenn er faschistische Übeltäter persönlich angreift, der wird es, ohne mit der Wimper zu zucken, tun. Unter Umständen wird er sogar jene verachten, die die Faschisten zwar kritisieren, sie aber gewähren lassen, indem sie diese nicht in ihren Handlungen behindern, wie auch immer verhindernde Formen des Widerstandes aussehen mögen. Christus praktizierte einen klaren Pazifismus!

Frage 32
Die Tatsache, dass Christus den absoluten Pazifismus total vehement vertritt und uns diesen in Gestalt des Jesus von Nazareth bis zu Seiner bitteren Hinrichtung auch konsequent vorlebte, kann nur von satanischen Kräften geleugnet werden. Aber unklar und für die meisten Menschen nahezu unverständlich könnte die Frage sein, warum der Pazifismus ein absoluter Bestandteil der urchristlichen Lehren ist. Kann es sein, dass diese, für viele Menschen noch unklare Frage nach dem „Warum dieser uneingeschränkte Pazifismus" ein Hindernis dafür sein könnte, sich dem Geist Christi zu öffnen?

Vielleicht sollen wir durch eigene Überlegungen erkennen, warum auf die absolute Gewaltlosigkeit nicht verzichtet werden kann. Selbst die Jünger Jesu protestierten gegen die „harten Worte" Jesu, weil sie schwer zu verstehen und zu verdauen sind. Im Grunde genommen ist die Bergpredigt insgesamt schwer verständlich, aber nur für jene, die noch nicht wissen, woher sie kommen und wer sie sind und die noch nicht die Reinkarnation und das Gesetz von Saat und Ernte klar vor Augen haben. Jeder kann für sich selbst klären, ob ein wirklicher Friede mit Gewalt vereinbar ist.

Frage 33
Schließt der Pazifismus, die absolute Gewaltfreiheit, auch den Meinungskampf aus, weil auch der Meinungskampf unter Gewalt verbucht werden kann?

Gegenfrage: Was passiert denn im Meinungskampf? Greife ich im Wortgefecht nicht die Gesinnung oder die Haltung eines Mitmenschen an? Führen Gefechte mit Worten nicht zu Verletzungen und Diffamierungen unserer Mitmenschen, die viele Dinge eben noch anders sehen, als der Diskutant? Entstehen nicht Feindschaften, wenn man die freie Meinung eines anderen diffamiert und für falsch erklärt? Wie steht es mit der Feindesliebe, also mit der Achtung auch vor solchen Menschen, die eindeutig absichtlich Böses tun? Was lehrte uns Jesus selbst dann und warum?

Frage 34
Kann die vielzitierte Feindesliebe bedeuten, dass wir auch solche Leute lieben sollen, die sich eindeutig bewusst zu Handlangern für Faschismus und Krieg machen und bewusst im Dienste des staatlichen oder privaten Terrorismus stehen?

Es soll ja zugegeben werden, dass der Geist Christi nicht leicht zu verstehen ist, und ich selbst muss auch ständig hart daran arbeiten, den Ruf Jesu am Kreuze in jeder Situation zu verwirklichen, als Jesus unter höllischen Qualen am Kreuze noch rief: „Herr, vergib ihnen, denn sie wissen nicht, was sie tun!" Oft fragt man sich, ob diese Bösewichte wirklich nicht wissen, was sie tun. Dann müsste man ja sagen: „Herr, vergib ihnen nicht, denn sie tun nicht, was sie wissen." Es ist aber wohl doch so, dass kein Sünder sich bewusst als Werkzeug der Dämonen erkennt.

Frage 35
**Sind Faschismus und Krieg aus urchristlicher Sicht karmisch bedingte
Schicksale, die unabwendbar sind und klaglos zu ertragen sind?**

Was der Mensch sät, das wird er ernten – das Gesetz von Saat und Ernte
und das Gesetz der Reinkarnation, muss auch umgekehrt gelten: „Was der
Mensch erntet, muss er einst gesät haben". Daraus wird klar, dass wir
offensichtlich gemeinsam ein Gruppen-Karma abzutragen haben. Allerdings
sollen wir uns nicht tatenlos dem Schicksal hingeben. Jedes Leid haben wir
selbst verursacht. Uns ist geboten, im Leid unsere Gesinnung zu prüfen, um
langsam aber sicher den Christusweg der Erlösung einzuschlagen, indem
wir unsere erkannten Sünden künftig unterlassen.

* * *

EPILOG
zum Kapitel 15

Faschismus und Krieg sind Menschenwerk

Aus der Perspektive des Gewissens wäre es ein Riesengewinn an Erkenntnis und an Selbsterkenntnis, wenn Faschismus und Krieg als Produkte des Menschen und dessen Fehlhaltungen erkannt würden. Es gibt grundsätzlich keine unvermeidbaren oder zufälligen Schicksale. Alle gesellschaftlichen Probleme, Verwerfungen und Missbildungen sind menschengemacht, genauso wie alle Krankheiten menschliche Werke sind. Diese Tatsache wird überwiegend noch nicht anerkannt oder bewusst verdrängt und somit noch nicht angenommen. Wo ist da die Liebe zur Wahrheit?

Die Liebe zur Wahrheit bringt Freiheit und Erlösung

Wenn der obige „Faschismus-und-Krieg-Dialog" die Menschheit für ihre eigenen schmerzhaften Debakel verantwortlich macht, dann kommt man nicht umhin, sich selbst zu fragen, ob ich persönlich auch involviert bin, denn ich bin ja ein Teil der Menschheit. Wenn ich mich selbst als Teil des Faschismus-Problems sehe, fühle ich mich nicht mehr machtlos, denn was ich denke und tue, das bestimme ich allein und niemand anders. Wenn ich denke, die anderen sind Schuld, dann bin ich ja den anderen machtlos ausgeliefert. Freiheit und Erlösung beginnt also bei mir selbst.

Faschismus und Krieg sind nackte Gewalt

Gewalt fängt früher an, als wir meistens denken. Wenn wir „Gewalt" denken, dann sehen wir die Faust in Aktion, die Waffe, die Folter und alle körperlichen Akte mit denen Menschen sich, den Tieren und der Natur Schmerzen zufügen. Wäre Gewalt nur körperliche Misshandlung, könnten viele von sich glauben, gewaltfrei zu sein. Aber Gewalt ist viel mehr. Sie beginnt in der Gesinnung, pflanzt sich in Gedanken fort und endet in Zwang, Neid, Hass und Terror gegen unsere Nächsten. Menschen können Menschen ganz ohne körperliche Gewalt in eine tiefe Verzweiflung treiben.

Die Masse macht´s ... ...

Wir kennen das unglaubliche Zerstörungspotential, das sich in kriminellen oder in mafiosen Vereinigungen entfalten kann, das um ein Vielfaches brutaler ist, als alle kriminellen Energien der einzelnen Mitglieder von Terror-Banden. Auch hier spielt die gedankliche Brutalität die Hauptrolle, die gedankliche Zerstörungswut, die mehr oder weniger in uns allen noch drin ist. Dabei geht es immer um den eigenen Vorteil auf Kosten anderer. Der Egoismus ist auch die Quelle des bösen Verhaltens der Masse: Gestern scheinbar noch friedlich, aber heute zum Völkermord bereit.

Faschismus und Krieg als Karma

Wir sollten uns endlich als göttliches Geschöpf erkennen. Wir sollten uns darin bewusst werden, dass es ein Leben nach dem Leben gibt, dass wir im Erden-Dasein unser Leben im Jenseits gestalten und, dass wir mehrfach schon auf Erden gelebt haben. Wir inkarnieren so oft, bis wir einen bestimmten Grad an Liebesfähigkeit entwickelt haben, um endgültig in höhere Lebensformen aufzusteigen. Nur so lässt sich verstehen, dass jeder selbst jenes verursacht oder im Kollektiv mitverursacht hat, was er derzeit erleidet. Was der Mensch sät, wird er ernten – und umgekehrt.

Die Konsequenzen

Jedem ist es freigestellt, wie er sich gegenüber der Faschisierung und der Gefahr eines dritten Weltkrieges verhält, denn diese Frage ist, wie jede andere Frage auch, eine Gewissensfrage. Wer sich Christus zum alleinigen Vorbild nimmt, wird keine äußeren Kämpfe gegen seine Mitmenschen führen, wenn diese auch noch so böse sind. Wenn ich die Christuslehren richtig verstehe, führen nur die inneren Kämpfe in den von uns allen gewünschten Frieden. Es ist der Kampf gegen unseren inneren Schweinehund, dem Satan der Sinne, denn Faschismus ist das Kriegerische in uns.

Fazit

Die Geschichte bestätigt die Richtigkeit der Lehren Christi, wonach der Mensch im Leid das Göttliche in sich fühlen und entfalten kann. In uns wohnt eine innere Zuversicht, dass sich das Böse verbraucht, weil immer mehr Menschen und Seelen dem Licht zustreben werden, denn wir sind Lichtwesen. Für das Gute zu sein und zu bleiben und das Göttliche in uns zu entfalten, indem wir den Willen Gottes im täglichen Leben verwirklichen, macht jedem Faschismus den Garaus. Der Mensch und alles Menschliche ist vergänglich, doch der Geist in unserer Seele lebt ewig.

* * *

Das Gewissen ist nichts anderes

als die Übereinstimmung

zwischen der eigenen und der höchsten Vernunft.

* * *

Leo Tolstoi

KAPITEL 16

DIE URSACHEN VON

MIGRATION, FLUCHT

UND VERTREIBUNGEN

PROLOG
zum Kapitel 16

Von Flüchtlingen und Asylanten, Asylbewerbern und Migranten,
so viele Namen – (k) ein Gesicht.
Von Dritten, Fremden, Unbekannten …
Allein von Menschen spricht man nicht.
(Michael Fenske, Autor und Pädagoge)

Kaum zu glauben und sehr viele glauben es auch nicht, nämlich, dass alles, aber auch wirklich alles auf Erden Menschenwerk ist – auch die Flucht, auch die Vertreibung und auch die Migration. Das Wort „Menschenwerk" kann ein seltsam anonymes Gefühl erzeugen, ein Gefühl des „Nicht-beteiligt-seins", als wäre man selbst nicht Teil des Menschenwerks. Aber plötzlich ist man doch beteiligt, nämlich dann, wenn „uns" eine Welle der „Überfremdung" droht. Wer ist „uns", wer sind „wir" - etwa diejenigen, die sich meistens uneinig sind, vielleicht weil wir uns selbst fremd sind?

… alle Menschen werden Brüder?

In Friedrich von Schillers „Ode an die Freude" finden wir diese vier Worte ohne Fragezeichen. Wo kommt das Fragezeichen her? Ist das Fragezeichen berechtigt, weil es angezweifelt werden kann, dass alle Menschen Brüder werden? Kann etwas angezweifelt werden, was schon ist? Vor Gott sind alle Menschen Geschwister, also kann doch nicht von Werdung einer Geschwisterschaft die Rede sein, wenn ohnehin alle Menschen schon Geschwister sind. Vielleicht ist da etwas faul, weil wir zwar alle Kinder Gottes sind, also Geschwister, die sich aber nicht geschwisterlich verhalten?

Kein schöner Land in dieser Zeit, als hier das unsre weit und breit…

Dieses Volkslied von Anton Wilhelm Zuccalmaglio, 1840 erstmals publik gemacht, träufelt in der ersten Zeile, beabsichtigt oder unbeabsichtigt, einen patriotischen oder vaterländischen Ton in unser Gehirn, der 100 Jahre später viel Blut und Tränen hat fließen lassen. Was ist unser Land? Wem gehört welches Land im Einzelnen oder im Kollektiven? Wer hat den Zaunpfahl erfunden und warum? Wer zieht die Grenzen von Ländern? Wer ist warum wohin geboren? Wer darf wo leben und wer darf nicht dort leben, wo er leben möchte und warum nicht? Mehr dazu im folgenden Dialog.

* * *

DIALOG
zum Kapitel 16

Frage 01
Ist Deutschland ein Einwanderungsland?

Gegenfrage: Ist Deutschland ein Auswanderungsland? Diese etwas provokante Gegenfrage wäre eine Untersuchung wert, vor allem dann, wenn sich die Dinge weiterhin so negativ entwickeln, wie sie es schon seit 1945 tun und wie sie aktuell an Fahrt und Brisanz zunehmen. Auf der Erde gibt es zur Zeit 193 Länder bzw. Staaten. Die Staaten bestehen meist aus mehreren Ethnien, also Volksgruppen mit eigenen Identitäten. So könnte man fragen, ob Hessen ein Einwanderungsland ist und ob Sachsen ein Auswanderungsland ist. Ist Deutschland nicht beides zugleich?

Frage 02
Wahrscheinlich ist die These, dass Deutschland sowohl ein Einwanderungsland als auch ein Auswanderungsland sein könnte, für viele Bürger eine überraschende Überlegung. Gibt es Statistiken, die belegen, dass tatsächlich beides zutrifft?

In Deutschland wird ja alles statistisch erfasst, was zählbar und wägbar ist. Für das Jahr 2019 wurden 1,23 Mio. Wegzüge und 1,56 Mio. Zuzüge registriert. Das ergibt einen Saldo von 327.000 Zuwanderungen. Wir sind also tatsächlich beides, wobei die Zuwanderungsrate tendenziell noch relativ gering überwiegt. An dieser Stelle sollte aber eine andere Denke ansetzen, denn hier wird eine These mit ziemlich fragwürdigen politischen Absichten in die Tagesordnung eingeschleust, die dazu geeignet ist, die Gemüter zu erhitzen und Menschen gegeneinander auszuspielen.

Frage 03
Welche Denke ist es, die besser geeignet wäre, um in das Thema der Migration, der Flucht und der Vertreibung einzusteigen?

Weil das Thema Migration, Flucht und Vertreibungen ein globales Problem ist, das weltweit die Gemüter in Wallung bringt, ist es naheliegend, Fragen zu stellen, die über den eigenen nationalen Tellerrand hinausgehen. Des Weiteren stellt sich die Frage, warum wir Migration und Völkerwanderung als Problem wahrnehmen. Wer verbietet uns, Migration positiv zu sehen, Flucht und Vertreibung durchaus mit in eine positive Denke eingeschlossen? Und wenn wir das Thema schon aus der Vogelperspektive beleuchten, wie wäre es mit einer kosmischen Betrachtung?

Frage 04
Was heißt „kosmische Betrachtung"? Es gibt doch keine „interplanetare Migration", also keine Migration von Planet zu Planet, wie von Land zu Land. Ist die Idee einer kosmischen Betrachtung nicht überspannt und unangemessen?

Vielleicht ja, vielleicht aber auch nein – Nein auf jeden Fall dann, wenn sich doch herausstellen sollte, dass es durchaus eine interplanetare Migration geben könnte, die wir deshalb nicht wahrnehmen, weil unser Bewusstsein zu kurz greift. Wer bereit ist und wer den Mut aufbringt, die folgenden Ausführungen wenigstens probeweise an sich heranzulassen und eventuell sogar in sich aufzunehmen, dem wird es leichter fallen, jedes Thema göttlich und geistig zu erschließen. Es gibt kein Thema auf der Erde, das nicht mit göttlichen Maßstäben zu erschließen wäre.

Frage 05
Was verbirgt sich hinter der befremdlichen und seltsamen Formulierung einer „interplanetaren Migration"?

Vor 60 Jahren war ich noch Schüler und ich erinnere mich noch genau an ein Spiel mit Fragekarten, in dem u.a. nach der Weltbevölkerung gefragt wurde. Es lebten damals 2,3 Milliarden Menschen auf der Erde. Heute zählen wir ca. 8 Milliarden Menschen und wir nennen das „Bevölkerungs-Explosion". Haben wir es nicht mit einer „Massen-Invasion" von Seelen aus den Seelenreichen zu tun? Wo kommen wir eigentlich alle her und wohin gehen wir, nachdem wir uns das allerletzte Mal schlafen legen? Sind wir Menschen nicht Seelen, die von woanders her kommen?

Frage 06
Woher können wir wissen, ob wir Menschen Seelen sind, die von woanders her kommen, vielleicht von einem anderen Planeten eines fernen Sonnensystems?

Zunächst ist das Seelen-Bewusstsein eine Glaubensfrage, wie Christus in Gott und wie Ewiges Leben auch. Wer nicht an Gott glauben kann oder vielleicht auch noch nicht daran glauben will, muss sich halt damit begnügen, nicht zu wissen, woher er kommt, und wohin die Reise geht. Man ist aber ohne Hoffnung, wenn nach dem sogenannten Tode alles vorbei sein soll und alles, was man auf Erden getan oder nicht getan hat, quasi für „die Katz" war, wie man so sagt. Was ist plausibler und hoffnungsvoller: Die Unwissenheit und der Tod oder der Fakt des ewigen Lebens?

Frage 07
Gehen wir also von der Seele als Realität aus – was hat das Seelen-Bewusstsein mit der Frage Migration, Flucht und Vertreibung zu tun?

Spätestens seit des Wirkens Christi als Mensch auf Erden, in Gestalt des Jesus von Nazareth, wissen wir folgendes: Unsere Seele ist „auf Tour" und zwar zurück in ihre ewige Heimat, aus der sie einst ausgewandert war. Weil unsere Seele sich von Luzifer in die Illusion verführen ließ, Gott sei überflüssig, weil wir selbst wie Gott seien und alles, was Gott kann, können wir auch ohne Gott, haben wir uns von Gott abgewendet. So begann für uns eine Odyssee in vielen Lebensformen, bis wir Mensch wurden. Wir sind unterwegs, zurück in immer höhere Leben im Kosmos.

Frage 08
Jetzt könnte man fragen, und viele fragen sich ja auch, woher wir wissen können, dass das alles so wirklich stimmt, denn eines kann doch nicht abgestritten werden: Es ist doch noch keiner aus dem Jenseits zurückgekommen, oder?

Eben doch! Jeder, sowohl ich, als auch Du, wir kommen alle aus dem Jenseits. Jeder Mensch ist eine Seele, die sich schon mehrmals in einen Menschenkörper einverleibt hat. Im Grunde sind wir nicht Menschen, die eine Seele haben, sondern Seelen, die vorübergehend einen menschlichen Körper angenommen haben. Unser Menschenkörper ist ein Instrument unserer Seele, mit dem Taucheranzug eines Tiefsee-Tauchers vergleichbar, den er wieder ablegt, bevor er sich auf den Weg nach Hause begibt, nachdem er seine Mission auf dem Meeresgrund beendet hat.

Frage 09
Wenn diese kosmische Sichtweise auch noch gewöhnungsbedürftig ist, so ist sie doch irgendwie plausibler, als die stupide Idee, dass diesem Leben auf Erden ein Nichts folgen soll. Trotzdem sei noch einmal nachgefragt: Was hat das alles mit dem irdisch-weltlichen Thema der Ursachen von Migration, Flucht und Vertreibung zu tun?

Bei konsequenter, logischer und folgerichtiger Betrachtung, ist die Migration auf Erden oft eine freie Entscheidung, Flucht und Vertreibung dagegen meistens nicht. Ähnlich verhält es sich mit der Reinkarnation im Kontext mit dem Gesetz von Saat und Ernte. Die Seele kann inkarnieren, sie muss es aber nicht, und jetzt wird es spannend: Flucht, Vertreibung und Migration auf Erden stehen mit dem Gesetz von Saat und Ernte, mit Ursache und Wirkung, und mit dem Reinkarnationsgesetz in einem ursächlichen Zusammenhang. Jeder Mensch hat sich selbst verursacht.

Frage 10
Was hat dieser seltsam anmutende Satz zu bedeuten, wonach jeder Mensch sich selbst verursacht hat?

Das von Christus in Jesus schon vor 2.000 Jahren gelehrte Kausalgesetz, wonach jeder Mensch dasjenige erntet, was er einst ausgesät hat, ob in diesem Leben oder in einem der zahlreichen Vorleben, ist uns auch als „Gesetz von Ursache und Wirkung" bekannt. Jeder hat also ein „Sündenkonto", Karma genannt. Alles Gute und Schlechte ist die Folge vorheriger Eingaben in die atmosphärische Chronik. Wir ernten also nicht nur das, was wir bestellt haben, sondern wir haben in früheren Leben auf Erden unseren jetzigen Menschen geschaffen, so wie wir heute sind.

Frage 11
Dass Migration, Flucht und Vertreibung Reaktionen auf vorherige Aktionen sind, ist nachvollziehbar. Wenn das alles aber unter „Karma" zu verbuchen ist, müssten alle Völkerwanderungen aller Zeiten in früheren Generationen verursacht worden sein. Hat das eine Bedeutung für die Frage, wie wir heute mit dem Problem von Flucht und Völkerwanderungen umgehen sollten?

Ja, denn meistens satteln wir Menschen auf die Alt-Lasten aus unserem Vorleben weitere Sünden drauf, indem wir quasi traditionell weiterhin ähnlich sündigen wie in früheren Generationen. Das ist uns oft nicht bewusst und genau das ist der Sinn des Kausalgesetzes, dass wir im Leid unsere Sünden erkennen, um sie bereuen und unterlassen zu können. Nicht umsonst gibt es auch immer wieder warnende Stimmen von gewissenhaften Historikern, die vor einer Geschichts-Vergessenheit warnen. Vertriebene ohne Vertreiber, auch Opfer ohne Täter, kann es nicht geben.

Frage 12
Damit sind wir bei der berühmt-berüchtigten Täter-Opfer-Frage angelangt. Kann es aus der Karma-Perspektive sein, dass die heutigen Opfer die Täter von gestern waren und die Täter von heute die Opfer von morgen sein werden, die ihrerseits danach trachten, erlittenes Leid in einer weiteren Inkarnation rächen zu wollen?

Das ist nicht auszuschließen, wobei zu beachten ist, dass wir es immer mit langen Kausalketten über das gesamte Fallgeschehen zu tun haben, die wir Menschen häufig gemeinschaftlich verbrochen haben. Die Buchhaltung Gottes, in der die Gestirne, die Erde selbst und unsere Seele als Speichermedien dienen, wägt so präzise und unfehlbar, dass jeder „nur" dasjenige abbekommt, was er selbst verursacht hat, keinen Deut mehr und weniger. Jeder hat sein eigenes „Sünden-Konto", auf dem der persönliche Teil kollektiv begangener Sünden gebucht wird.

Frage 13
Seitens der Skeptiker der urchristlichen Reinkarnationslehre gibt es den Einwand, dass das ständige Wechselspiel zwischen Täter und Opfer eine Spirale ohne Ende ist. Wenn sich das Opfer von gestern heute rächt, tut es als Täter jenen Böses, die ihm einst Böses taten, wenn er sich rächt. Flucht und Vertreibung würde dadurch ja automatisch ein Dauerthema mit einer sich selbst turboisierenden Eskalation bedeuten. Liegen die Skeptiker der Reinkarnations-Lehre damit richtig?

Der Einwand wäre richtig, wenn es nicht das urchristliche Prinzip der Feindesliebe als festen Bestandteil der Nächstenliebe gäbe. Alle Sünden werden getilgt, wenn alle Sünder Gott um Vergebung bitten, und wenn die erkannten Sünden nicht mehr getan werden, und wenn sich die sündigen Menschen untereinander auch vergeben und sich auch untereinander nicht mehr bekriegen. Eskalationen finden nur statt, wenn die urchristlichen Ideale nicht angewendet werden, was viele Menschen halt nicht tun. Der sündige Mensch turboisiert die Eskalation, nicht die Reinkarnation!

Frage 14
Was bedeutet: „Der sündige Mensch turboisiert die Eskalation"?

Es ist schlicht und einfach Unsinn und falsch, die Ursache der eskalierenden Gewalt, die in den vergangenen 2.000 Jahren immer dramatischere und perversere Formen annimmt, (vor allem auch auf der staatlich-rechtlichen Ebene), der Reinkarnation anzulasten. Wenn der Mensch bereit wäre, die bekannten Gesetze des Lebens und des Friedens zu achten und im Leben anzuwenden, gäbe es einen sukzessiven Rückgang von Krieg und Gewalt, was eine sich selbst verstärkende Entwicklung hin zum Frieden ergäbe, aber genau das findet ja noch nicht statt.

Frage 15
Sind Gewalt und Kriegslust in der Natur des Menschen angelegt und wenn ja, wie ist dem beizukommen?

Zur Erinnerung: Wir Menschen sind grundsätzlich ein Produkt bzw. der Ausdruck unserer Seele für die Dauer unseres Erdenlebens. Unsere Seele trägt in sich das göttliche Geistwesen wie Gott es geschaffen hat. Das ist der berühmte Götterfunke in uns. Unsere eigentlichen natürlichen Anlagen sind die göttlichen Eigenschaften Freiheit, Gerechtigkeit, Geschwisterlichkeit, Gleichheit in Einheit. Diese hat der Mensch in ihr Gegenteil umgepolt und heruntertransformiert. Die Christus-Ideale sind unsere natürlichen Veranlagungen. Die gilt es aufzuspüren und zu entfalten.

Frage 16
Wie kann man sich diese energetische Umpolung ins Böse vorstellen, die täglich neue Nahrung erhalten muss, denn sonst würde sie sich ja allmählich abnutzen?

Alle materiellen Erscheinungen sind aus allgegenwärtigen kosmischen Energien entstanden. Die Quantenphysik bestätigt, dass die Materie kristalisierte kosmische Energie ist. Durch die Christus-Offenbarungen lernen wir erweiternd, dass Materie komprimierte und umgepolte Energie ist, die wiederum ihren Ursprung im Fühlen und in den Gedanken der Fallwesen hat, also im Menschen. So erklärt sich, dass auch im Bösen das Göttliche ist, denn alles Sein ist Energie, die im sündigen Wirken gegen Gott und das Leben umgepolt und heruntertransformiert wird.

Frage 17
Dass Flucht und Vertreibung und auch die Migration die Folge von Gewalt und Krieg ist, kann nicht abgestritten werden. Was können wir tun, um diesem Treiben ein Ende zu bereiten, im Angesicht einer riesigen Machtkonzentration, über die die kriegslüsternen (und bis an die Zähne bewaffneten) Staatslenker weltweit verfügen und scheinbar schalten und walten können, wie sie wollen?

Alle friedliebenden Menschen, die es ernst meinen, und die auch dazu bereit sind, den Preis für den Frieden zu zahlen, können die kriegerischen Kräfte vollständig entmachten. Wer sich aber angstvoll von den asymmetrischen

Machtverhältnissen der kirchlich-staatlichen Machtstrategen beeindrucken lässt, kann nur resignieren und sich ohnmächtig fühlen oder sich, wie Don Quichotte und Sancho Pansa, in ausweglose Heldentaten gegen die vermeintlichen Übermächte verstricken. Die Entmachtung im Namen des Friedens und der Gerechtigkeit funktioniert anders!

Frage 18
Wie funktioniert die Entmachtung der herrschenden Gewalt- und Machtstrategen?

Um die Antwort auf diese berechtigte Frage in aller Tiefe zu verstehen, müssen wir uns für den Christusweg der Erlösung öffnen oder wir werden in eine tiefe Verzweiflung fallen, wenn wir es nicht tun. Wir müssen lernen über viele Leben auf Erden zu denken und uns täglich das Reinkarnationsgeschehen in Verbindung mit dem Gesetz von Saat und Ernte vor Augen halten und uns dementsprechend auch verhalten. Die Macht der Gewalt ist nämlich noch als satanische Energie in allen Menschen drin, die stets kumuliert und die beizeiten rhythmisch explodiert.

Frage 19
Was bedeutet die Aussage für das praktische Leben, wonach die Macht der Gewalt noch in allen Menschen drin sein soll, und die stets kumuliert, und die beizeiten rhythmisch explodiert?

Alle Gefühle, Gedanken, Worte und Taten des Menschen, also alle menschlichen Äußerungen sind Sende-Energien, die nach Verwirklichung streben. Teilweise können sie sich sofort verwirklichen, viele davon werden aber in den kosmischen Speichern gesammelt. Diese Sammlung von noch nicht realisierten Energien sind wie Kumuluswolken im Sommer. Alle noch nicht verwirklichten Energien kumulieren also und sie entladen sich, wenn die Speicher voll sind und wenn die Zeit reif dafür ist. Dann empfängt jeder Sender genau das, was er einst aussandte.

Frage 20
Wieso führt das Gesetz von Saat und Ernte in Verbindung mit der Reinkarnation zur Entmachtung der Gewalt- und Machtstrategen, wodurch ja der Friede gewänne und wodurch auch Flucht, Vertreibung und Migration nicht mehr stattfände?

Wenn ein schlechter Dirigent keine Musiker mehr findet, die fähig und bereit dazu sind, ihre musikalischen Fähigkeiten unter dem Taktstock des unguten Dirigenten zu integrieren und zu kombinieren, dann kann dieser ungute Dirigent bald keine orchestralen Aufführungen mehr tun. Es muss schon allerhand Ungutes vorfallen, bis ein Dirigent keine Musiker mehr findet, bis immer weniger Musiker kommen und irgendwann keiner mehr, z.B. wenn ein Dirigent seinen Taktstock für Kriegsmusik missbraucht. Das Fazit aus diesem Gleichnis ist im Epilog zu finden.

* * *

EPILOG
zum Kapitel 16

Der Dirigent – das Orchester – der Dirigentenstab
und
die Illusionen der Macht.

Ein Dirigent ist nichts ohne Orchester. Eher kommt ein Orchester ohne Dirigent aus, als ein Dirigent ohne Orchester. Wie autoritär und machtvoll erscheint dem faszinierten Publikum der oft theatralisch agierende Dirigent – doch: Was davon ist Schein und was davon ist wahres Sein? Die Urchristen in Marktheidenfeld liefern orchestral-instrumentale Aufführungen hochgradiger klassischer Musik mit 15-20 Musikern ohne Dirigent. Das Orchester dirigiert sich selbst – ein ungewohnter und dadurch ein hochinteressanter Genuss, mehr als ein Symbol für innere Harmonie.

Die Macht der Mächtigen steht sehr auf tönernen Füßen

So, wie ein Orchester ohne Dirigent auskommen kann, genauso kann der Mensch ohne menschliche Herrscher auskommen. In beiden Fällen braucht es allerdings die innere Harmonie, das verbindende Göttliche in uns, das in allen Menschen und in allen Seelen ist und auf Entfaltung wartet. Die Einheit in Gott und der gemeinsame Wandel auf dem Christusweg der Erlösung verbindet uns Menschen von innen her in einer Weise, dass es keines äußeren Dirigismus mehr bedarf. Alle verfolgen das gleiche Ziel, alle streben nach Frieden, Freiheit und Gerechtigkeit - ohne Taktstock.

Von Flüchtlingen und Asylanten, Asylbewerbern und Migranten,
so viele Namen und (k) ein Gesicht. ... ...

Sie flüchten vor der Macht, vor dem Krieg, vor Hunger, Not und Elend und sie alle sind unsere Geschwister vor Gott. Sie flüchten vor sich selbst und sie flüchten in die Arme ihrer Feinde und wissen es nicht. Wir wollen sie nicht hier haben, denn sie sind uns fremd und wir wissen nicht, dass sie zu uns fliehen, weil wir die Urheber ihrer Flucht sind. Wir wissen nicht, dass der Reichtum der Reichen gleich hoch ist, wie die Armut der Armen tief ist. Wir wollen es nicht wissen, dass wir es sind, die die Vertriebenen vertreiben, denn der Wohlstand ist ein frecher Import.

... ... Von Dritten, Fremden, Unbekannten,
allein von Menschen spricht man nicht.
(Michael Fenske, Autor und Pädagoge)

Wie war das noch? „Mr. Gorbachev, tear down this wall!" - Was ist mit der Mauer in Mexiko? Wo ist der weltweite Ruf: „Tear down this wall!"? Wissen wir nicht, woher die Flüchtlinge kommen? Wissen wir nicht, warum sie fliehen und wovor? Haben wir die deutschen Flüchtlinge innerhalb Deutschlands vergessen, die man verächtlich „Rucksack-Deutsche" nannte?

Kennen wir die Gesetze des Friedens nicht, die Jesus lehrte, und die Christus in Jesus mit brutaler Folter und Seiner äußerst schmerzhaften Ermordung bezahlen musste? Will oder kann der Mensch nicht hören?

Macht entsteht, wenn fast jeder im Gleichschritt mit(M)macht

Friedrich Schiller erkannte nicht nur die Demokratie-Problematik. Er erkannte auch die Sünde gegen das Gebot Gottes, sich die Welt geschwisterlich zu teilen. Genau hier liegt der Hase im Pfeffer. Wer es nicht wahrhaben will, wer nicht bereit ist, seine Lebenseinstellung und seine Lebensführung entsprechend des heiligen und des heilenden Willens Gottes zu gestalten, wird eines Tages selbst ein Flüchtling und Vertriebener sein, und zwar mit den gleichen Ursachen und mit der gleichen Intensität und der gleichen Gleichgültigkeit, mit der er seinen Wohlstand mehrte.

Die Teilung der Erde

Keine Frage: Die Menschheit muss das Teilen lernen, wenn der Friede auf Erden einkehren soll. Menschheit bedeutet: Jeder einzelne Mensch und jede einzelne Seele, muss das göttliche Teilen lernen, und zwar ohne eine einzige Ausnahme, wenn der Friede in Form des Friedensreiches Jesu Christi auf Erden stattfinden soll. Wer keinen Frieden wünscht, darf auch das tun, denn wir sind frei in unseren Entscheidungen. Wer nicht gerecht teilen will, will auch den Frieden nicht, er wird Krieg und Gewalt ernten. Friedrich Schiller erkannte, dass die ungerechte Teilung der Erde nicht Gottes Wille ist … …

* * *

DIE TEILUNG DER ERDE

von Friedrich von Schiller

„Nehmt hin die Welt!", rief Zeus von seinen Höhen
Den Menschen zu. „Nehmt, sie soll euer sein!
Euch schenk ich sie zum Erb' und ew'gen Lehen –
Doch teilt euch brüderlich darein!"

Da eilt', was Hände hat, sich einzurichten,
Es regte sich geschäftig Jung und Alt.
Der Ackermann griff nach des Feldes Früchten,
Der Junker birschte durch den Wald.

Der Kaufmann nimmt, was seine Speicher fassen,
Der Abt wählt sich den edeln Firnewein,
Der König sperrt die Brücken und die Straßen
Und sprach: „Der Zehente ist mein."

Ganz spät, nachdem die Teilung längst geschehen,
Naht der Poet, er kam aus weiter Fern –
Ach! Da war überall nichts mehr zu sehen,
Und alles hatte seinen Herrn!

„Weh mir! So soll denn ich allein von allen
Vergessen sein, ich, dein getreuster Sohn?"
So ließ er laut der Klage Ruf erschallen
Und warf sich hin vor Jovis Thron.

„Wenn du im Land der Träume dich verweilet",
Versetzt der Gott, „so hadre nicht mit mir.
Wo warst du denn, als man die Welt geteilet?"
„Ich war", sprach der Poet, „bei dir.

Mein Auge hing an deinem Angesichte,
An deines Himmels Harmonie mein Ohr –
Verzeih dem Geiste, der, von deinem Lichte
Berauscht, das Irdische verlor!"

„Was tun?", spricht Zeus, „die Welt ist weggegeben,
Der Herbst, die Jagd, der Markt ist nicht mehr mein.
Willst du in meinem Himmel mit mir leben –
So oft du kommst, er soll dir offen sein."

* * *

Allen gemeinsam ist das Gewissen, der uralte Wecker –
vermutlich eine warnende Erinnerung an ein früheres
Leben, an die schmerzlichen Folgen von dem, was man
damals verübt hat.

Sofort, wenn was im Herzen nicht richtig ist, gerät der
Lebenssaft in ängstlichen Aufruhr und steigt in den
Kopf. – Wohl dem, der noch erröten kann!

Dieses sogenannte böse Gewissen sollte eigentlich das
gute heißen, weil's ehrlich die Wahrheit sagt.

* * *

Wilhelm Busch

KAPITEL 17

WIRTSCHAFT, ARBEIT UND SOZIALES

IM LICHTE DER

GERECHTIGKEIT

PROLOG
zum Kapitel 17

Wir haben es geschafft!

Wir haben die Mutter Erde so weit heruntergewirtschaftet und so weit ruiniert, dass sich der „Homo - Öconomicus" in absehbarer Zeit selbst vollkommen ruiniert haben wird. Das Politik-Ressort „Wirtschaft, Arbeit und Soziales" erweckt den Eindruck, als habe die desolate wirtschaftliche Weltlage ihren Ursprung in der Politik, doch ist es nicht umgekehrt? Bestimmt nicht die Wirtschaft die Politik? Wer verändert wen, die Politik die Wirtschaft oder die Wirtschaft die Politik? Ist die Wirtschaft ein alles verzehrender Moloch? Wer oder was ist diese geheimnisvolle Wirtschaft überhaupt?

Wer oder was ist die Wirtschaft?

Es hat sich schleichend eingebürgert, dass „Wirtschaft" nur etwas für Experten sei. Der kleine Mann hat sich da gefälligst herauszuhalten, denn er hat keine Ahnung von dem, was sich großkotzig „Wirtschaftswissenschaft" nennt. „Mikro-Ökonomie" und „Makro-Ökonomie" sind erste Verklausulierungen, die jedes Interesse schon im Keime ersticken sollen. Die Wirtschaftswissenschaften sind mittels eines Fachjargon bewusst und gezielt verbarrikadiert. Warum ist Wirtschaft zum Orakel gemacht worden? Was gibt es zu verbergen? Ist Wirtschaft gleich Wirtschaftskriminalität?

Die kleinste wirtschaftliche Einheit ist:
Der Moloch Mensch!

Der folgende Dialog möchte ein Nussknacker sein, mit dessen Hilfe die harte Schale um den weichen und gesunden Kern der Wirtschaft geknackt und für jeden sichtbar gemacht werden kann. Die Hütchenspieler-Tricks funktionieren nur so lange, wie das staunende Publikum die Tricks nicht durchschaut. Dabei gibt es eine gute Nachricht und eine Nachricht, die vielen nicht gefallen will. Die gute Nachricht ist, dass alle wirtschaftlichen Abläufe von allen Menschen verstanden werden können, die das 1x1 beherrschen. Warum das vielen nicht gefallen will, soll der folgende Dialog klären.

* * *

DIALOG
zum Kapitel 17

Frage 01
Warum kann es angeraten sein, sich mit dem nicht gerade beliebten Thema „Wirtschaft, Arbeit und Soziales" zu befassen?

Wären wir nur Betroffene, die das Wirtschaftsgeschehen über sich ergehen lassen müssen, weil „die Wirtschaft" sich unserem freien Willen entzieht, wäre es Zeitverschwendung, sich mit diesem Thema zu befassen. Doch die Wirtschaft tut uns diesen Gefallen nicht. Sie entzieht sich unserem Willen nicht, im Gegenteil: Sie ist der Ausdruck unseres Willens. Dadurch ist das Verhältnis zur Wirtschaft für jeden Menschen eine Gewissensfrage. Jeder ist ein Teil der Wirtschaft, mehr noch: Jeder Mensch ist die kleinste wirtschaftliche Einheit, also die Basis der Wirtschaft.

Frage 02
Wenn der Mensch die kleinste wirtschaftliche Einheit ist, sozusagen die Basis der Wirtschaft, stellt sich die Frage, ob auch die Wirtschaftsordnung ein Produkt des menschlichen Willens ist. Ist sie das?

Alle Geschehnisse auf der Erde sind menschengemacht. Diese Tatsache ist meist noch nicht erkannt oder noch nicht anerkannt. Über dem Willen des Menschen, aus dem heraus alle Menschenwerke entstehen, steht der Wille des Schöpfers allen Seins, also der Wille Gottes. Wir Menschen selbst sind ein Produkt, das aus der Opposition zu Gott entstanden ist, also aus dem Willen, der gegen Gottes Willen steht. Ursprünglich waren und sind wir reine Geistwesen. Im Kern unserer Seele pulsiert der allmächtige Geist Gottes, der auch in der Wirtschaft pulsieren möchte.

Frage 03
Wer oder was ist „Die Wirtschaft" überhaupt?

Unter Wirtschaft fällt jede Tätigkeit aller Lebewesen auf Erden, die der Sicherung ihrer materiellen Existenz auf Erden dient. Man könnte sagen, dass die Natur in ihrer Gesamtheit das größte und einzigste erfolgreiche Wirtschaftsunternehmen ist, das weder Pleiten noch Insolvenzen kennt. Zur Naturwirtschaft gehört auch der physische Leib des Menschen. Wenn ein Baby auf die Welt kommt, fängt es sofort an zu wirtschaften: Es atmet Luft, es trinkt Milch, es macht Umsätze im Inneren, führt Abfälle ab und es wächst und gedeiht täglich, wenn die Umwelt dies zulässt.

Frage 04
Wenn man die Natur als ein Wirtschaftsunternehmen betrachten kann, dann müsste es auch so etwas wie natürliche Wirtschaftsgesetze geben, die man in die menschengemachte Wirtschaft übertragen könnte. Gäbe es eine Wirtschaft ohne die gefürchteten Wirtschaftskrisen, wenn naturgesetzlich gewirtschaftet würde?

Es mag in den Ohren vieler Menschen fremd klingen, aber die urchristliche Lehre vom Kausalgesetz, wonach der Mensch immer das erntet, was er sät, oder was er einst in früheren Erdenleben gesät hat, gilt auch in der Wirtschaft. Das Beispiel mit dem Baby, das täglich wächst und gedeiht, stimmt nur dann, wenn das Baby in einem Klima der Liebe aufwächst. Ohne Liebe kann es nicht gedeihen. Ohne Liebe wird es sogar krank, auch wenn ihm alles Materielle zugeführt wird, was biologisch richtig ist. Genau so erkrankt auch jede geist- und lieblose Wirtschaft.

Frage 05
In der Frage 02 wurde nach der Wirtschaftsordnung gefragt, aber noch nicht konkret genug beantwortet. Brauchen wir eine Wirtschaftsordnung, wenn es wirtschaftliche Naturgesetze gibt?

Obwohl Gott uns Menschen vor ca. 3.300 Jahren durch den Propheten Moses die Gesetze für ein friedliches und gedeihliches Miteinander und Füreinander lehrte, nämlich über die zehn Gebote, und obwohl Gott Seinen Sohn Christus zu uns auf die Erde sandte, um uns zu lehren und vorzuleben, wie der Friede funktioniert und was wir tun können, um gerechte Gottmenschen zu werden, glaubt der Mensch immer noch, alles besser zu wissen als Gott. In Abkehr von Gott schuf sich der Mensch eine gottferne Rechtsordnung inklusive einer entsprechend gottfernen Wirtschaftsordnung.

Frage 06
Warum kann die jetzige Wirtschaftsordnung als unchristlich und gottfern bezeichnet werden?

Laut Wikipedia umfasst die Wirtschaftsordnung alle Normen und Institutionen, die das wirtschaftliche Geschehen in einer Volkswirtschaft regelt. Sie legt die Regeln fest, nach denen Akteure eines Landes im Wirtschaftsgeschehen handeln können und sollen. „Unsere" Wirtschaftsordnung ist Bestandteil der Rechtsordnung mit vielen Spezialgebieten, die selbst Juristen nicht mehr überblicken. Sie ist ein, von Scheinchristen installiertes Gestrüpp und der Nährboden fast jeder Kriminalität, wobei Teile der Wirtschaftskriminalität für die Privilegierten legalisiert wurden.

Frage 07
Warum werden die Macher der Wirtschafts- und Rechtsordnung als Scheinchristen bezeichnet?

Weil die unheilige Allianz von C-Parteien, Staatskirchen und weiteren Parteien in den Parlamenten und jenen, die in die Parlamente wollen, sich dem Diktat der scheinchristlichen Staatskirchen unterworfen haben und unterwerfen. Die Staats- und Machtkirchenkonzerne, der unselige und Unheil stiftende Katholizismus und seine protestantisch-lutherischen Ableger sind nicht christlich und ebenso wenig sind die C-Parteien und deren systemrelevanten Mitstreiter-Parteien christlich. Ihre Rechts- und Wirtschaftsordnung ist unchristlich, ein gottfernes Mach(t)werk.

Frage 08
Sind denn in den Zehn Geboten Mose und in der Bergpredigt des Nazareners Jesus genügend Regeln vorhanden, die eine Wirtschaft ohne Krisen und ohne die immer deutlicher werdenden Ungerechtigkeiten erblühen lassen könnte?

Der Geist Christi, der aus den Zehn Geboten und den Lebens- und Friedensregeln der Bergpredigt besteht, kann in allen Bereichen des Lebens angewendet werden. Wenn das geschähe, hätten wir den Himmel auf Erden. Dann würden Frieden, Freiheit und Gerechtigkeit auf der Erde herrschen. Die für jeden Menschen verständlichen Regeln dieser hohen Christus-Ideale sind universell einsetzbar und vollständig lebbar, auch und gerade in der Wirtschaft. Wer andere Regeln fabriziert, führt etwas im Schilde, was im Gegensatz zu den Lehren Christi steht.

Frage 09
Nun stehen ja in der Rechtsordnung und in den Vorschriften des Wirtschaftsrechts auch Dinge drin, die gut sind, die sich scheinbar bewährt haben. Kann trotzdem von einer unchristlichen oder sogar von einer kriminellen Wirtschafts- und Rechtsordnung die Rede sein?

Ja, denn wir können täglich und immer wieder feststellen, dass Lug und Betrug die Grundpfeiler menschlichen Handelns und Verhaltens sind. Die Lüge ist der Motor aller Ungerechtigkeiten, des Unfriedens und der Zerstörung der Natur. Die Lüge funktioniert nur und am besten, wenn sie sich das Gewand der Wahrheit umhängt, und sich, wie der reißende Wolf im Schafspelz, an seine Opfer heranschleicht. Die „besten Lügen", enthalten immer auch Teile der Wahrheit. Nur so funktioniert die Lüge und ebenso die Illusion, die ja die unbewusste kleine Tochter der Lüge ist.

Frage 10
Lässt sich das an einem Beispiel verdeutlichen, wenn dem wirklich so ist?

In der Präambel des „Grundgesetzes" ist ein raffinierter Schachzug zu finden: „Im Bewusstsein seiner Verantwortung vor Gott und den Menschen, …" (bla-bla-bla). Hier wird scheinheilig suggeriert, dass das ganze Rechtsgebäude, das ja mit dem Grundgesetz kompatibel sein soll, quasi eine gottgewollte Ordnung ist. Wer sich die Mühe macht herauszufinden, was Christus eindeutig zur Jagd nach Eigentum und Reichtum lehrte und praktizierte, und Seine Lehre mit dem Wirtschafts- und Steuerrecht abgleicht, erkennt, dass der Satan der Autor des Wirtschaftsrechts ist.

Frage 11
Gibt es noch mehr solcher scheinchristlichen Zeugnisse in der Rechts- und Wirtschaftsordnung der BRD, die vielleicht noch markanter im Gegensatz zum Geiste Christi stehen?

Man könnte jeden Paragraphen der Rechtsordnung und vor allem auch die Praxis, die aus ihnen entsteht, mit den Zehn Geboten Mose und mit den 8 Seligpreisungen und den 4 Wehrufen der Bergpredigt Jesu abgleichen, um festzustellen, dass wir wirtschaftlich in totaler Konfrontation zu Christus stehen. Am markantesten ist das 5. Gebot: „Du sollst nicht töten!". Was macht der Staat mit dem Segen der Staats- und Machtkirchenkonzerne und was macht die Mehrheit der Bürger dieses Staates tagtäglich? Die Mehrheit tötet täglich, ohne Ende, und zwar rechtlich abgesichert!

Frage 12
Wieso tötet die Mehrheit der Bürger der BRD täglich und wieso kann es sein, dass das Töten rechtlich abgesichert ist und somit staatlich und kirchlich legitimiert?

Vielen Menschen ist noch nicht bewusst, dass dem Massenkonsum von Fleisch, Fisch und anderen Tierprodukten Massen-Tötungen vorausgehen. Durchschnittlich 60kg Fleisch verzehrt jeder Bundesbürger pro Jahr. Rechnet man den Pro-Kopf-Verbrauch auf die 80 Mio. Bürger der BRD hoch, summiert sich der Fleischkonsum auf 4,8 Millionen t./Jahr oder ca. 13.150 t./Tag, was ungefähr 548 LKW-Ladungen pro Tag entspricht. In der BRD werden ca. 53 Mio. Schweine pro Jahr geschlachtet. Ist das nicht ein rechtlich legitimierter Massenmord an Tieren??

Frage 13
Zumindest kann anhand solcher Zahlen deutlich werden, welch riesige Dimension allein die Fleisch-Industrie einnimmt, die nur ein Teil der Lebensmittel-Industrie ist. Kann und soll man alle wirtschaftlichen Tätigkeiten wie oben hochrechnen?

Man kann es und man sollte es auch tun, aber man sollte unser wirtschaftliches Treiben dabei von der ethisch-moralischen Seite her betrachten, statt sich nur auf die Mengen zu konzentrieren, wie es die Ökonomen tun. Das Hochrechnen von Wahnsinns-Faktoren kann uns zwar wachrütteln, aber wenn wir Wirtschaftsdaten eines IST-Zustandes nur auf einen quantitativen SOLL-Zustand beziehen, ohne diesen auch qualitativ abzuwägen, also keinen ethisch-moralischen SOLL-Zustand anstreben, kann keine friedliche, gerechte und krisenfreie Wirtschaft entstehen.

Frage 14
Was bedeutet das konkret? Bedeutet das, dass wir generell falsch wirtschaften?

Wenn wir das Massen-Konsumverhalten und das Massen-Arbeitsverhalten und die Verteilungsmechanismen betrachten, lässt sich wirklich sagen: „Wir wirtschaften total falsch". Das Hochrechnungsbeispiel des Fleischkonsums lässt sich, wie jede Hochrechnung, auch auf das Individuum herunterrechnen. Dann erhalten wir den individuellen Konsum und dann wird es spannend, warum? Weil der eigentliche „Maschinenraum der Wirtschaft" der individuelle Konsum ist, womit die Quelle der Sklaverei genannt ist, und zwar in Form der Selbstversklavung des Menschen.

Frage 15
Die Titulierung des Konsumenten als Sklave klingt ziemlich rebellisch, fast revolutionär. In den Wirtschaftszeitungen und in der Wirtschaftsliteratur findet man solche Begriffe nicht, ausgenommen bei Marx und Engels. Steht eine Revolution in der Wirtschaft an, wenn der Sklave nicht mehr Sklave sein will?

Revolution ja, aber nicht durch eine Reanimation der abgewrackten Marx-Engels-Ideologien. Dieser Dialog kann und will auch keine neuen Wirtschaftstheorien aus der Taufe heben. Hier geht es nicht um neue oder alte Wirtschaftstheorien und auch nicht um wirtschaftswissenschaftliche Hypothesen und Antithesen. Dieser Dialog möchte nur die längst überfällige Erweiterung des geistigen Bewusstseins generalisieren, also auch auf das Gebiet der Ökonomie ausdehnen. Eine friedliche Revolution funktioniert nur mit Christus, also mit der Liebe für alle Lebewesen.

Frage 16
Sind alle bisher bekannten Wirtschaftstheorien wirklich überflüssig und auch entbehrlich, einschließlich der Wirtschaftsmathematik?

Wer sich die Wirtschaftstheorien ansieht, kann sehr schnell feststellen, dass wir es hier mit Ideologien zu tun haben, die wie Religionen funktionieren, denn Dogmen und Glaubensvorschriften sind menschengemacht, während die Naturgesetze zur Schöpfung Gottes gehören. Religionen und Wirtschaftstheorien wollen normieren, d.h. das Verhalten der Menschen auf Ziele ausrichten, die für Herrenmenschen und Profiteure profitabel sind, notfalls mittels Zwang. Es gibt Kalkulationsmodelle, Kosten-Nutzen-Rechnungen, die Profit-Kalkulationen sind. Sie sind unchristlich.

Frage 17
Nun ist Wirtschaft ohne Kalkulation nicht denkbar, also braucht es doch eine irgendwie geartete Wirtschaftsrechnung. Brauchen echte Christus-Betriebe nicht auch eine Buchhaltung, die ja das Herz aller wirtschaftlichen Kalkulationen ist?

Natürlich müssen auch Christus-Betriebe kalkulieren. Alle Betriebe und private und gewerbliche Haushalte, stehen ja in der staatlichen Steuer-Pflicht, auch dann, wenn sie nach urchristlichen Maßstäben geführt werden. Die Steuerpflicht ist ja geltendes Recht, egal, was man von dem jetzigen Steuersystem hält. Es gibt eine unfreie Finanzbuchhaltung zur Ermittlung des Gewinns vor Steuern, die rechtlich vorgeschrieben ist, und eine interne Betriebsbuchhaltung, die frei geführt werden kann. Die Freiheit findet immer im Inneren statt und dieses auch in der Wirtschaft.

Frage 18
Wenn auch Christus-Betriebe an das geltende Recht gebunden sind, also auch an das ungerechte Steuerrecht, stellt sich die Frage, worin sich das ökonomische Verhalten von christlich geführten Haushalten und Betrieben von jenen unterscheidet, die „kapitalistisch" geführt sind.

Wirklich christlich geführte Betriebe und Haushalte achten das Leben und die von Gott geschaffene Natur, d.h. sie töten und sie zerstören nicht. Sie bewahren und schützen die Natur, indem sie ihr nicht mehr entnehmen, als der Mensch zum Leben braucht. Sie streben weder nach Reichtum und Macht, noch betrachten sie Güter und Land als ihr Eigentum. Das natürliche Grundgesetz der Wirtschaft ist, wie in allem, die Liebe und wahre Liebe gibt. Machtstrukturen gibt es unter echten Christen nicht und wahre Christen wirtschaften nach dem Gebot: Bete und arbeite.

Frage 19
Was steckt hinter dem Gebot „Bete und arbeite"? Das klingt ziemlich antiquiert und man könnte sich fragen, wie das gehen soll, denn bei der Arbeit kann man ja nicht beten und beim Beten kann man ja auch nicht arbeiten, oder doch?

Gute und logische Frage und äußerlich betrachtet, kann man weder beim Beten arbeiten, noch kann man beim Arbeiten beten, wenn man eine falsche Vorstellung vom Beten hat, wie es von den Kirchen fabriziert wird. Im Kapitel 08 ist näher erläutert, was Beten überhaupt ist. Hier nur soviel: Beten heißt Geben! Spricht man das Wort „Gebet" mit Betonung auf der 1. Silbe aus, hat man die Befehlsform von Geben. Beten ist also Geben, sich für das Gemeinwohl hingeben und zwar mit der Kraft Gottes in uns. Beten und arbeiten heißt also: Dem Gemeinwohl dienen!

Frage 20
Lässt sich das etwas konkreter ausdrücken, was Beten mit Arbeit zu tun hat? Braucht unser Verständnis von Arbeit eine grundsätzliche Revision?

Wenn ich die Christusbotschaften richtig verstehe, dann sollen wir arbeiten, was gut ist, also nicht, was ungut oder gar böse ist. Es gibt die „philosophische" Frage, ob wir leben, um zu arbeiten, oder, ob wir arbeiten, um zu leben. Diese Frage kann als eine raffinierte Fangfrage erkannt werden, denn beides ist Unsinn. Wir sind als Mensch auf Erden, um wieder göttlich zu werden. Das ist der Sinn des Lebens als Mensch auf Erden, sowohl bei der Arbeit, als auch in der Freizeit. Arbeit steht nicht im Gegensatz zum Leben. Sie ist ein Teil des Lebens, ein Akt der Schöpfung.

Frage 21
Wenn es weiter oben hieß, dass wir falsch wirtschaften, dann kann das praktisch ja nur bedeuten, dass wir sowohl falsch konsumieren, als auch falsch produzieren, also auch falsch arbeiten. Welche Rolle spielt in diesem Zusammenhang der Begriff „sozial"?

Die Politik lancierte einst die Losung: „Sozial ist, was Arbeit schafft". Politik kann nicht anders, als unsere Köpfe mit solchen plumpen und geistigen Tiefffliegereien zu vernebeln. Wirtschaft besteht nicht nur aus Arbeit und Konsum, sondern ganz wichtig ist die Frage der Teilung und in dieser Frage wird eine Nebelschwade nach der anderen erzeugt. Der Begriff „sozial" ist eine politische Vokabel, deren Ziel es ist, von der Frage der Gerechtigkeit abzulenken. Das Christus-Prinzip hat mit der politischen Sozialität, die nichts anderes als „geregelte Armut" ist, nichts gemein.

Frage 22
Was heißt „geregelte Armut" im Zusammenhang mit der Sozialpolitik?

Nach meiner Erkenntnis und nach meinen Erfahrungen geht es in der Sozialpolitik nur darum, den „Faktor Arbeit" als Quelle des Reichtums so zu gestalten, dass für die Reichen möglichst viel Profit herausspringt. Gleichzeitig sollen sowohl die arbeitenden als auch die arbeitslosen Menschen über Sozialtransfers ruhig gehalten werden, damit der Ausbeuter-Friede gewahrt bleibt. Die „sozialen Sicherungs-Systeme" dienen nur dazu, dem Huhn die Eier zu stehlen, ohne, dass das Huhn es merkt. Sozialpolitik dient also in Wirklichkeit der Profit-Sicherung.

Frage 23
Viele ahnen, dass nicht nur das derzeitige Sozialsystem zusammenbricht, sondern dass offensichtlich das ganze Wirtschaftssystem zu kollabieren scheint. Was noch staunen lässt, ist, dass offensichtlich das jetzige Wirtschaftssystem bewusst an die Wand gefahren wird. Ist an diesen Vermutungen etwas dran?

Wenn wir die Dinge kosmisch betrachten, also aus der Vogelperspektive, stellt sich der wirtschaftliche Crash ganz anders dar. Wir stehen unweigerlich am Beginn einer Zeitenwende, wie sie die Menschheit noch nie erlebt hat. Was jetzt stattfindet, ist ein naturgesetzlicher kosmischer Reinigungsprozess im Rahmen des Gesetzes von Saat und Ernte. Über Jahrhunderte und Jahrtausende hat der Mensch die Speicher in den Kosmos mit Sünden zugemüllt. Diese sind nun randvoll und jeder Mensch wird genau das ernten, was er persönlich über viele Leben gesät hat.

Frage 24

Das klingt wie eine Horror-Vision. Ist das der Weltuntergang, wie er schon in der Johannes-Offenbarung prophezeit ist, und wie er auch in den Offenbarungen Christi in der Jetztzeit durch die Prophetin Gabriele prophezeit ist?

Wir erleben derzeit den Anfang eines gewaltigen, alles umfassenden, kosmischen Reinigungsprozesses. Jetzt beginnt der schrittweise Untergang dieser sündhaften Welt, die der Mensch über Generationen gegen den Willen Gottes geschaffen hat. Ist das gut oder ist das schlecht? Weltuntergang ist nicht das Ende des Lebens, wie kirchliche Priester und andere Horror-Spezialisten es glauben – im Gegenteil: Jetzt zerfällt etwas, was sich nicht gehört. Diese kriegerische, von Dämonen gelenkte Mammon-Kultur schafft sich aktuell selbst ab. Ist das gut oder ist das schlecht?

Frage 25

Wenn man das Weltuntergangs-Szenario als realen Faktor gelten lässt, fühlt sich das so an, als ob wir Menschen die kommenden Geschehnisse tatenlos über uns ergehen lassen müssen, weil es Naturgewalten sind, die über uns hereinbrechen. Als Mensch sind wir den Naturgewalten ja ausgeliefert. Müssen wir nun tatenlos der kommenden Dinge harren, ohne etwas tun zu können?

Der Zusammenbruch dieser Zivilisation ist von uns Menschen verursacht. Von daher liegt es auch an uns Menschen, wie der Verlauf des Reinigungsprozesses der Mutter Erde und des materiellen Kosmos abläuft. Das jetzt schon entstehende Friedensreich Jesu Christi auf Erden kann und soll jeder mitgestalten. Wer jetzt Fatalismus, Defätismus, Resignation und Angst verbreitet, der dient den Dämonen. Jeder kann sich jeden Tag für den Christusweg der Erlösung und für eine göttliche Lebensführung entscheiden. Jeder bestimmt selbst seine Gegenwart und Zukunft.

Frage 26

Für den Otto-Normalverbraucher ist das alles schwer vorstellbar. Was kann denn der Mensch tun, wenn er jetzt nicht resigniert die Hände in den Schoß legen will und sich nicht tatenlos und angsterfüllt in das Schicksal fügen will?

Jeder kann umdenken und sein Leben neu auf Christus ausrichten. Wir haben in den obigen Fragen und Antworten herausgefunden, warum jeder einzelne Mensch mitverantwortlich für alles ist, was kollektiv geschieht. Wer sich selbst als Teil der Schöpfung und als ein Kind Gottes erkennt, der weiß genau, dass alle Menschen und Seelen den „Weltuntergang" überleben werden – warum? Kein Mensch stirbt, wenn er stirbt, denn wir leben ewig. Ob wir uns erneut in dieses marode Welten-Chaos einverleiben, oder auf höheren Planeten weiterleben, bestimmt jeder selbst.

Frage 27
Was heißt das konkret?

Das heißt konkret, dass jeder einsichtige und gutwillige Mensch sofort beginnen kann, eine andere, gottgewollte Wirtschaft zu installieren. Wirtschaft ist immer ein Prozess, also ein Geschehen, dass jeder Mensch durch sein eigenes Verhalten direkt beeinflusst und bestimmt. Jetzt wird es nicht nur spannend und interessant, jetzt wird es richtig hoffnungsvoll: Das eigene Wirtschaftsverhalten ist nämlich grundsätzlich frei und selbstbestimmt. Jeder bestimmt doch selbst, ob er sich seinen eigenen triebgesteuerten und egoistischen Wünschen ausliefert oder nicht!

Frage 28
Wenn Wirtschaft ein Prozess ist, der von jedem Einzelnen gestaltet werden kann, dann fragt sich, aus welchen Elementen dieser Prozess besteht und wie sich die Elemente der Wirtschaft zueinander verhalten. Sind wirtschaftliche Prozesse für jeden Menschen durchschaubar und begreifbar?

Ja, sie sind es. Alle Prozesse haben einen Anfang, dem eine Wandlung folgt und an dessen Ende ein Resultat, also ein Erfolg oder ein Ergebnis steht. Alle Prozesse sind außerdem energetisch gesteuert, denn alles ist Energie. Prozesse sind immer energetische Wandlungen, weil allen Stoffen auf Erden, die wir für wirtschaftliche Zwecke umwandeln, eine ihnen typische Energie innewohnt. So weit erst einmal der physikalische Teil des Wirtschaftens, denn vordergründig betrachtet, dient die Wirtschaft zunächst den physischen Bedürfnissen unseres materiellen Körpers.

Frage 29
Wenn das eben Gesagte eine vordergründige Betrachtung ist, müsste hinter allen Wirtschaftsprozessen auch etwas Hintergründiges stecken. Was wäre das?

Als das Hintergründige, das allen Wirtschaftsprozessen innewohnt, ist der Bedarf zu nennen. Damit sind wir beim Dreh- und Angelpunkt aller Wirtschaftsprozesse, denn der Bedarf ist eine manipulierbare Angelegenheit, die dafür gesorgt hat, dass diese verderbliche Mammon-Wirtschaft entstehen konnte, die man verharmlosend „freie Marktwirtschaft" nennt oder, die man allgemein auch „Kapitalismus" nennt. Der Bedarf kann natürlich sein oder künstlich manipuliert. Bedürfnisse und auch Wünsche sind manipuliert. Der natürliche Bedarf sollte die Wirtschaft bestimmen.

Frage 30
Das ist eine völlig neue Melodie, denn wir sind es gewohnt, nur die Arbeit und die Produktion als Wirtschaft zu begreifen, denen anschließend der Konsum von dem folgt, was durch die Produktion zur Verfügung gestellt wurde. Brauchen wir einen Wandel von der Konsum-Wirtschaft zu einer reinen Bedarfs-Wirtschaft?

Genau das wäre die Grundlage für ein göttliches Wirtschaften und genau hier liegt die Verantwortung aller Teilnehmer des Wirtschaftsprozesses. Gerade die Art und Weise wie wir, also wie jeder Einzelne, den Sinn seines doch recht kurzen Erden-Daseins sieht, bestimmt sein Verhalten auf allen Gebieten des Lebens. Wir selbst bestimmen die Art und Weise und mit welchen Motiven wir wirtschaften, und hier sei noch einmal in aller Deutlichkeit hervorgehoben: Das Wir entsteht immer aus dem, wie jeder Einzelne wirtschaftet und warum er so wirtschaftet, wie er es tut.

Frage 31
Würde eine Bedarfs-Wirtschaft nicht das endgültige Aus für die Profit-Wirtschaft bedeuten? Wo können wir ansetzen, um so eine Transformation in eine friedliche Wirtschaft einzuleiten – bei der Arbeit oder beim Konsum?

Eine friedfertige Wirtschaft muss zuallererst am Gottes-Bewusstsein ansetzen, für das jeder selbst verantwortlich ist. Eine Friedens-Wirtschaft setzt einen anderen Menschen voraus, den Gott-Menschen. Gott-Mensch kann man aber nur werden, wenn man vorher ein Christus-Mensch geworden ist. Christus-Mensch wird man, wenn man in sich ein echtes Verlangen verspürt, die Zehn Gebote Gottes durch Mose und die Weisheiten Christi im praktischen Leben umzusetzen. Das muss man wollen, und erst dann bestimmt man selbst seinen Konsum und seine Arbeit.

Frage 32
Wie sieht das im konkreten Alltag aus?

Christus-Menschen wissen: Wir sind auf Erden, um wieder göttlich zu werden, was wir ja als Geistwesen einst waren. Mammon-Menschen wissen nicht, wer sie sind und warum sie auf Erden sind. Für sie gibt es nur dieses eine Leben und weil dem so ist, denken sie, man muss mitnehmen, was mitzunehmen ist, denn man lebt ja nur einmal. Sie wissen nicht, was sie tun und was sie sich selbst antun, wenn sie skrupellos „auf die Kacke hau´n", raffen und schaffen, was das Zeug hält und nach dem Motto leben: Nach mir die Sintflut. So funktioniert die Mammon-Wirtschaft.

Frage 33
Auf hochdeutsch würde das ja bedeuten, dass wir im Vergleich zu jetzt eine Art „Schrumpf-Wirtschaft" bräuchten, während wir jetzt eine Wachstums-Wirtschaft haben, in der es immer höher, und immer weiter, und immer mehr, und immer schneller, und immer doller zugeht. Wie kommen wir nur aus diesem Dilemma, aus diesem Teufelskreis heraus?

Die Menschheit insgesamt kommt alleine nicht aus dem Teufelskreis heraus. Der Einzelne kann und soll so wirtschaften, wie es alle anderen auch tun sollten, also gerecht, wie Christus es uns rät und vorlebte, unabhängig davon, was die anderen denken und tun. Aus dieser Perspektive ist der Zusammenbruch dieser Wirtschaft nicht zu beweinen, sondern als kosmischer Reinigungsprozess zu begrüßen. In der Krise werden viele Menschen erwachen und nach ihren eigenen Ursachen fragen. Das Leid wird uns das Gesetz von Saat und Ernte lehren und das ist ganz sicher!

Frage 34
Wie ist in diesem Zusammenhang der „Faktor Arbeit" zu sehen. Wird uns der „Faktor Arbeit" auch um die Ohren fliegen, weil uns die Arbeit ausgeht und weil die Digitalisierung auch zunehmend unser Konsumverhalten bestimmt?

Grundsätzlich bestimmt jeder Mensch selbst sein Konsumverhalten und auch sein Arbeitsverhalten. Es gilt die Gleichung: Was ich nicht brauche, was ich also nicht konsumiere, das muss ich auch nicht erarbeiten. Diese Gleichung gilt und galt schon immer und sie wird auch in Zukunft gelten. Die Digitalisierung als Novum des sogenannten technischen Fortschritts wird uns eines Tages auf die Füße fallen, denn die Natur wird alles bereinigen, was gegen das Leben ist, was also ungöttlich ist. Das Sündhafte wird vergehen und das Gute, das Göttliche in uns wird siegen.

Frage 35
Wie wird die Arbeit der Zukunft aussehen?

Wenn es nach den Wünschen der Macht-Eliten geht, dürfte ein sehr großer Teil der Erwerbs Arbeit, wie wir sie heute kennen, digitalisiert und durch „intelligente" Roboter ersetzt werden. Ob es so kommt, ob es eine „Neue Ordnung" geben wird, wie es sich die Finanz-Oligarchen vorstellen, ist dennoch fraglich. Warum? Diese Ultra-Reichen haben zwar ihre Macht mittels der Wirtschaft ergaunert, was man auch „Macht-Usurpation" nennt, aber es wird gewaltige Macht-Erosionen geben, die sich schon abzeichnen. Die Errichtung des Faschismus ist ein Zeichen dessen.

Frage 36
Ist die Wirtschaft der Generator für die Machtkonzentration, wie wir sie heute erleben, eine Machtkonzentration, wie es sie wohl noch nie gab?

Materieller Reichtum und Macht sind die zwei Seiten einer Medaille. Materieller Reichtum wird „erwirtschaftet" und so kann die Wirtschaft als Generator von Reichtum und Macht betrachtet werden. Jedoch verleitet diese Definition dazu, das Übel einigen besonders bösen Mogulen zuzuschreiben, ohne die Masse ins Kalkül einzubeziehen, ohne die es keinen Mogul geben kann. Der Philosoph Elias Canetti hatte seinem Hauptwerk den Titel „Masse und Macht" gegeben, denn ohne Masse ist Macht nicht möglich. Die Masse ist der eigentliche Macht-Generator.

Frage 37
Wieso kann davon ausgegangen werden, dass es eine Macht-Erosion geben wird, also einen Zerfall der jetzigen Machtstrukturen, wo doch die Macht so mächtig ist, wie sie es noch nie zuvor war?

Die stattfindende Wirtschaftskrise hat auch Wirtschafts-Kriege im Gepäck. Sie können erneut einen Weltkrieg hervorbringen. Kriege sind hochprofitabel für die Wirtschaft. Deswegen hörten nach 1945 die Kriege für den Profit nie auf. Das Dollar-Imperium provoziert bewusst einen Kriegsherd nach dem anderen, denn das Geschäft mit dem Krieg ist ein Ausweg aus einem systemimmanenten Kollaps der Mammon-Ökonomie. Die Eskalation der Gewalt und die Naturkatastrophen, die der Mensch sich eingehandelt hat, wird bald diese „Zivilisation" beseitigen.

Frage 38
Bedeutet die obige Schilderung, dass diese Gesellschaftsordnung inklusive ihrer Wirtschaftsordnung irreparabel ist, also auch nicht mehr reformierbar ist?

Davon dürfen wir ausgehen und davon müssen auch die Mächtigen und deren hörige Marionetten in Staat und Kirchen ausgehen. Christus lehrt uns, dass alle, die das Schwert ziehen, durch das Schwert umkommen werden. Christus lehrt uns, dass die Reichen alles verlieren werden, was sie ihr Eigentum nennen. Christus lehrt uns, dass wir nicht nach Reichtum und Macht streben sollen und, dass die, die es dennoch tun, sich selbst über das Gesetz von Saat und Ernte jenes Leid zufügen werden, das all diese Unbelehrbaren ihren Mitmenschen zugefügt haben.

Frage 39
Was kann der einzelne Mensch in dieser verfahrenen Situation tun, damit sich das Blatt zum Guten wenden kann?

Das Blatt wendet sich bereits zum Guten, denn jetzt zerfällt, was sich nicht gehört. Als erstes sollten wir den Zusammenbruch dieser dämonisch geführten Mammon-Ökonomie nicht beklagen, sondern begrüßen. Da wir alle im Kausalgesetz leben, kann jeder heute und sofort, langsam und in

kleinen Schritten, damit beginnen, das eigene Wirtschaftskonzept auf
Christus auszurichten. Jeder Gutwillige kann damit beginnen, seinen
Konsum schrittweise so umzubauen, dass er nicht mehr tötet und Tiere isst.
Das wäre der Anfang, den jeder schrittweise und bewusst machen kann.

Frage 40
**Wie kann man die Angst überwinden, die uns beschleichen kann und
von der auch viele Menschen heute befallen sind, wenn man das
Kommende kommen sieht?**

Die Mutter aller Ängste ist die Angst vor dem Tode. Diese Ur-Angst ist
fatal. Jeder weiß, dass unser Aufenthalt auf dieser Erde ein Ende hat. Viele
wissen aber nicht oder verkennen die Tatsache, dass wir nicht sterben, wenn
wir sterben. Jeder legt nur seinen irdischen Körper ab, der unserer Seele als
Instrument für diese Zeit auf Erden dient. Als Seele leben wir auf solchen
Planeten weiter, die unserem Bewusstsein entsprechen, das wir auf Erden
erschlossen haben. Fazit: Keine Angst vor nichts und niemand, stattdessen
Hoffnung, wie unten, im Epilog, dargestellt.

* * *

EPILOG
zum Kapitel 17

Masse und Macht

Vielleicht war ich noch zu jung, als mich der Titel dieses Buches von Elias Canetti faszinierte, das Buch las, aber nicht verstand. Vielleicht war es aber auch der Autor Elias Canetti selbst, der noch zu jung war, um zu erkennen, wie Masse und Macht einander bedingen. Immerhin hatte Elias Canettie die Nazi-Zeit erlebt und überlebt. Aber ich, erst 1948 wieder auf diese Erde inkarniert, fand in diesem Buch nicht die Antworten auf die Fragen, die schon als Kind und Jugendlicher in mir bohrten. Vielleicht bin ich eine Schnell-Inkarnation aus der Nazi-Zeit heraus – wer weiß?

Die Masse macht's

Es kann nicht sein, dass ein paar wirre, böse und machtgeile Psychopathen an der Spitze von Staaten und ein paar wenige Volksverführer ein faschistisches Regime installieren können und einen Krieg vom Zaun brechen können, und das Volk, die Masse der Untertanen sind unschuldige Opfer, die nichts dafür können, was von „Denen-Da-Oben" veranstaltet wird. Jahrzehnte Bürger-Erfahrungen in der BRD und auch die Entwicklungen in anderen Ländern lehren etwas anderes: Die Masse macht es! „Die-Da-Oben" sind die Kinder der Mutter Masse – Die Masse macht's!

Der Konzentration der Macht wird eine Erosion der Macht folgen

Eine schlechte Nachricht für die scheinbar Mächtigen und für jene, die vor lauter Machtgeilheit nicht wissen, wie tief sie sich bücken sollen, um die Stiefel derer zu küssen, die sie am liebsten töten würden, um selbst an die Macht derer zu kommen, deren Stiefel sie küssen: Ihre Macht wird verschleißen, denn sie ist vergänglich. Eine gute Nachricht für alle jene, die die Freiheit lieben und unter der Willkür der scheinbar Mächtigen und unter ihrem Größenwahn geduldig leiden, geduldig weil sie wissen, dass die Tage des Bösen gezählt sind. Jede Macht erodiert irgendwann.

Sie werden alles verlieren, was ihre Macht begründet

Weltliche Macht ist auf Eigentum und auf materiellen Reichtum begründet und auf dem Wissen, dass man nur reich und mächtig werden kann, wenn man die Natur und seine Mitmenschen skrupellos ausbeutet und unterdrückt. Weltliche Macht und materieller Reichtum wird in der Wirtschaft ergaunert und ergattert. Die Natur wird sich die Schändung durch den Menschen nicht gefallen lassen. Sie wird reagieren, denn wir agieren im Gesetz von Saat und Ernte. Naturkatastrophen machen keinen Halt vor der menschlichen Willkür. Sie werden alles verlieren, sogar sich selbst.

Reform oder Revolution?

Diese Wirtschaft ist nicht mehr reformierbar. Alle künftigen Versuche, diese brutale Mammon-Wirtschaft zu retten, werden scheitern, wie sie auch in der Vergangenheit gescheitert sind. Dieses System und diese Mammon-Kultur werden implodieren oder vielleicht auch explodieren. Die Menschheit steht jetzt endgültig vor der Frage der geistigen Revolution. Da jeder einzelne Mensch ein Teil der Wirtschaft ist, und weil alle Menschen untereinander verbunden sind, kann und soll jeder Mensch jetzt schon an seiner inneren Wirtschafts-Verfassung arbeiten und sie revolutionieren.

Es werden Freie Gemeinschaften entstehen

Freie Gemeinschaften können nur von freien Menschen gebildet werden. Freie Menschen haben ihren Egoismus und ihre inneren Versklavungen entweder schon weitgehend überwunden oder sie arbeiten intensiv an ihrer inneren Erneuerung. In der Not werden die Menschen das Beten lernen und man wird zusammenrücken und sich nicht mehr spalten lassen. Immer mehr Menschen werden den Idealen Christi folgen, bewusst oder teilweise auch noch unbewusst. Menschen mit einer freien Gesinnung brauchen keine staatliche Bevormundung. Sie lieben die Einheit.

Friede, Freiheit, Gerechtigkeit, Geschwisterlichkeit, Gleichheit und Einheit

Was heute noch utopisch erscheinen mag, wie die urchristlichen Eigenschaften der Bergpredigt, wird Realität werden. Die Not wird uns lehren, dass das Miteinander und das Füreinander unter uns Menschen und in Einheit mit der Natur, mit der Schöpfung Gottes, der einzige Weg für ein friedliches und glückliches Leben für alle ist. Viele werden sich selbst nicht wiedererkennen, denn unsere vom Mammon beherrschte Gesinnung wird dem Geist der Erlösung weichen. Erlösung heißt u.a., sich vom Satan der Sinne zu lösen, und von den vielen blinden Blindenführern.

Die göttliche Geduld
im Bewusstsein der Reinkarnation und des Gesetzes von Saat und Ernte

Es ist sinnlos und es ist nicht der Wille Gottes, jetzt gegen diesen ungerechten Staat und gegen dessen Machenschaften aufzubegehren und unsere Energie für nutzlose Proteste und parlamentarische Experimente zu verschleißen. Stattdessen sollte jeder innerlich auf Christus ausrichten und seinen Charakter für den Aufbau Freier Gemeinschaften von egoistischen Trieben befreien. Dazu braucht es Geduld und das Bewusstsein, dass jeder das erleben wird, was er bislang ausgesät hat und was er jetzt in der Gegenwart aussät und in Reue korrigiert. Wir werden alles überleben.

Das Gute im Bösen erkennen

Aus menschlicher Sicht wird uns vieles nicht gefallen, was auf uns zukommt, und ebenso gefällt uns vieles nicht, was aktuell geschieht. Der Crash oder der Zerfall dieser ungerechten und brutalen Krieger-Wirtschaft wird mit Leid verbunden sein. Viele werden fluchen und klagen, weil sie nicht begreifen, dass sie selbst das alte System befürwortet haben. Jeder erntet, was er gesät hat. Jeder kann sich aber auch jederzeit den höchsten Idealen zuwenden, die es je gab: den Christus-Idealen. Wir tun gut daran, wenn wir begreifen und begrüßen, dass jetzt zerfällt, was böse ist.

Über den eigenen Tellerrand schauen
und
sich selbst als Teil der Schöpfung Gottes erkennen

Wir alle sterben nicht, wenn wir sterben! Alle Menschen werden alles überleben, denn nach dem Leben auf Erden folgt das Leben auf höheren Planeten. Wir sind auf Erden, um wieder göttlich zu werden. Göttlich können wir nur werden, wenn wir bewusst christlich werden. Wahrhaft christlich sind wir, wenn wir uns bewusst auf ein höheres Leben auf feinstofflichen Planeten des Kosmos vorbereiten, indem wir uns von unseren allzumenschlichen Bindungen auf Erden lösen. Das ist der Weg der Erlösung. Die Erlösung ist Realität und überhaupt nichts Geheimnisvolles!

Sich selbst als Teil der Krise und aller Übel erkennen

Mit wenigen Ausnahmen sind alle Menschen erneut auf dieser Erde inkarniert und in diese Zeitenwende hineingeboren, weil wir in unzähligen Vorleben mit an dem jetzigen Zustand des Zerfalls mitgewirkt haben. Wenn uns das bewusst ist, dann ist es nicht mehr weit zu der Erkenntnis, dass uns die äußeren Kämpfe gegeneinander oder untereinander, auch nicht die Widerstandskämpfe gegen die Mächtigen, helfen werden. Nur der Kampf gegen den eigenen Egoismus und gegen das Sündhafte in uns befähigt uns dazu, freie, friedliche und gerechte Gemeinschaften zu bilden.

* * *

KAPITEL 18

BEISTAND

UND

FREICHRISTLICHE HILFE

PROLOG
zum Kapitel 18

Einer trage des anderen Last

Nächstenliebe und Feindesliebe sind keine leeren Formeln. Heuchelei und Frömmelei sind zwar allgegenwärtig, an oberster Stelle in Kirchenkreisen, aber für freie und wahre Christen zählt nur die selbstlose Hilfe. Hilfe und Beistand, ohne einen eigenen Nutzen daraus ziehen zu wollen, das ist ein Kennzeichen wahrer Christlichkeit. Jeder soll Notleidenden gemäß seiner Möglichkeiten helfen und beistehen, wenn es von Hilfebedürftigen erbeten und erwünscht ist. Im Rahmen der Christenpflicht stehe ich selbst auch in der Pflicht zur unentgeltlichen Hilfe und zum Beistand in Notfällen.

Wahre Christenpflicht

Im Wort „Pflicht" steckt das Wort „Licht". Es gibt tausend und abertausend Vorfälle, die uns den Alltag erschweren können und unser Dasein auf dieser Erde regelrecht verdunkeln können. Die aktuelle gesellschaftliche Gesamtlage hat schon sehr viele Menschen in den Ruin getrieben und das Thema Gesundheit ist in aller Munde. Auf dem Gebiet der Krankheit wird aktuell systematisch eine künstliche Panik verbreitet, damit das Geschäft mit der Krankheit floriert. Gleichzeitig gibt es tatsächlich immer mehr Schwerkranke, denen von Ärzten nicht mehr wirklich geholfen werden kann.

Wo aber Gefahr ist, wächst das Rettende auch.
(Hölderlin in seiner Hymne „Patmos" anno 1803)

In der Hymne „Patmos" nimmt Hölderlin Bezug auf die griechische Insel Patmos, der Insel, auf der die Offenbarung des Johannes entstand, die meist als Apokalypse bekannt ist. Woher kommen Krankheit, Leid und Not? Was sind ihre Ursachen? Die Wahrheit ist: Wir Menschen bereiten uns alle Übel im Rahmen des Kausalgesetzes selbst. Weil dem so ist, kann jeder Mensch seine selbstgeschaffene Not, mit Gottes Hilfe, selbst mindern. In der Selbsterkenntnis wächst das Rettende, nämlich in der Bereitschaft zur bewussten Erforschung der selbstverursachten unguten Lebenslagen.

* * *

DIALOG
zum Kapitel 18

Frage 01
Was bedeutet selbstlose Hilfe?

Christus lehrt und praktizierte in Jesus selbst die Nächsten- und Feindesliebe, ohne für sich einen eigenen Nutzen daraus ziehen zu wollen. Das Christus-Prinzip der Uneigennützigkeit hilft Hilfebedürftigen weder für Geld noch für Geltung. Weder soll uns beim Helfen eine materielle Bereicherung motivieren, noch soll Hilfe im Geiste Christi der „Imagepflege" dienen. Gewinnstreben, Geltungssucht und Eitelkeit zählen vor Gott nicht als Nächstenliebe, sondern als egoistisch motivierte Scheinhilfe. Hilfe im Geiste Christi wird niemals an die „große Glocke" gehängt.

Frage 02
Was ist vom „Ehrenamt" zu halten?

Diese Frage muss jeder für sich selbst klären. Fest steht: Das „Ehrenamt" ist schon vom Namen her fraglich. Zu wessen Ehren dient denn das Ehrenamt? Dient diese Vokabel nicht der Selbstbeweihräucherung für Arbeiten, mit denen Personallücken geschlossen werden, damit „Sozialeinrichtungen" profitabel sind? Nach meinen persönlichen Erfahrungen entstehen häufig gutbezahlte Planstellen rund um die organisierte Ehrenamtsarbeit, oft in Form einer korrupten Vetternwirtschaft. Die behördlich organisierten Ehrenarbeitskonzepte sind eine Frage des Gewissens.

Frage 03
Was unterscheidet wahre christliche Hilfe in Krankheit und Not von den Diensten der üblichen ehrenamtlichen Hilfsangebote?

Da gibt es mehrere Kriterien, von denen am wichtigsten wohl die Frage ist, ob die angebotene Hilfe auf die Minderung oder Beseitigung einer Krankheit oder einer anderen Notlage zielt, oder ob die Hilfsbedürftigkeit manifestiert, also verfestigt wird, oder ob sie sogar künstlich erhalten wird. Wahre Christen setzen im Beistand und in der Hilfe in Krankheit und Not an den Ursachen an. Sie versuchen, dem Hilfebedürftigen zu vermitteln, dass Notlagen die Folge seelischer Konflikte sind, die behoben werden müssen, um die Notlage zu lindern oder ganz zu beseitigen.

Frage 04
Was bedeutet das Konzept „Hilfe zur Selbsthilfe" konkret?

Kein Mensch kann für das Seelenheil eines Mitmenschen sorgen. Jeder Mensch ist für sein Seelenheil selbst verantwortlich. Seelenheil entsteht durch Lichtarbeit zur Umwandlung von erkannten Schatten in unserer Seele, die sich im Charakter eines jeden Menschen äußern. Auch wenn es noch nicht allgemein anerkannt ist, weil es unter anderem sehr unbequem ist, sind es unsere Charakterschwächen und unsere Charakterfehler, die uns krank machen oder die uns andere schwere und leidvolle Schicksale bescheren. Das ist zwar schwer vermittelbar, aber es ist die Wahrheit.

Frage 05
Wie sieht das urchristliche Prinzip „Hilfe zur Selbsthilfe" praktisch aus?

Dem Prinzip „Hilfe zur Selbsthilfe" geht die Erste Hilfe voraus. Sie darf an keine Bedingungen geknüpft sein, außer: Der Hilfebedürftige muss die Hilfe wollen und muss jederzeit über Art und Umfang der Hilfe selbst bestimmen können. Der freie Wille ist für wahre Christen das „A & O" jeder Hilfsaktion. Bei Bewusstlosigkeit gelten auch für Urchristen, die rechtlichen Vorgaben, soweit diese nicht gegen den Willen Gottes und gegen den mutmaßlichen Willen des Hilfebedürftigen stehen, wenn dessen Wille in der Eile einer notwendigen Ersten Hilfe nicht feststellbar ist.

Frage 06
Was fällt genau unter „Erste Hilfe"?

Bei Unfällen ist der Fall klar. Dort sind es die Erstversorgungen zur Rettung des Lebens schlechthin oder zur Vermeidung vermeidbarer Folgeschäden. Im Bereich des Alltagsgeschehens kann die Erste Hilfe sehr aufwändig und sehr umfangreich sein, denn Hilfebedürftigkeit entsteht nicht nur auf dem Gebiet der Krankheit und Gesundheit. Hilfebedürftigkeit kann in allen Lebensfragen auftreten, die man unter Konflikte verbuchen kann. Konflikte können schwerwiegende, lebensgefährdende Folgen haben, wenn sie nicht von ihrer Ursache her analysiert und gelöst werden.

Frage 07
Gibt es Beispiele für schwerwiegende Konflikte die sogar lebensgefährdend sein können und bei denen Erste Hilfe zu leisten ist?

Suizidgefährdung bei Menschen, die sich in ausweglosen Lebenslagen sehen, gehört dazu. Auch Menschen, die ein selbstzerstörerisches Leben führen und nicht wissen, wie sie da herauskommen, können um Hilfe bitten. Krisen aller Art wie unerwartete Arbeitslosigkeit, Insolvenz des eigenen Gewerbes, Ehe- und/oder Erziehungskonflikte, die nicht mehr auszuhalten sind, gehören auch dazu. Bei jungen Menschen kann es sogar ein handfester Liebeskummer sein, der das Leben unwert erscheinen lassen kann. Wer nach Hilfe ruft, dem muss geholfen werden.

Frage 08
Worin besteht konkret die Erste Hilfe und wann hört sie auf, „Erste Hilfe" zu sein und was folgt der Ersten Hilfe?

Meist ist Erste Hilfe die Abwehr einer folgenschweren Gefahr für Leib und Leben. Die Abwehr einer folgenschweren Gefahr für Leib und Leben ist aus meiner Sicht der eigentliche Inhalt der Ersten Hilfe. Dieses kann sehr aufwendig sein. Eine klare Grenze kann nicht gezogen werden, wann die Erste Hilfe aufhört und wann die Hauptarbeit, die Lösung eines Konfliktes oder einer Krise beginnt. Zur Ersten Hilfe kann schon eine aufwendige Bestandsaufnahme oder eine erste Analyse der Krise gehören, aber immer im Rahmen des freien Willens des Hilfebedürftigen.

Frage 09
Wenn die Erste Hilfe grundsätzlich bedingungslos sein soll, folgt daraus, dass es auch für Urchristen (wie wahre Christen auch oft genannt werden) Bedingungen geben kann, die an die Hilfe nach der Ersten Hilfe geknüpft sein können. Gibt es einschränkende Bedingungen in der Hilfe zur Konfliktlösung?

Zur Klarstellung: Wir sprechen hier nicht über gewerbliche oder berufliche Hilfen. Hier geht es um selbstlose und unentgeltliche Hilfe und dort gibt es auf jeden Fall bestimmte Bedingungen, die aber zum Teil auch im gewerblichen Bereich, z.B. in der Medizin, Anwendung finden können oder sollten. Der Bedürftige soll an der Lösung mitarbeiten, denn er hat sein Problem selbst herbeigeführt, wenn auch oft unbewusst. Bedürftige sind für ihre Lage selbst verantwortlich. Außerdem sollte eine Hilfe anderen nicht unangemessen schaden, soweit dieses vermeidbar ist.

Frage 10
Warum sind Bedürftige für ihre Lage selbst verantwortlich und gilt die Eigenverantwortung für alle Arten von Schicksalen, sozusagen in allen Lebensfragen?

Auch wenn viele Mitmenschen es noch nicht wahrhaben wollen, aber es ist Fakt, dass die Eigenverantwortung für alle Schicksale gilt, ob Krankheit oder Not oder unangenehme Missgeschicke: Der Mensch erntet immer nur das, was er einst selbst gesät hat. Daran knüpft die Pflicht an, nach den Ursachen zu forschen und aus dem Resultat die Konsequenzen zu ziehen. Anders können Konflikte und Krisen nicht gelöst werden. Auch Vorbeugung, Prophylaxe und Prävention müssen an den Ursachen ansetzen, nach dem Natur-Prinzip: Heilarbeit ist Charakterarbeit!

Frage 11
Wenn es stimmt, dass alle Krankheiten, alle Schicksalsschläge, alle Unglücke und alle Missgeschicke durch charakterliche Mängel selbst verursacht sind, dann würde es ja bedeuten, dass sich jeder selbst heilen kann, oder, dass sich jeder selbst aus einer schwierigen Lebenslage herausmanövrieren kann. Ist dem so?

Weil in den Kapiteln 04, 05, 10, 11 und 12 ausführlich die Zusammenhänge von Charakter und Schicksal dargestellt sind, inklusive mehrerer Literaturvorschläge, bitte ich bei Interesse in den genannten Kapiteln nachzulesen, wie die Dinge alle miteinander zusammenhängen. Dort finden sich auch klare Hinweise, dass der Mensch aus sich heraus gar nichts vermag. Alle Geschehnisse, alle Heilungen und alle Konfliktlösungen sind nur mit göttlicher Hilfe möglich. Hier beginnt für uns alle die Eigenverantwortung: In der freiwilligen und aktiven Hinwendung zu Gott.

Frage 12
Das lässt vermuten, dass wahre Christlichkeit nach der Ersten Hilfe jede weitere Hilfe einstellt, wenn der Bedürftige weder an Gott, noch an das Naturgesetz der Reinkarnation, noch an das Kausalgesetz glaubt oder glauben will. Ist dem so?

Wahre Christen helfen immer. Sie lassen nie jemanden im Regen stehen. Wenn ein Bedürftiger nicht bereit ist, sich selbst als Verursacher seines Leides zu erkennen, dann muss er darin frei sein. Als Christ ist man verpflichtet, das geistige Wissen anzubieten und auf Wunsch anzuwenden aber frei von jedem Zwang. Ein Zwang entstünde ja, wenn die weitere Hilfe eingestellt würde, quasi, weil der Bedürftige nicht die geistigen Lehren annehmen will. Materielle Hilfe wird weiter gewährt oder es werden, mit Einverständnis des Bedürftigen, andere Helfer hinzugezogen.

Frage 13
Was versteht man unter materieller Hilfe und was ist immaterielle Hilfe?

Kranke werden heutzutage meist materiell versorgt. Man diagnostiziert materiell und man therapiert materiell, als ob unser Körper ein chemischer Apparat ist. Dass alle Krankheiten Reaktionen und Ausflüsse aus der Seele in den Körper sind, die auf charakterliche Belastungen zurückzuführen sind, wird nur noch sehr selten beachtet. Das gilt für alle Schicksalsschläge, deren Ursachen immer immateriell sind, also geistig-energetischen Ursprungs sind. Krankheiten und Schicksale treten körperlich in Erscheinung, sind aber immer Ausflüsse aus der Seele in die Materie.

Frage 14
Was ist wichtiger: Der seelische Beistand und die immaterielle Hilfe oder die materielle Hilfe?

Wenn ein Notleidender Ordnung in seiner Seele schafft und idealerweise seine Seele mit dem Christusgeist durchlichtet, wirkt sich das früher oder später auch in der Materie, am Körper oder an den materiellen Lebensumständen positiv aus. Die geistige Orientierung und geistiger Beistand sind das A und O für ein friedliches, harmonisches Leben. Wer glaubt, seine Konflikte nur materiell lösen zu können und nicht bereit ist, sich selbst als Verursacher seines Leides zu erkennen, ist frei darin. Jeder macht Erfahrungen mit sich selbst, notfalls auch auf dem „Holzweg".

Frage 15
Ist es nicht an der Zeit, von der individuellen Hilfe zur organisierten Hilfe überzugehen, weil das aktuelle Zeitgeschehen viele Notlagen generieren wird?

Das ist eine ganz wichtige Frage, wahrscheinlich die wichtigste Frage in diesem Dialog überhaupt. In der Tat ist es so, dass der Einzelne meist nur über begrenzte Möglichkeiten für Hilfeleistungen verfügt. Jeder ist sehr unterschiedlich begabt und befähigt. Nicht jeder kann auf allen Gebieten des Lebens kompetent sein. Wenn sich mehrere uneigennützige Helfer vernetzen, ist das in der Praxis ein Zuwachs an Kompetenz und das ist mindestens gut. Außerdem kann man im Team dafür sorgen, dass die Kompetenz aller Helfer durch Schulungen erweitert wird.

Frage 16
Wie kann organisierte Hilfe praktisch installiert werden und bedarf die organisierte Hilfe einer Organisation oder eines Vereines?

Nach meinen Erfahrungen sind Vereine oder Organisationsstrukturen, die Vereinen ähneln, der beste Weg, um uneigennützige Hilfe und Hilfsbereitschaft schon im Ansatz kaputt zu machen. Dort wo Hierarchien entstehen, regiert der Satan. Das hat Christus in Jesus schon gelehrt und alle Erfahrungen bestätigen den Geist Christi, der einzig und allein auf Freie Gemeinschaften setzt. Dort gibt es zwar eine innere geistige Führung, aber keinen Chef und keine Führer. Offenheit und Beweglichkeit für den Nächsten können nur in Freien Gemeinschaften entstehen.

Frage 17
Was bedeutet „Geistige Führung"?

Jeder Mensch ist ein Geistwesen, das einen Körper als Instrument für das Leben auf Zeit in der Materie, also auf dieser Erde hat. Unser Körper tut nur das, was ihm von unserer Seele befohlen wird. Die Frage ist also, von wem oder von was unsere Seele regiert wird, vom Guten oder vom Bösen, vom Göttlichen oder vom Satanischen, vom Miteinander und Füreinander oder vom Gegeneinander zum eigenen Vorteil. Da Gleiches immer Gleiches anzieht, denn Gleich und Gleich gesellt sich gern, ziehen freie und gute Zwecke stets freie und gute Menschen an.

Frage 18
Wie können solche freien Gemeinschaften als Hilfsgemeinschaften entstehen?

Einer muss den Anfang machen und eine Initialzündung an die potentiellen Helfer leiten. Das kann die eigene Familie sein, oder die Nachbarschaft, eine Straße, ein Wohngebiet, ein Wohnblock oder sonstige Areale, wo sich Hilfsbedarf abzeichnet. In der heutigen und kommenden Zeit wird viel Not und Elend entstehen und da bieten sich regional überschaubare Nachbarschaftshilfen an. Jeder kann per Zettel oder Briefkasteneinwurf für die Idee einer Nachbarschaftshilfe für Notleidende werben, was der Initiator auch mit einem eigenen Hilfsangebot kombinieren kann.

Frage 19
Gibt es rechtliche Hürden oder Vorgaben, die man dabei beachten muss?

Nein, jedenfalls dann nicht, wenn Hilfsangebote grundsätzlich unentgeltlich und vollkommen uneigennützig sind. Wer im Geiste der Nächstenliebe dienen möchte, braucht weder eine Erlaubnis, noch muss dies irgendwo angemeldet werden. Freie Gemeinschaften brauchen weder Staat noch Kirchen. Man könnte noch fragen, wie es mit der Haftung in Schadensfällen aussieht, aber hier gilt, was rechtlich für alle sowieso immer gilt. Wer Haftungsansprüche befürchtet, sollte lieber gleich zu Hause bleiben. Bedenkenträgern bleibt zu wünschen, selbst nie Hilfe zu brauchen.

Frage 20
Welche Hilfsangebote bietet der Autor und Verantwortliche dieses Skriptes an?

Natürlich stehe auch ich als Autor dieses Skriptes und als Freier Christ, der dabei ist, eine urchristliche Gesinnung in sich zu entfalten, in der Pflicht zu einer tätigen und praktischen Nächstenliebe im Rahmen meiner Möglichkeiten. Meine Möglichkeiten und Stärken liegen auf verschiedenen Gebieten, die ich im Epilog näher beschreibe. Was dort nicht erwähnt ist, kann ich auch nicht leisten. Ich selbst bin bereit, Nachbarschaftshilfen bei Bedarf mit anzuschieben, weil sich dadurch Hilfsangebote potenzieren können, denn gemeinschaftlich geht mehr, als alleine.

* * *

EPILOG
zum Kapitel 18

Mein persönliches Konzept für Beistand und Hilfe

Ein „Markenzeichen" wahrer Christlichkeit ist u.a. Beistand und Hilfe im Dienste der Nächstenliebe, die grundsätzlich uneigennützig und damit auch unentgeltlich sein sollten. In Ergänzung dazu gibt es auch die Lohnarbeit, also bezahlte Dienste, bzw. gewerbliche Hilfsdienste, die auch dem Gemeinwohl dienen können. Arbeit, die nicht dem Gemeinwohl dient, kann nicht christlich sein. Gewerbliche Hilfen finden wir z.B. in Pflegeeinrichtungen und Krankenhäusern. Wichtig dabei ist, dass materieller und geistiger Beistand und Hilfen sich ergänzen sollten. Wie geht das?

Kooperation von unentgeltlicher Hilfe und gewerblicher Hilfsarbeit

Die gewerblichen Hilfsdienste in Spitälern, Pflegeeinrichtungen, Hospizen, Mobil-Pflegediensten, Psychiatrien, Kinder- und Jugendeinrichtungen, Einrichtungen für Flüchtlinge, Versorgung und Unterbringung von Obdachlosen und andere mehr, können nicht ohne bezahlte Profis funktionieren. Dennoch funktionieren sie nicht besonders gut. Dort steht fast ausschließlich das leibliche Wohl auf der Agenda und das meist viel zu knapp. An die Ursachen der Notlagen wird nur sehr unzureichend gedacht. Hier schreit es praktisch nach einer wahren christlichen Lebensberatung.

Unverfälschte christliche Lebensberatung

Jeder kann nur das, was er kann und ich biete deswegen auch nur das an, was ich kann. Meine Stärke liegt in der Weitergabe meiner vielfältigen Lebenserfahrungen, die ich über sieben Jahrzehnte machen durfte. Da ich kein „Heiliger" war und bin, kann fast jeder Hilfebedürftige davon ausgehen, dass ich die gleichen Fehler und die gleichen Sünden begangen habe und zum Teil noch begehe, wie es Notleidende auch getan haben und es noch tun. Auch ich musste für meine Fehler und Sünden bezahlen. Ich helfe also nicht „von oben herab", sondern auf gleicher Augenhöhe!

Konflikt-Analysen und Beistand bei der Konfliktlösung

In der Not habe ich gelernt, nicht nur, aber auch aus Büchern, dass alles, was wir tun oder nicht tun, eine Frage des Charakters ist. Ich musste lernen und habe unter Schmerzen gelernt, dass ich mich selbst in Schieflagen manövriert habe, die mir Leid bescherten. Als mir die urchristliche Reinkarnationslehre und das Gesetz von Saat und Ernte, das Kausalgesetz, genau zu einer richtigen Zeit aus den Himmeln angereicht wurde, konnte ich nach und nach meine eigenen Konflikte analysieren und zwar an Hand der Christus-Ideale, mit deren Hilfe jeder Konflikt lösbar ist.

Was ich kann, das kannst Du auch, das kann jeder!

Das ist mein persönliches Credo: Was ich kann, das kannst Du auch! Was ich aber heute kann, das habe ich auch gewollt. So erweitert sich mein Credo: Was ich will und gewollt habe, das kannst auch Du wollen. Was habe ich gewollt? Was ich vor Jahren noch nicht wusste, weiß ich heute: Ich habe, zum Teil unbewusst, Gottes Willen gewollt und das will unbewusst fast jeder. Der Wille des Christus-Gottes ist Friede, Freiheit, Gerechtigkeit, Gleichheit, Geschwisterlichkeit und Einheit. Das wollen fast alle, aber leider wissen nicht alle, dass auch sie Gottes Willen wollen.

Hilfe zur Selbsterkenntnis – die einzig wahre Lebensberatung

Jede Konfliktsituation, jede Krankheit und jede missliche Lebenslage haben wir in diesem Leben und/oder in unseren vorigen Leben auf Erden selbst verursacht. Die Ursachen sind Sünden gegen die Naturgesetze des Christus-Gottes und diese wiederum agieren über unseren Charakter, den wir analysieren können. Nicht ein anderer kann das, nur jeder selbst kann das, weil unser Charakter in uns drin ist. Unser Charakter ist von uns selbst mit Christi Hilfe veränderbar und damit ändert sich unser Verhalten und mit dem anderen Verhalten ändern wir unsere Lebenslage.

Astrologie und Astrosophie als Hilfsmittel zur Selbsterkenntnis

Eine urchristliche Lebensberatung ist nicht beschämend, denn sie beschränkt sich ausschließlich auf die Hilfe zur Selbsterkenntnis. Der Lebensberater analysiert den Charakter eines Ratsuchenden grundsätzlich nicht. Er ist nur Assistent. Er reicht nur die Werkzeuge zur Selbsterkenntnis, die der Ratsuchende frei und unbesehen bei sich selbst anwenden kann, oder auch nicht. Astrologen können auch keinen Charakter analysieren. Sie können maximal nur die Themen erkennen, die ein Mensch in diese Inkarnation zur Bearbeitung mitgebracht hat. Nur dabei helfe ich.

Schnelle Lösungen, Wunder und Sensationen kann ich nicht bieten

Wunderheilung gibt es nicht, denn es gibt auch keine Wunder-Erkrankungen. Auch sind böse Schicksale keine Zufälle, die von Wundern zu lösen wären. Schicksale und Krankheiten sind mühsam erworben, quasi über lange Zeiten „hart erarbeitet". Von daher müssen alle Genesungen, alle Heilungen und alle Lösungen ähnlich „hart abgearbeitet" werden, wie sie erworben wurden, allerdings nicht ganz: Wir können Vergebung erfahren, wenn wir die Bedingungen dafür erfüllen. Dann muss nicht alles abtragen werden. Wunder gibt es nicht, aber es gibt die Gnade Gottes!

Fazit und Angebot

Auf vielen Gebieten der körperlichen und seelischen Verfassung und in vielen verfahrenen Lebenssituationen kann ich als Lebensberater Beistand und analytische Hilfen anbieten. Die Hilfen sind unentgeltlich. Besonders hohe Aufwendungen, wie z.B. sehr weite Anfahrten, kann ich bei meinem geringen Einkommen allerdings nicht tragen. Wunder und schnelle Lösungen kann ich auch nicht versprechen. Ich selbst löse auch keine Probleme, sondern ich bin nur der Assistent, der bei der Suche nach Auswegen aus einem Dilemma helfen kann und das tue ich sorgfältig.

Kontaktaufnahme und Hilfeersuchen

Wer mich kontaktieren möchte, sei es aus Interesse zu Themen des Skriptes und des Buches „Christusgewissen", oder sei es, um Hilfe und Rat zu erbitten, der kann mich über eine meiner Kontaktdaten erreichen, die im Impressum zu finden sind. Grundsätzlich werden alle Fragen und Hilfeersuchen streng vertraulich behandelt, vergleichbar mit der ärztlichen Schweigepflicht, nur mit dem Unterschied, dass ich die Schweigepflicht uneingeschränkt einhalte und Kenntnisse über persönliche Angelegenheiten auch nicht für sogenannte „hoheitliche" Zwecke weitergebe.

* * *

Der Mensch weiß wohl um das Gute,

auch wenn er es nicht tut.

* * *

Hildegard von Bingen

KAPITEL 19

VORSCHAU AUF EIN ENTSTEHENDES

FREICHRISTLICHES ASTROSOPHIE-KONZEPT

PROLOG
zum Kapitel 19

Zeitzeichen

Keine Frage: Die Zeichen der Zeit stehen auf Sturm. Dramatische Veränderungen, wie sie die Menschheit noch nie erlebt hat, stehen an. 2020 begannen weltweit erste Vorläufer von Geschehnissen und Veränderungen, die schon jetzt nichts mehr werden lassen können, wie es vor 2020 war. Im Jahre 2021 erleben wir die Fortsetzung eines kosmischen Reinigungsprozesses, der uns nicht mehr zur Ruhe kommen lassen wird. Hinweise, Warnungen und Aufklärungen gab es und gibt es genug. Der prophezeite kosmische Reinigungsprozess findet jetzt statt. Er wird unser Bewusstsein erweitern.

Die geistige Bewusstseinserweiterung

Die lebensnotwendigen Bewusstseinserweiterungen regnen nicht „von oben" auf uns hernieder, um quasi automatisch unser Geist-Bewusstsein anzuheben. Den Gefallen tun sie uns nicht. Die geistige Bewusstseinserweiterung will erarbeitet werden. Nur derjenige, der bereit ist, seine Lebenseinstellungen und seine Lebensführung im Geiste Christi zu ändern, kann die Christus-Kraft der Erlösung zur Reinigung seiner Seele empfangen. Die kosmische Christus-Energie ist kein Geheimnis. Sie ist real existierend, für jeden wissbar und erfahrbar, der die Christus-Ideale in sich entfaltet.

Die Notwendigkeit eines Freichristlichen Astrosophie-Konzeptes

Astrologie und Astrosophie haben über tausende von Jahren das gleiche Schicksal erfahren, wie die Botschaften aller wahren Propheten, vor allem die Botschaften und Lehren des größten Propheten aller Zeiten: Christus. Sie sind verfälscht, entstellt oder systematisch so sehr verballhornt worden, dass sie unglaubwürdig erscheinen. Auch das überlieferte, uralte klassische Wissen der Astrologie ist „verwissenschaftlicht" und so sehr „versachlicht" worden, dass aus der Astrologie ein lohnendes Geschäfts-Modell wurde. Dieses kostete uns den Verlust des kosmisch-göttlichen Bewusstseins.

Alles steht in den Sternen

Der Volksmund weiß noch, was der moderne „Wissenschafts-Mensch" nicht mehr fassen kann, nämlich dass alle Geschehnisse auf Erden in den Sternen stehen, denn in den Sternen ist alles gespeichert. Auch die Weltlings-Astrologen, neuerdings oft auch „3-D-Astrologen" genannt, verkennen, dass alle Geschehnisse auf Erden kosmisch-energetische Kommunikationen sind, die den Gesetzen der Evolution unterstehen. Die 3-D-Astrologen behaupten, dass die Sterne nur Zeichen geben. Sie verkennen, dass alle kosmischen Energien im All miteinander agieren und aufeinander reagieren.

Die Sterne lügen nicht

Alle Lebewesen im Diesseits und im Jenseits sind von Gott geschaffen. Auch der Mensch, der ebenfalls ein Geschöpf Gottes ist, befindet sich in einem ständigen Dialog mit den Kräften der Evolution. Wir waren schon oft auf Erden, und wir sind erneut auf Erden, um wieder göttlich zu werden. Das ist das Gesetz der Evolution. Evolution ist ein Prozess der Entwicklung in höhere Lebensformen, und zwar durch eine ständige Kommunikation mit unserem Gewissen. Alles ist im Kosmos gespeichert. Die Sterne können nicht lügen, aber der Mensch kann es, denn er liebt die Illusionen.

Der kosmische Dialog im Dienste der Wahrheit

Der folgende Dialog möchte darlegen, was der Unterschied von der Astrologie zur Astrosophie ist, was beide können und was sie nicht können. Meiner Kenntnis nach gibt es noch kein Astrosophie-Konzept auf Basis der unverfälschten Lehren Christi. Astrologen können weder Zukunftsprognosen noch Charakteranalysen liefern, schon gar nicht die „3-D-Astrologen-Zunft", denen Geld und Geltung wichtiger ist, als die Wahrheit. Ein Freichristliches Astrosophie-Konzept muss erst noch als ein Entwurf entwickelt werden und wenn das gelingt, wäre es eine Hilfe zur Selbsterkenntnis.

Hinweis in eigener Sache

Jahrelange und gründliche Befassungen mit der Astrologie ließen in mir ständig das Gefühl entstehen: „Hier stimmt etwas nicht!" Besonders fragwürdig waren mir die psychologischen Astrologie-Konzepte. Alle Astrologie-Konzepte, die mir bekannt sind, orientieren nur auf das „Glück auf Erden". Aus urchristlicher Sicht halte ich das für falsch. Das Freichristliche Astrologie-Konzept wird ein unfertiger Vorschlag sein. Das Konzept kann und soll nur eine Idee und ein Vorschlag sein, das der Höher-Entwicklung durch Mitmenschen bedarf, die christlich höher entwickelt sind als ich.

* * *

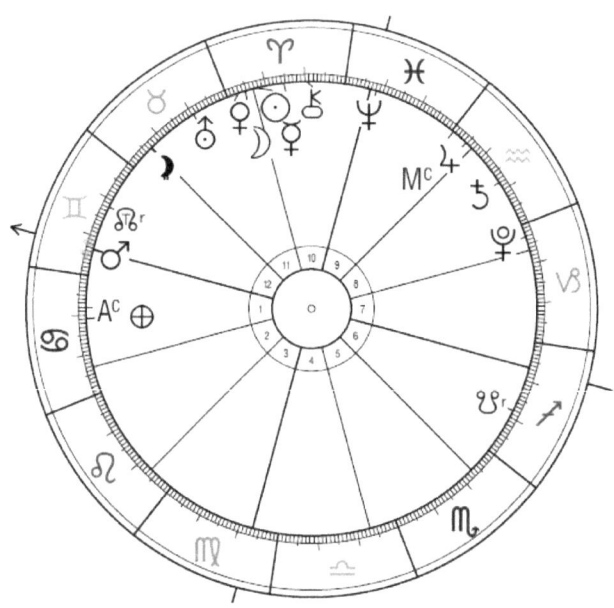

Das Ereignis-Horoskop

zum Start des Entwurfs eines Freichristlichen Astrosophie-Konzeptes,

dessen Entwicklung am 12.04.2021 um 10:06 Uhr in Flensburg begann.

DIALOG
zum Kapitel 19

Frage 01
Der obige Prolog endet mit einem persönlichen Hinweis, der auf die Unvollkommenheit eines sich in der Entwicklung befindlichen Freichristlichen Astrosophie-Konzeptes und des Autors des Konzeptes hinweist. Warum soll dieses unvollkommene Konzept dennoch in die Öffentlichkeit?

Wichtiger als das Konzept selbst, ist die Idee an sich für die Notwendigkeit eines Freichristlichen Astrosophie-Konzeptes. Das Konzept selbst wird auf einer extra Website öffentlich entwickelt werden, um hernach als Print-Manual zur Verfügung zu stehen. Die Idee als solche scheint mir überreif zu sein, jedenfalls so reif, dass die Idee solche Menschen erreichen kann und soll, die fachlich kompetenter sind als ich, und die ein höheres Christus-Bewusstsein entwickelt haben, als ich bislang entwickeln konnte. Je höher die geistige Reife, desto mehr sieht und erkennt man.

Frage 02
Ist das nicht eine Form von „Tiefstapelei"? Muss nicht auch der Autor solch eines Konzeptes ein gewisses Maß an kosmischem und urchristlichem Bewusstsein und an fachlicher Kompetenz entwickelt haben, um sich öffentlich an so ein Projekt heranzuwagen? Was soll der Hinweis auf die Unvollkommenheit bezwecken?

Natürlich ist ein gewisses Mindestmaß an urchristlichem Bewusstsein und auch an fachlicher Kompetenz bei mir vorhanden. Auch liegt bei mir ein nicht geringes Maß an Lebenserfahrung vor, das mich befähigt, ein solches Konzept als Idee in die Welt zu setzen. Die Idee und der Vorschlag sollen und dürfen aber nicht als Ultima Ratio gelten. Es ist eine Idee in Arbeit, die der Vervollkommnung und der Überarbeitung bedarf, durch Menschen, die spirituell weiter entwickelt sind als ich. Bescheidenheit ist keine Schande, aber ihr Gegenteil, der Hochmut, der ist es.

Frage 03
Was wird der Leser dieses Kapitels erfahren?

Der geneigte Leser wird erfahren, was die Astrologie kann und was sie nicht kann, was der Unterschied zwischen Astronomie, Astrologie und Astrosophie ist, und welcher tiefe Sinn hinter dem Konzept des Freichristlichen Astrosophie-Konzeptes steckt. Das Konzept ist so angelegt, dass es ein hilfreiches Instrument für jene sein kann, die sich in Selbsterkenntnis vor Gott üben wollen. Das Konzept wird auf einer anderen Website öffentlich entwickelt. Sobald die Domain feststeht, wird sie unter den Link-Empfehlungen der Website Christusgewissen eingepflegt werden.

Frage 04
Das oben abgebildete Ereignis-Horoskop, datiert auf den 12.04.2021 um 10:06 für Flensburg führt zu der Frage, was ein Ereignis-Horoskop ist. Was ist unter einem Ereignis-Horoskop zu verstehen?

Im Prinzip ist jedes Horoskop ein Ereignis-Horoskop, denn auch die Geburt eines Menschen ist ein kosmisches Ereignis. Jede Geburt eines Babys verändert die Welt, und mit ihr den ganzen Kosmos. Am 12.04.2021 um 10:06 Uhr startete in Flensburg das Projekt meines Freichristlichen Astrosophie-Konzeptes. Das Bild zeigt zwar ein ziemlich signifikantes Stellium, doch jedes Horoskop ist einmalig, denn keine Radix kann sich innerhalb von 26.000 Jahren wiederholen. Horoskope spiegeln und liefern kosmische Energie-Mixe für Orte und für Zeiten auf der Erde.

Frage 05
Ist die Astrologie eine Glaubensfrage, die vielleicht sogar in die Rubrik religiöser Angelegenheiten gehört?

Der Glaube an Christus und der Glaube an den Christus-Gott, ist nur das Entree für die Annahme von geistigen Realitäten, die wissenschaftlich nicht beweisbar sind. In diesem Sinne gilt das auch für die Astrologie und mehr noch für die Astrosophie. So gesehen, ist die Astrosophie eine geistig-religiöse Angelegenheit. Die Astronomie, die „unartige Tochter der Astrologie" erhebt diesen Anspruch erst gar nicht. Die Astrologie, die Mutter der Astronomie, hängt irgendwie zwischen Baum und Borke. Sie laviert, mehr schlecht als recht, zwischen Sinn und Unsinn.

Frage 06
Sind kosmisches Bewusstsein und Gottesbewusstsein identisch?

Wer seinen Blick in einer klaren Nacht in den Himmel erhebt, wird gewahr, dass wir mit unserer kleinen Erde nicht alleine sind. Uns zeigt sich eine unermesslich riesige Sternen-Vielfalt, ein Auszug aus dem unendlichen All. Dass es eine höchste Intelligenz geben muss, die das All geschaffen hat, eine All-Intelligenz, den All-Einen, das ist mehr als logisch. Wir können gewiss sein, nie alleine zu sein, denn in uns und um uns ist immer GOTT, der All-Eine. Gott ist allgegenwärtig. Gott ist in allem, was ist. Wir sind nie alleine, denn in und um uns ist immer der All-Eine.

Frage 07
Steht die Astrosophie über der Astrologie und warum?

Man sieht ja, dass es eine prosperierende Astrologie als Geschäftsmodell gibt. Da „rollt der Rubel" scheinbar nicht schlecht. Diese weltliche Verstandes-Astrologie, enthält im Namen ja schon das „Logische", das Verstandesdenken. Unser Verstand kann bekanntlich nur dreidimensionale Illusionen verwalten, nicht aber geistige Realitäten erfassen, weder die Kosmen noch die Gottheit. Astrologie kann nicht liefern, was sie verspricht. Der Begriff Astrosophie birgt die Sophia, die Weisheit, das göttliche Bewusstsein. Sie kann liefern, viel mehr als uns Menschen lieb ist.

Frage 08
Was verbirgt sich hinter dem Satz: „Die Astrosophie kann liefern, viel mehr als uns Menschen lieb ist."?

Der Mensch liebt die Wahrheit nicht, die Astrosophie kann aber den Christusweg zur Wahrheit liefern. Der Mensch ändert sich nicht gerne, die Astrosophie kann die Bereitschaft zur Änderung im Geiste Gottes erhöhen. Der Mensch mag sich nicht von seinen unguten Gewohnheiten lösen, die Astrosophie kann die Bereitschaft zur Lösung von unseren Übeln erhöhen. Der Mensch mag sich ungerne als Sünder und als Frevler an der Natur erkennen, die Astrosophie kann hier nachhelfen. Der Mensch liebt die Lehren Christi nicht, die Astrosophie pflegt die Christus-Liebe.

Frage 09
Kommen wir noch einmal auf das am Beginn dieses Dialogs abgebildete Ereignis-Horoskop zurück: Kann man in wenigen Sätzen sagen, was aus einem Horoskop herausgelesen werden kann und was sich nicht aus Horoskopen herauslesen lässt?

Fangen wir erst einmal damit an, was ein Horoskop nicht kann. Man sieht ihm nicht an, ob es ein Geburts-Horoskop ist, ein Ereignis-Horoskop, oder einfach ein Transit-Horoskop. Wenn es ein Geburts-Horoskop ist, sieht man ihm nicht an, ob es für die Geburt eines Tieres oder eines Menschen steht, auch nicht, ob das Neugeborene männlich oder weiblich ist. Wenn man das alles nicht sieht, dann ist es selbstredend nicht möglich, einen Charakter daraus abzulesen oder gar künftige Schicksale zu prognostizieren, die bekanntlich immer charakterlich bedingt sind.

Frage 10
Diese Aussagen dürften für viele Astrologen und deren Gefolge ein Schock und zugleich ein Ärgernis sein, denn die Aufzählungen der Dinge, die ein Horoskop nicht liefern kann, sind genau die Elemente, auf die alle astrologischen Konzepte zur Deutung eines Horoskops aufbauen. Was bleibt denn übrig in der Frage, was Astrologie und Astrosophie können?

Das Horoskop ist eine Moment-Aufnahme des Standes der Gestirne am Himmel, wie sie ein Fotograf von einem bestimmten Ort zu einer bestimmten Zeit machen kann und wie es auch ständig von Sternwarten gemacht wird. Das Foto ist, wie die graphische Darstellung eines Horoskops auch, zweidimensional. Es wird also eine räumliche Realität auf eine Fläche projiziert. Wir sehen also nur einen Teil einer räumlichen Wirklichkeit im Rahmen kosmischer Zeitgesetze als Bild oder als eine Zeichnung. Dieser Fakt muss also auch in der Deutung völlig neu bedacht werden.

Frage 11
Also gibt es doch etwas zu deuten?

Alles hat etwas zu bedeuten, jedes Geschehen auf Erden und am Himmel hat eine Bedeutung, denn alle Geschehnisse sind energetische Vorgänge, die in unserem materiellen Dasein dem Gesetz von Ursache und Wirkung unterliegen. Nichts, aber auch gar nichts bleibt so, wie es ist. Alles ist im Wandel. Alles wandelt sich von Sekunde zu Sekunde, auch wenn wir es nicht merken. Das trifft auch für den Kosmos bzw. für die Kosmen zu. Alles ist Energie, und Materie ist kristallisierte kosmische Energie. Deutung erforscht die Hintergründe kosmischer Geschehnisse.

Frage 12
Was heißt das genauer für unseren Alltag, wenn man sagt, dass alles eine Bedeutung hat?

Jede Veränderung ist die Wirkung einer vorangegangenen Ursache, die ihrerseits eine Wirkung einer anderen vorangegangen Ursache ist oder war. In der Materie leben wir also in einer scheinbar endlosen Ursachen-Wirkungen-Kette, die uns gewisse Fragen erlaubt, wie die Frage: „Was will oder kann ein Ereignis mir sagen?" Die Frage bedeutet: Was ist die Ursache des Geschehens, oder: Was muss oder kann ich tun, damit etwas eintritt oder nicht, was gewollt ist oder nicht? Die Deutung fragt nach der Ursache einer Wirkung oder nach der Folge einer Ursache.

Frage 13
Was hat die Stellung der Gestirne mit den Wirkungen und mit den Ursachen von menschlichen Handlungen auf der Erde zu tun?

Nicht nur sehr viel, sondern alles, was sich all jenen Menschen erschließt, die davon ausgehen, dass es eine kosmische Chronik gibt. Bevor wir klären, was es mit dieser kosmischen Chronik für eine Bewandtnis hat, kommen wir nicht umhin, uns immer wieder erneut klarzumachen, am besten mehrmals täglich, wer wir Menschlein eigentlich sind, woher wir kommen, und was wir hier auf Erden sollen bzw. wollen sollen. Wohin geht die Reise, wenn das befristete Dasein auf der Erde, im Gefängnis von Raum und Zeit, abläuft? Was kommt „danach" und warum?

Frage 14
Steht die Klärung der Fragen nach dem Woher, dem Wohin und dem Warum in einem Zusammenhang mit der kosmischen Chronik?

Eindeutig ja, aber ein bedingtes Ja! Was heißt „bedingt"? Unterliegt nicht alles auf Erden bestimmten Bedingungen, weil wir doch im „Dinglichen" leben, nämlich in der Materie? Hinter dem Wort „Bedingung" verbirgt sich das Naturgesetz von Saat und Ernte im Verbund mit dem Naturgesetz der Reinkarnation. Wenn man etwas tut oder etwas unterlässt, dann tritt unweigerlich eine Folge ein, und zwar nach dem ehernen „Wenn-Dann-Prinzip". Hinter dem „Wenn-Dann-Prinzip" steckt das Kausalgesetz. Es korrespondiert mit dem Kosmos. Niemand kann das umgehen.

Frage 15
Hat die Stellung der Gestirne in unserem Geburtshoroskop etwas mit unseren Vorleben auf Erden zu tun und wie hängt das damit zusammen, wenn dem so ist?

Die Reinkarnation in Verbindung mit der vielgeschmähten oder vielfach auch noch unbekannten Buchhaltung Gottes ist der Schlüssel zum Verständnis, wie der Mikrokosmos Mensch mit dem Makrokosmos kommuniziert und (ganz wichtig!!!) auch interagiert. Wenn verstanden wird, dass alle Lebensformen in allen Kosmen miteinander und füreinander kommunizieren und ebenso im Geiste der Schöpfung miteinander und füreinander interagieren, dann hören Astrologie und Astrosophie auf, ein Geheimnis zu sein. Alles ist Energie und alle Sterne agieren und reagieren.

Frage 16
Was ist unter der Buchhaltung Gottes zu verstehen?

Die Buchhaltung Gottes ist eine kosmisch-energetische Realität, die in der Seele jedes Menschen stattfindet, der ein Mikrokosmos im Makrokosmos ist, und in den uns umgebenden Makrokosmen und deren Gestirne. Die Gestirne sind Sonnen und Planeten, die Wohnorte von Seelen sind und gleichzeitig als Speichermedien für Informationen dienen. Das Ganze funktioniert wie ein Computer. Tatsächlich ist der Kosmos ein riesiger und mächtiger Computer, der den ganzen „Funk-Verkehr" des Menschen registriert und jedem das zurücksendet, was der Mensch aussendet.

Frage 17
Schwer vorstellbar: Was sendet der Mensch denn für Informationen aus?

Alle Lebewesen, Seelen und Menschen stehen in einer ständigen Kommunikation zueinander. Alles strahlt, die Steine, Pflanzen und die Tiere. Auch die entkörperten Seelen und die in Menschen verkörperten Seelen strahlen ihre Wesenheit ins All und empfangen entsprechend ihrer Wesenheiten jene Energien, die sie zum Leben brauchen, und die sie für ihre Entwicklung in höhere Lebensformen benötigen. Beim Menschen sind es die Empfindungen, Gefühle, Gedanken, Worte und Taten, die er sendet und wieder Entsprechendes empfängt, wenn die Zeit dafür gereift ist.

Frage 18
Das Gesetz von Aktion und Reaktion ist ja bekannt, aber die obige Antwort lässt vermuten, dass der Aktion nicht immer sofort die Reaktion folgt. Ist dem so und was passiert in der Zeit zwischen Aktion und verzögerter Reaktion?

Alles ist Energie und alles sendet und alles empfängt jene Qualität und Quantität, die einst ausgesandt worden ist. Was zum Sender, also zum Menschen verzögert zurückkommt wird zwischengespeichert. Die Speicherung erfolgt in der Seele, die unser Lebensbuch aller Inkarnationen ist, in der Erde, auf der wir als Mensch leben und in den Gestirnen, die der

Qualität der Sendung entsprechen. So kommt das Gute zum Guten und das Böse zum Bösen, wobei der Mensch die Folgen des Bösen schmerzhaft wahrnimmt. Daraus entsteht wiederum die Energie der Reue.

Frage 19
Was hat das mit der Energie der Reue für eine Bewandtnis?

Die Energie bzw. die Kraft der Reue ist ein Teil der Erlöser-Energie Christi, mit deren Hilfe wir uns korrigieren können und sollen. Die Reue ist schmerzhaft. Je schmerzhafter sie ist, desto größer wird der Wunsch, das Bereute, die Sünde also, nicht mehr zu tun. Wenn die Reue fehlt, dann tritt das Gesetz von Saat und Ernte in Aktion, das uns auf Erden die Schmerzen erleiden lässt, die wir anderen angetan haben oder die wir der Erde, den Pflanzen und Tieren schmerzhaft zugefügt haben. Die Reue ist die Kraft, die uns dazu veranlassen kann, das Sündhafte zu lassen.

Frage 20
Welche Rolle spielen in diesem Zusammenhang unsere Erinnerungen und unsere in Vergessenheit geratenen Erlebnisse?

Gute Frage, denn im Wort „Erinnerung" steckt ja das „Innere". Unser Inneres ist die Seele, in der alles gespeichert ist, was wir fühlen, denken und tun und was wir auch in allen Vorleben als Mensch auf Erden je gefühlt, gedacht und getan haben. Auch das Vergessene ist dort gespeichert. Das Vergessene nennen wir Menschen Unterbewusstsein, während alles, was uns präsent ist, als Oberbewusstsein gilt. Das Vergessene ist also nicht verloren, es ist nur von uns verdrängt worden, weil es uns z.T. zur Last wurde. Alle Geschehnisse sind in den Gestirnen gegengebucht.

Frage 21
Langsam aber sicher formiert sich eine vage Vorstellung von den kosmischen Vorgängen. Was bedeutet in diesem Zusammenhang die häufig zu hörende Aussage: „Alles ist Bewusstsein"?

Bewusstsein ist nach meinen Erkenntnissen bewusstes Sein, also das von Gott, unserem Schöpfer, gewollte Sein. Das Bewusstsein des Menschen kann hoch oder niedrig sein. Unser Bewusstsein ist umso höher, je klarer wir uns als Kinder Gottes sehen, je intensiver wir den Willen Gottes tun, weil wir uns als gefallene ehemalige Engel erkennen, die nunmehr bewusst, also gewollt, auf dem Rückweg in ihre geistige Heimat sind. Hohes Bewusstsein ist die Gewissheit, wer wir sind, woher wir kommen, warum wir Mensch sind, wohin wir wollen und wollen sollen.

Frage 22
Was von diesen kosmischen Vorgängen ist nun wie in unserem Geburts-Horoskop abgebildet und was kann man damit wirklich anfangen?

Man kann den Grad seines Bewusstseins erkunden, also den Reinheitsgrad seiner Seele, der sich im Charakter des Menschen zeigt. Jede Seele, die im Jenseits lebt und jeder Mensch auf Erden ist unterschiedlich verschattet.

Kein Mensch gleicht einem anderen Menschen aufs Haar. Jeder Mensch hat ein anderes Horoskop als seine Mitmenschen. Unsere Licht- und Schattenseiten sind auf den „zuständigen" Planeten verbucht, verteilt nach Qualität und Quantität. Jeder hat also sein eigenes Bewusstsein, das unterschiedlich intensiv nach höheren, lichteren Sphären strebt.

Frage 23
... und weiter? Was davon ist im Horoskop zu sehen?

Die Wandelsterne in unserem Sonnensystem, deren Stellung zueinander und zu den Orten der Erde, senden auf jeden Ort zu jeder Zeit einen ganz bestimmten Mix an kosmischer Energie. Dieser kosmische Energiemix korrespondiert nun mit der zur Inkarnation strebenden Seele. Das Bewusstsein der sich inkarnierenden Seele strahlt in ihrer „Charakter-Frequenz" zur Erde. Jede Seele wird in jenem Moment von jenem Ort der Erde magnetisch angezogen, dessen Stand der Gestirne und dessen kosmischer Energiemix zur Frequenz der sich inkarnierenden Seele passt.

Frage 24
Das könnte doch bedeuten, dass ein Geburts-Horoskop den Bewusstseinsgrad der Seele und somit auch den Charakter des sich gebärenden Menschen erkennen lässt. Ist dem so?

Ganz so kann es nicht sein, denn dann würde ja von Anfang an der Verlauf des Lebens der in einen Menschenleib verkörperten Seele feststehen. Genau das ist aber gerade nicht der Fall, denn das wäre ja eine Form der Prädestinationslehre, wonach der Mensch keinen freien Willen haben kann, weil alles vorherbestimmt sein soll. Solche dummen und gotteslästerlichen Ideen können nur privilegierten Berufs-Priestern entstammen. Der Mensch hat aber den freien Willen, denn Gott ist Freiheit pur. Deswegen muss ein Geburtshoroskop etwas anderes deuten lassen.

Frage 25
Was wäre das „Andere" , das man aus einem Geburtshoroskop herauslesen oder deuten könnte?

Nach meiner Erkenntnis lassen sich nur die Themen der Lebensführung, deren Ideallösung, den Möglichkeiten einer gottgewollten Behandlung in Korrespondenz mit den göttlichen Gesetzen aus dem Horoskop herauslesen. Ob und wie intensiv der Horoskopeigner dabei auf dem Christusweg der Erlösung wandelt, das kann und darf ausschließlich der Eigner des Horoskops selbst erkennen, kein anderer. Unser Charakter ändert sich minütlich, stündlich und täglich, oft unmerklich. Das erfordert eine dynamische Deutung, die mit diesen Änderungen schritthalten kann.

Frage 26
Was steckt hinter der dynamischen Deutung, die mit der permanenten Änderung unseres Charakters und unseres Bewusstseins schritthalten können muss?

Der stetige Wandel unseres Charakters und des Bewusstseins unserer Seele ist aus dem Geburtshoroskop nicht ableitbar, für Außenstehende schon gar nicht. Unser Bewusstsein drückt ja unser Verhältnis zu Gott und zu Christus aus. Jeder Mensch lebt seinen derzeitigen IST-Zustand, der mit dem für diese Inkarnation von uns selbst vorgegebenen SOLL-Zustand des Bewusstseins korrespondiert. Astrologen, die behaupten, aus dem Horoskop eines Klienten Charakterzüge erkennen zu können, sind in einem Mega-Irrtum, weil unser Charakter zu keiner Zeit gleich ist.

Frage 27
Schlechte Karten, sowohl für die Astrologen, als auch für die nach Orientierung suchenden Klienten. Was kennzeichnet die Methode der dynamischen Deutung?

Die Deutung des Geburts-Horoskops kann ausschließlich vom Horoskopeigner selbst vorgenommen werden und dieses von Zeit zu Zeit immer wieder neu. Ein Mensch mit 20 Jahren deutet sein Horoskop anders als mit 30 Jahren, und wieder anders als mit 40 oder mit 50 Jahren usw. . Woran liegt das? Weil wir die Welt und uns selbst in jedem Alter anders wahrnehmen und anders deuten, denn unser Charakter und unser Bewusstsein sieht mehr, je höher unser Geistbewusstsein ist. Das Innenleben der Seele kann also nur jeder Mensch selbst erkunden und deuten.

Frage 28
Wenn das Geburts-Horoskop nicht unseren Charakter abbildet, was bildet es dann sonst ab und wieso kann das für den Horoskop-Eigner hilfreich sein?

Wir kommen mit einem Karma, mit einem Schuld-Konto, auf die Erde, durchaus vergleichbar mit einem Schulden-Konto bei einer kreditgebenden Bank. Je mehr Raten auf einen Kredit abgetragen wurden, desto geringer ist die Restschuld im Verhältnis zur Höhe eines Kredites. Wenn man mehrere Kredite hat, z.B. für ein Haus, für ein Auto, für Einrichtungen usw., hat man eine eigene persönliche Schuldenstruktur mit je unterschiedlichen Restschulden. Aus den Kreditverträgen selbst kann man aber nicht die Restschuld, sondern nur die „Alt-Lasten" ersehen.

Frage 29
Was bedeutet dieser Vergleich für das Geburts-Horsokop?

Weder „deutungssüchtige" Astrologen, noch der nach seinem künftigen Schicksal suchende Eigner einer Radix, (das oder die Radix = Geburtshoroskop) können wissen, wieviele Reinkarnationen mit welchen Erfahrungen wir hinter uns haben. Anders ausgedrückt: Wir wissen nicht, wie „alt" und erfahren unsere Seele ist. Aus zweidimensionalen Radizes ist das nicht erkennbar, denn unser Horoskop ist eigentlich eine sich nach oben verjüngende Spirale. Der Stand der Gestirne am Ort und zur Zeit unserer Geburt ist eher ein Aufgabenheft, ähnlich wie in der Schule.

Frage 30
Wie ist das Beispiel mit dem Aufgabenheft in der Schule in Bezug auf unser Geburtshoroskop zu verstehen?

Zur Erinnerung: Der Stand der Gestirne in unserem Sonnensystem unterliegt von Moment zu Moment einem stetigen Wandel. Wir leben in einem sich stets ändernden Mix kosmischer Energien, die wir als Fallwesen heruntertransformiert haben. Diese sich ständig wandelnden und heruntertransformierten Energie-Mixturen müssen naturgesetzlich sukzessive wieder hochtransformiert werden. Diese Aufgabe ist die Aufgabe aller Fallwesen, also aller Menschen und Seelen im Verbund mit der Kraft der Erlösung Christi. Wie das geht, das will erlernt werden.

Frage 31
Wenn die Erde eine Lebensschule ist, was ist dann das Ziel dieser Schule?

In der Schule werden Kinder auf ein eigenständiges Leben nach ihrer Kindheit vorbereitet. Sie werden einerseits alle gemeinsam auf bestimmte Grundfähigkeiten trainiert und gleichzeitig wird ihnen die Entwicklung von Fähigkeiten angeboten, um spezielle Veranlagungen fördern zu können. Warum die heutigen Schulen diese hohen Ideale nicht mehr erfüllen, und stattdessen die Schüler eher systemkonform abgerichtet werden, ist ein anderes Thema. Fest steht eines: Schulen sind nur dann gut, wenn sie die Schüler mit realitätsnahen Aufgaben auf das Leben vorbereiten.

Frage 32
Nun sind wir Erwachsene ja keine Kinder mehr. Wir stehen als Erwachsene ja „mitten im Leben ", wie man so sagt. Trotzdem kann nicht bestritten werden, dass wir uns ständig vor neue Aufgaben gestellt sehen, die zu lösen sind. Man spricht ja auch oft vom lebenslangen Lernen. Ist das Horoskop mit dem Stand der Gestirne im Moment der Geburt am Ort unserer Geburt unser irdisches Lernprogramm?

Anders kann es nicht sein. Die Aufgaben, die jeder aus seinem Geburtshoroskop herauslesen kann, beinhalten ein speziell auf jeden einzelnen Menschen bezogenes Programm, das schrittweise zu verwirklichen ist, um das Ziel seiner Inkarnation zu erreichen. Das Ziel selbst finden wir meist erst aus dem Horoskop heraus, wenn uns ein bestimmter Reifegrad dazu befähigt. So kommt es, dass ein Materialist ohne Gottesbewusstsein sein Geburtshoroskop und seine Transit-Horoskope anders deutet, als jemand, der sich auf dem Christusweg der Erlösung befindet.

Frage 33
Demnach kann nicht jeder sein Geburtshoroskop entschlüsseln, wahrscheinlich nur eine kleine Minderheit, denn die meisten gehen ja eben nicht bewusst den Christusweg der Erlösung. Was bedeutet der Christusweg der Erlösung überhaupt?

Zunächst eine kleine Ergänzung zur vorigen Frage: Wir sind und bleiben immer Kinder, auch wenn wir erwachsen sind, denn alle Menschen sind Kinder Gottes, des Schöpfers allen Seins, vollkommen unabhängig davon, ob wir diese Tatsache als Realität annehmen oder nicht. Richtig ist, dass die meisten Menschen nicht den Christusweg der Erlösung gehen. Richtig ist aber auch, dass wir genau deswegen wieder auf der Erde sind, weil wir das Ziel unserer Erlösung in unserer letzten Einverleibung als Mensch nicht erreicht haben. Das gilt es unbedingt zu erkennen!

Frage 34
Die obige Ergänzung würde ja bedeuten, dass eigentlich fast niemand sein eigenes Geburtshoroskop richtig deuten kann, mit Ausnahme einer kleinen Minderheit, die wirklich konsequent die Lehren Christi verwirklicht oder dieses wenigstens versucht. Ist diese Schlussfolgerung richtig?

Ja und nein zugleich, denn wir deuten alles Geschehen um uns herum verschieden. Wahre Christen wissen, dass alle Krankheiten stets die Folgen selbstverursachter seelischer Unreinheiten sind, die sich in den Körper ergießen, weil der Erkrankte seine Sünden nicht erkannt und nicht rechtzeitig umgewandelt hat, und zwar bevor die Zeit durch den Stand der Gestirne das Kausalgesetz auf den Plan ruft. Ein Materialist deutet Erkrankung als Schicksal und setzt auf die Pharma-Therapie, weil er die wahren Ursachen entweder nicht kennt oder sie nicht anerkennen will.

Frage 35
Kommen denn auch Krankheiten aus den Gestirnen auf die Menschheit nieder?

Nicht in Form einer Strafe von „oben", also nicht von Gott regnen die Schicksale auf uns Menschen aus den Gestirnen hernieder. Krankheiten sind Reaktionen aus vorherigen Eingaben, die jeder Mensch stets und ständig in die kosmische Chronik sendet. Dort werden sie vorerst gespeichert, damit unsere negativen Eingaben überhaupt von uns selbst korrigiert werden können. Erst wenn die naturgesetzliche seelische Reinigung durch uns nicht erfolgt, finden in bestimmten kosmischen Zyklen Entladungen auf die Verursacher statt, zu der Zeit, wann das Fass voll ist.

Frage 36
Wenn das stimmt, könnte man fast denken, dass die Speicherung unserer Eingaben in den All-Computer, also in die kosmische Chronik, eine Gnadenfrist darstellt, wodurch uns Menschen eine gewisse Zeit zur Besinnung und zur Korrektur unseres Verhaltens eingeräumt wird. Könnte das der Sinn der kosmischen Chronik sein, vergleichbar mit der Zeit der Bewährung bei Straftätern auf der Erde?

Genauso stelle ich mir das auch vor. Wir sind auf Erden, um wieder göttlich zu werden und das werden eines Tages alle Seelen und Menschen werden. Die Frage ist nur, wann jeder sich freiwillig auf den Christusweg der Erlösung begibt, der ja nichts anderes ist, als sich nach und nach von allen Bindungen an die Materie zu lösen. Wer einsichtig wird, bevor das Kausalgesetz nach Ablauf der Gnadenfrist die Wirkungen der sündhaften Eingaben an den Verursacher zurückgibt, wird die Gnade der Vergebung erfahren, wenn er die dazugehörigen Bedingungen erfüllt.

Frage 37
Welche Bedingungen sind es, die wir erfüllen müssen, um Vergebung zu erfahren und wer vergibt uns wie?

Weil der Christus-Gott nicht straft, bleibt ja nur eines übrig: Wir sind es selbst, die sich bestrafen, indem wir uns die Folgen unserer Sünden selbst aufhalsen, wenn wir nicht einsichtig sind. Die Bedingungen sind recht klar und einfach: Wir müssen unsere Sünden echt bereuen und Gott über Christus um Vergebung bitten, verbunden mit dem festen Vorsatz, die Sünden künftig zu unterlassen, die wir erkannt haben, und dieses müssen wir dann auch wirklich tun. Was nützt die Reue, wenn wir immer so weitermachen wie bisher? Haben wir uns dann bewährt?

Frage 38
Das sind hoffnungsvolle und sogar logische und plausible Aussichten, wenn das alles so zutrifft. Woher können wir wissen, dass das alles wirklich so ist, denn man sieht ja oft, dass die übelsten Sünder ein gutes und sorgenfreies Leben führen?

Der Schein trügt und nicht jeder sieht alles. Das ist die eine Seite. Das Gesetz von Saat und Ernte bezieht sich ja nicht nur auf dieses eine Leben, sondern es wirkt über viele Inkarnationen hinweg und es wirkt auch in den Stätten der Reinigung in Form äußerst schmerzhafter Erfahrungen, die genauso schmerzhaft sind, wie jene bösen und schmerzhaften Taten, die wir unseren Mitmenschen oder den Tieren oder der Natur zugefügt haben. Unsere eigenen Erfahrungen mit uns selbst sind der Lehrmeister, der uns lehrt, dass es genauso ist, wie Christus es uns offenbarte.

Frage 39
Was kann uns in diesem Zusammenhang das Geburtshoroskop nützen bzw. worin besteht die Hilfe, die wir daraus ziehen können?

Wer möchte, kann sein Geburtshoroskop und u.U. auch die Transit-Horoskope zur Erkundung seines Karmas heranziehen. Das Geburtshoroskop können wir als Teil unserer Gesamtschuld ansehen, und zwar jenen Teil, den wir in dieser Inkarnation bereinigen können und sollten. Die Themen und deren planetarischen Besetzungen begegnen uns während dieses Erdenlebens laufend immer wieder, damit wir quasi auf Raten zur Selbsterkenntnis gelangen können, um uns charakterlich zu veredeln. Die Zeit arbeitet für uns, aber nur, wenn wir unsere Sünden satthaben!

Frage 40
Schlussfrage zur Idee eines Freichristlichen Astrosophie Konzeptes:
Wie kann man die Grundzüge der Astrologie erlernen und ist es ratsam dieses zu tun?

Wer seinen Charakter im urchristlichen Sinne veredeln möchte, wer sich ernsthaft auf den Christusweg der Erlösung begeben möchte, um seine Empfindungen, Gedanken, Worte und Verhaltensweisen auf den Willen unseres Schöpfers und des Vaters allen Seins ausrichten möchte, der braucht die Zehn Gebote Mose und die wohlverstandenen Regeln des Lebens der Bergpredigt Jesu, um sich wandeln zu können. Das geht vollkommen ohne Astrologie. Warum diese dennoch hilfreich sein kann, und wie sie erlernt werden kann, wird im Epilog komprimiert dargelegt.

* * *

EPILOG
zum Kapitel 19

Selbsterkenntnis und der Christusweg der Erlösung

Die Astrosophie und die Astrologie können Hilfen zur Selbsterkenntnis der eigenen Sündhaftigkeit sein. Sie können uns aber auch in die Illusion des „Gutmenschen" treiben und auf den Weg der Selbstbeweihräucherung fehlleiten, ähnlich wie die unchristlichen Kirchenlehren die Menschheit in die Sackgasse geführt haben. Der Weg der Läuterung der Seele sieht bei jedem Menschen anders aus. Nicht alle sind bereit oder dazu in der Lage, die Astrosophie als Hilfsmittel segensreich nutzen zu können, aber alle können beginnen, den Willen Gottes zu tun, den fast jeder kennt.

Wir sind kosmische Wesen und alle Ereignisse sind kosmische Prozesse

Wer das eigene Geburts-Horoskop als Agenda für diese Inkarnation erkennt, und dieses in dem Bewusstsein, auf Erden zu sein, um wieder göttlich zu werden und das Rad der Reinkarnationen zu überwinden, der wird von sich aus nur jene Teile der Astrologie lernen wollen, die diesem Ziel dienen. Er wird sich der Astrosophie zuwenden. Die Astrosophie hilft bei der Erkundung des SOLL-Zustandes der im Horoskop vorgegebenen Themen und bei dessen Abgleich mit dem IST-Zustand der momentanen seelischen Verfassung, zwecks permanenter Charakteranalysen.

Die permanente Charakteranalyse des eigenen Charakters

Unser Charakter unterliegt einem stetigen Wandel. Wir können ihn bewusst in eine gute Richtung lenken oder wir werden fremdbestimmt, was in eine charakterliche Talfahrt führt. Hier treffen wir auf den Kern einer urchristlichen Haltung, die auch für die Handhabung der Astrosophie gilt: Charakterarbeit kann nur in Eigenarbeit erfolgen. Sowohl die Charakteranalyse als auch die charakterliche Transformation kann und darf jeder nur selbst vornehmen, frei von Einflüssen anderer. Alles andere ist unchristlich. Dieses Prinzip hat Folgen für die Praxis zur Selbsterkenntnis.

Die Wahrung der Autonomie in der Beratung und Betreuung

Viele Menschen suchen Beistand, Beratung und zum Teil auch Betreuung, weil sie vorübergehend oder auch dauerhaft alleine nicht mehr zurechtkommen mit ihrer Lebenslage oder mit ihrer Lebensführung. Das A&O jeder beratenden Tätigkeit und jeder Betreuung ist die Wahrung der Eigenständigkeit des Hilfebedürftigen. Das gilt auch in der astrosophisch orientierten Lebensberatung. Praktisch heißt das die Enthaltung jeglicher Form der Charakteranalyse und der Verhaltenskritik, denn die sind immer bevormundend. Charakteranalyse kann nie von außen erfolgen.

Astrologie und Astrosophie lernen, um Astrologie und Astrosophie zu lehren

Das Sternen-Weistum zieht immer mehr Menschen in seinen Bann und das ist gut, weil ein kosmisches Denken und ein kosmisches Bewusstsein den Christusweg der Erlösung erleichtern kann. Der innere Weg zur Seelenreinigung und die Veredelung des Charakters ist ein schmaler, steiniger Weg und wahrlich kein Zuckerschlecken. Wer gelernt hat, sein eigenes Geburtshoroskop urchristlich zu entschlüsseln, kann seine eigenen Erfahrungen an andere weitergeben, inklusive des Grundwissens der Astrologie. Die Deutung des eigenen Geburtshoroskops ist dabei der beste Lehrer.

Enthaltung bei der Empfehlung von Astro-Literatur

Würde ich an dieser Stelle diese oder jene Literatur empfehlen, würde ich gegen das oben genannte Prinzip des A&O jeder Beratung verstoßen. In allen Büchern, Fachzeitschriften und sonstigen Lehrangeboten steht Wahres drin, aber eben auch sehr viel Unwahres. Die absolute Wahrheit für eine gottgewollte Lebensführung ist nur in den unverfälschten Lehren Christi zu finden. Sie sind auch der zuverlässige Kompass sich vor astrologischen Irrlehren zu schützen. Die absolute Wahrheit ist in jedem Menschen. Gott, das Göttliche in uns, lodert im Inneren aller Menschen.

Die Sterne können nicht lügen, das kann nur der Mensch!

Die Astrosophie kann deswegen sehr hilfreich sein, weil wir Menschlein oft dazu neigen, uns selbst in einem besseren Licht zu sehen, als wir von dem göttlichen Licht in uns wirklich entfaltet haben. Die Themen unseres Geburtshoroskops können uns zur Ehrlichkeit vor uns selbst bewegen. In jedem Alter werden wir immer wieder mit unseren karmischen Themen unserer Radix konfrontiert und zwar stets entsprechend unseres erschlossenen geistigen Bewusstseins. Wir können unserem Karma nicht entfliehen. Es holt uns bis zur Bereinigung immer wieder ein.

Das Freichristliche Astrosophie-Konzept ...

... wird öffentlich auf einer gesonderten Website entwickelt werden. Nach der Fertigstellung wird es als Print-Manual veröffentlicht werden. Es soll als ein Entwurf gesehen werden, der auf „Renovierung" und Verbesserung wartet. Die Domain der Astro-Website wird in den Link-Empfehlungen der Website „Christusgewissen" angezeigt, sobald diese feststeht. Nicht alle Fragen konnten hier geklärt werden. Der Weg, den die Astrologie und die Astrosophie einschlagen müssen, um glaubwürdig und hilfreich für Suchende sein zu können, ist das eigentliche Ziel dieses Kapitels.

* * *

MEIN GEBURTSHOROSKOP

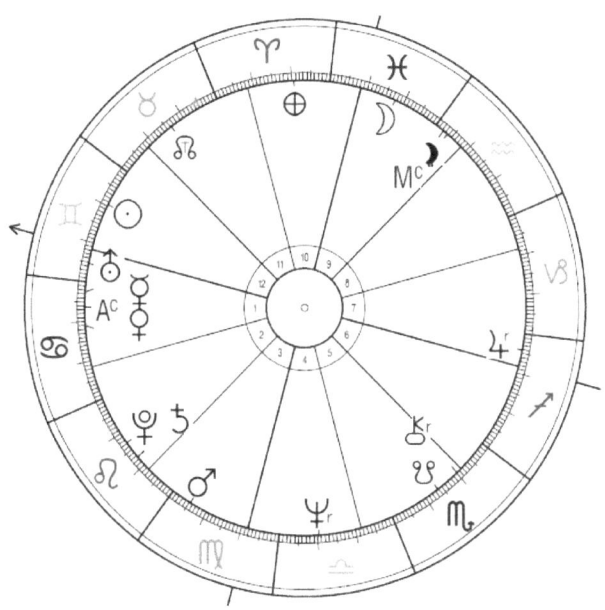

**mit einigen veranschaulichenden Bedeutungsfragen
in Bezug auf das entstehende
Freichristliche Astrosophie-Konzept**

Uwe-Ferdinand Jessen
geboren am 31.05.1948 um 06:45 Uhr
in dem kleinen Dorf Rabel an der Schlei
im Kreis Schleswig-Flensburg

* * *

Astrologie und Astrosophie lassen sich nur am eigenen Horoskop erlernen

Warum lernt man am besten die Grundlagen der Astrologie am eigenen Horoskop? Weil jeder Mensch der einzige ist, der weiß, was sich in all den Jahren des Lebens in seinem Inneren ereignet hat, wodurch alles geschah und geschehen musste, was sich von innen nach außen ergab – sprich: Die eigenen Erfahrungen mit sich selbst. Von außen können die Mitmenschen zwar einen Teil dessen sehen, was man so alles gemacht hat, aber niemand weiß, <u>warum</u> man all das gemacht hat, was von einem ausging oder immer noch ausgeht, und zwar immer von innen nach außen.

Astrosophie im Dialog mit dem eigenen Gewissen in Verbindung mit dem eigenen Horoskop entwickeln

Was ist Astrosophie? Sie ist der bewusste kosmische Umgang und das bewusste kosmische Streben nach Erfüllung und Vervollkommnung der karmischen Vorgaben, und zwar nicht nach eigenem Gutdünken, sondern unter der frei gewählten Regie des Heiligen Willen Gottes: „Dein Wille geschehe". Christus lehrte, dass derjenige klug und weise ist, wer Seine Lehre, also den Heiligen Willen Gottes tut. Diese Klugheit ist die Ebene der Weisheit und jeder kann in seinem Geburtshoroskop jene Themen finden, die zu bereinigen sind. Den Stand der Dinge, das derzeitige Bewusstsein kann nur jeder selbst in sich erkunden.

Fragen über Fragen an den eigenen Karma-Kompass

Was bedeuten die 12 Felder im Inneren des Horoskops, auch Häuser genannt?

Was bedeutet der Tierkreis mit den 12 Tierkreiszeichen?

Was wollen mir die Stellungen der Planeten in den Häusern sagen?

Was wollen mir die Stellungen der Planeten in den Tierkreiszeichen sagen?

Was wollen mir die Stellungen der Planeten zueinander, Aspekte genannt, sagen?

Was hat das für eine Bedeutung, wenn die meisten Planeten in der unteren Hälfte des Horoskops stehen und was sagt die untere und obere Hälfte überhaupt aus?

Was hat das für eine Bedeutung, wenn die meisten Planeten in der linken Hälfte des Horoskops stehen und was sagt die linke und rechte Hälfte überhaupt aus?

Welche Bedeutung haben die 6 Achsen im Horoskop, an deren Enden jeweils zwei Häuser in Opposition zueinander stehen?

Was hat das Kreuz, das sich aus der senkrechten MC-IC-Achse und der waagerechten AC-DC-Achse bildet, mit dem Christusweg der Erlösung zu tun?

Was bedeuten die vier Felder, die durch das Kreuz der Erlösung entstehen und deren Besetzung durch die Planeten?

Was haben die Gradeinteilungen des Tierkreises und der Häuser für eine Bedeutung?

Warum gilt das Geburtshoroskop für die ganze jetzige Inkarnation, also für das ganze jetzige Leben auf der Erde, im Gefängnis von Raum und Zeit?

… und viele, viele interessante und spannende, aber auch peinliche Fragen mehr …

Fazit

Alle Menschen sind mit allen Themen ihres Horoskops befasst, jeder in anderer Weise und Intensität und jeder auch zu sich selbst unterschiedlich, je nach Alter und nach dem aktuellen Stand des Bewusstseins. Ich bestätige, dass die sorgfältige und regelmäßige Befassung mit dem eigenen Geburtshoroskop sehr hilfreich bei der Bewältigung meines Karmas war und ist. Die Sterne lügen nicht und so zwingt man sich zur Wahrheit, wodurch der schwierige Christusweg der Erlösung täglich immer gangbarer wird. Nicht zufällig hat das Horoskop die Form eines Kompasses.

* * *

Ein Gewissen ohne Gott ist ein Tribunal ohne Richter.

Das Licht des Gewissens ist nichts anderes, als der Abglanz der Idee Gottes in der Seele des Menschen.

Verlöscht den Glauben an Gott und es wird Nacht in der Seele des Menschen.

* * *

Alphonse de Lamartine

KAPITEL 20

CHRISTUSGEWISSEN

VERSUS

CHRISTUS-AVERSIONEN

* * *

PROLOG
zum Kapitel 20

Wichtige Erkenntnis: Die Wahrheit wird siegen!

Der wohl schwerwiegendste historische Irrtum und der schmerzhafteste Fehler der Menschheit, denen auch der Autor dieses Umdenkprotokolls über Jahrzehnte unterlag, findet sich konzentriert in der folgenden Passage der Hymne der sozialistischen Arbeiterbewegung:

„Es rettet uns kein höh'res Wesen, kein Gott, kein Kaiser noch Tribun.
Uns aus dem Elend zu erlösen, können wir nur selber tun!"

Alle Erfahrungen der Menschheitsgeschichte führen zu der weisen Einsicht, dass der Mensch aus sich heraus nichts, aber auch gar nichts bewegen kann, schon gar nicht die Erlösung von allen jenen Übeln, Sorgen, Ängsten und Knechtschaften, die wir Menschlein uns über alle Zeiten hinweg selbst auferlegt haben!

Geständnis und Eingeständnis

Problemlos und ohne Reue bekenne ich, dass ich ca. zwei Drittel meiner jetzigen Inkarnation ein kommunistischer Revolutionär war, ein aktives und führendes Glied der emanzipatorischen 68er-Bewegung, über Jahre hinweg auch ein aktives und ein führendes Mitglied der marxistisch-maoistischen KPD-ML. Bis heute stehen mir hundert ehrliche und gerecht denkende Kommunisten näher, als jeder Kirchen-Schein-Christ, der nicht zugeben will, dass die Kirchen die organisierten Verräter wahrer Christlichkeit sind.

Warum dieses problemlose und reuelose Bekenntnis?

Kann man Fehler, Fehlhaltungen und Sünden bereuen, die man noch nicht als Fehler, Fehlhaltung und Sünde erkannt hat? Christus sagt nein, denn Er empfiehlt uns den Weg zu Gott, in das ewige Leben, den Weg der Erkenntnis und der Wahrheit zu gehen, den Weg den Er in Gestalt des Jesus von Nazareth auch gegangen ist. In diesem Zusammenhang sollen wir unsere eigenen Fehler, Fehlhaltungen und Sünden erkennen und jetzt kommt das Entscheidende: Erkannte Sünden nicht mehr tun und Gutes tun.

War Jesus der erste Kommunist?

Woher kommt dieser Spruch, dass Jesus der erste Kommunist war und den ich damals sehr oft gehört habe? Warum standen die Kirchen, vor allem der Katholizismus und dessen Päpste an vorderster Front, wenn es darum ging, den Kommunismus notfalls mit Gewalt niederzumetzeln, wie diese Brutalos schon immer alle niedergemetzelt haben, die anders dachten und handelten als diese Heuchler? Hatte Jesus nicht schon vor zweitausend Jahren gelehrt, dass wir nichts unser Eigentum nennen sollen? Ist das kommunistisch?

Wie stehen und standen die Kirchen und die Priesterkaste aller Zeiten zur Frage von Eigentum und Macht?

Mit großer Genugtuung stelle ich fest, dass wir, die damaligen Anhänger des revolutionären Kommunismus, den verlogenen, heuchlerischen und den scheinheiligen Parolen der Pfaffen und ihres Pfaffen-Staates BRD den Schneid abgekauft haben. Warum? In der Eigentumsfrage, die ja stets mit Macht und Machtstreben verbunden ist, standen wir als Kommunisten den urchristlichen Idealen tausendmal näher als der schwarze Klerus und deren weltlichen Wirtschafts-Ideologien. Soll ich die Christus-Nähe bereuen?

Verlogenheit und Heuchelei auch im Kommunismus

So, wie der Klerus die hohen Christus-Ideale verraten und verkauft hatte und dieses immer noch tut, haben es auch die Bonzen des Sozialfaschismus in der DDR getan. Wahre Kommunisten wurden in der DDR verfolgt und eingekerkert und in den Untergrund gedrängt, wo auch ich als Mitglied der KPD-ML im Untergrund tätig war. Der Kommunismus ist gescheitert. Er musste scheitern, genauso, wie diese elende Mammon-Zivilisation, oft immer noch „Kapitalismus" genannt, auch an sich selbst scheitern wird.

Der Kommunismus musste an sich selbst scheitern

Wenn ich etwas wirklich bereue, dann ist es die Tatsache, nicht erkannt zu haben, dass es ohne die hohen und unverfälschten Christus-Ideale keine Gerechtigkeit, keinen Frieden und keine Freiheit für alle Menschen geben kann. Es gibt auch noch mehr zu bereuen, nämlich meine damalige Haltung zur Gewalt, mein gestörtes Verhältnis zur Natur, die ich erst als Schöpfung Gottes erkennen musste, wie ich mich selbst ja auch als Kind einer über allem stehende höchste Intelligenz erkennen musste, als ein Kind Gottes.

Der echten Reue folgt immer das Christusgewissen

In meinen nunmehr 73 Jahren Schulungs- und Lernaufenthalt auf dieser Erde bekenne ich öffentlich vor allen, die mich von damals her noch als Revolutionär kennen, vor meinen Familienangehörigen und vor allen, die mich heute wahrnehmen als ein freier Christ, dass ich alles in meiner Macht stehende tue, um die revolutionären urchristlichen Ideale zuerst an mir selbst und dann auch in der Gesellschaft zu verwirklichen. Um das tun zu können, musste ich mein Verhältnis zu Christus erst noch gründlich klären.

Christus-Aversionen

Diesem Buch „Christusgewissen" ist ein anderes Buch vorausgegangen. Es trägt den Titel „Christus-Aversionen". Da ich ehemals öffentlich aufgetreten bin, halte ich es für angeraten, mein Verhältnis zu den Zehn Geboten Gottes und zu den Lehren der Bergpredigt Jesu öffentlich zu klären. Ohne eine konsequente Umorientierung kann es keine positiven Veränderungen auf der Erde geben, keinen Frieden und keine Gerechtigkeit. Solange wir nicht den heiligen Willen Gottes, der das Leben ist, annehmen, werden wir scheitern.

Dein Wille geschehe, denn Dein Wille ist mir heilig!

Die Verdammungs- und Verdummungs-Lehren und die historisch belegten Gewaltorgien der Kirchen inklusive der klerikal verursachten Unkenntnis der Reinkarnationsgesetze und der Kausalgesetze hatten mit dafür gesorgt, dass ich in jungen Jahren heftige Christus-Aversionen in mir entwickelt hatte. Diese galt es zu klären und das habe ich öffentlich in dem Buch Christus-Aversionen getan, um jedem zu zeigen, dass jeder diesen Weg gehen kann. Das Buch ist kein Lehrbuch, sondern eine öffentliche Klärung.

Im Wort „Gewissen" steckt das Wort „Wissen"

Als Christus, der für das Werk der Erlösung auserkorene Sohn Gottes in den Menschenleib Jesus einverleibt war, brachte Christus uns damals schon das geistige Wissen, das man braucht, um gewissenhaft ein gottgefälliges Leben zu führen, damit wir wieder das Erbe des ewigen Lebens antreten können. Christus in Jesus lehrte uns die Gesetze der Liebe und des Friedens und lebte uns diese vor, und Er empfahl und empfiehlt uns dringend, die geistigen Gesetze nicht nur zu wissen, sondern sie gewissenhaft zu leben.

Christus war, ist und bleibt zu allen Zeiten hochaktuell

Was bedeuten die Zehn Gebote und die Lehren für das ewige Leben und des Friedens in der Bergpredigt Jesu heute und was ist dran an der Prophetie in der heutigen Zeit durch die Prophetin Gabriele, durch die wir Menschlein auf eine Zeitenwende vorbereitet werden, nach der nichts mehr so sein und bleiben wird, wie es einmal war? Wenn die Bücher „Christusgewissen" und „Christus-Aversionen" nur einen Menschen oder nur eine Seele auf den Christusweg der Erlösung verhelfen, haben sie ihren Sinn voll erfüllt.

Die Überwindung der weltweiten Christus-Aversionen

Der folgende Dialog zum Thema „Christus-Aversionen" und zu dem gleichnamigen Titel des Buches kann bei der Bildung der Erkenntnis helfen, dass wir in der heutigen Zeit nichts so dringend brauchen, wie einen Wandel unserer noch überwiegend selbstsüchtigen Gesinnungen hin zu einer Gesinnung im Geiste Christi. Nur wenn alle Gutes tun, wie Gott es uns bereits durch den Propheten Jesaja antrug, wenn also niemand mehr Böses tut, erst dann kann alles gut werden. Ist das so schwer zu verstehen?

DIALOG
zum Kapitel 20

Frage 01
Was treibt einen Menschen an, seinen Gesinnungswandel von einer atheistisch geprägten Weltanschauung zu einer urchristlichen Weltanschauung öffentlich in einem Buch zu präsentieren?

Die Veröffentlichung eines Gesinnungswandels mag zugegebenermaßen etwas ungewöhnlich erscheinen, ist aber gar nicht so selten, wenn auch nicht alltäglich. Man könnte genauso fragen, wieso Menschen Memoiren schreiben, die häufig auch publiziert werden. So möchte ich mein Buch auch verstanden wissen: Es ist ein Teil des Verlaufes meines jetzigen Lebens auf Erden, und zwar der wichtigste Teil. Natürlich fragt sich dann immer noch: „Warum legt man sein Intimstes offen, was die meisten Menschen hüten wie ihren Augapfel, und was die meisten sorgfältig versuchen gegenüber ihren Mitmenschen abzuschirmen: Ihre Gesinnung? Es mag viele Motive dafür geben, darunter auch solche, die nicht immer edel sein müssen. Hauptsächlich zwei Motive bewogen mich, dieses Buch zu verfassen: Bei mir waren dringend „Innere Aufräumarbeiten" angesagt, eine Neujustierung meines Gewissens, und das sollte öffentlich vor jenen geschehen, die mich kennen und darüber hinaus.

Frage 02
Der Wandel von einer atheistischen Gesinnung zu einer christlichen Gesinnung ist nicht ganz alltäglich. Ist in dem Buch das ganze Prozedere geschildert, das zu dieser doch recht ungewöhnlichen „Laufbahn" führte, denn im Untertitel steht ja das Wort „Umdenkprotokoll"?

Nein, das Buch ist kein Drehbuch für einen Film, der die Irrwege des Autors abspult. Zwar gibt es in dem Buch auch mehrere Frage-Antwort-Passagen und dort ist auch ein wenig Vita dargelegt, aber im Wesentlichen handelt es sich um ein sogenanntes Ergebnis-Protokoll. Ein Ergebnis-Protokoll gibt die Resultate von Überlegungen und Abwägungen grundsätzlicher Art wieder und nicht, oder nur wenig, den Weg aus den Gewissenskonflikten selbst. Dahinter steht eine wohlüberlegte Absicht, nämlich der Wunsch, dem Leser seine eigenen Wege zur Wahrheitsfindung erkunden und gehen zu lassen. Das bedeutet, dass die Fragen, die in dem Buch aufgeworfen sind, beileibe nicht vollständig sind und auch die Antworten auf die aufgeworfenen Fragen können richtig sein, sie können aber auch noch von alten materiellen Gewohnheiten beeinflusst sein. Ich war und ich bin mir von Anfang an darüber im Klaren, dass ich nicht die Weisheit in Person bin, denn als Weiser wäre ich nie Atheist geworden.

Frage 03
Was bedeutet „Ergebnis-Protokoll" konkret? Werden in dem Buch langweilige und trockene Thesen aneinandergereiht, vergleichbar mit den unverdaulichen allgemeinen Geschäftsbedingungen in den Anhängen von Verträgen?

Die Wahrheit ist niemals langweilig. Eher sind die Lügen langweilig, mit denen wir Menschlein doch fast täglich hinter das Licht geführt werden, um gezielt in unserer Denke manipuliert zu werden. In dem Buch „Christus-Aversionen" geht es um den Grund und um den Sinn unseres Daseins auf Erden und das vor dem Hintergrund, dass wir alle schon oft auf Erden waren – ein Fakt, der für abendländisches Denken leider noch unerschlossen und meist sogar noch unbekannt ist. Das mehrfache Leben auf Erden, das ja immer mit einer erneuten Niederkunft unserer Seele in einen Körper aus Fleisch und Blut verbunden ist, nennt man „Reinkarnation". Eng verflochten mit der Reinkarnation ist das Gesetz von Saat und Ernte, das uns der Nazarener Jesus vor zweitausend Jahren immer wieder lehrte. Ohne das Gesetz der Reinkarnation ist der tiefe Sinn der Bergpredigt Jesu überhaupt nicht zu verstehen. Genau aus dieser Absicht heraus, wurde die Reinkarnationslehre blutig von den Kirchen ausgemerzt.

Frage 04
Welchen Stellenwert hat denn die Bergpredigt Jesu in der heutigen Zeit, also nach zweitausend Jahren? Warum soll es so exorbitant wichtig sein, die Bergpredigt Jesu zu verstehen, ausgerechnet jetzt im Zeitalter der Hochtechnologie?

Schon lange zeichnet sich ab, dass diese Zivilisation nur noch auf tönernen Füßen steht. In naher Zukunft wird uns die Hochtechnologie um die Ohren fliegen und mit ihr das ganz Tam-Tam, was wir „Sozialstaat" nennen. Die aktuellen Geschehnisse sind nur ein kleiner Vorgeschmack des bereits stattfindenden Zusammenbruchs dieser elenden Mammon-Kultur, die schon immer mit Faschismus und Krieg schwanger ging und aktuell auch wieder geht. Um die Relevanz der Bergpredigt Jesu gerade in der heutigen Zeit aufzuzeigen, sei nur einmal das fünfte Gebot Mose genannt, denn die Erfüllung der Zehn Gebote Mose hat Jesus selbst in Sein Wirken eingeflochten. Sie sind topaktuell und deren Missachtung führt immer nur in die Barbarei und in die Vernichtung und in den Krieg. Was soll an dem Gebot „Du sollst nicht töten" nicht in die heutige Zeit passen? Ist es nicht aktueller denn je, gerade heute, in einer Zeit, in der dämonische Kräfte den Dritten Weltkrieg für alle sichtbar vorbereiten?

Frage 05

Düstere Aussichten, fürwahr – aber was soll es heute bringen, wenn eine Bewegung, die sich urchristlich oder freichristlich nennt, die Bergpredigt heute mit Hilfe des Reinkarnationsgeschehens durchaus plausibel macht oder machen kann, wenn der Zusammenbruch dieser Zivilisation unumkehrbar und unausweichlich ist, so wie es ja auch in der Johannes-Offenbarung prophezeit ist?

Die Erkenntnis darüber, wer wir sind, woher wir kommen und wie es weitergehen wird, wenn wir unseren „Raumanzug", unseren menschlichen Körper also, ablegen, ist mit einer irgendwie gearteten Zukunft verbunden. Wer glaubt, er lebt nur einmal und dann ist Schluss, dann kommt nichts mehr, lebt in einem fatalen Irrtum, der nicht nur in die Irre führt, sondern auch in den Wahnsinn, nämlich in den Wahnsinn ohne Zukunft, den wir gerade in Form eines allgemeinen „Techno-Größenwahns" erleben. Es geht um die Frage der Erlösung, die durch Christus in unsere vergammelte Welt kam. Die Frage der Erlösung muss und darf über mehrere Leben in der Materie gedacht werden. Alle Seelen werden aus ihrem Elend herauswachsen, hinein in ein Leben in Frieden und Gerechtigkeit. Die Frage für jeden einzelnen Menschen ist nur, wieviele Kriege er noch braucht, um den Sinn der Bergpredigt zu erkennen, wieviel Hunger, Krankheit und Elend jeder noch durchmachen möchte, ohne es zu müssen.

Frage 06

War denn das Reinkarnationsgesetz für den Atheisten Uwe Jessen die Initialzündung für den Gesinnungswandel, der ja gegensätzlicher kaum sein könnte?

Mein Gesinnungswandel hatte eine sehr lange Vorgeschichte und er setzte schon viel früher ein, als ich es selbst bemerkt hatte. Das erschließt sich mir erst heute, weil ich mein Leben mit ganz anderen Augen wahrnehme, als ich es vor zehn Jahren noch tat. Dennoch erinnere ich mich sehr genau, mit welcher Wucht mein veraltetes Weltbild nach und nach kollabierte, als ich, total fasziniert vom Reinkarnationsgeschehen erfuhr. Sofort wurde mir klar, warum ich die acht Seligpreisungen in der Bergpredigt und deren vier Wehrufe, damals als Jugendlicher nicht verstehen konnte. Eigentlich ist ja nicht nur spannend, warum ein Atheist ein begeisterter Anhänger Christi werden kann. Viel wichtiger ist doch die Frage, warum ein Jüngling, der evangelisch getauft wurde und der in der Schule und in einem zweijährigen Kirchendrill zur Vorbereitung auf die Konfirmation „christlich" abgerichtet wurde, zum bewussten Atheisten werden konnte und warum heute weit verbreitet ein scheinchristliches Heidentum regiert.

Frage 07

Was unterscheidet eine heidnische Gesinnung von einer atheistischen Gesinnung und wozu ist diese Unterscheidung nützlich?

Während der Atheist ein Gläubiger ist, der glaubt zu wissen, dass es keine höchste Macht gibt, aus der alles entstanden ist und entsteht, was wir Menschen als Schöpfung Gottes wahrnehmen können, glauben heidnisch gesonnene Menschen an solche Götter, die mit dem wahren Gott nichts zu tun haben. Dazu zählen auch die Götzenkulte der scheinchristlichen Staatskirchen, aber auch die Sitten und Gebräuche, die uns über gottferne Ideologien eingeimpft wurden und werden und die scheinbar antireligiös daherkommen. Die Anbetung des Goldenen Kalbes, auch „Mammon" genannt, zählt dazu, aber auch das Anhimmeln von Wissenschaft und Technik. Bei genauer Betrachtung besteht Wissenschaft auch nur aus Dogmen. Der Dogmatismus der Wissenschaften funktioniert genauso, wie die Glaubensvorschriften der Kirchen. Wer sich den Dogmen nicht unterwirft, wird zumindest ausgegrenzt, wenn nicht sogar verfolgt. Beide, Atheismus und Heidentum, sind die Quellen allen Leids und Unheils.

Frage 08
Der Buchtitel „Christus-Aversionen" hat irgendwie etwas Provokantes an sich. Ist das Absicht, denn der Begriff „Christus-Aversionen" klingt ja wie ein stiller Vorwurf?

Warum wurde der Nazarener Jesus so brutal gefoltert, so unglaublich erniedrigt und so bestialisch ermordet und warum tragen die Priester immer noch das Kreuz mit Corpus vor sich her, so, als wäre das eine Sieges-Trophäe? Weil alle Pseudochristen in Wahrheit heidnische Mumien sind, die nichts mehr hassen, als den Geist und die Lehren des Friedens und der Erlösung. Eine Aversion ist eine Abneigung und eine Abneigung ist immer total. Der Geist Christi, die Lehren Christi, die Offenbarungen des Christus in die heutige Zeit durch Seine Prophetin Gabriele sind bis heute nicht nur bei den Priestern verhasst, sondern die Masse der Menschen muss eine tiefe Abneigung gegen den Geist Christi haben. Sie alle wollen nichts dafür tun, was uns allen Frieden, Freiheit und Gerechtigkeit bescheren würde.Sie wollen nicht den Preis des Friedens zahlen. Die meisten Menschen sind von einer tiefen Aversion gegen den Christus Gottes befallen. Der Versuch, den Geist Christi zu töten, dauert bis heute an!

Frage 08.01
Der Autor des Buches muss ja selbst eine Christus-Aversion gehabt haben, sonst hätte der Titel „Christus-Aversionen" wohl kaum in die Welt kommen können. Trifft das zu und wie ist diese Art von Aversion überwindbar?

Eine tiefe Abneigung gegen Christus und gegen den Christus-Gott, wie wir den wahren Gott auch nennen können, hat zwei Grundmotive: Entweder man ist ein unverbesserlicher und ungläubiger Materialist, ein „Hau-Drauf", der sein Leben zu einer lustvollen Party, einer Art Dauer-Karneval umfunktioniert, oder man ist von Grund auf falsch darin unterrichtet, wer oder was Gott eigentlich in Wirklichkeit ist. Der Erstgenannte hat meist keine Ideale, außer vielleicht sich selbst als Idol, aber der falsch informierte und manipulierte Mensch kann dennoch hohe Ideale haben und gute Ziele verfolgen, die den wahren christlichen Idealen oft sehr ähnlich sind. Je nach Vita und je nach Vorleben treten beide Motive häufig auch als vermischte Charaktere auf. Sowohl die Idee der Nichtexistenz Gottes als Quelle allen Seins, als auch die diversen Religionsgötter sind idiotische Fehlannahmen, denen auch ich als Ex-Atheist verfallen war. Man kommt nur daraus heraus, wenn man Gutes tut und Gutes für alle wünscht.

Frage 09
Was ist von der Aussage zu halten, dass jeder Mensch und jede Seele irgendwann einen Gesinnungswandel vor sich hat, vergleichbar mit dem Gesinnungswandel des Autors des Buches „Christus-Aversionen"?

Ein wesentlicher Bestandteil der heutigen Christus-Botschaften lautet: Keine einzige Seele geht verloren! Es fragt sich nur, welche und wieviel Irrtümer und Fehler jeder Einzelne sich selbst noch zumuten möchte. Es gibt nämlich einen zweiten wichtigen Faktor: Die Entscheidung darüber, sich Gott als den Quell allen Lebens zuzuwenden, und zwar freiwillig, liegt allein im Ermessen eines jeden Menschen. Gott ist Freiheit. Man könnte sogar sagen: „Gott ist die Freiheit in Person", wenn ER eine Person wäre. Gott ist aber Geist. Wie das alles zusammenhängt, habe ich in dem Buch versucht, einigermaßen verständlich darzustellen. Jeder moderne Techno- und Beton-Heide kann sich wenigstens einmal probeweise mit der Frage befassen, wie er nach dem Leben auf Erden weiterleben möchte, denn kein Mensch stirbt, wenn er stirbt. Jeder Mensch lebt als Seele in jener Ebene weiter, die er sich selbst erschlossen hat, und zwar durch sein Denken und Reden und Tun. Jeder ist seines Glückes oder Unglückes eigener Schmied.

Frage 10
Das Buch „Christus-Aversionen" ist im März 2019 im BoD-Verlag erschienen. Würde das Buch heute mit gleichem Titel und Inhalt erneut verfasst werden?

Ja. Das Buch erhebt nicht den Anspruch, ein Lehrbuch zu sein. Die Inhalte des Buches beanspruchen nicht, makellos und in allen Fragen richtig zu liegen. Es will eine hilfreiche Darstellung sein, wie man sich selbst vom Wesen her erkennen kann. Die Zukunft wird von jedem Menschen eine Positionierung verlangen. Wir werden die bevorstehenden dramatischen Entwicklungen weder verstehen noch aushalten können, wenn wir glauben, so weitermachen zu können wie bisher. Nichts wird so bleiben, wie es ist. Uns stehen radikale Stürme ins Haus. Wehe dem, der auf stürmischer See nicht über einen Kompass ohne Missweisung verfügt. Wer mit sich selbst so umgeht, wie es die wahren Christen tun, der wird jede Angst und Verzweiflung im Keime ersticken können. Der Crash dieser Mammon-Zivilisation wird jeden in dem Maße heimsuchen, wie er spirituell orientiert. Wer es schafft im Gottvertrauen zu leben, der weiß, dass alles gut für die Evolution aller Seelen ist, auch die Reinigung der kosmischen Atmosphäre.

Frage 11
Wem kann das Buch „Christus-Aversionen" nützen und warum und wie?

Jedem Gottsucher und Willigen wird das Buch zumindest dahingehend eine Hilfe sein können, seine eigenen Fehlannahmen und seinen eigenen Charakter zu erkunden. Ich selbst benutze mein Buch täglich, weil es für mich meine eigene Agenda geworden ist. Jeder kann und sollte sich seine eigene Agenda erarbeiten, aus der hervorgeht, wohin man will und warum man sich geistig neu orientieren möchte. Man muss ja nicht gleich ein Buch schreiben, aber jeder kann für sich selbst ein Tagebuch führen. Was ich selbst an dem Buch als gelungen ansehe, das ist die Selbstspiegelung anhand der Zehn Gebote und anhand der Inhalte der Bergpredigt Jesu. Jeder kann für sich selbst entwickeln, was ihm persönlich, bei seinem derzeitigen geistigen Bewusstsein, die Zehn Gebote in der heutigen Zeit bedeuten und ebenso die Regeln des Lebens in der Bergpredigt Jesu. Die sind nämlich hochaktuell, aktueller denn je! Das sollte jeder für sich selbst tun. So wird man frei und man braucht keine blinden Blindenführer mehr.

Frage 12
Da könnte einem der alte Spruch von Skat-Spielern in den Sinn kommen, der da lautet: „Wer schreibt, der bleibt!" Kann das auch abgewandelt für Glaubensfragen Gültigkeit haben?

Wenn ein wenig Humor hilft, kann so eine Überlegung nicht falsch sein. Es muss aber immer wieder betont werden, und das muss sehr ernst genommen werden: Nur die Erfüllung der heiligen Gesetze wirken sich heilsam auf Seele und Körper aus. Man kann noch so viel schreiben und reden und alles Gute und alles Schöne immer wieder aufsagen und predigen – es nützt absolut nichts, wenn man nicht tut, was Gott uns geboten hat und wenn man nicht unterlässt, was ungut für Seele und Leib und für das Allgemeinwohl ist. Das ist der grundlegende Tenor der urchristlichen Wahrheit: Die Erfüllung der Gebote, die man natürlich kennen muss. Das bedeutet zu deutsch: Es ist wichtig, unverzichtbar und hilfreich, sich täglich mit den Weisheiten der Christus-Offenbarungen auseinanderzusetzen, sie regelmäßig in kleinen Portionen zu lesen, aber entscheidend für das Seelenheil ist, die Gesetze des Lebens umzusetzen, denn: Von „Nix" kommt „Nix". Es gibt nichts Gutes, außer man tut es – eine alte Weisheit.

Christus-Aversionen
ISBN 978-3-7460-8011-6
erschienen im BoD-Verlag

EPILOG
zum Kapitel 20

Empfehlung:
Die Wahrheit findet sich nur in den Originalen der Christus-Offenbarungen!

Die Kardinalfrage nach dem Sinn unseres doch sehr kurzen Erden-Daseins wird jeden Menschen irgendwann ereilen. Es ist nicht der heilige Wille Gottes, Menschen zum Glauben zu überreden, also zu missionieren. Als Autor des hier vorgestellten Buches erkläre ich, dass ich niemanden missionieren möchte. Ein Buch kann dieses auch gar nicht tun, zumindest dann nicht, wenn niemand gezwungen wird, dieses oder jenes zu lesen. Jeder ist darin frei, dieses Buch zu lesen oder es zu lassen und jeder sollte sich in Fragen wahrer Christlichkeit am besten ausschließlich mit den Original-Texten der Christus-Offenbarungen befassen, um sich dann zu entscheiden, wie er sich positionieren möchte. Das Buch „Christus-Aversionen" kann und will lediglich erste Information darüber liefern, dass das was die Staats- und Machtkirchen-Konzerne zu bieten haben alles Mögliche sein kann, nur eines findet man dort nicht: Wahre und unverfälschte Christlichkeit. Die Kirchen, die Priesterkaste und deren Irrlehren sind Werkzeuge der Dämonen, und zwar von Anfang an.

Wer die Wahrheit sucht, der sollte den Gabriele-Verlag aufsuchen. Dort findet man zu allen Fragen des Lebens hochinteressante Informationen, die es jedem erleichtern, den Glauben zur Gewissheit werden zu lassen. Der Glaube ist nur das Entree in die Spiritualität, dem der aktive Glaube folgen muss, wenn man sich für den Weg der Erlösung entscheidet. Früher oder später wird jede Seele den Weg der Erlösung gehen wollen, spätestens dann, wenn sie das alles erleiden muss, was sie ihren Mitmenschen, der Natur, den Tieren und Pflanzen alles angetan hat. Das Gesetz von Saat und Ernte ist nicht zu umschiffen. Der Weg der Läuterung kann schmerzhaft sein, doch das Abtragen aller vergangenen Sünden ist wesentlich schmerzhafter. Der Christus-Gott vergibt uns unsere Sünden dann, wenn wir die erkannten Sünden bereuen, wenn wir um Vergebung bitten und wenn wir selbst vergeben und ernsthaft versuchen, uns in Wiedergutmachung zu üben, und wenn wir die erkannten Sünden künftig unterlassen.

* * *

Einen Kompass hab' im Schiffe,
Willst nach rechter Seemannsart
Über Wellen, durch die Riffe
Wagen eine Meeresfahrt!

Auch ein Kompass liegt in jedes
Menschen Brust, der nicht zu missen;
Hab' ein Auge drauf, ein stetes,
Auf den Kompass: dein Gewissen!

* * *

Friedrich Rückert

HILFREICHE WEBSITES

ZUR ERWEITERUNG

DES BEWUSSTSEINS

UND DES

GEWISSENS IM GEISTE CHRISTI

DER GABRIELE-VERLAG
DAS WORT

http://www.gabriele-verlag.de/

Der freie universale Geist
ist die Lehre der Gottes- und Nächstenliebe
an Mensch, Natur und Tieren

Der Gabriele-Verlag Das Wort veröffentlicht das prophetische Wort der
Jetztzeit, gegeben durch Gabriele, die Prophetin und Botschafterin Gottes,
in Form von Büchern, Schriften, CDs und DVDs.

Das Wort des freien, universalen Geistes wird seit über 40 Jahren durch eine
Fülle göttlicher Offenbarungen, Schulungen und Erläuterungen den
Menschen aller Kulturen als Wegweisung angeboten für ein
verantwortungsbewusstes Leben.

Das prophetische Wort der Jetztzeit knüpft an das Urchristentum an, an die
Lehren des Jesus von Nazareth und Seine Bergpredigt sowie an die zehn
Gebote Gottes durch Mose.

Die Lehren und das Wort des universalen Geistes sind frei von Traditionen
und äußeren Religionen.

Der Freie Geist, das all-kosmische Sein, das Leben, ist nicht das Wort der
Kirche.

In diesem Sinne dienen einige Bücher im Gabriele-Verlag Das Wort auch
der Aufklärung über den Missbrauch des Namens des Jesus von Nazareth.

* * *

RADIO UNIVERSELLES LEBEN
http://www.radio-universelles-leben.de/

Radio Universelles Leben ist ein freies und unabhängiges Radio - das Radio des Freien Geistes. Grundlage der Sendungen ist die Lehre des Universellen Lebens aller Kulturen weltweit, die Lehre der Gottes- und Nächstenliebe an Mensch, Natur und Tieren.

* * *

RADIO SANTEC
https://radio-santec.com/

Radio Santec beleuchtet in seinem Programm historische und gegenwartsbezogene Themen mit Schwerpunkt auf ethisch-moralischen Aspekten, sowohl aus dem Blickwinkel urchristlicher Lehre als auch im Hinblick auf die Achtung fundamentaler Rechte des Einzelnen, gemessen am Maßstab der Verfassung und der allgemeinen Menschenrechte.

Die Formate und Sendungen umfassen Dokumentationen, Gesprächsrunden, Verbraucher- und Informationssendungen, Sendungen zum Zustand der Umwelt, zum Tier- und Naturschutz, Sendungen mit Naturdokumentationen und Vorträgen zur Tier- und Pflanzenwelt und Sendungen zu gesundheitlichen Themen sowie zum vegetarischen Kochen.

* * *

NEUE ZEIT TV
https://www.die-neue-zeit.tv/

Der TV-Sender DIE NEUE ZEIT TV läutet die neue Zeit ein. Menschen können wieder zu einer höheren Ethik und Moral finden und entsprechend handeln – und dies in allen Lebensbereichen: im Beruf, in der Kindererziehung, im Umgang mit Natur und Tieren, in Gesellschaft, Wirtschaft und Politik, sowie im täglichen Miteinander.
Sie finden bei DIE NEUE ZEIT TV eine Vielzahl von Sendeformaten: Aktuelle Gesprächsrunden und Lesungen zeigen die verschiedenen Aspekte Urchristlicher Ethik und Moral auf. Schulungen zur inneren Weiterentwicklung und zur Bewusstseinserweiterung geben wertvolle Hilfen zur Lebensbemeisterung.

* * *

DER FREIE GEIST

https://www.der-freie-geist.de/

Sehen Sie in dieser Mediathek Gesprächsrunden und Sendungen über den Missbrauch des Namens Christus durch Religionen und darüber, was Er wirklich lehrte. Jesus, der Christus, der Freie Geist, gründete keine Religion. Er setzte weder Papst noch Bischöfe noch Priester ein, und Er wirkt auch in unserer Zeit außerhalb der Institutionen Kirche.

* * *

DER THEOLOGE

http://www.theologe.de/

Der Theologe zeigt den Verrat der Kirche an der Botschaft von Jesus dem Christus auf. Der Theologe gibt Hinweise, wie man als Suchender nach der Lehre von Jesus den Weg zu Gott finden kann. Der Theologe klärt auf.

* * *

FREIE CHRISTEN

http://www.freie-christen.eu/

Die „Freien Christen für den Christus der Bergpredigt" sind ein spontaner Zusammenschluss von Christen, die sich wie die frühen Urchristen an der Bergpredigt von Jesus von Nazareth orientieren.

* * *

LEBE-GESUND-VERSAND

https://www.lebegesund.de

Ehrliche Lebensmittel aus einer Hand, 100% vegan, schmackhafte Vielfalt der veganen Produktwelt aus Friedfertigem Landbau und naturnaher Herstellung. Neben den Premiumprodukten der Marke „Lebe Gesund" werden mit der Marke „In den Spuren der Natur" auch preisgünstige und naturnahe Produkte aus befreundeten Betrieben angeboten.

* * *

DIE INTERNATIONALE GABRIELE-STIFTUNG

http://www.gabriele-stiftung.org/

Der Freie Geist ist die Lebenskraft im universalen kosmischen Lebensbaum und strömt von der Wurzel in den Stamm zur Krone, der Internationalen Gabriele-Stiftung, dem Saamlinischen Werk der Nächstenliebe für Mensch, Natur und Tiere, und belebt alle Aktivitäten.

Ihre Ländereien, Felder, Wiesen, Weiden und Wälder sind bekannt als das „Land der Internationalen Gabriele-Stiftung", weil diese Stiftung für die friedvolle Einheit zwischen Mensch, Natur und Tieren auf unserer Erde eintritt.

Auf dem Land der Internationalen Gabriele-Stiftung können Tiere sicher weiden und friedliebende Menschen sich erfreuen, was dort auch bezeichnenderweise auf Hinweisschildern zu lesen ist.

Der Mutterstiftung in Deutschland gehören zahlreiche Tochterstiftungen weltweit an und sie sorgt unter anderem auch für Sophia-Schulen und Waisenkinder.

Urchristliche Betriebe, die der Internationalen Gabriele-Stiftung zugeordnet sind, arbeiten dementsprechend vorrangig für das „Land der Internationalen Gabriele-Stiftung", für Natur und Tiere.

* * *

IMPRESSUM

VERANTWORTLICH
FÜR DEN INHALT DIESES BUCHES

UWE-FERDINAND JESSEN
Am Goldregen 1
24944 Flensburg

Kontakt
Mail: info@uwejessen.de
Fon: 0461 – 40 77 74 48

Für religiöse Aufklärung
Für urchristliche Inspiration
Für freichristliche Kommunikation

* * *

CHRISTUSGEWISSEN

https://www.christusgewissen.de

Die Website zum Buch CHRISTUSGEWISSEN

mit Ergänzungen,
Aktualisierungen
und Kommentaren zum Zeitgeschehen.

* * *

VERANTWORTUNG

Wir leben in einer Zeit der Armut an Verantwortungsbereitschaft. Seit langem beobachte ich mit großer Sorge, wie die große Mehrheit meiner Mitmenschen vor ihrer Verantwortung regelrecht fliehen. Die Flucht vor der Verantwortung hat sehr viele Gesichter, oder deutlicher ausgedrückt: eher Masken und teilweise auch Fratzen. Manchmal komme ich mir vor, als befinde ich mich auf einem globalen Maskenball in einem Tollhaus, in dem jeder sich verkleidet, um sich vor sich selbst zu verstecken.

Mit dem Buch und der Website „Christusgewissen" möchte ich, im Rahmen meiner bescheidenen Möglichkeiten, möglichst viele meiner Geschwister, denn alle Menschen sind aus göttlicher Sicht Geschwister, dazu ermuntern das Versteckspiel vor sich selbst zu überdenken und das unselige Schatten-Dasein zu überwinden. Vor uns liegen äußerst turbulente Zeiten, deren Turbulenzen wir Menschlein alle selbst erzeugt haben und erzeugen. Mit dem Ringen um Selbsterkenntnis beginnt die Verantwortung vor GOTT!

Mein Ziel und mein Wunsch ist es, anregende Gedanken und Ideen zu verbreiten. Niemanden möchte ich aufregen, aber viele möchte ich dazu anregen, freiwillig, ohne einen äußeren Zwang, ihre eigene Gesinnung im Geiste Christi zu überprüfen. Ich selbst habe Jahrzehnte gebraucht, um zu begreifen, worin konkret der Christusweg der Erlösung besteht und was Erlösung überhaupt bedeutet. Meine praktischen Erfahrungen mit den Christus-Idealen gebe ich gerne weiter und das verantworte ich auch.

Aufklärung ohne Bevormundung

Den obigen Ausführungen zur Verantwortung für meine Publikationen muss dringend hinzugefügt werden, dass ich selbst als Mensch keinen Anspruch auf Richtigkeit und Vollkommenheit bezüglich der Lehren Christi erhebe. Ich bekenne mich ohne Abstriche zu den urchristlichen Idealen, aber ich bin weder ein Lehrer, noch ein Seher oder gar ein Erleuchteter. Meine hier publizierten Gedanken können Anstoß zum Nachdenken und Umdenken sein, nicht mehr - aber auch nicht weniger.

Zu deutsch heißt das, dass ich nicht im Namen anderer Urchristen oder gar im Namen aller Urchristen spreche, und schon gar nicht im Namen Christi selbst. Das wäre total vermessen! Das wäre genau das, was die scheinchristlichen Kirchen-Priester schon immer tun: Sich über andere erheben, obwohl sie selbst die größten Sünder vor dem Herrn sind und dabei Christus auch noch täglich verraten. Gleichzeitig bescheinigen sie sich selbst in aller Hochmut die Unfehlbarkeit. Dem folge ich nicht!

* * *

Wer bereut,

was er tun will, bevor er es tut,

beweist neben seiner Reuefähigkeit

auch einen erstaunlichen Weitblick.

* * *

Christa Schyboll

KONTRAINDIKATIONEN

**Zum Schluss noch einige satirische Hinweise auf mögliche
Kontraindikationen durch das Lesen von geistiger Literatur**

Das Lesen von geistiger Literatur und von Schriften der Aufklärung über
die Naturgesetze des Lebens und der Gerechtigkeit schadet der Dummheit,
der Gleichgültigkeit, den Illusionen und den Irrtümern aller Art. Der Geist
Christi ist für alle Egoisten heilsam, aber abträglich für den Egoismus.

**Hinweis auf mögliche Kontraindikationen
durch die Befassung und Befolgung der hohen Christus-Ideale**

Vor allem die Umsetzung der hohen Christus-Ideale für Frieden, Freiheit
und Gerechtigkeit kann für konservative Gesinnungen, die noch Angst vor
revolutionären Veränderungen zum Wohle aller Menschen und der Natur
haben, unerträglich oder sogar vorübergehend abträglich sein.

**Hinweis auf die Möglichkeit zur Umkehr,
die allen Seelen und allen Menschen jederzeit möglich ist.**

Für den Sumpf alter Traditionen gilt, dass man ihn zuerst satthaben muss,
um sich davon lösen zu können. Dabei hilft das unumgängliche Naturgesetz
von Saat und Ernte. Es wirkt immer über das Leid. Durch Selbsterkenntnis
und durch aktive Umkehr kann man dem Leid zuvorkommen.

**Hilfsangebot
für Mitmenschen mit Christus-Aversionen**

Für Mitmenschen, die noch gewisse Christus-Aversionen in sich spüren,
stehe ich gerne unentgeltlich als Beistand zur Verfügung, denn auch ich
hatte Christus-Aversionen, die zu überwinden waren. Eine erste Möglichkeit
zur Eigen-Therapie: Das Kapitel 20 in diesem Buch mit der Überschrift:
"Christusgewissen versus Christus-Aversionen" – eine Buchempfehlung.

* * *

ZU GUTER LETZT:

DER KLAPPENTEXT

Niemand kann zwei Herren dienen;

denn entweder wird er den einen hassen und den andern lieben
oder er wird einem anhangen und den andern verachten.

Ihr könnt nicht Gott dienen
und dem Reichtum.

* * *

Jesus von Nazareth